# 国家社科基金后期资助项目
# 出版说明

后期资助项目是国家社科基金设立的一类重要项目，旨在鼓励广大社科研究者潜心治学，支持基础研究多出优秀成果。它是经过严格评审，从接近完成的科研成果中遴选立项的。为扩大后期资助项目的影响，更好地推动学术发展，促进成果转化，全国哲学社会科学工作办公室按照"统一设计、统一标识、统一版式、形成系列"的总体要求，组织出版国家社科基金后期资助项目成果。

全国哲学社会科学工作办公室

国家社科基金
GUOJIA SHEKE JIJIN HOUQI ZIZHU XIANGMU
后期资助项目

# 阳明学派知识学研究

A Study of Yangming School´s Knowledge Activity

刘荣茂　著

SJPC 上海三联书店

# 性命道德与技艺
## ——刘荣茂《阳明学派知识学研究》序

陈立胜

阳明学自其诞生开始，即遭受到朱子学的质疑，废学废思、师心自用、认欲作理一类的判词成了阳明学与生俱来的“原罪”。实际上，观阳明与弟子间的早期对话(今《传习录》上卷所记)，针对心上用功的“头脑工夫”主张，弟子亦每每以“节目时变”“名物度数”讲求与否一类议题质问乃师。

西方思想中有“智识主义”与“反智识主义”对立之传统，余英时认为理学内部亦有类似的“智识主义”与“反智识主义”对立之情形。无疑，朱子学代表“智识主义”，阳明学代表“反智识主义”，而清代学术之起源正可溯源于此“内在理路”之开展。

现代大儒熊十力于朱子、阳明“格知”之说各取一端：阳明“致知”之“知”为本心，不独深得《大学》之旨，而实六经宗要所在。中国学术本原，确乎在此。朱子致知之知为“知识”，虽不合《大学》本义，但却极重视知识，于魏晋玄学反知之说、佛教偏重宗教精神，皆力矫其弊，且下启近世注重科学知识之风。程朱主“理在物”，穷理不能不向外寻，由此道，将有产生科学方法之可能，故格物之说，唯朱子实得其旨，断乎不容疑。(见熊十力《读经示要》卷一)熊十力又称“阳明反对格物，即排斥知识”，“《大学》格物，朱子补传，确圣人之意，陆王甚误。”(《明心篇》)唐君毅进一步指出朱子之言天下之物之理皆当知，已经蕴含着学术分工之义，由朱子学容易开出“所谓专门专家之学”。

阳明学中“知识学”之维不彰，几成定谳，不容置疑。亚里士多德曾将知识分为“理论知识”(*episteme*)“实践智慧”(*phronesis*)“技艺”(*techne*)三种类型，此处“知识学”之“知识”系指“理论知识”与“技能知识”(“技艺”)。阳明学致良知工夫论无疑聚焦于“实践智慧”，此是儒家为学头脑所在。问题来了，对此实践智慧之聚焦是否导致置“技能知识”与“理论知识”于不顾呢？阳明学“致良知”工夫论是否“对认知心及认知活动毫无安顿”而最终与“知识学”绝缘呢?

此一问题须从“原则上”与“事实上”两方面索解,质言之,阳明学中“知识学”之维不彰究竟是原则上的“不彰显”抑或是事实上的“不彰显”?

当王阳明将格物训为“正其不正以归于正”,以取代朱子的“至物穷理”之旧训,“物”完全成为“行为物”。知识学意义上的独立之“物”既如此隐没不彰,关于此“物”之“知识学”又从何谈起?这大概是后人认定阳明学“排斥知识”的一个主要原因吧。

其实先秦诸子论物,其焦点不外是“物物而不物于物”(《庄子·山木》)。“君子役物,小人役于物”(《荀子·修身》),“君子使物,不为物使”(《管子·内业》),如何对待物成了君子小人之辨的一个重要指标。宋明理学论“格物”其主流都是从“应物”“遇事接物”着眼。如何做到“一循于理”而无累于物,方是格物论的第一义,朱子学与阳明学概莫能例外。阳明学的问题意识当然是如何成贤、成圣的“修身学”“应物学”,而不是如何开出当今意义上的“知识学”。致良知工夫论在本质上是一种生存论,诸如现实之中是何种因素妨碍一个人依循其良知行事?不孝之人究竟是哪一个环节出现了问题?是因为不懂得如何行孝,如不会讲求夏清冬温的“节目”,不具备此类行孝的“科学知识”,抑或是因为行孝之心被私欲遮蔽?不道德之人是因为科学知识不够,抑或是因为私心太重?对于不孝之人、对于不道德之人,是让他学习科学知识,让他重视认知,抑或是通过唤醒、激活其内在的良知,使他变成孝子、变成道德之人?

问题是,这种“修身学”的成贤、成圣取向是否在原则上、在逻辑上必然要与知识学的追求相冲突?以亲民为例,真要做到亲民,必要了解民情,必要制定种种制度,采取可行与有效的举施,如筹资金、设义田、储公廪,对鳏寡孤独等弱势人群实行救济等等,亲民作为一种“明明德”行动只有通过此类“技能知识”(“实用知识”)方能得到真正落实。脱离这些实用知识,致良知活动便寸步难行。“良知不由见闻而有,而见闻莫非良知之用;故良知不滞于见闻,而亦不离于见闻”,“若果信得良知及时,则知识莫非良知之用”,阳明与王畿这一类说法昭示我们:以致良知为头脑、为本,则一切技能知识,莫非良知之妙用。致良知活动在原则上、在逻辑上不仅不与技能知识绝缘,而且必借后者方得以落实。而任何技能知识亦必预设相应的“理论知识”,如医疗技术必预设相应的医学知识、生理学知识,致良知行动既然须借技能知识得以落实,则亦必以相应的纯粹理论知识(科学知识)之获取为条件。换言之,要真正落实致良知,必会牵涉到对纯粹的科学知识之承认与获取,此亦是顺理成章之事,阳明学对此亦自不会有什么异议。关于孝亲观念,自王勃始就有“人子不可不知医”之说，理学家更是称事亲学医“最是大事”。针对“天下之事变无穷，良知安能尽知”之问，阳明后学查铎回答说“良知乃吾真心之所发也，真心所在，当考索者，自会考索。当讲求者，自会讲求。考索、讲求有未至者，自会考求其至。只是良知为主，凡此皆所不废。若当考索而不考索，当讲求而不讲求，考索讲求未至而不求其至，即此已是怠心，已是忽心，已是自是自高，皆是不实致其良知之故。能实致其知，此处皆自不容已矣。”（《查毅斋先生阐道集》卷四）然而，个人的精力是有限的，儒家虽有“一事不知，儒者之耻”的古训，但纵是圣人亦不能全知、全能。故王阳明说：“圣人无所不知，只是知个天理。无所不能，只是能个天理。圣人本体明白。……天下事物，如名物、度数、草木、鸟兽之类，不胜其烦。圣人须是本体明了，亦何缘能尽知得？但不必知的，圣人自不消求知。其所当知的，圣人自能问人。……圣人于礼乐名物不必尽知。**然他知得一个天理，便自有许多节文度数出来。不知能问，亦即是天理节文所在。**”（《传习录》下）“其所当知的，圣人自能问人”，此一说法已预设了“专家”（“知识人”）阶层之存在。在原则上，凡是有益于“生人之道”的所有知识都是人所当知的，也是王阳明良知学所必然要求的。致良知是一“行为之宇宙”，它需要“知识之宇宙”作为落实之“条件”，由“行为之宇宙”通达“知识之宇宙”，牟宗三称之为“良知之坎陷”：“每一致良知行为自身有一双重性：一是天心天理所决定断制之行为系统，一是天心自己决定坎陷其自己所转化之了别心所成之知识系统。此两者在每一致良知之行为中是凝一的。”（《从陆象山到刘蕺山》）要之，在原则上，致良知的要求不仅不会导致与知识学之追求相冲突，而且必须借着知识学的辅助方能落实。熊十力一面辟阳明格物说即“排斥知识”，一面又说“良知必发用于事物而开展为知识”，又说良知作主，则“接触万物、了别万物，裁成变化于万物，无往不是良知之发用”，既然阳明学之“致良知教”“修身学”必发用于事物而开出“知识学”，则所谓“排斥知识”说必不是“原则上”之“排斥”，而是“事实上”之“排斥”。

那么，在事实上，阳明学果是排斥“知识”之维吗？刘荣茂博士《阳明学派知识学研究》一书给出了一份厚重的答卷。全书共分七章，对阳明学在读书、博物、游艺等知识学（“道问学”）中所展开的丰富面向进行了深入而系统的阐述。

出于“万物一体”“天下一家”的使命感，阳明学派在民间社会积极从事修订族谱、建设祠堂、推行乡约、丈量土地、改革赋役、铺设桥梁、兴修水利、设立社仓等等一系列经世实践，这些经世实务的开展自然需要相应的知识与技能。《阳明高弟的知识学与经世维度》一章通过阐发阳明学派经世实践之维与知识学之维之间的辩证关联，令人信服地证明《广舆图》《十三省九边图考》《经济录》等等知识学之作的问世跟阳明学良知学的落地有着密切的联系。罗洪先以“主静无欲”“收摄保聚”工夫主张而闻名，他擅长默坐澄心，甚至被同道视为“专守枯静”，但对于天文、地志、仪礼、典章、漕饷、边防、战阵、车介、阴阳、卜筮、人才、吏事、国是、民隐等种种事为，却又能一一诹询谋度，“苟当其职，皆吾事也”，罗洪先如是说。他“积十余寒暑”绘制了我国第一部综合性全国地图集，在明末清初中广为流传，成为其后各种地图集的“模板”。

王阳明以讲学为士人之“首务”，但阳明学的“讲学”是一种生活讲学、职场讲学，所谓“簿书讼狱之间，无非实学”。政学合一、仕学合一、事上磨练这一类阳明学工夫论命题必意味着无论是从政、从商、务农、务工，皆是“讲学以修德”之域，皆是“作圣境界”。《阳明高弟的技艺活动与工夫修炼》一章勾勒出王阳明、王畿、唐顺之的应举、作文与用兵实践路线图，揭示出阳明学“即业以成学”的“成学”特色。

学稼、学圃在儒学传统中一向被视为“小人”之志，著有《会稽问道录》的阳明弟子黄省曾却撰写了大量农牧渔方面的著作，如《养鱼经》《兽经》《蚕经》《菊谱》《艺菊》《种芋法》《理生玉经镜稻品》等。养鱼、养蚕一类农学技术被冠名为“经”已经说明在阳明学人中农牧渔一类的知识并非“小技”。黄省曾不吝笔墨，详尽描述了水稻、菊花、鱼、蚕等动植物的品种、性状、种植和养殖方法。除此之外，黄省曾还撰写了经学、子学、史学、自然哲学等领域的一些著述，属于典型的知今温古的博物通人。《黄勉之的儒学思想与知识追求》一章从“心学造诣与思想定位”“政治思想”“知识追求”三个方面刻画了黄省曾的思想世界，展示出阳明学中知识学追求光谱中的最为醒目的一端之本色。

明代数学被专家称为“中算沉寂时期”（李俨《中国算学史》），在寥寥可数的算学家中，王阳明亲炙弟子顾应祥与南中王门唐顺之占据了显赫的位置。顾应祥九流百家无所不窥，自幼即好习数学，对数学的兴趣更未因向阳明请学而中辍，著有《勾股算术》《测圆海镜分类释术》《测圆算术》《弧矢算术》《授时历法》《授时历法撮要》等数学专著，其中《勾股算术》是中国历史上第一部以“勾股”为专题和专名的数学著作。他对同时期的国外数学水准颇为肯定，称“外夷之人不为文义牵绕，故其用心精密如此”，对儒家“以九九小伎”轻视数学的做法扼腕叹息：“我中国之儒错用心于无益之虚文，而于数学知之者鲜，宁不可惜哉”！顾应祥进一步提出“君子之学自性命道德之外，皆艺也”的主张，充分肯定了知识学的正当性。他跟好友唐顺之一样坚持学习数学本身就有一种纯粹求知的乐趣，他们在以孔颜之“乐”为主导的宋明理学精神传统中体验到了另一种独特的“快乐”。数学“不惟可以取乐，亦足以为养心之助”，这种对纯粹知识的追求同时又兼有养心与取乐的精神功能，跟传统西方科学家“探索宇宙奥秘”的科学精神与“追求永生”的宗教蕲向融合贯通现象确实具有相似之处。皮埃尔·阿多（Pierre Hadot）指出在古希腊哲学家看来，“研习物理学是一项特别重要的精神修炼”，顾应祥、唐顺之对数学的研习毫无疑问也属于精神修炼的现象。值得一提的是，顾应祥还为我们留下了葡萄牙人来华的最早的一批记录。正德十二年，顾应祥担任广东按察司佥事，佛郎机国番舶驶至广州城下，“放铳三个，城中尽惊”，西人的礼炮声让粤人大吃一惊。顾应祥亲至怀远驿（今广州十八甫路），审视其通事（翻译），方知是佛郎机国遣使臣进贡，葡人见中方大员俱不拜跪，总督都御史陈金大为恼火，将翻译责治二十棍，并将葡使关在光孝寺，习天朝礼仪，三日方见，第一日始跪左腿，次日跪右腿，三日才叩头，始引见。这可以视为两百七十多年后马戛尔尼访华礼仪之争的预演。顾应祥还详细描述了番舶上面的佛郎机铳的位置、尺寸、重量与操作方法，并认为此铳用于海舶甚利，以之守城亦可（事见《静虚斋惜阴录》卷十二）《顾箬溪与唐荆川的道艺观》一章从“知识探索”“心学与经世学”“道艺之辨”“游艺”全面呈现了顾应祥与唐顺之道艺观视野下的“知识学”面貌与特质。

“《四书》《五经》不过说这心体”，“《六经》者，吾心之记籍”，“《六经》者非他，吾心之常道也”，阳明学的圣经观自然离不开“心体”这一向度，但心体的开显自然也有赖于圣经的明示与印证。圣经、圣人（先觉）、圣传（古训）、道友是圣学（“学为圣人”）的结构性因素。治经有“三益”：“其未得之也，循其说以入道，有触发之义焉；其得之也，优游潜玩，有栽培之义焉；其玩而忘之也，府仰千古圣人先得我心之同然，有印正之义焉。”（《王畿集》卷十五）王畿“触发”“栽培”“印正”三义说应该是阳明学乃至整个宋明理学的圣经观之通义。值得注意的是，王畿还反复斥“束书不观”“游谈无经”为“虚妄”，明清之际顾炎武对阳明学“人皆土苴《六经》”“束书不观，游谈无根”（《日知录》卷十八）之指责跟这一警戒可谓如出一辙。《阳明后学的经学观及其实践》一章对季本、邓元锡、焦竑、刘宗周的经学成就进行了系统的阐发，对季本与焦竑的经史实践的特色进行了精细的刻画。将对阳明学学风“空疏”的反动与明清学术的“转型”关联在一起，这一学界习以为常的一幅“画面”，毫无疑问是一幅夸张性的漫画。阳明学在明清学术的转型中究竟起到何种作用，值得学界进一步追问。

另外，黄绾与顾应祥都是阳明早期入室弟子，但二人后来都发生了学术上的重大转向，并不约而同对阳明学进行了修正乃至批判。《顾箬溪与黄久庵的学术转向与阳明学派的分化》一章着力探究顾应祥与黄绾的思想“转向”问题。晚明乃至清初对阳明学乃至整个宋明理学的批评的种种论调，都可以在二人转向现象中见到一些雏形。黄绾通过复归‘四书’、‘五经’而重建有别于朱子学与阳明学的新道统的做法，更是体现了梁启超所谓“以复古为解放”的清代学术理路。

有截断众流工夫，方有涵盖乾坤手段。真正致良知的工夫，必会成就整顿乾坤的事业。王阳明曾称良知就是“易”，其为道屡迁，变动不居，周流六虚，上下无常，惟变所适。阳明学自身又何尝不是如此？阳明学自身就是一个开放的思想系统，它本身便蕴含着与时俱进而自我调适、自我更新、自我分化的机制。“宇宙内事乃己分内事，己分内事乃宇宙内事”，在致良知、尊德性道德意识主宰下，心学中人因其个人性情、爱好、才质、职分与时代处境而开展出形态各异的知识学。从传统士人崇尚的“七雅”（“书画琴棋诗酒花”）到农牧渔一类生产知识，从专业的经学到纯粹的算学，几乎古代中国的各种“知识”均被纳入君子之学的“知识库”，极大扩张了君子之学的知识学版图。要之，中晚明农学、兵学、数学、地图学、星历学、博物学、经学、文章学以及经世技能的知识学版图中，阳明学派写下了浓墨重彩的一笔。

刘荣茂博士阳明学派知识学研究，不仅拓展了阳明学研究的论域，深化了学界对德性之知与见闻之知的关系、良知学与知识学的关系的理解，还为学界认识明清之际学术的转型与阳明学之间的复杂关系提供了一个新的视角，诚是近年来阳明学研究的上乘之作。阳明学“学风空疏”的“帽子”应该摘掉了！

2023 年 11 月 30 日广州南石头寓所

# 目　录

# 导论

## 一 从阳明学的批评史谈起

一部阳明学的发展史，同时伴随着一部对它的批评史。阳明心学在明代中后期广泛开展之时，除了阳明后学从心学内部不断地自我反省和调整，处在朱子学等其他思想立场的学者对阳明学的批评和对话也不绝如缕。这些批评揭示了阳明学的负面形象。在阳明学的思想系统之外的批评虽然不见得都能切实中肯地击中思想的要害，但无疑可以提供一个有益的视角来省察阳明学的不足。详细地陈列和总结阳明学的历代反对意见，不是本书的主旨。而若想观察阳明学的不同形象，选取一些对阳明学的重要批评和整体性的评价便能满足要求。所以，笔者选择了从明代中期到清初的15位知名学者对阳明学的批评和评价。由于此处不是探讨阳明学的思想细节，故那些专门批评阳明思想的著作无法涉及。① 为了简便直截，笔者先摘录这些学者批评的重点，然后再加以概括。②

| 学者 | 批评要点之摘录 | 概括 |
| --- | --- | --- |
| 罗整庵（名钦顺，1465—1547） | 以不资于外求，但当反观内省以为务……局于内而遗其外。③ | 局内遗外 |
| | 专事于反观内省之为而遗弃其讲习讨论之功……沉溺于枯槁虚寂之偏，而不尽于物理人事之变。④ | 忽略物理人事 |

① 批评阳明思想的著作主要有冯柯《求是编》、张烈《王学质疑》、罗泽南《姚江学辨》等。

② 对于15位学者相关批评的拣择，笔者主要参考陈鼓应、辛冠洁等主编《明清实学简史》（北京：社会科学文献出版社，1994年）、张学智《明代哲学史》（北京：北京大学出版社，2000年）、张祥浩《王守仁评传》（南京：南京大学出版社，1997年）三书中的相关章节。

③ 罗钦顺撰，阎韬点校：《困知记》，北京：中华书局，2013年，页142、143。

④ 陈荣捷：《王阳明〈传习录〉详注集评》，上海：华东师范大学出版社，2009年，页150。

续　表

| 学者 | 批评要点之摘录 | 概括 |
| --- | --- | --- |
| 王浚川（名廷相，1474—1544） | 近世好高迂腐之儒，不知国家养育贤才，将以辅治，乃倡为讲求良知，体认天理之说，使后生小子澄心白坐，聚首虚谈，终岁嚣嚣于心性之玄幽，求之兴道致治之术，达权应变之机，则暗然而不知。[1] | 玄谈，忽略治术 |
| 黄久庵（名绾，1477—1551） | 良知既足，而学与思皆可废矣！而不知圣门所谓志道、据德、依仁、游艺为何事。[2] | 废学废思 |
|  | 又令看《六祖坛经》，会其本来无物，不思善、不思恶，见本来面目，为直超上乘，以为合于良知之至极。又以《悟真篇后序》为得圣人之旨。以儒与仙、佛之道皆同，但有私己、同物之殊。以孔子《论语》之言，皆为下学之事，非直超上悟之旨。予始未之信，既而信之，又久而验之，方知空虚之弊，误人非细。[3] | 杂佛老，空虚 |
| 崔后渠（名铣，1478—1541） | 弘治中，士厌文习之痿而倡古作。嗣起者乃厌训经之卑而谈心学……创格物之解，剽禅寤之绪。奇见盛而典义微，内主详而外行略矣。[4] | 杂禅，遗外 |
| 吴苏原（名廷翰，1490—1559） | 今之人好异自高，遂窃其说而张大之，曰“致良知”。而其徒从旁窃听，以为妙道精义；且指其一种虚闻虚见者即妙解神悟。学不知性而专任心，其流之弊一至于此。然则心性之间，其儒释之辨欤！[5] | 虚见 |
|  | 若曰良知自知，殊非圣人能之……故圣人之学，必须格物以致知。如《书》所谓“学于古训”……验以吾心，获于古人，才于理之是非、念之善恶晓然分明，而后其知庶几可得而致。不然，则中人之资，心体未莹，知之所发，善恶纷如，何以考据证验？一切念虑，皆非实体。其不至于独守自心，抱空妄想，认昏昧以为虚灵，呼情欲以为至理，猖狂自恣，无所忌惮，而卒为佛老之归小人之党者，几希矣。[6] | 废学局内，认欲为理 |

① 王廷相撰，王孝鱼点校：《王廷相集》，北京：中华书局，1989 年，页 873。
② 黄绾撰，刘厚祜、张岂之标点：《明道编》卷第一，北京：中华书局，1959 年，页 10。
③ 黄绾撰，刘厚祜、张岂之标点：《明道编》卷第一，北京：中华书局，1959 年，页 11。
④ 崔铣：《洹词》卷十，《影印文渊阁四库全书》第 1267 册，台北：台湾商务印书馆，2008 年，页 588 下。
⑤ 吴廷翰撰，容肇祖点校：《吴廷翰集》，北京：中华书局，1984 年，页 35。
⑥ 吴廷翰撰，容肇祖点校：《吴廷翰集》，北京：中华书局，1984 年，页 64。

续　表

| 学者 | 批评要点之摘录 | 概括 |
| --- | --- | --- |
| 陈清澜（名建，1497—1567） | 阳明良知之学本于佛氏之本来面目，而合于仙家之元精元气元神，据阳明所自言亦已明矣，不待他人之辩矣。奈何犹强称为圣学，妄合于儒书以惑人哉……愚谓阳明良知之说，其为杂为舛孰甚。① | 杂佛老 |
| 陈季立（名第，1541—1617） | 书不必读，自新会始也；物不必博，自余姚始也。② | 废博物 |
| 顾泾阳（名宪成，1550—1612） | 阳明先生也而曰："求诸心而得，虽其言之非出于孔子者，亦不敢以为非也；求诸心而不得，虽其言之出于孔子者，亦不敢以为是也。"……阳明先生此两言者，宪犹然疑之……苟不能然，而徒以阳明此两言横于胸中，得则是，不得则非，虽其言之出于孔子与否，亦无问焉。其势必至自专自用，凭恃聪明，轻侮先圣，注脚六经，高谈阔论，无复忌惮，不亦误乎！③ | 自专自用，轻侮圣典 |
| | 以为心之本体原来是无善无恶也，合下便成一个空……以仁义为桎梏，以礼法为土苴，以日用为尘缘，以操持为把捉，以随事省察为逐境，以讼悔迁改为轮回，以下学上达为落阶级，以砥节砺行、独立不惧为意气用事者矣。④ | 乱礼法，废工夫 |
| | 无善无恶四字，就上面做将去，便是耽虚守寂的学问，弄成一个空局，释氏以之；从下面做将去，便是同流合污的学问，弄成一个顽局，乡愿以之。⑤ | 耽虚守寂，同流合污 |
| 高景逸（名攀龙，1562—1626） | 阳明以朱子之"致知"也为闻见之知，故其为宗旨也曰"良知"……夫圣人不任闻见，不废闻见。不任不废之间，天下之至妙存焉。舜闻一善言、见一善行若决江河，沛然莫之能御也，非闻见乎？而闻见云乎哉！⑥ | 废闻见 |
| | 本朝文清与文成便是两样。宇内之学，百年前是前一路，百年来是后一路，两者递传之后，各有所弊。毕竟实病易消，虚病难补。今日虚症见矣，吾辈当相与稽弊而反之于实。⑦ | 空虚 |

① 陈建：《学蔀通辨》卷九，王云五主编《丛书集成初编·困知记及其他一种》第二册，上海：商务印书馆，1936 年，页 120。

② 陈第撰，郭庭平点校：《一斋文集》，中国文艺出版社，2013 年，页 149。

③ 顾宪成：《泾皋藏稿》卷二，《影印文渊阁四库全书》第 1292 册，台北：台湾商务印书馆，2008 年，页 21 上、下。

④ 顾宪成：《证性篇》卷三，《顾端文公遗书》，光绪丁丑（1877）重刊泾里宗祠藏版。

⑤ 同上注。

⑥ 高攀龙：《高子遗书》卷三，《影印文渊阁四库全书》第 1292 册，台北：台湾商务印书馆，2008 年，页 375 上、下。

⑦ 高攀龙：《高子遗书》卷四，《影印文渊阁四库全书》第 1292 册，台北：台湾商务印书馆，2008 年，页 397 上。

续 表

| 学者 | 批评要点之摘录 | 概括 |
| --- | --- | --- |
| | 今之阳尊儒而阴从释，借儒名以文释行者，自阳明以后更大炽。① | 杂佛 |
| 孙夏峰（名奇逢，1584—1675） | 门宗分裂，使人知反而求诸事物之际，晦翁之功也；然晦翁没而天下之实病，不可不泄，词章繁兴，使人知反而求诸心性之中，阳明之功也。然阳明没而天下之虚病不可不补。② | 空虚 |
| | 龙溪独持四无之说，群起而疑之。乃先生亦复唯唯。于是龙溪之言满天下，后传龙溪之学者流弊滋甚。因是遂疵阳明之学。嗟乎，岂阳明之过哉？③ | |
| 陆桴亭（名世仪，1611—1672） | 天泉宗旨四言，在阳明已自露出破绽，至龙溪四无之语则是文人口头聪明语，绝无意义。虽禅宗之有得亦不取也。其流弊之害，至万历时凡诸老会讲，专拈四无，掉弄机锋闲话过日，其祸盖不止如王衍之清谈矣。万历之末，人心委顿，驯至大乱，其明验也。④ | 四无之弊，惑乱人心 |
| 顾亭林（名炎武，1613—1682） | 昔之清谈，谈老庄，今之清谈，谈孔孟。未得其精，而已遗其粗，未究其本，而先辞其末。不习六艺之文，不考百王之典，不综当代之务，举夫子论学论政之大端一切不问，而曰一贯，曰无言，以明心见性之空言，代修己治人之实学。股肱惰而万事荒，爪牙亡而四国乱。神州荡覆，宗社丘墟。⑤<br>今之君子则不然，聚宾客门人之学者数十百人，“譬诸草木，区以别矣”，而一皆与之言心言性，舍多学而识，以求一贯之方，置四海之困穷不言，而终日讲危微精一之说，是必其道之高于夫子，而其门弟子之贤于子贡，祧东鲁而直接二帝之心传者也。我弗敢知也。⑥ | 清谈，遗弃经典，荒废事务 |

① 高攀龙：《高子遗书》卷八，《影印文渊阁四库全书》第 1292 册，台北：台湾商务印书馆，2008 年，页 497 下。

② 汤斌、耿极编撰：《孙夏峰先生年谱》，载张显清主编《孙奇逢集》第二册，郑州：中州古籍出版社，2003 年，页 1408。

③ 孙奇逢：《理学宗传》卷二十六，载张显清主编《孙奇逢集》第一册，郑州：中州古籍出版社，2003 年，页 1245。

④ 陆世仪：《思辨录辑要》卷三十三，《影印文渊阁四库全书》第 724 册，台北：台湾商务印书馆，2008 年，页 318 下。

⑤ 顾炎武著，陈垣校注：《日知录校注》卷七，合肥：安徽大学出版社，2007 年，页 384。

⑥ 顾炎武著，华忱之点校：《顾亭林诗文集》，北京：中华书局，1959 年，页 40。

续　表

| 学者 | 批评要点之摘录 | 概括 |
|---|---|---|
| 王船山（名夫之，1619—1692） | 王氏之学，一传而为王畿，再传而为李贽，无忌惮之教立，而廉耻丧，盗贼兴，中国沦没，皆惟怠于明伦察物而求逸获，故君父可以不恤，肤发可以不顾。① | 破坏纲常礼法 |
| | 姚江王氏阳儒阴释诬圣之邪说，其究也，为刑戮之民、阉贼之党皆争附焉，而以充其无善无恶、圆融理事之狂妄。② | 杂佛，善恶不分 |
| 陆稼书（名陇其，1630—1692） | 嵇、阮之清谈盛，而永嘉之乱兴；姚江之良知炽，而启、祯之祸作。③ | 导致亡国 |
| | 及考有明一代盛衰之故，其盛也，学术一而风俗淳，则尊程朱之明效也。其衰也，学术歧而风俗坏，则诋程朱之明效也。每论启、祯丧乱之事而追原祸始，未尝不叹息痛恨于姚江。故断然以为，今之学，非尊程朱黜阳明不可。④ | 乱学术，坏风俗 |
| 全谢山（名祖望，1705—1755） | 吾观阳明之学，足以振章句训诂之支离，不可谓非救弊之良药也。然而渐远渐失，遂有堕于狂禅而不返……夫阳明之所重者，行也，而其流弊乃相反，彼其所谓诚意者安在耶？盖其所顿悟者原非真知，则一折而荡然矣。是阳明之救弊，即其门人所以启弊者也。⑤ | 后学不实行 |

以上虽然没有完全列举这些学者的所有批评，但这些重点评论足以表达他们的主要观点。表中的评论并非都是严谨而客观的，顾亭林、王船山和陆稼书认为阳明之学导致明代亡国，这显然有激于他们愤慨明亡的感情。其他的批评集中在另外两点：其一，夹杂佛老之学，因而破坏纲常礼法，这主要针对阳明的“四句教”以及王龙溪的四无之说；其二，空虚不实的学风，其中又可分为任心废学和空谈不行两个方面。以上 25 条批评中，涉及前者的有 11 次，而后者达 14 次之多，有些评论甚至同时包括这两个方面。对于阳明学乱世灭国的指责，如果追根究底，也不外乎这两点原因，或者因为礼法大坏，或者是空疏无用。因此，在明清时期，其他学者对阳明学派总体的评

---

① 王夫之：《船山全书》第十二册，长沙：岳麓书社，1988 年，页 371。

② 王夫之：《船山全书》第十二册，长沙：岳麓书社，1988 年，页 10。

③ 陆陇其：《松阳钞存》卷上，《影印文渊阁四库全书》第 725 册，台北：台湾商务印书馆，2008 年，页 631 下。

④ 陆陇其：《三鱼堂文集》卷八，《影印文渊阁四库全书》第 1325 册，台北：台湾商务印书馆，2008 年，页 125 下—126 上。

⑤ 全祖望撰，朱铸禹汇校集注：《全祖望集汇校集注》中册，上海：上海古籍出版社，2000 年，页 1058。

价和批判就集中在这两点上。不过，对阳明学的批评还要进一步地分析和区分。阳明之学在明代中后期流行大江南北，推崇阳明学的人难以数计。其中难免鱼龙混杂，如上面孙夏峰和全谢山所言，一些后学末流歪曲了王阳明的思想，因而产生流弊。如果是后学末流造成的问题自然不能让他人承担罪责。但是，如果阳明学的理论会导致以上两种诘难，那么阳明学的研究必须要严肃认真地对之检讨。

稍微了解明代学术思想史的读者都知道，明代有一股儒、道、佛三教融合的潮流。这 15 位学者两点主要的批评中的第一点，其实就涉及对待三教融合的态度。对于阳明学与佛、道二教的关系，不仅与阳明学理论有关，而且与不同学派的思想立场和基本观点紧密相关。在宋明理学中，基于不同的思想立场，对待佛、道的态度可能会截然不同。上表中批评阳明学夹杂佛、道思想的学者大多基于宋儒，特别是朱子学的立场。因此，他们通过批评突出了不同学派的根本分歧，而未必是阳明学理论上的不足。在有限的篇幅内充分探讨以上的两点批评是不可能的。对于第一点，只好做简短的评论，本书是针对第二点展开的探讨。

## 二 研究问题与学术综述

明清儒者对阳明学的第二点批评对后世的影响最大，它甚至主导着现代研究中对阳明学的基本判断。我们可以分两个方面来解释。首先，“知识之辨”是现代阳明学研究中反复讨论的重要议题。阳明学研究中的良知与知识之辨，简称“知识之辨”[①]，指探讨阳明学良知说与经世知识之关系、致良知之修身实践对于经典传注、科学或经世知识是促进还是妨碍的问题。在这样一个因西方“科学”观念（所谓“赛先生”）传入才尤为突出的论题上，很多研究者对阳明学有大致相同的看法。他们认为，王阳明以“致良知”为学问宗旨，专注德性修养，以“尊德性”统摄“道问学”，这样会忽视经典注疏和经验知识的学习，限制科学、艺术的独立发展，因而有“反智识主义”的倾向。[②]

---

① 笔者借用彭国翔教授之说法，把讨论良知与知识之关系、良知学是否有碍于知识、才艺的问题统称为“知识之辨”。在本书中，其主要指阳明、南野、龙溪等人对良知与“见闻之知”“知识”关系的讨论，有时也指现代学人对良知与经验知识关系问题的相关讨论。

② 对阳明学良知与知识关系探讨的文章颇多，笔者择要列举。余英时先生在讨论明清思想演变时指出，明代儒学，尤其以王阳明为代表，极尽“尊德性”之能事，重视德行修养（转下页）

其次，在探讨明清学术转型的原因时，学者们往往表达了对阳明学类似的判断。明清之际，儒者尚实行、务经世、考订经史、反对学问空疏。梁启超（号任公，1873—1929）和胡适（字适之，1891—1962）认为清初考据学的出现是对宋明理学的反抗，遂有"理学反对说"的解释范式。辛冠洁、葛荣晋等先生将明清之际儒学提倡"经世致用"、重视知识价值、崇奖经史考证的学术思潮概括为"实学"，"实学"的基本特征是"崇实黜虚"，也是对宋明程朱、陆王之理学的批判与反抗。① 钱穆（字宾四，1895—1990）、余英时（1930—2021）师徒注重宋明理学与清初儒学的连续性。钱先生认为清初顾亭林等大儒由虚转实、重经世实践，东林学派已启其端绪，东林学术出自阳明，为挽救阳明后学末流之空疏而"自王反朱"。余英时先生与乃师的思考向度一致，从宋明理学发展的"内在理路"来说明清代学术之起源。他借助西方思想中的"智识主义"与"反智识主义"观念，认为清代考证学的出现是明代理学内部有朱子学倾向的"智识主义"者与白沙、阳明所代表的"反智识主义"者对立、论辩并最终转向"智识主义"之考证学的结果。② 尽管钱、余两先生主张理学

---

（接上页）而忽视经典传注与经验知识，"把儒家内部反智识主义的倾向推拓尽致"（参见其著《论戴震与章学诚》，北京：生活·读书·新知三联书店，2000年，页296）。陈来先生承接此说，他认为，与朱子学具有的明显知识取向相较，阳明思想的一体化原则"使得精神发展的'学问'和'为学'强烈地伦理化，凸显出价值中心或价值本位的立场"，因而会有限制科学、艺术发展的危险（参其著《有无之境——王阳明哲学的精神》，北京：人民出版社，1991年，页282）。彭国翔教授有专节梳理阳明后学的"知识之辨"论题。他大致也秉承乃师之观点，认为阳明后学学人，特别是欧阳南野等人，在严分良知与知识异质性的前提下，以阳明学一元论之思维方式统一良知与知识并不成功，而且又因坚持良知的优先性，这尽管不是反智论，但也"产生了严重轻视甚至反对知识的倾向"（参其著《良知学的展开：王龙溪与中晚明的阳明学》，北京：生活·读书·新知三联书店，2005年，页361—372）。成中英先生之观点较为激进，他以为王阳明未能析解知识与价值之关系，对知识的重要性认识不够，甚至"犯了两个混淆的错误：一是把知识当作私知、当作意见；一是事事物物各有定理就是私知、就是意见"（参其著《合外内之道——儒家哲学论》，北京：中国社会科学出版社，2001年，页291）。此外，明代经学史的研究中也通常认为阳明学轻忽读书、不重经典之习，与明末考证博学之风相左，明代经学史专家林庆彰教授即持此见（参其著《明代经学研究论集》，台北：文史哲出版社，1994年，页87—88）。

① 葛荣晋教授关于"实学"思潮的观点可参其文《明清实学简论》，《社会科学战线》1989年第1期。这一观念主导而产生的主要的学术成果是陈鼓应、辛冠洁、葛荣晋主编《明清实学思潮史》（济南：齐鲁书社，1988年）与《明清实学简史》（北京：社会科学文献出版社，1994年。两书的部分章节重复），以及葛荣晋《中国实学思想史》（北京：首都师范大学出版社，1994年）等。将明清之际学术形态命名为"实学"，其实广受争议，对此之批评可参姜广辉《"实学"考辨》，见中国实学研究会主编《实学思潮与当代文化》，北京：首都师范大学出版社，2002年，页379—402。

② 钱宾四先生的观点可见其著《中国近三百年学术史》，《钱宾四先生全集》第16册，台北：联经出版公司，1998年，页17。钱先生已然注意到出于王学的东林学派与明末学术的紧密联系，只是未谈及王学对晚明学术的正面作用。对梁、胡、钱、余四人关于清代学术 （转下页）

与清初学术有内在的关联，但是对于阳明学的整体评价，他们和梁、胡、葛等先生并无很大差异。他们基本都断定明末清初崇尚经世、重视经传的学风与阳明学派学术特征不同，甚至相反，明清之际儒学转型是对阳明学，尤其是阳明学末流的批判、甚至否定。换句话说，王门学者疏于世事，不重读书等空虚不实的学风正是明末清初儒者竭力克服的。

以上现代研究者对阳明学负面形象的判断与明清儒者的批评若合符节，可以说，他们都或隐或显地受到后者的影响。然而，当我们回观王阳明及其后学的历史时，这些可谓是根深蒂固的对阳明学负面形象的刻画并未得到充分的印证。笔者以黄梨洲(名宗羲，1610—1695)在《明儒学案》中所列七个王门学案(包括泰州学派)为限，对阳明学学者的存世著作以及记录在史志书目的散佚著作做了简单搜罗(见本书附录)，这可以为观察阳明学派对读书与知识的态度提供一个简捷的视角。附表的结果显示，阳明学派的儒者有数量可观的著作，而且其中不乏博学多能之士。王门学者多撰有诠释《四书》与《五经》的解经著作，浙中王门季彭山(名本，字明德，1485—1563)更是据师说考注《五经》，他并未排斥经典。阳明早期弟子顾箬溪(名应祥，字惟贤，1483—1565)精通数学，有四部数学著作传世，江右王门罗念庵(名洪先，字达夫，1504—1564)撰制《广舆图》，南中王门黄勉之(名省曾，号五岳，1490—1540)热衷于蚕、鱼、稻、菊等农学等等不一而足。这些都使我们不能完全接受明清儒者对阳明学空虚不实的负面评价。后世评价与历史之间的反差，促使我们要全面而且审慎地探讨这个论题。既往的研究常局限在阳明一人的思想上，因此难免陷于简单和偏颇的结论。我们需要从王阳明扩展到整个阳明学派来探讨王阳明及其后学对读书、博学、处事力行的一般态度。对整个阳明学派的探讨可能会呈现更为丰富的阳明学形象。

对阳明学派的所有学者都进行讨论是个人难以承担的。而挑选那些兼长经史、博考自然的阳明后学则有助于揭橥阳明学与知识、经世的积极关系。为此，本书使用“知识学”这一概念总括阳明学派之中重视经史、博物求知以及运用知识以经世的学术倾向。“知识学”是笔者不得已而为之的概念。明清之际，越来越多的学者反求古典考证名物，崇尚经世实行，我们姑且把他们积累的经史注疏与考证、对历史与自然名物的认识、经世知识(或实践技能)等等称为“知识学”。“知识学”与传统的“经世之学”部分相对应，

(接上页)思想研究范式的回顾，参丘为君《清代思想史“研究典范”的形成、特质与义涵》，载其著《戴震学的形成：知识论述在近代中国的诞生》，北京：新星出版社，2006年，页212—264。丘文已详及四人的相关著述，此处从略。

只不过前者偏重知识的成果和形态，而后者偏重知识和技能的社会应用。另外，“知识学”涵括的知识范围更广泛，它既包括经世之学中的实用知识和技能，也包括儒学中经典注疏的传统，还包括探求历史和自然名物的知识成果。究其实，“知识学”与宋代以来儒者读书求知、“道问学”（不包括诗词歌赋）的知识范围大致相当。[①] 所以，笔者使用这个概念意在全面考察阳明学派对各类知识的观点以及在各类知识上的探索和积累，并以此回应明清以来学者对阳明学不重读书、疏于“道问学”、空虚不实的负面评价。

探讨阳明学派的知识学会提供一个新的阳明学的思想形象。除此而外，它对重思阳明学与晚明经世之学、明清学术转型的关系也极具意义。以往对明清学术转型的研究中，研究者常常认定明末清初学者的学术转向是在批判阳明学的基础上进行的，阳明学与明末清初的学术进展是断裂的，两者之间并无连续性可言。阳明学没有留给后世多少有益的遗产，像同样崇尚经世、奖掖经史的东林学派和蕺山学派，虽然他们可以看作是广义的阳明学派，但也仅是汲取了朱子学中“道问学”的倾向而折中朱王的结果。其实，早有学者指出，明末清初蔚然成风的经世致用潮流在十五世纪的明代已经逐渐开展。[②] 而近来学界在蕺山学派的研究中也逐渐认识到，心学一系学者在明末清初广泛参与讲经和社会救济活动，在时代中不断进行学术的反省和调整[③]，这在一定程度上纠正了顾亭林、王船山和陆稼书批评王学清谈导致明亡的说法。在此基础上，探讨阳明学派的知识学成绩便是一个重要的学术议题，这对全面认识阳明学与明清学术转型以及与明清经世思潮之关系显得极为必要。

---

① 宋代以来的儒学中，知识总是与其运用密切相关，而诗词歌赋因为不实用而不被提倡。基于这样的考虑，诗词歌赋（或辞章之学）尽管属于传统的四部之学，但在本书中不作为重点考察的内容。

② 朱鸿林教授曾指出，在十五世纪的明代，“新儒学之显示不仅在其思辨之向度，亦在其实践之向度。积极应用知识与哲学省思之兴趣同样浓厚，尽管‘修养心灵’之兴趣愈发浓烈，但仍有‘拓展知识’之高涨热忱”。参 Chu Hung-lam，“Intellectual Trends in the Fifteenth Century”，*Ming Studies* Number 27 (Spring 1989)，pp. 1 - 2。不过，朱教授似乎认为明中叶兴起的经世之学与阳明心学是并行的，而未进一步讨论两者之关系。朱教授对明中期经世之学的讨论亦参其著《传记、文书与宋元明思想史研究》，《中华文史论丛》，2006 年第 2 辑（总第 82 辑），页 219—223；《邱濬〈大学衍义补〉及其在十六七世纪的影响》，载其著《中国近世儒学实质的思辨与习学》，北京：北京大学出版社，2005 年，页 162—184。

③ 参王汎森《清初的讲经会》，载其著《权力的毛细管作用：清代的思想、学术与心态》，台北：联经出版事业股份有限公司，2013 年，页 89—204；吴震《明末清初劝善运动思想研究》，台北：台湾大学出版中心，2009 年，页 251、339。还须补充的是，日本晚近儒学研究已有学者提出，清代考证学是作为“实学”的宋明儒学之发展的连续，参小岛毅《宋学の形成と展開》，东京：创文社，1999 年。此书之介绍，参工藤卓司《报导近十年日本儒学研究概况——1998—2007 年之回顾与展望》（下），载台北市立教育大学《儒学中心电子报》第十五期，2009 年，http://mail.tmue.edu.tw/～confucianism/post/015/new_page_1.htm。

阳明学是当前中国哲学研究中的“显学”，在此领域积累了难以穷尽的论著。笔者的研讨需要充分吸收前辈时贤的研究心得。除了中文学界，日语、英语等学界均有大量的阳明学研究成果。全面综述阳明学的现代研究进展是一项巨大的工程[①]，它也会偏离本书的主题。因此，笔者只能概览与本书主题有关的既往研究。以往研究的具体内容和细节，若与笔者的探讨直接相关，则会在相应章节进行讨论。总体来说，现代的阳明学研究主要是从以下四个方面进行的：阳明的思想与生平行履，阳明后学的思想发展，阳明学派的讲学运动及其社会经世实践。与本书主题关系密切的是第二点和第四点，以下分别简要述之。

从二十世纪九十年代起，中国华人的研究者逐渐重视阳明后学的研究，演为热潮，至今势头不衰。随着近年“阳明后学文献丛书”初编和续编的相继完成，以及三编、四编的继续开展，可以想见，短时间内阳明后学依然会是中国哲学研究的热点领域。到目前为止，中外学界对阳明后学中的主要人物，尤其是王龙溪（名畿，字汝中，1498—1583）、王心斋（名艮，字汝止，1483—1541）、邹东廓（名守益，字谦之，1491—1562）、聂双江（名豹，字文蔚，1486—1563）、罗念庵等一传弟子的思想做了非常细致且深入的分析和总结[②]，对于阳明后学中的一些思想论题，如工夫论、心体、四句教、三教融合等

---

① 中文学界关于阳明学研究的概括，可参彭国翔《当代中国的阳明学研究：1930—2003 年》，载赵敦华主编《哲学门》第 5 卷，武汉：湖北教育出版社，2004 年，页 200—22；亦载入其著《儒家传统与中国哲学：新世纪的回顾与前瞻》，石家庄：河北人民出版社，2009 年，页 137—166。余樟华《王学编年》（长春：吉林大学出版社，2010 年）书末附有《王学研究论著知见录》（页 684—728），收录近代以来中日学界研究阳明学的著作和论文。日本二战之后阳明学研究的简况，可参张崑将《当代日本学者阳明学研究的回顾与展望》，载《台湾东亚文明研究学刊》第 2 卷第 2 期，2005 年 12 月，页 251—297。欧美学术界对阳明学的研究，较早的介绍是陈荣捷《欧美之阳明学》，收入其著《王阳明与禅》，台北：台湾学生书局，1984 年，页 149—180。美国学术界收录中国哲学（包括阳明学）研究最著名的是 *Philosophy East and West* 与 *Journal of Chinese Philosophy* 两本哲学杂志。

② 民国时期，嵇文甫的《左派王学》《晚明思想史论》与容肇祖的《明代思想史》列专篇讨论王龙溪、王心斋等阳明后学，这是现代阳明后学研究的重要开拓。牟宗三的《从陆象山到刘蕺山》、唐君毅的《中国哲学原论（原教篇）》评述了浙中和江右王门的知名后学的思想特点。大约与此同时，日本几位阳明学研究的大家对阳明后学也进行了专题的探讨，冈田武彦的《王阳明与明末儒学》（吴光等译，上海：上海古籍出版社，2000 年），岛田虔次的《中国近代思维的挫折》（甘万萍译，南京：江苏人民出版社，2008 年）、《中国思想史研究》（邓红译，上海：上海古籍出版社，2009 年），荒木见悟的《明末清初的思想与佛教》（廖肇亨译，上海：上海古籍出版社，2010 年）、《明代思想研究》（东京：创文社，1972 年）、《阳明学の开展と仏教》（东京：研文出版，1984 年）等等著作中有相关的探讨。以上的著作虽然成书较早，但其中的观点依然常被引用。晚近中文学界对阳明后学的整体探讨和个案研究，受时人推重的是以下几种：麦仲贵《王门诸子致良知学之发展》（香港：香港中文大学，1973 年），李剑雄《焦竑评传》（南京：南京大学出版社，1998 年），杨国荣《王学通论——从王阳明到熊 （转下页）

概念都有深入的辨析和疏通。[①] 这些阳明后学的研究不仅展示了阳明学的丰富内涵，而且也开拓了一片中国哲学研究的新领域。不过，我们也当认识到，这些研究是奠定在阳明后学学者各具特色的思想的基础上的。当我们把阳明学派中有思想创见的学者发掘完全，并进行充分的思想梳理，此时如果没有新的诠释方法或观察视角[②]，那么，阳明学的研究必然会变成陈旧庸

(接上页)十力》第三到第五章(上海:上海三联书店，1990 年)，吴震《阳明后学研究》(上海:上海人民出版社，2003 年)、《阳明后学综述》(载袁行霈主编《国学研究》第 9 卷，北京:北京大学出版社，2002 年，页 233—294)、《聂豹、罗洪先评传》(南京:南京大学出版社，2001)、《罗汝芳评传》(南京:南京大学出版社，2005 年)、钱明《阳明学的形成与发展》2002 年)，彭国翔《良知学的展开:王龙溪与中晚明的阳明学》(北京:生活·读书·新知三联书店，2005 年)，林月惠《良知学的转折——聂双江与罗念庵思想之研究》(台北:台湾大学出版中心，2005 年)。此外，还有以地域王门为范围的研究，如蔡仁厚《王学流衍:江右王门思想研究》(北京:人民出版社，2006 年)，钱明《浙中王学研究》(北京:中国人民大学出版社，2009 年)，吴震《泰州学派研究》(北京:中国人民大学出版社，2009 年)，徐儒宗《江右王学通论》(北京:中国人民大学出版社，2009 年)。紧随以上个案研究的趋势，中文学界又对阳明二传、三传等后学做了进一步的探索，成果有朱湘钰《平实道中启新局——江右三子良知学研究》(台湾师范大学国文学系博士论文，2006 年)以及《浙中王门季本思想旧说厘正》(载《东海中文学报》，2010 年 7 月，页 206—209)，前者是对江右王门邹东廓、欧阳南野与陈明水三人的综合研究；杨正显《陶望龄与晚明思想》(台北:花木兰文化出版社，2010 年)；张昭炜《以仁为宗以觉为功——胡直新学案》(北京大学硕士论文，2007 年)与《良知学的收摄——邹元标思想研究》(北京大学博士论文，2011 年)；刘勇《中晚明士人的讲学活动与学派建构:以李材(1529—1607)为中心的研究》(北京:商务印书馆，2015 年)；张卫红《邹东廓年谱》(北京:北京大学出版社，2013 年)与《敦于实行:邹东廓的讲学、教化与良知学思想》(上海:上海古籍出版社，2020 年)；陈椰《杨复所与晚明思潮研究》(广州中山大学博士论文，2013 年)；王格《周汝登与万历王学》(广州中山大学博士论文，2014 年)等等。此外，还有难以详列的专题探讨阳明后学的学术论文，此处只能从略。

① 前注所举吴震、钱明、彭国翔和林月惠的著作对阳明后学有关工夫与心体的论辩都有涉及，林月惠《本体与工夫合一——阳明学的展开与转折》第三节(载其著《良知学的转折——聂双江与罗念庵思想之研究》附录二，前揭书，页 644—681)对阳明后学发展的问题意识有精当的阐释。此外，还可参王汎森《"心即理"说的动摇与明末清初学风之转变》(载《"中央研究院"历史语言研究所集刊》第六十五本第二分，1984 年)，张卫红《由凡至圣:阳明心学工夫散论》(北京:生活·读书·新知三联书店，2016 年)。对于阳明学中的"四句教"或"无善无恶"的相关研究也是数量众多，除了前引牟宗三、荒木见悟、吴震、彭国翔等人的著作中多有涉及外，还可参考陈立胜《王阳明四句教的三次辩难及其诠释学义蕴》(收入其《"身体"与"诠释"——宋明儒学论集》，台北:台湾大学出版中心，2011 年)，吴震《无善无恶:从阳明学到阳明后学》(载刘东主编《中国学术》(第 13 辑)，北京:商务印书馆，2003 年，页 171—228)等等。三教融合或会通思潮也是阳明后学研究中的热点，除彭国翔的书中(第七章第一节)有专题探讨外，还可参陈来《有无之境——王阳明哲学的精神》(北京:人民出版社，1991 年)第八章，钱新祖《焦竑与晚明新儒思想的重构》(宋家复译，台北:"国立"台湾大学出版社，2014 年)，刘海滨《焦竑与晚明会通思潮》(上海:华东师范大学出版社，2010 年)以及马来西亚学者魏月萍的相关成果。

② 瑞士现象学家耿宁先生的《人生第一等事——王阳明及其后学论"致良知"》(倪梁康译，北京:商务印书馆，2014 年)是一个特例，此论著通过现象学的诠释方法和视角，对王阳明的"良知"概念和阳明后学的"致良知"工夫论辩都提出了独到的见解。此书由德文翻译成中文后，引起了国内学者的广泛关注和讨论。

腐、饾饤琐屑之学。事实上，王阳明的众多弟子不是都擅长心性概念的论辩，他们的学问各有专长。如果我们根据阳明后学各自的为学特点来切入阳明学的进一步研究，会发现阳明学会呈现更加丰富多样的面貌。笔者即通过此书做一点尝试。

阳明后学推广和实践心学的方式是讲学运动与乡族建设。阳明后学继承阳明的讲学精神，在浙江、江西等地区组织各种大小讲会，进行思想的论辩和宣传，吸引了大批生员和士大夫的参与。① 这种思想论辩和说教的方式可能是遭到后世诟病的一个主要因素。但是，阳明后学在通过讲会和讲学教化人心的同时，也积极投身于经世济民的实践活动。晚近对于阳明后学（尤其是江右王门）的研究发现，邹东廓、聂双江、罗念庵等王门学者在江西吉水、永丰、安福等县，以士绅的名望主持、促进或参与建祠堂、修族谱、行乡约、立社仓、改革赋役、丈量土地等乡族改良和建设工作。② 除此之外，泰州学派颜山农（名钧，字子和，1504—1596）、何心隐（本名梁汝元，1517—1579）等学者亦广泛参与乡村的实践。③ 这些都揭示了阳明学派黜虚务实的一面。阳明学派的经世活动处在十五世纪到十七世纪的经世思潮大趋势之下，在这个大脉络下定位他们的经世实践，把握其经世的特色，尚未得到充分的探讨。而只有解决这个问题，我们才能深入把握阳明学派的经世实践与明末清初经世思潮之间的联系。

① 关于阳明学派讲学活动的研究，可参陈来：《明嘉靖时期王学知识人的会讲活动》，载《中国学术》第4辑，北京：商务印书馆，2000年；吕妙芬：《阳明学士人社群：历史、思想与实践》，台北："中央研究院"近代史研究所，2003年；吴震：《明代知识界讲学活动系年：1522～1602》，上海：学林出版社，2003年等。

② 可参 Kandice Hauf（郝康迪）著，余新忠译：《十六世纪江西吉安府的乡约》，载郑晓江主编《赣文化研究》第6、7期，1999年12月，2000年12月；梁洪生《江右王门学者的乡族建设——以流坑村为例》，《新史学》第8卷第1期，1997年，页43—85；王崇峻：《明代中晚期江右王门学者的乡村运动——以江西吉安府为中心》，《国立编译馆馆刊》第28卷第1期，1999年，页181—209；张艺曦：《社群、家族与王学的乡里实践——以明中晚期江西吉水、安福两县为例》，台北：台湾大学出版委员会，2006年（简体版《阳明学的乡里实践：以明中晚期江西吉水、安福两县为例》，北京：北京师范大学出版社，2013年）；衷海燕：《儒学传承与社会实践：明清吉安府士绅研究》第六章与第七章，广州：世界图书出版广东有限公司，2012年；张卫红：《罗念庵的生命历程与思想世界》第三章第三节及第四章第四节，北京：生活·读书·新知三联书店，2009年。张卫红《邹东廓年谱》（北京：北京大学出版社，2013年）详细考证了邹守益一生的讲学和乡族实践活动。

③ 泰州学派颜钧、何心隐等人的乡村实践运动可参王汎森：《明代心学家的社会角色——以颜钧的"急救心火"为例》，载其《晚明清初思想十论》，上海：复旦大学出版社，2004年，页1—28；吴震：《泰州学派研究》第4章和第5章，北京：中国人民大学出版社，2009年。宣朝庆：《泰州学派的精神世界与乡村建设》第5章与第6章，北京：中华书局，2010年。有关晚明时期以刘蕺山为核心的证人社成员的社会救济事业，可参吴震：《明末清初劝善运动思想研究》，台北：台湾大学出版中心，2009年，页320—336。

## 三 本书的思路与结构

本书是在以上众多精深的阳明后学研究之基础上的继续探索。王阳明及其后学在诸多知识和技艺领域如兵学、地理学、数学、经典注疏等等，有丰富的探究和思考。笔者以“知识学”的概念概括阳明学派在经世知识、理论知识或古典注疏等诸多知识领域的思想与实践，前文对此已有说明。还须指出，“知识学”是本书为概括阳明学派在读书、博物、游艺等“道问学”领域中的实践而提出的概念，它不是西方哲学中的知识论，而仅仅是笔者对阳明学派诸学者在不同的知识技艺上的探索与思考的方便归纳。在当前的阳明学研究中，“知识学”的概念显得陌生而模糊。究其原因，在阳明学派的话语中，笔者尚未找到一个更加准确的概念来总括他们在诸多知识技艺领域的探索、成就以及他们对各类知识的态度和观念。况且他们在知识技艺上的实践各具特色，难以统一归类。所以，笔者在阳明学话语之外，以“知识学”这一含义模糊的概念来讨论这一议题。对于王阳明及其后学而言，“知识学”主要包括儒家六艺之学、经世(实用)技能与古典经史知识三个方面。翻检阳明后学人物的传记，我们不难发现其中有许多学问渊博、视野广阔的儒者。除了前面提到的顾箬溪、季彭山、黄勉之、罗念庵之外，如南中王门唐荆川(名顺之，字应德，1507—1560)博学多能，学以经世；泰州王门焦弱侯(名竑，号澹园，1540—1620)衷情经史考据，他们亦因之誉载史册。根据这些学者各自学问之所长，同时再与“知识学”的三个子目相结合，笔者把他们分别作为六艺之学、经世技能、经史注疏的代表学者，并考察他们各自的知识学成就以及与心学之间的具体联系。

阳明学派的知识学研究首先是要总结王阳明的知识与技能。在现代研究中，阳明的知识技艺主要从文学、书法、绘画、音乐以及军事才能等方面进行的，在文学方面注重阳明诗歌艺术成就及与其心学之关系①、考察阳明早年好词章的经历②、阳明心学对中晚明文学思潮的影响③及心学审美精神的

---

① 此方面著作有廖风琳：《王阳明诗与其思想》，台北：天一出版社，1978 年；崔完植《王阳明诗研究》，台北：台湾师范大学国文研究所博士论文，1984 年；华建新：《王阳明诗歌研究》，合肥：安徽人民出版社，2008 年等等。

② 比如钱明教授：《儒学正脉：王守仁传》第三章的考察，杭州：浙江人民出版社，2006 年。

③ 这方面专著和论文数量颇多，而且大多结合阳明后学一起探讨其对中晚明文学思潮的影响。仅择要列举几种，如左东岭：《王学与中晚明士人心态》，北京：人民文学出版社，2000 年；潘运告：《从王阳明到曹雪芹》，长沙：湖南教育出版社，1999 年初版，2008 年再版；谈蓓芳：《王阳明哲学与明代后期文艺思潮》，上海：复旦大学博士论文，2001 年。

阐发[1];在书法、绘画、音乐等方面爬梳总结阳明一生的书法、绘画、音乐之实践以及阳明艺术修养之鉴赏[2];在军事方面则分析阳明巡抚南赣、汀、漳与平定宁藩之乱等战事之经过以及用兵之术。[3] 除了军事方面,文学、书法等均不属于本书所界定的"知识学"的范围,而且这些研究并未着眼于读书求知以积累知识的角度。不过,全面探讨阳明对一般知识与技艺的观点,也即阳明的"知识观",是非常必要的,因为这是阳明学派知识学的思想主调。

阳明学派的研究也离不开对阳明高弟的讨论。历史学界对江右王门等阳明后学的研究,已经显示了他们乡里实践活动的丰富性。但是,江右学者对知识或经世技能的态度,他们的经世思想都没有得到充分的讨论。本书拟从思想的层面继续发掘阳明学派经世实践的特色。知识学不仅指静态的认识成果,也包括探索知识的过程和知识的运用。阳明心学的一大特点是心学实践与知识的探求、运用,也即修身与求知、习艺之过程紧密结合,这尤其体现在阳明学学者从事的科举应试、时文写作与用兵作战三项活动之中。他们的相关思考和实践是将儒家心学具体化、生活化的重要表现,而同时又可看作阳明心学经世理念的具体展开。

笔者在分类考察阳明后学的知识学成就的过程中,除了总结他们的学术贡献,主要探讨他们读书博学之取向与心学思想的实际关系。与阳明高弟的经世实践相比,黄勉之精通农学,注重农业技术之总结,是心学经世的另一种形态。全面考察黄氏的心学思想与知识学成果是题中之义,也是探讨其心学与知识学实际关系的必要前提。

顾箬溪与唐荆川因相互讨论数学而熟知,而且他们都重视儒学"游于艺"的传统,故将两人一并讨论。两人激活了古典儒家的六艺之教[4],顾箬溪屡次说:"自性命道德之外,皆艺也。"荆川则曰:"德非虚器,其切实应用处,

① 阳明审美精神的阐发业已成为古代文学领域诠释阳明心学的热点,这方面的著作也层出不穷,大陆地区的研究状况可参潘立勇:《阳明心学美学及其研究》,《宁波党校学报》,2005年第5期。港台地区有李元璋:《阳明心学之美学研究》,台中:东海大学博士论文,2008年;戴裕记:《王阳明"良知体现"论的美学向度研究》,台北:淡江大学博士论文,2009年等。

② 比较全面的阳明墨迹之汇集,参计文渊:《王阳明法书集》,杭州:西泠印社,1996年。浙江省社会科学院的钱明教授曾撰文从音乐、书法、绘画三个方面非常详尽地考述了阳明的艺术才能,此文先载于其著《儒学正脉:王守仁传》第四章(杭州:浙江人民出版社,2006年),后略加增订以"阳明之才艺——艺能考"之名收入其著《王阳明及其学派论考》(北京:人民出版社,2009年,页190—240)。

③ 可参张祥浩:《王守仁评传》,南京:南京大学出版社,1997年,页206—254;董平:《王阳明的生活世界》第4、5、7章,北京:中国人民大学出版社,2009年;冈田武彦著、杨田等译:《王阳明大传:知行合一的心学智慧》,重庆:重庆出版社,2014年,等等。

④ 儒学传统中有两种"六艺"之说,一指"六经",此外亦指"礼、乐、射、御、书、数"。本(转下页)

即谓之艺；艺非粗迹，其精义致用处，即谓之德。”两人都强调技艺实践对性命修养的重要作用。这是不同于阳明高弟的另一条心学的知识学路向。除了要总结顾、唐二人博求六艺的经过与成绩，重点则是揭示他们知识研习与心学追求的独特联系。

顾箬溪对于心学而言有双重的身份，他早期是王阳明的忠实弟子，晚年对阳明之学却多有批评。阳明的另一弟子黄久庵与之类似。两人不仅对阳明之学颇有微词，也都批判阳明后学讲学之风。他们指责阳明学空谈性命，有空虚之病，这在很多方面预示着晚明至清初对阳明学乃至整个宋明理学之批判。另一方面，他们倡导经世实用之学，重视事务、制度与知识，以矫正阳明后学不断流于空虚的弊端，这也与明末清初的经世之学转向极其类似。因此，探讨顾箬溪、黄久庵从心学内部的蜕变过程对于把握阳明学的全貌，以及理解阳明学与明清学术转型之关系都是不可或缺的环节。

在儒学传统中，经传注疏是知识学的重要组成部分。批评阳明学空虚不实的一个方面是不重读书，轻视圣贤经典，废学废思，因而我们有必要全面考察阳明后学对待圣贤经传的态度。事实上，阳明后学中多有看重经传的学者，季彭山与焦弱侯是两个突出的代表。季彭山长于经典的注疏，焦弱侯则是经史并重。对于二者，本书重点探讨他们重视经传的学术倾向与其心学之间的内在联系。此外，基于季彭山对《四书》与《周易》的诠释，本书尝试勾勒一种心学式的四书学与心学式的易学的义理形态。

阳明学派之知识学的成绩主要集中在数学（六艺之学）、经世技能、经典注疏三个方面。但本书并未完全以此进行类型学式的分析和结构安排，而是与人物专题相结合来展开。这三个方面是否能相互独立地划分尚有疑义，即使在相同的知识学方面，不同学者的实践殊为不同。同时，作为阳明后学研究的延续，我们亦当考虑到阳明后学学者之思想的整体轮廓。由于诸此原因，本书之章节架构一方面参考阳明后学人物专题研究中注重思想整体性的传统，另一方面根据阳明后学之知识学的突出特点，两者结合来进行章节安排。

最后，在本书的撰写过程中，笔者力求把王学学者的相关论说放置到先秦儒学和宋明理学的语境和意义脉络中进行分析。先秦儒学、程朱之说是他们首要的意义源泉和论说基础，先秦儒学与理学的思想背景有助于寻绎

（接上页）书所论“六艺”或“艺”的概念主要是后者。将“礼、乐、射、御、书、数”称为“六艺”，源自《周礼·地官司徒·大司徒》，以此来概括君子或贵族必备的社会知识与技能，顾箬溪、唐荆川等明代儒者也主要是在此意义上使用“艺”或“六艺”概念的。

心学学者相关论辩的源流演变，并彰显心学的思想特点。如若缜密地考察，我们会发现，心学的许多话头、观点在先儒的文本中已有相似，甚或相同的表达。不过，把心学学者的相关讨论回置到儒学意义谱系的语境，不是要消解他们思想的创造性、独特性。恰恰相反，在儒学思想的连续性中正可观察儒学思想的层层演进，在相似而往往又不甚相同的论说中发掘“旧学”培养“新知”的机制。

# 第一章　王阳明的知识著述及知识观

探讨王阳明(名守仁,字伯安,1472—1529)的知识学可以从两个方面进行,一是总结他所涉猎知识的范围与收获,二是分析他对各类知识的具体看法。对于前者,阳明的传世文献中没有大部头的著作。他不重著述,倡导讲学、口传的为学形式,文章则务求精简。不过,出于经世等目的,阳明也曾用心于知识的考索与撰写。对于后者,我们首先需要对阳明的各种知识论说进行分类。对于不同类型的知识,阳明的态度是不同的。根据阳明的思想文献以及古代儒学的知识观念,笔者把阳明对知识技艺的评论区分为辞章与训诂、名物制度与历法祝史、礼乐诗教三个方面。分类讨论有助于精确把握阳明的知识观。根据本书对知识学的界定,应当还包括阳明对儒家经传的看法,即阳明的经学观。对此,笔者将其与阳明后学一起在最后一章进行讨论。

## 一　知识著述

根据各种传记资料,阳明撰写或参与的知识性著述有以下几种:

1.《五经臆说》

据年谱和此书序言,阳明谪居龙场,悟道之后,因读书不便,乃默记"五经"之言,并做训释,历十九个月而成《五经臆说》。原书凡四十六卷,《易》《诗》《书》与《春秋》之注释各十卷,《礼》之疏解较简,仅六卷。阳明取名"臆说"是因"盖不必尽合于先贤,聊写其胸臆之见,而因以娱情养性焉耳"①。所以,是书是阳明悟道之后,采"六经注我"之方式,对"五经"进行一次全面的阐释。可惜的是,阳明后来为学日趋易简,遂将此书付之一炬。所幸钱绪山

① 王守仁撰、吴光等编校:《王阳明全集》(新编本)卷二十二,杭州:浙江古籍出版社,2011年,页917。

(字德洪、洪甫,1496—1575)于阳明废稿中辑得残篇十三条[①],我们得以窥见此书之一二。

2.《大学古本旁释》

《阳明年谱》正德十三年七月目下载,阳明恢复古本《大学》,"录刻成书,傍为之释,而引以叙"[②]。准此,阳明不仅恢复《大学》古本文序,还稍加注释,是为《大学古本旁释》。是书今有两个传本,一是《百陵学山》本,另一为《函海》本。前者注释较为全面,后者注释文字多蕴含在前者之中,而稍有不同。据陈来先生分析,两本虽非正德十三年原刻,但并非伪作,而是后来之不同改本。[③] 两本对于理解阳明《大学》思想都是不可或缺的。

3.《兵志》

是编不分卷,五册,为阳明辑录《左传》《国语》《战国策》《吴越春秋》《越绝书》和《史记》中有关兵学之内容,属单行抄本,且无评语,故流传有限。上海图书馆有藏。

4.《阳明兵策》

此书五卷,约刻于崇祯四年,为晚明学者樊良枢(字尚默,号致虚,万历三十二年进士)选辑阳明文集有关用兵内容而成。是书辑录阳明关于用兵的奏疏、檄谕、语录等内容并做评注,是阳明兵学成就的一次集中展示。

5.《武经七书评》

顾名思义,此书是阳明对古代兵学经典丛书《武经七书》的批点和评注。通过评语,阳明阐述其兵学思想。相较而言,阳明对《武经七书》第一书《孙子》的评论非常细致,而对其他兵学六书的评论相对简略。此书本是阳明研读《武经七书》时的随书笔记,起初并未流传,后由胡宗宪偶然获得,才表彰于世。阳明的评注内容,已据日本儒者佐藤一斋之藏本,收录于《王阳明全集》中(上海古籍本及浙江古籍"新编本")。

在阳明的撰述中,除以上所列,常与阳明文集、语录并行的还有《保甲法》《乡约法》等单行著作。阳明的保甲、乡约举措对中晚明的地方整治、乡族建设有巨大的影响。[④] 从性质与规模上,阳明所制定和设计的乡约、保甲主要是为政举措,难以归为知识著作,故在此从略。此外,阳明也曾参

---

① 可参王守仁撰、吴光等编校:《王阳明全集》(新编本)卷二十六,杭州:浙江古籍出版社,2011年,页1023—1030。

② 可参王守仁撰、吴光等编校:《王阳明全集》(新编本)卷三十二,杭州:浙江古籍出版社,2011年,页1261。

③ 陈来:《有无之境——王阳明哲学的精神》,北京:人民出版社,1991年,页381—389。

④ 参曹国庆:《王守仁与南赣乡约》,载《明史研究》第3辑,合肥:黄山书社,1993年。

与大型类书的整理工作，比如《新刻世史类编》，因史实阙如，只能存而不论。

## 二 批判辞章与训诂之学

理学家对诗文辞章、训诂记诵之学持轻蔑的态度，可算是理学史上的常识。周濂溪（名敦颐，字茂叔，1017—1073）在《通书》中说"文所以载道也"，这为理学家文章写作与评论确立了总原则；又说"不知务道德而第以文辞为能者，艺焉而已。噫！弊也久矣"[①]。这把圣贤文章与那些不"务道德"的诗文辞章区分开来。至二程兄弟，他们把"文章""训诂"之学看作与自己开创的理学相对立的两个不同的学术系统，是当时的两大"学弊"：

> 古之学者一，今之学者三，异端不与焉。一曰文章之学，二曰训诂之学，三曰儒者之学。欲趋道，舍儒者之学不可。
>
> 今之学者有三弊：一溺于文章，二牵于训诂，三惑于异端。苟无此三者，则将何归？必趋于道矣。[②]

在理学中，"文章"往往指文人所习之诗词歌赋，而"训诂"则指汉儒以来对经典的章句注疏传统。二程认为，"文章"之学的弊病在于不"务养情性"、不志于圣贤，"专务章句，悦人耳目"，是"玩物"而"丧学圣贤之志"[③]，而且"离真失正，反害于道"[④]。而"训诂"之学则流于琐碎之解释，不得入圣道之要法。[⑤]

与二程相比，阳明对诗文辞章、训诂记诵之学的批评可谓是有过之而无不及。阳明对诗文研习之态度源自其切身之体验。众所周知，阳明早年曾沉溺于文辞创作，而后知其非是而弃之。[⑥] 而另一方面，这也来自他对当时

① 周敦颐撰，陈克明点校：《周敦颐集》，北京：中华书局，2009 年，页 35—36。

② 程颢、程颐撰，王孝鱼点校：《二程集》，北京：中华书局，2004 年，页 187。

③ 程颢、程颐撰，王孝鱼点校：《二程集》，北京：中华书局，2004 年，页 239。

④ 程颢、程颐撰，王孝鱼点校：《二程集》，北京：中华书局，2004 年，页 600—601。

⑤ "（弟子）问：'汉儒至有白首不能通一经者，何也？'曰：'汉之经术安用？只是以章句训诂为事。且如解尧典二字，至三万馀言，是不知要也。'"此外，吕大临在哀悼明道之文中曰："以章句训诂为能穷遗经，以仪章度数为能尽儒术；使圣人之道玩于腐儒讽诵之馀，隐于百姓日用之末；反求诸己，则罔然无得；施之于天下，则若不可行；异端争衡，犹不与此。"（分见程颢、程颐撰，王孝鱼点校《二程集》，前揭书，页 232、337）

⑥ 参《阳明年谱》"三十一岁"条，王守仁撰，吴光等编校：《王阳明全集》（新编本）卷三十二，杭州：浙江古籍出版社，2011 年，页 1231。

学风、士风之观察，“自科举之业盛，士皆驰骛于记诵辞章，而功利得丧分惑其心”[1]，“世之学者，承沿其举业词章之习以荒秽戕伐其心，既与圣人尽心之学相背而驰，日骛日远，莫知其所抵极矣”[2]。不过，阳明的批评不仅是针对同时代的科举词章的虚靡学风，与二程一样，他也是从词章训诂作为沿袭已久的学术系统着眼，他的批评也扩展到历代的“辞章之学”“训诂之学”。

阳明对辞章、训诂、记诵之学最集中的评判体现在《传习录》卷中《答顾东桥书》最末一节。在此书最后一节中，阳明首先回应友人顾东桥（名璘，字华玉，1476—1545）对其“致知格物”新解“于古今事变，礼乐名物，未尝考识”的质疑，表达了他对制度名物之学的观点。同时，阳明阐述了其著名的“拔本塞源”之论，对三代之后拔圣学之本、塞王道之源的学术统系进行了激烈的批判。关于前者，下节会予以论疏，我们先来看阳明如何评判辞章、训诂、记诵之学：

> 三代之衰，王道息而霸术昌；孔子既没，圣学晦而邪说横。教者不复以此为教，而学者不复以此为学。霸者之徒，窃取先王之近似者，假之于外，以内济其私己之欲，天下靡然而宗之。圣人之道，遂以芜塞。相仿相效，日求所以富强之说，倾诈之谋，攻伐之计，一切欺天罔人，苟一时之得，以猎取声利之术。若管、商、苏、张之属者，至不可名数。既其久也，斗争劫夺，不胜其祸。斯人沦于禽兽夷狄，而霸术亦有所不能行矣。世之儒者，慨然悲伤，搜猎先圣王之典章法制，而掇拾修补于煨烬之余。盖其为心，良亦欲以挽回先王之道。圣学既远，霸术之传，积渍已深。虽在贤知，皆不免于习染，其所以讲明修饰，以求宣畅光复于世者，仅足以增霸者之藩篱。而圣学之门墙，遂不复可睹。于是乎有训诂之学，而传之以为名。有记诵之学，而言之以为博。有辞章之学，而侈之以为丽。若是者纷纷籍籍，群起角立于天下，又不知其几家，万径千蹊，莫知所适。世之学者，如入百戏之场，欢谑跳踉，骋奇斗巧。献笑争妍者，四面而竞出，前瞻后盼，应接不遑，而耳目眩瞀，精神恍惑，日夜遨游，淹息其间，如病狂丧心之人，莫自知其家业之所归。时君世主亦皆昏迷颠倒于其说，而终身从事于无用之虚文，莫自知其所谓。间有觉其空疏谬妄，支离牵滞，而卓然自奋，欲以见诸行事之实者，极其所抵，

---

① 王守仁撰，吴光等编校：《王阳明全集》（新编本）卷七，杭州：浙江古籍出版社，2011 年，页 269。

② 王守仁撰，吴光等编校：《王阳明全集》（新编本）卷七，杭州：浙江古籍出版社，2011 年，页 274。

> 亦不过为富强功利五霸之事业而止。圣人之学日远日晦，而功利之习愈趣愈下。其间虽尝瞽惑于佛老，而佛老之说卒亦未能有以胜其功利之心。虽又尝折衷于群儒，而群儒之论终亦未能有以破其功利之见……记诵之广，适以长其敖也；知识之多，适以行其恶也；闻见之博，适以肆其辨也；辞章之富，适以饰其伪也。[①]

首先需要说明的是，从阳明论说诗文辞章、训诂、记诵之学术系统的文本看，阳明虽延续了宋儒以来对训诂、记诵之学的使用，并予以明确的区别，却并无专题的界定。阳明论说的重点是在诗文、辞章方面，“记诵”与“训诂”大多是与“辞章”对举的另一种异学。而且，“记诵”往往指对经史、训诂、辞章的记忆，与辞章、训诂很难截然区分。鉴于此，在讨论阳明对于辞章、训诂、记诵之观点时，笔者姑且用“训诂”囊括阳明对于训诂、记诵之学的论说范围，以便与阳明论辩重点的辞章之学并举。

从文中来看，阳明评判辞章、训诂之学的方式，不是从辞章、训诂如何从事，诗词歌赋如何鉴赏、训诂解释是否准确的角度着眼，而是质问世人因何从事辞章、训诂之学。阳明对汉唐以来的辞章、训诂之学的回顾无疑是悲观的，在阳明看来，历代侈丽的诗文辞赋，浩博的训诂记诵之书卷中掩藏的是世人因习染功利霸术而腐化、堕落的品行。人们吟诗作赋不是为了陶冶性情，而是用来装饰门面；训诂经典不是为了探求圣学，而是要获取一世浮名；记诵经史故事不是为了传习圣道，而是逞能好胜。依此而行，辞章越富、训诂越繁、记诵越博，反而功利之毒越深入，淳朴之性越迷失，品行越败坏。

阳明以修身成圣为人生终极蕲向，其对辞章训诂之学的评判也是从修身成德的境域观照的。阳明认为，世人若不志于圣道而“惑于”辞章、训诂之学，这对圣学会有以下三方面的危害：首先，“外好诗文，则精神日渐漏泄在诗文上去”[②]，耗费有限的心气和精力。即便是对此深造自得，也仅是辞章、训诂之艺而已，非圣学之大道，“世之学者，业辞章，习训诂，工技艺，探赜而索隐，弊精极力，勤苦终身，非无所谓深造之者。然亦辞章而已耳，训诂而已耳，技艺而已耳。非所以深造于道也，则亦外物而已耳，宁有所谓自得逢源者哉”[③]！第二，辞章、训诂之学与管、商、苏、张等人的纵横功利之术夹杂在

---

① 陈荣捷：《王阳明〈传习录〉详注集评》，上海：华东师范大学出版社，2009 年，页 117，标点有改动。

② 陈荣捷：《王阳明〈传习录〉详注集评》，上海：华东师范大学出版社，2009 年，页 81。

③ 王守仁撰，吴光等编校：《王阳明全集》（新编本）卷七，杭州：浙江古籍出版社，2011 年，页 283。

一起，蛊惑人心、混淆视听，迷乱圣学大道，使“世之学者，如入百戏之场，欢谑跳踉，骋奇斗巧，献笑争妍者，四面而竞出，前瞻后盼，应接不遑，而耳目眩瞀，精神恍惑，日夜遨游淹息其间，如病狂丧心之人，莫自知其家业之所归”。第三，辞章、训诂之学所掀起的学风使文人学士趋之若骛，诱发士子功利、虚伪之心，无复诚实、淳朴之质。在阳明看来，这是历代辞章训诂学风最大的毒害，也是其再三痛斥诗文辞章积习的关键原因。

阳明的批判如此猛烈既源自其大悲大苦的救世情怀①，也可能还基于他洞穿历代辞章、训诂、记诵等传统学术活动的深层心性品质。士子吟诗作赋、玩弄训诂，大多是因于应举求仕，其中难免不出于功名、利禄之心机；在研习辞章、训诂之时，又或力求侈丽渊博而违背内心之实，趋入虚假伪诈；即使吟诗作赋、训诂记诵不是为了功名，而是娱乐身心，往往又流于骋奇斗巧、骄矜自傲或逞能好胜。辞章、训诂助长邪荡私欲之心术，邪荡私欲之心术又发之为辞章、训诂，两者相互裹挟而使从事者毫无德行之“实”。此类辞章、训诂既无“实用”，又不能养德，阳明一言以蔽之曰：“虚文”。阳明认为，三代以后人心不淳，风俗奢靡，未臻王道，主要是由“虚文”之习盛行所致：

> 天下之大乱，由虚文胜而实行衰也。使道明于天下，则《六经》不必述。删述《六经》，孔子不得已也。自伏羲画卦，至于文王、周公，其间言《易》如连山、归藏之属，纷纷籍籍，不知其几，易道大乱。孔子以天下好文之风日盛，知其说之将无纪极，于是取文王、周公之说而赞之，以为惟此为得其宗。于是纷纷之说尽废，而天下之言《易》者始一。《书》《诗》《礼》《乐》《春秋》皆然[……]孔子述《六经》，惧繁文之乱天下，惟简之而不得，使天下务去其文以求其实，非以文教之也。春秋以后，繁文益盛，天下益乱。始皇焚书得罪，是出于私意；又不合焚《六经》。若当时志在明道，其诸反经叛理之说，悉取而焚之，亦正暗合删述之意。自秦、汉以降，文又日盛，若欲尽去之，断不能去。只宜取法孔子，录其近是者而表章之，则其诸怪悖之说，亦宜渐渐自废。不知文中子当时拟经之意如何，某切深有取于其事，以为圣人复起，不能易也。天下所以不治，只因文盛实衰，人出己见，新奇相高，以眩俗取誉。徒以乱天下之聪明，涂天下之耳目，使天下靡然争务修饰文词，以求知于世，而不复知有敦本尚

① 在《传习录》中卷《答罗整庵少宰》书中，阳明把自己讲学与孟子辟杨墨、韩愈辟佛老同列，自嘲自己汲汲讲学明道是“病狂丧心”，参陈荣捷：《王阳明〈传习录〉详注集评》，上海：华东师范大学出版社，2009年，页150—151。

实、反朴还淳之行，是皆著述者有以启之。[1]

在阳明的语境中，“虚文”不仅指不以圣贤为归的辞章、训诂之文，也包涵空乏无实的公务程文。“士夫以虚文相诳，略不知有诚心实意”[2]，导致虚假伪诈；研习“虚文”往往又“没溺词章，雕镂文字以希世盗名”[3]，矫揉造作。总而言之，称之为“虚文”即因其中充斥着期诳伪善、矫饰粉妆，恰与圣学所尚之淳朴、诚实之德行相反。“虚文”败坏了圣学风尚，毫无身心受用，最好进行删削。删减“繁文”非武断恣肆之举，而正是效法孔子之精神。孔子“删述《六经》”不是“集群圣之大成而折衷之”[4]，“述”重“删”轻，而是删削“繁文”，《六经》之述自正。有明之世，典籍纷纷，删述已非易事，“惟有返朴还淳是对症之剂”[5]。如果能够讲明“致良知”之学，使人们识自家良知，务于简朴、自然之“实行”“实事”，那自然无心于修饰末节、卖弄文采。

删削诗文辞章而务求减省不是阳明的激愤之言，而是他坚定的信念。阳明自己也身体之、力行之，钱绪山曾回忆：“嘉靖丁亥四月，时邹谦之谪广德，以所录先生文稿请刻。先生止之曰：‘不可。吾党学问，幸得头脑，须鞭辟近里，务求实得，一切繁文靡好，传之恐眩人耳目，不录可也。’谦之复请不已。先生乃取近稿三之一，标揭年月，命德洪编次”[6]。阳明自己的愿望便是“他日结庐山中，得如诸贤有笔力者，聚会一处商议，将圣人至紧要之语发挥作一书，然后取零碎文字都烧了，免致累人”[7]。

王阳明及其他理学家尽管批判世俗之“虚文”，却并未完全否定文章之学。毕竟，文章对道学还有积极的承载、传续作用。周濂溪除了要求文章要“载道”外，还说：“文辞，艺也；道德，实也。笃其实，而艺者书之，美则爱，爱

---

① 陈荣捷：《王阳明〈传习录〉详注集评》，上海：华东师范大学出版社，2009年，页26，标点有改动。本章使用“……”，表示省略非直接相关的参引文献；而对于一些篇幅较长的引文，则使用“[……]”以节省篇幅，读者需要自行阅读原文全貌。本书其他章节主要使用前一种用法。

② 王守仁撰，吴光等编校：《王阳明全集》（新编本）卷六，杭州：浙江古籍出版社，2011年，页218。

③ 同上注。

④ 朱熹：《四书章句集注·论语集注》卷四，《朱子全书》第6册，上海/合肥：上海古籍出版社/安徽教育出版社，2002年，页120。

⑤ 王守仁撰，吴光等编校：《王阳明全集》（新编本）卷六，杭州：浙江古籍出版社，2011年，页218。

⑥ 钱德洪：《刻文录叙说》，见王守仁撰，吴光等编校《王阳明全集》（新编本）卷五十二，杭州：浙江古籍出版社，2011年，页2087。

⑦ 钱德洪：《刻文录叙说》，见王守仁撰，吴光等编校：《王阳明全集》（新编本）卷五十二，杭州：浙江古籍出版社，2011年，页2091。

则传焉。贤者得以学而至之,是为教”[①]。圣贤所写,并用来传承圣贤之道的,是“圣贤文章”。程伊川(名颐,字正叔,1033—1107)曰:“人见六经,便以谓圣人亦作文,不知圣人亦摅发胸中所蕴,自成文耳。所谓‘有德者必有言’也。”[②]圣人之文章,是胸中德性之流露;而圣人作文章,是为了阐明天下之理。[③] 尽管阳明对自己的文章力简而匆繁,但从弟子的角度看,这些“删削”之后的文章饱含着老师的“德慧术知”,既可从中观阳明之“气象”,于己也有无穷之教益。[④]

对于阳明来说,“道德”与“文章”是“根干”与“枝叶”的关系,用心培养根干,枝叶自然茂盛:

> 孔子曰:“辞达而已矣。”盖世之为辞章者,莫不以是藉其口,亦独不曰“有德者必有言,有言者不必有德”乎? 德,犹根也;言,犹枝叶也。根之不植,而徒以枝叶为者,吾未见其能生也。[⑤]

生在明世,士人都要习文章攻科举,也难免作文应酬,阳明师徒也不能例外。作文既已难免,为不至受历来诗文辞章流毒的侵染,须要“辨志”,以圣学为本,辞章为末。如果志在进德明道,作文就会道心中之实,以简朴为贵,文无期诳,也无意妆饰;而唯务修饰文辞,则会陷溺其中,孤僻自傲,“是故专于道,斯谓之专;精于道,斯谓之精。专于弈而不专于道,其专溺也;精于文词而不精于道,其精僻也”[⑥]。

最后,无论是为传承、讲明性命道德而立言,抑或因“职事”而作文,其中都有身心知意的参与,都受良知之照察,而不能外于作圣工夫,“作文字亦无

---

① 周敦颐撰,陈克明点校:《周敦颐集》,北京:中华书局,2009年,页36。

② 程颢、程颐撰,王孝鱼点校:《二程集》,北京:中华书局,2004年,页239。

③ 伊川《答朱长文书》曰:“圣贤之言,不得已也。盖有是言,则是理明;无是言,则天下之理有阙焉。如彼耒耜陶冶之器,一不制,则生人之道有不足矣。圣贤之言,虽欲已,得乎? 然其包涵尽天下之理,亦甚约也。后之人始执卷则以文章为先,平生所为,动多于圣人。然有之无所补,无之靡所阙,乃无用之赘言也。”(程颢、程颐撰,王孝鱼点校:《二程集》,前揭书,页600—601)

④ 钱德洪在编纂阳明文字时,便说:“若以文字之心观之,其所取不过数篇。若以先生之学见诸行事之实,则虽琐屑细务,皆精神心术所寓,经时赞化以成天下之事业。千百年来儒者有用之学,于此亦可见其梗概,又何病其太繁乎?”参钱德洪《刻文录叙说》,见王守仁撰,吴光等编校:《王阳明全集》(新编本)卷五十二,杭州:浙江古籍出版社,2011年,页2091。

⑤ 王守仁撰,吴光等编校:《王阳明全集》(新编本)卷八,杭州:浙江古籍出版社,2011年,页291,标点有改动。

⑥ 王守仁撰,吴光等编校:《王阳明全集》(新编本)卷七,杭州:浙江古籍出版社,2011年,页244。

妨工夫”①。从阳明的观点看，在作文中做工夫，既可对治虚浮侈靡之文风，也能借机做致良知的修身工夫，无妨于修道成德之圣学。而根据阳明弟子王龙溪等人的实践，作文工夫不仅能够提升自身之德行，还能提高写作的能力，写出更好的文章。至于阳明师弟在作文活动中做些什么工夫以及如何本此工夫而作文，在第三章中会予以阐述。

## 三 关于名物制度等知识的观点

相对于辞章、训诂等与文字有关的非实用的文艺知识，在传统儒学的语境中，名物度数、历法祝史是与人文、自然之“物”有关的关乎人事之用的知识与技能。这些知识技能可实用，因而要学习，大概没有儒者会反对。不过，对于知识技能与道德修养的关系，儒者的态度会因人而异。阳明的睿见即在于把道德人格与知识技能明确划界，认为知识技能的多寡与道德实践的完善没有必然的关联。掌握知识与技能并不能说明人格品质已得到改善，人格之完善取决于“义理”之觉悟，而非“物理”之习得，阳明在答友人顾东桥书信中非常明确地表达了这一点：

> 三代之学，其要皆所以明人伦，非以辟不辟、泮不泮为重轻也。孔子云：“人而不仁，如礼何？人而不仁，如乐何？”制礼作乐，必具中和之德，声为律而身为度者，然后可以语此。若夫器数之末，乐工之事，祝史之守，故曾子曰“君子所贵乎道者三”，“笾豆之事，则有司存”也。尧命羲和，钦若昊天，历象日月星辰，其重在于敬授人时也。舜在璿璇玑玉衡，其重在于以齐七政也。是皆汲汲然以仁民之心而行其养民之政。治历明时之本，固在于此也。羲和历数之学，皋、契未必能之也，禹、稷未必能之也。尧、舜之知而不遍物，虽尧、舜亦未必能之也。然至于今，循羲和之法而世修之，虽曲知小慧之人、星术浅陋之士，亦能推步占候而无所忒，则是后世曲知小慧之人反贤于禹、稷、尧、舜者邪……夫圣人之所以为圣者，以其生而知之也。而释《论语》者曰：“‘生而知之’者，义理耳。若夫礼乐名物，古今事变，亦必待学而后有以验其行事之实。”夫礼乐名物之类，果有关于作圣之功也，而圣人亦必待学而后能知焉，则是圣人亦不可以谓之生知矣！谓圣人为生知者，专指义理而言，而不以

① 陈荣捷：《王阳明〈传习录〉详注集评》，上海：华东师范大学出版社，2009年，页246。

> 礼乐名物之类，则是礼乐名物之类无关于作圣之功矣[……]当是之时，天下之人熙熙皞皞，皆相视如一家之亲。其才质之下者，则安其农、工、商、贾之分，各勤其业以相生相养，而无有乎希高慕外之心。其才能之异若皋、夔、稷、契者，则出而各效其能，若一家之务，或营其衣食，或通其有无，或备其器用，集谋并力，以求遂其仰事俯育之愿，惟恐当其事者之或怠而重己之累也。故稷勤其稼，而不耻其不知教，视契之善教，即己之善教也；夔司其乐，而不耻于不明礼，视夷之通礼，即己之通礼也。盖其心学纯明，而有以全其万物一体之仁，故其精神流贯，志气通达，而无有乎人己之分，物我之间。譬之一人之身，目视、耳听、手持、足行，以济一身之用。目不耻其无聪，而耳之所涉，目必营焉；足不耻其无执，而手之所探，足必前焉。盖其元气充周，血脉条畅，是以痒疴呼吸，感触神应，有不言而喻之妙。此圣人之学所以至易至简，易知易从，学易能而才易成者，正以大端惟在复心体之同然，而知识技能非所与论也。①

顾东桥质疑阳明致知格物新解戒学者“即物穷理”而“专求本心”，恐“于古今事变，礼乐名物，未尝考识，使国家欲兴明堂，建辟雍，制历律，草封禅”或无所致用。他援引程门高弟尹焞对《论语》“生而知之”的解释“生而可知之者义理耳，若夫礼乐名物、古今事变，亦必待学而后有以验其实也”②，来说明《大学》“格物致知”教也不离名物度数之考识。而阳明却认为，尹氏之解释恰说明圣人之为圣人即在人人生而具有的“义理”，而不是名物度数等知识。“义理”，阳明更多地称之为“天理”，即人伦道德之理。在阳明看来，人们因才能差异而学习不同的知识技能，从而从事不同的职业。礼乐、祝史、历数之学“各有司存”，圣人未必通晓这些学问知识。如果说习得这些知识即可成为圣贤，那么，“循羲和之法而世修之，虽曲知小慧之人、星术浅陋之士，亦能推步占候而无所忒，则是后世曲知小慧之人，反贤于禹、稷、尧、舜者邪”？而另一方面，知识是无限的，人的生命是有限的，如果无所不知、无所不能才是圣人，那么世间可能无一人为圣，即便是尧、舜之知也未能遍物。既然圣之为圣专指“义理”而非“物理”，那么，“礼乐名物之类无关于作圣之功”，作圣之工夫不在知识技能上求，而要反之于“自家无尽藏”。阳明反复论说的中心意涵即在通过辨别“义理”和“物理”而把知识技能从圣贤人格中剥离出

① 陈荣捷：《王阳明〈传习录〉详注集评》，上海：华东师范大学出版社，2009 年，页 113—116。

② 朱熹：《四书章句集注·论语集注》卷四，《朱子全书》第 6 册，上海/合肥：上海古籍出版社/安徽教育出版社，2002 年，页 126。

去，而论说的重心最终落在了作圣工夫上。

显然，阳明把人格贤愚与知识多寡剥离开来的用意不在区分人伦义理与名物度数、历法祝史之理有什么质性的不同，而是论辩修身作圣的工夫论问题。从阳明的观点看，“义理”是生而知之，人人具有的，那么格物致知即是“自信”本心，相信自家良知之能力，而不慕外而求“义理”；既然圣贤的标准是内在义理的实现程度，而不在通晓多少名物度数，那么，修身工夫就要返回到自家身心，“反求诸己”，而不是逐外而求物理。如此一来，修身成圣也非有待于外物，无关于才能之高下、知识之多寡，“人皆可以为尧舜”，阳明的这一区别蕴含着非常彻底的平等精神。

反之，如果圣人之圣不是因其生知之“义理”，而是以“无所不知”“无所不能”为圣人，这会遮蔽甚至损害人们追求圣人的道路：

> 后世不知作圣之本是纯乎天理，却专去知识才能上求圣人。以为圣人无所不知，无所不能，我须是将圣人许多知识才能，逐一理会始得。故不务去天理上着工夫，徒弊精竭力，从册子上钻研，名物上考索，形迹上比拟。知识愈广而人欲愈滋，才力愈多而天理愈蔽。正如见人有万镒精金，不务锻炼成色，求无愧于彼之精纯，而乃妄希分两，务同彼之万镒。锡铅铜铁，杂然而投，分两愈增，而成色愈下。既其梢末，无复有金矣。①

希冀通过考识许多知识技能而修身成圣，是不知圣人的“根本”而流于支离工夫。求道者不可能在名物度数、历法祝史等“物”上寻觅到“天理”，执意此途只会“弊精竭力”。钻研册子、考索名物不仅不能使求道者寻得入圣之道，反而在他们胸中鼓动激荡起“人欲”，败坏他们的德性，“知识愈广而人欲愈滋，才力愈多而天理愈蔽”。在《答顾东桥书》中，阳明指出，知识技能之学所鼓荡的“人欲”之弊主要是一种“希高慕外之心”。三代之世，人们根据才能之不同而学习不同的知识技能，选择不同的职业。尽管人人独守一职，只掌一艺，因天地万物为一体，“无有乎人己之分，物我之间”，却也能相互为用，而不必耻其未知未能，各安其分，各守其职，而“惟以成德为事”。人之职业或有劳逸难易之不同，却无美恶贵贱之分。然而，逮至后世，人们在博学多能上求圣人，以知识技能相尚，耻于一知之不得，一艺之不能。志于博学多能往往会不安职分，“理钱谷者则欲兼夫兵刑，典礼乐者又欲与于铨轴，处郡

① 陈荣捷：《王阳明〈传习录〉详注集评》，上海：华东师范大学出版社，2009 年，页 71。

县则思藩臬之高，居台谏则望宰执之要”，学习职分之外的知识技能往往裹挟着争名夺利、觊觎高位等欲望，不免激起“希高”之欲。人们因惑于知识技能之学，以为圣人通晓许多知识或者怀有什么奇特技能，遂驰骋于训诂名物、经史记诵，这其实是“慕外”而放失了自家的“天植灵根”。“希高慕外之心”又会激励人们知识技能的学习考索，务知于圣人所未必知，立异于人。这恰助长了他们的傲气，成全了他们的名声，同时增加了他们谋取私利的方便。总之，人们在考索知识技能的道路上，与圣学越离越远，人格日趋堕落。

阳明认为人们在考索名物训诂、历法祝史等知识技能的活动中人格会有堕落的危险，这却并不表明阳明就反对知识与技能。阳明之意仅是要辩明在知识技能的考索中不会觅得修身成圣的法门。阳明不仅未否定知识，相反，他认为在修身的道德实践中知识技能是必要的。如果道德实践需要某些知识技能，或者某些知识技能有助于道德实践之完善，学者不仅须穷格其理，而且更要实现此理之用：

> 知如何而为温凊之节，知如何而为奉养之宜者，所谓知也，而未可谓之致知。必致其知如何为温凊之节者之知，而实以之温凊，致其知如何为奉养之宜者之知，而实以之奉养，然后谓之致知。[①]

对阳明来说，“致知”不仅指“致良知”，还指遵循、运用与道德实践有关的知识技能，促进道德实践的完成。如果道德实践需要某些知识技能，要实现此道德实践自然首先要掌握这些知识技能。

知识技能不可废，不过，人若要立志成圣贤，首先须辨明先后本末轻重。按照阳明的观点，自悟本心、体认良知自然在先，是本；考索知识技能在后，是末。[②] 只有本心做主，考索知识技能时才不会沉溺于其中，滋生人欲。而另一方面，德性与知识技能类似其与诗文辞章的关系，德性是“根干”，知识技能是“枝叶”，培养“根干”有助于生枝长叶：

> 立志用功，如种树然。方其根芽，犹未有干。及其有干，尚未有枝。

---

① 陈荣捷：《王阳明〈传习录〉详注集评》，上海：华东师范大学出版社，2009 年，页 107。

② “(弟子)问：‘名物度数，亦须先讲求否？’先生曰：‘人只要成就自家心体，则用在其中。如养得心体果有未发之中，自然有发而中节之和，自然无施不可。苟无是心，虽预先讲得世上许多名物度数，与己原不相干，只是装缀，临时自行不去。亦不是将名物度数全然不理，只要‘知所先后，则近道’。”见陈荣捷：《王阳明〈传习录〉详注集评》，上海：华东师范大学出版社，2009 年，页 57—58，标点有改动。

> 枝而后叶。叶而后花实。初种根时，只管栽培灌溉。勿作枝想，勿作叶想，勿作花想，勿作实想。悬想何益？但不忘栽培之功，怕没有枝叶花实？①

阳明譬喻的用意似是使弟子的目光回返于自家身心，长养自家性命，以免驰骋于知识技能而迷失良知，而其中或还蕴涵着修身工夫能够提高认知能力、增进知识技能的意味。这也体现在阳明对“君子不器”的解释上：

> 人要随才成就，才是其所能为。如夔之乐，稷之种，是他资性合下便如此。成就之者，亦只是要他心体纯乎天理。其运用处，皆从天理上发来，然后谓之才。到得纯乎天理处，亦能不器。使夔、稷易艺而为，当亦能之。②

夔典乐、稷稼穑，最初是因其才性之异，而若修身到纯粹之圣贤境地，竟然能够“易艺而为”。很难说阳明之意是修身工夫可获得未曾考识过的知识技能。如果转变一下视角，修身工夫能提高修身者的认知能力以弥补先天才性之不足从而使他像异禀者一样能够易于掌握相应的知识技能，这或许是可以接受的解释。

## 四 对礼乐诗教的态度

众所周知，儒学重视诗书礼乐，诗书执礼为孔子所雅言，孔子又教导弟子“兴于诗、立于礼、成于乐”，礼乐诗教在君子成德中发挥着重要作用。阳明不仅不外于此传统，而且非常看重礼乐诗教对于修身成圣之学的助益。阳明曰：“琴瑟简编，学者不可无，盖有业以居之，心就不放。”③其实，赋诗奏乐不仅仅可以寄寓人心以防走作，而且还有更积极的作用。阳明平定南赣周边动乱后，为南赣社学写《训蒙大意》以谕之。其中，阳明尤其重视歌诗习礼对童蒙的养德育才之意义，这也是阳明对礼乐诗教最全面的论述：

---

① 陈荣捷：《王阳明〈传习录〉详注集评》，上海：华东师范大学出版社，2009 年，页 40。
② 陈荣捷：《王阳明〈传习录〉详注集评》，上海：华东师范大学出版社，2009 年，页 58。
③ 陈荣捷：《王阳明〈传习录〉详注集评》，上海：华东师范大学出版社，2009 年，页 302。

> 古之教者，教以人伦。后世记诵词章之习起，而先王之教亡。今教童子，惟当以孝弟忠信、礼义廉耻为专务。其栽培涵养之方，则宜诱之歌诗，以发其志意；导之习礼，以肃其威仪；讽之读书，以开其知觉。今人往往以歌诗习礼为不切时务，此皆末俗庸鄙之见，乌足以知古人立教之意哉！大抵童子之情，乐嬉游而惮拘检，如草木之始萌芽，舒畅之则条达，摧挠之则衰痿。今教童子，必使其趋向鼓舞，中心喜悦，则其进自不能已。譬之时雨春风，霑被卉木，莫不萌动发越，自然日长月化。若冰霜剥落，则生意萧索，日就枯槁矣。故凡诱之歌诗者，非但发其志意而已，亦所以泄其跳号呼啸于泳歌，宣其幽抑结滞于音节也。导之习礼者，非但肃其威仪而已，亦所以周旋揖让，而动荡其血脉，拜起屈伸，而固束其筋骸也。讽之读书者，非但开其知觉而已，亦所以沈潜反复而存其心，抑扬讽诵以宣其志也。凡此皆所以顺导其志意，调理其性情，潜消其鄙吝，默化其粗顽，日使之渐于礼义而不苦其难，入于中和而不知其故，是盖先王立教之微意也。若近世之训蒙稚者，日惟督以句读课仿，责其检束，而不知导之以礼；求其聪明，而不知养之以善。鞭挞绳缚，若待拘囚。彼视学舍如囹狱而不肯入，视师长如寇仇而不欲见，窥避掩覆以遂其嬉游，设诈饰诡以肆其顽鄙，偷薄庸劣，日趋下流。是盖驱之于恶而求其为善也，何可得乎？[①]

与世俗视之为“不切时务”相对，阳明认为“歌诗”“习礼”“诵书”是童蒙教育非常必要的施设，是先王“载培涵养之方”。在阳明看来，童子生性玩乐多动，厌恶约束、害怕批评，训导童蒙要采取依顺童蒙之性的方式，而歌诗、习礼、诵读之方式恰顺应了童蒙之天性。歌诗之“吟唱”不仅可以抒发其志向心意，也能够泄其抑郁积压之情绪以畅快其心；习礼之“动”不仅可整肃仪态，还有助于“动荡其血脉”“固束其筋骸”，强身健体；而诵读之“吟咏”不仅能开发认识能力，在“沈潜反复”“抑扬讽诵”之际能使心有存主，宣发坚固其志向。在吟唱、讽诵和运动中不仅童蒙之情志得以抒发，其体魄品格也不期然而然地获得提升。相反，若违逆童子性情而教，课业繁重，管束严格，不加鼓励反而再三批评，甚至“鞭挞绳缚”，只会使师生如寇仇，甚至使童子“偷薄庸劣，日趋下流”。

在此文中，阳明不仅说明了“歌诗习礼”对于童蒙教育的必要性，同时还设计了“歌诗习礼”的详细“教约”：

① 陈荣捷：《王阳明〈传习录〉详注集评》，上海：华东师范大学出版社，2009年，页164—165。

> 每日清晨，诸生参揖毕，教读以次，遍询诸生：在家所以爱亲敬长之心，得无懈忽，未能真切否？温凊定省之仪，得无亏缺，未能实践否？往来街衢，步趋礼节，得无放荡，未能谨饰否？一应言行心术，得无欺妄非僻，未能忠信笃敬否？诸童子务要各以实封，有则改之，无则加勉。教读复随时就事，曲加诲谕开发。然后各退就席肄业。凡歌诗，须要整容定气，清朗其声音，均审其节调。毋躁而急，毋荡而嚣，毋馁而慑。久则精神宣畅，心气和平矣。每学量童生多寡，分为四班。每日轮一班歌诗，其余皆就席，敛容肃听。每五日则总四班递歌于本学，每朔、望集各学会歌于书院。凡习礼，须要澄心肃虑，审其仪节，度其容止。毋忽而惰，毋沮而怍，毋径而野。从容而不失之迂缓，修谨而不失之拘局。久则体貌习熟，德性坚定矣。童生班次，皆如歌诗。每间一日，则轮一班习礼。其余皆就席，敛容肃观……每日工夫，先考德，次背书诵书，次习礼，或作课仿，次复诵书讲书，次歌诗。凡习礼歌诗之数，皆所以常存童子之心，使其乐习不倦，而无暇及于邪僻。教者知此，则知所施矣。虽然，此其大略也。"神而明之，则存乎其人。"[①]

事实上，阳明于文中提到了"歌诗""习礼""读书"三方面的"教约"，限于本节的论题，笔者省略了"读书"之教而着重谈前两者。在阳明的童蒙教法中，诗是以歌唱的形式吟诵的，即"歌诗"，"歌诗"与"习礼"是同时进行的日课，礼、乐、诗教难以分割。歌诗既不要急躁也不能迂缓，既不嚣嚣流于自傲，也不能馁弱而胆怯。如果说歌诗主要是心态之调整，那么习礼则是仪态之修炼。习礼重在容仪之从容和缓，既不狂放粗野，也不拘束沮怍。从文中来看，阳明的歌诗习礼教法洋溢着从容中道的实践精神，成就的是君子"中和"之德。

阳明"歌诗""习礼""诵书"之教约虽然是为儿童而设，却未尝不可看作是对一般人都有效的实践指南。"歌诗""习礼"之中，阳明尤重歌诗。不仅阳明自己精于琴瑟，在阳明讲学生活中，琴箫埙篪亦常伴左右，解郁悦神。[②] 关于"歌诗之义"，阳明说：

---

① 陈荣捷：《王阳明〈传习录〉详注集评》，上海：华东师范大学出版社，2009 年，页 165—166。

② 比如，《年谱》载阳明于龙场时，"从者皆病，自析薪取水作糜饲之；又恐其怀抑郁，则与歌诗；又不悦，复调越曲，杂以诙笑，始能忘其为疾病夷狄患难也"。阳明讲学时赋诗奏乐也是时常开展的活动，例如钱德洪回忆："甲申年，先生居越。中秋月白如洗，乃燕集群弟子于天泉桥上。时在侍者百十人。酒半行，先生命歌诗。诸弟子比音而作，翕然如协金石。少间，能琴者理丝，善箫者吹竹，或投壶聚算，或鼓棹而歌，远近相答。先生顾而乐之，遂即席赋诗，有曰'铿然舍瑟春风里，点也虽狂得我情'之句。"（分见王守仁撰，吴光等编校：《王阳明全集》（新编本），前揭书，页 1234、2089）

> 古人琴瑟简编莫非是学，板筑鱼盐莫非作圣之地。且如歌诗一事，一歌之间直到圣人地位。若不解良知上用功，纵歌得尽如法度，亦只是歌工之悦人耳。若是良知在此歌，真是瞬息之间，邪秽荡涤、渣滓消融，直与太虚同体，方是自慊之学。[①]

阳明说歌诗也扣紧在良知上。阳明指点弟子，"吾儒"歌诗不是如歌手艺人演唱一般，为娱乐观众之耳目，而意在身心受用。歌诗在"良知上用功"，既是要本"自家良知"来吟诵，也是要"致"吟诵活动中之"良知"。如此做工夫可"荡涤邪秽"，消濯人欲，纯然天理，洒脱自在，入圣学境地。显然，歌诗也是"致良知"的圣学工夫，不过，阳明却未点明歌诗为何可以去除人欲，存养天理，王龙溪的解说或许可给我们启发：

> 宋子命诸生歌诗，因请问古人歌诗之义。先生曰："古人养心之具，无所不备，琴瑟简编、歌咏舞蹈，皆所以养心。然琴瑟、简编、舞蹈皆从外入，惟歌咏是元气元神欣合和畅，自内而出，乃养心第一义。舜命夔典乐教胄子，只是诗言志、歌永言，四德中和，皆于歌声体究，荡涤消融，所以养其中和之德，而基位育之本也。'子于是日哭，则不歌'，非哀则未尝不歌也。'子与人歌而善，必使反之，而后和之'，'反'非再歌之谓，使反之性情以自考也。《礼记》所载'如抗如坠，如槁木贯珠'，即古歌法，后世不知所养，故歌法不传。至阳明先师始发其秘，以春夏秋冬、生长收藏四义，开发收闭，为按歌之节，传诸海内，学者始知古人命歌之意。先师尝云：'学者悟得此意，直歌到尧舜羲皇，只此便是学脉，无待于外求也。'[②]

在龙溪看来，歌诗是"养心第一义"。龙溪认为"歌诗"是与琴瑟、简编、舞蹈相对的游艺活动，因而此"养心第一义"不应是说歌诗是修身养性最究竟通透、最有效的工夫，而当指与琴瑟等文艺活动相比，歌咏是"第一义"工夫。歌诗作为"第一义"的文艺工夫，其原因或许是歌咏是自家本心所发出的，是自家"元神""元气"之舒展，对于修身者是最切己的长养自家生命的方式，而

---

① 王守仁撰，吴光等编校：《王阳明全集》(新编本)卷四十，杭州：浙江古籍出版社，2011年，页1612。

② 王畿撰，吴震编校整理：《王畿集》卷七，南京：凤凰出版社，2007年，页160。

琴瑟舞蹈等艺术活动则由身外而入，修身者不免对其质性有所依赖，即便是《韶》《武》之圣乐与自家性情也不见得必然一致。因而，歌诗是修身者自己来成就自己的工夫形式。

龙溪提到阳明还以春生、夏长、秋收、冬藏“四义”创作了一种新的歌诗之法，此很可能即是《虞山书院志》所载“九声”“四气”歌法，关于此已有学者做出详实考辨[①]，兹不赘言。虽然在目前所考辨过的阳明文本中似无阳明创作歌法之记载，更无“九声”“四气”歌法之说，《稽山承语》却有一则语录提示，在阳明那里，“歌诗之法”与“四时”密切相关：

> 歌诗之法，直而温，宽而栗，刚而无虐，简而无傲。歌永言，声依永而已。其节奏抑扬，自然与四时之叙相合。[②]

阳明认为歌诗吟诵之节奏要与四时更迭之节律相符合，因而根据四时之节序而创作一种“歌法”是合理之事，亦与儒学天人一贯之宗旨相吻合。[③]

“直而温，宽而栗，刚而无虐，简而无傲”的歌诗方式与童蒙之歌法一样也体现了“中和”之德的修身诉求。阳明认为，不仅“歌诗”主要是培养吾心之“中和”，而且只有具备“中和”心德才能识辨古代圣乐之音律，才能使诗乐声律演奏到圣人境地，圣人之乐本来就是依照圣人“中和”心体创作的。

> 曰：“洪要求元声不可得，恐于古乐亦难复。”先生曰：“你说元声在何处求？”对曰：“古人制管候气，恐是求元声之法。”先生曰：“若要去葭灰黍粒中求元声，却如水底捞月，如何可得？元声只在你心上求。”曰：“心如何求？”先生曰：“古人为治，先养得人心和平，然后作乐。比如在此歌诗，你的心气和平，听者自然悦怿兴起，只此便是元声之始。《书》云‘诗言志’，志便是乐的本；‘歌永言’，歌便是作乐的本；‘声依永，律和

---

① 参鹤成久章著：《明儒的讲学活动与歌诗——以王守仁的歌法为中心》，载《国际阳明学研究》(第二卷)，上海：上海古籍出版社，2012 年，页 230—245。此外，束景南教授亦认为《虞山书院志》之“九声四气歌法”为阳明所作，参其撰：《阳明佚文辑考编年》，上海：上海古籍出版社，2012 年，页 813—819。

② 王守仁撰，吴光等编校：《王阳明全集》(新编本)卷四十，杭州：浙江古籍出版社，2011 年，页 1612。

③ 与此相一致的是，阳明还指出，良知心体之发用与“春夏秋冬”四时运行节律同步：“盖天地之化自始至终，自春至冬，流行不已者，常动常静。天地亘古亘今，不迟不速，未尝一息之违者，常动常静也。自其常静而言之谓之体，自其常动而言之谓之用。动中有静，静中有动；体中有用，用中有体。故曰：‘动静一机，体用一源’。推之事物，莫不皆然。”见王守仁撰，吴光等编校：《王阳明全集》(新编本)卷四十，杭州：浙江古籍出版社，2011 年，页 1603—1604。

> 声'，律只要和声，和声便是制律的本。何尝求之于外?"曰:"古人制候气法，是意何取?"先生曰:"古人具中和之体以作乐。我的中和，原与天地之气相应。候天地之气，协凤凰之音，不过去验我的气果和否。此是成律已后事，非必待此以成律也。今要候灰管，先须定至日。然至日子时恐又不准，又何处取得准来?"①

钱绪山认为恢复古乐之关键是确定"元声"，即古代十二乐律之第一律，此为其他乐律所出，而要确定"元声"则须用古人"制管候气"之法。阳明却说，"求元声之法"不一定要根据在冬至日做"制管候气"的自然实验。因为，在冬至日"制管候气"受制于自然、人为等因素变化，结果并不精确，"至冬至那一刻时，管灰之飞，或有先后须臾之间，焉知那管正值冬至之刻"②? 阳明教导绪山，"元声之法"要在作为元声产生之"本原"的吾人心体上探求。尽管在"制管候气"实验中可能发现与古乐一致的"元声"，但"元声"之为"元声"，古人将某个音律命名为"元声"，在于古人演奏此音律时"心气"恰好"和平"，并于其中体验到某种独特的心理感受，所以"元声"产生的"本原"在人心"和平"之心体，探求"元声"首先要养的此心"心气和平"。不仅如此，对于理想之古乐都须如此理解，都首先要在人心"中和"之体上探求。古人在心体"中和"的前提下，根据听声识音中感应到的心性体验来创作乐曲，吾人心体活动之节奏本来与天地运行之节律相符应，"制候气法"只是再现和验证吾人"中和"心体之存放，"是成律已后事"。因而，"中和"心体之心性体验才是作乐之关键，作乐与听乐首先要养得吾心"中和"。相反，心体已放失、或过或不及于"中和"焉能在作乐与听乐中有与古人相似之生存体验，焉能识听，甚至恢复古人之乐?

## 五 结语

王阳明重视讲学以论辩学术，教化人心，他不是一个埋首著书以传名后世的学者。例外的是，他出于经理世务的需要，对兵法精通谙熟。因性质与作用的不同，阳明对不同类型的知识文艺的态度截然有异。他痛斥历代的训诂、辞章之学对人性与学风的败坏，但他也肯定文章对于经典传承的意

① 陈荣捷:《王阳明〈传习录〉详注集评》，上海:华东师范大学出版社，2009年，页207。

② 陈荣捷:《王阳明〈传习录〉详注集评》，上海:华东师范大学出版社，2009年，页55。

义。他对知识技能与德性进行了严格的划分，知识的多寡与道德品质没有必然的联系，一味的求知博览甚至可能会助长私欲之心。礼乐诗教因为能涵养德性而得到重视，而要真正有效地培养德性，诗歌与礼乐的创作必须根于本心。显然，阳明都是从道德实践的角度来看待这三类知识文艺的。尽管阳明激烈批判辞章、训诂之学与名物度数等知识技能的危害，但阳明并非否定它们积极的价值，他的批判是从追求这些知识的动机着眼的。对于阳明而言，一切知识与文艺须以致良知为头脑，都必须服务于人的德性修养。离开了德性修养的价值关怀，所有的知识、技能与文艺的探求都成了无本之木、无源之水。或许我们会认为阳明这种严格的儒学立场的观点会削弱知识、技能与艺术更为丰富的意义，但阳明对道德价值的坚持无疑是所有知识与文艺蕴含的意义中最基础和根本的。

# 第二章　阳明高弟的知识学与经世维度

从阳明对知识文艺的论说来看，阳明关注的焦点是如何修身为圣，知识文艺只具有附属的地位。但事实上，阳明多才多艺，在知识技能上有较高的造诣。他擅长书法，爱好音乐，又工于绘画①，其文章也受后人称许，而最昭著于世的自然是其一生功勋证明的用兵神技。另一方面，王龙溪、邹东廓等阳明弟子同样矢志圣学，他们积极从事讲学、静坐等专题的修身实践，但他们并未遁入枯寂之门，而是本《大学》"格物致知"之教，把为学的过程落实在政事、世务、人伦日用之中。阳明及其高弟在专注圣学修习之外，也积累了一定的知识成就。不仅如此，他们更重视将知识技能转化为化民善俗、齐家治乡的经世行动，这表现在阳明后学热衷于修族谱、建祠堂、推广乡约、改革赋役等乡村改良活动。阳明学派的知识学内容除了他们的知识著述，也应包括他们的经世实践。因为，他们在乡村实践中运用的知识或许非常普通、平实，并不高妙，但具有团结乡里、造福民众、安定地方的巨大效用。而且，这些心学家的经世实践不是盲目而为，而是与他们的心学思想密切相关，同时，他们的实际行动又引发他们思想的新变化。可以说，阳明及其后学之经世是他们的心学、知识与行动的互动与交融的过程。

探讨阳明学派的知识学，阳明之外，其亲炙弟子自然是重要的考察对象。阳明弟子遍布东南诸省，为集中和突出论题，在本章，我们的讨论限制在浙中、江右两地的知名弟子，如王龙溪、季彭山、邹东廓、欧阳南野、聂双江、罗念庵等后学。② 他们不仅全面继承师说，不遗余力地传播和推进阳明心学，而且广泛从事乡村建设的经世实践。以下我们分别介绍阳明及其高弟的知识著述，其经世实践的主要活动，以及在这些活动背后发挥作用的相关思想和理念。

---

① 钱明：《王阳明及其学派论考》，北京：人民出版社，2009 年，页 190—240。

② 罗念庵虽未及门，而因其与阳明的密切关系，与嫡传的差别仅差一叩拜之礼。

## 一 经世实践及知识著述

王阳明的良知学之所以能在中晚明信从众多，传布全国，甚至远及域外，除学说的谛当、简捷等原因外，还要归功于阳明及其后学通过热诚开展讲学等社会运动，把阳明心学传播到社会各地区、各领域。阳明及其众多弟子兴起的社会运动主要包括两个方面，一是广建书院、推动讲学(讲会、游学)，拓展人文教育，传播和发展阳明心学；二是践行心学理念，积极参与地方宗族、乡村的安定与改良活动。阳明及其后学认为"学不讲不明"，以宗教般的热忱倡导讲学，他们前后建立书院数十所，遍布全国各地(尤其东南各省)，会讲论学十分频繁，甚者"无一日不讲学，不会友"，讲学地点则囊括书院、寺庙、道观、名山大川等各种地方。毫无疑问，讲学对于阳明心学之发展和传播至关重要，同时也是明代学术开展的重要形态。不过，讲学的功能主要是发展、传播思想理念，自我修养与教化民众，与经世之学的通常理解有较大差异，故在此不予讨论。

在地方建设方面，阳明学学者的贡献同样巨大。王阳明本人长期担任地方行政大员，负责安定地方社会秩序。阳明在巡抚南赣、汀、漳时，行《十家牌法》、举《南赣乡约》、立社学、修书院①，对于流寇平定后地方社会之稳定起到关键的作用。邹东廓等阳明弟子长期赋闲在家，更是以乡绅的身份积极倡导和参与当地的社会改良与建设。他们的经世实践出于心学的内在要求，同时又检验和促进心学之传习。关于阳明后学在中晚明时期的地方建设和乡村改良运动，学界的研究也非常丰富(见导论第二节)。众多研究表明，在阳明后学中，江右学者对乡村实践用力最多，成就也最大。笔者参考时贤研究，以表格方式综述阳明及其高弟经世实践的具体内容如下。为精简考察范围，以下限制在浙中、江右两地的阳明嫡传高弟之内。

| 儒者 | 实践活动 | 地区 | 时间或内容 | 作用 | 备注② |
|---|---|---|---|---|---|
| 王阳明 | 修社学，制定乡约、保甲法等 | 江西、广西等地 | 《南赣乡约》《十家牌法》 | 重建社会秩序、化民成俗 | 王崇峻，194；曹国庆 |
| | 推动族谱修订、祠堂建设 | 浙江、江西、安徽等地 | 谱序12篇 | 团结宗族、推动地方建设 | 《王阳明全集》 |

① 曹国庆：《王守仁与南赣乡约》，载《明史研究》第3辑，合肥：黄山书社，1993年。

② 引用书目可参本书"导论"第二节相关引文。其中，引用张卫红教授的著作，在邹东廓之栏目为《邹东廓年谱》，罗念庵一栏为《罗念庵的生命历程与思想世界》。

续 表

| 儒者 | 实践活动 | 地区 | 时间或内容 | 作用 | 备注 |
| --- | --- | --- | --- | --- | --- |
| 王龙溪 | 参与赋役改革、平寇、平倭等世务 | | | 济世利民 | 周昌龙，144—146 |
| 季彭山 | 推行乡约 | 榕城、永丰等地 | | 抵御流寇，教化民众 | 常建华，238① |
| 邹东廓 | 推动族谱修订、祠堂建设 | 永丰、乐安等地 | 谱序25篇、祠堂记10篇 | 团结宗族、推动地方建设 | 《邹守益集》 |
| | 促进乡约推行 | 安福 | | 抵御流寇，教化民众 | |
| | 丈量土地 | 安福及其他地区 | 1532—1536 | 济世利民 | 张卫红，132—143；张艺曦，307—318 |
| | 复沙米、复水夫常数等赋役改革 | 安福 | 1538—1544、1556 | | 张艺曦，318—329；张卫红，252—264、391 |
| | 推动赋役核查 | 江西 | 1550 | | 张卫红，348 |
| | 立社仓、联保甲、推动赈灾 | 安福、吉安等 | 1559 | | 张卫红，410 |
| | 修凤林、坦陂等桥 | 安福 | 1536—1538、1556 | | 张艺曦，286—289；张卫红，361 |
| 欧阳南野 | 推动族谱修订、祠堂建设 | 泰和、永丰等地 | 谱序12篇、祠堂记6篇 | 团结宗族、推动地方建设 | 《欧阳德集》，850 |
| | 创义仓，立保伍 | 泰和 | | 济世利民 | |
| 聂双江 | 推动族谱修订、祠堂建设 | 永丰、乐安等地 | 谱序9篇、祠堂记4篇 | 团结宗族、推动地方建设 | 《聂豹集》 |
| | 促进乡约推行 | 永丰 | | 抵御流寇，教化民众 | |
| | 改革赋役、赈饥恤患 | 永丰 | | 济世利民 | 《聂豹集》，625、647 |

① 常建华：《明代宗族研究》，上海：上海人民出版社，2005年。

续　表

| 儒者 | 实践活动 | 地区 | 时间或内容 | 作用 | 备注 |
|---|---|---|---|---|---|
| 罗念庵 | 推动族谱修订、祠堂建设 | 吉水、庐陵、泰和等县 | 谱序32篇、祠堂记7篇 | 团结宗族、推动地方建设 | 《罗洪先集》 |
| | 促进乡约推行 | 吉水 | 1509、1561、1562 | 抵御流寇，教化民众 | |
| | 丈量土地 | 吉水等地 | 1562 | 减轻贫民赋役 | |
| | 协助抵御寇贼 | 吉安府 | 1560—1561 | 维护社会安定 | 张卫红，269—272 |
| 陈明水（名九川，1494—1562） | 推动族谱修订、祠堂建设 | 永丰、乐安等地 | 谱序2篇、祠堂记1篇 | 团结宗族、推动地方建设 | 《明水陈先生文集》 |

浙中、江右是阳明学的两个重镇，两地阳明弟子众多，阳明学学者在两地的经世实践远不止此，但选取阳明知名高弟足以说明问题。以上阳明及其高弟的经世实践有些出于履职之职责，如季彭山在广东揭阳、江西吉安先后任职时所行《榕城乡约》与《永丰乡约》，而如邹东廓、罗念庵等儒者则主要是以乡绅身份主动地参与和实践。他们的行事不是个人的孤立行动，而是带领弟子，联合地方官员、乡绅的集体行为，而且他们在其中往往起主导作用。从表格所列内容来看，他们从事的经世活动重点是完善宗族伦理秩序、稳定社会秩序、改善庶民利益之分配。在这其中，地理、计量等实用知识是必须具备的，但他们的最终目的自然不是追求地方治理知识和经验。这些实践虽不是影响全国的大政方针，也不能提供启人心智之治道智慧，却能立见成效，极大地改善当地庶民之生计。所有这些富有效用的经世实务一再表明，阳明学学者远非在明末清初批判的“无事袖手谈心性”的形象。

江右与浙中的阳明高弟除了参与地方社会的建设，也撰写过一些知识性的著作，以下两种为其代表。

1. 王龙溪《中鉴录》

王龙溪秉承阳明之志，无意著述，一生致力讲学，推广致良知教。但他还是编纂过一部《中鉴录》。《中鉴录》主要纂辑历代宦官传记行事，以历代宦官之善恶、祸福为鉴，教化和诫谕当朝之内侍者。是编七卷，第一卷分述此书编纂之缘由、中官教化之方式以及历代宦官制度沿革等内容；第二卷以下载录历朝宦者传记，分善恶两门，各六类，善门包括忠类、贤类、让类、劳类、能类、准类，恶门包括逆类、乱类、奸类、横类、贪类、残类。龙溪此编用时两三年，约于明神宗继位之初完成。根据龙溪的谈论，此书的目的不仅在于教化中官，更希望借中官之淳善以辅益年幼之天子，尽预养之道。作为一个传统儒家士大夫，龙溪虽把主要精力用在教化庶民、“移风易俗”的讲学运动上，但也未曾放弃以格君心之是非的上行方式来改良政治。①

2. *罗念庵《广舆图》*

罗念庵以笃志圣学、用功艰深著称。他动辄闭关静修数年，为学切实谨严，是非常纯正之儒者。而另一方面，罗念庵博学多能，在知识学方面亦卓有建树。他年轻时曾广泛涉猎各种知识，《念庵罗先生行状》载：“方先生之归田也，攻苦淡炼，寒暑跃马弯弧，考图观史，其大若天文、地志、仪礼、典章、漕饷、边防、战阵、车介之事，下逮阴阳卜筮，靡不精核。至人才、吏事、国是、民隐，弥加诹询。曰：‘苟当其职，皆吾事也’。”②其中，《广舆图》之撰制是最突出的成就。

念庵撰制地图有内在的因素，他好游览山川，又喜观图经杂志，自身即有地理之兴趣。③ 而另一方面，嘉靖时期，边防局势非常严峻，北虏南倭不断侵扰。紧迫之时局也促使念庵研究边疆地理。念庵所撰《广舆图》是在元代学者朱思本之《舆地图》的基础上扩展而成。朱氏之图本是“长广七尺”的一幅大型国域地图，念庵将之剪裁为数十张地区分图。他继承朱氏计里画方之制图方法，并改善和补充朱图之细节以及未及之地域，积十余年，撰成计量更为精确，既包括全国总图，又有地区、边疆分图，还有专题地图、邻国和海域地图的大型综合性的地图集。念庵《广舆图》因精确和全面受到后世推崇，研究者甚至誉为“托勒密之后的最佳地理著作之一”④。

---

① 对《中鉴录》的专题探讨，参彭国翔《王龙溪的〈中鉴录〉及其思想史意义：有关明代儒学基调的转换》，载《汉学研究》第 19 卷第 2 期。

② 罗洪先撰，徐儒宗编校整理：《罗洪先集》附录一，南京：凤凰出版社，2007 年，页 1387。

③ 念庵曾言：“余雅有山水之癖，然病不能远出，每观图经杂志，必考其幽隐，以寓所好。”（罗洪先撰，徐儒宗编校整理：《罗洪先集》卷十一，前揭书，页 482）

④ 关于罗念庵《广舆图》的地理学贡献，可参任金城《广舆图在中国地图学史上的贡献及其影响》，载曹婉如等编：《中国古代地图集・明代卷》，北京：文物出版社，1995 年，页 73—78。

## 二 经世理论的新突破

作为思想家的心学学者，他们必然是以自觉的思想来主导其经世行动。他们不仅不是如后世轻率的批评那样玄谈和无用，而且在其积极投身的地方建设中孕育出一种全新的经世观念。关于阳明学派的经世观，或者说社会思想，研究者已经有一些非常好的探讨，但在笔者看来，阳明学派的经世思想或社会思想在儒家乃至中国社会思想史上的重大意义尚未被充分揭示出来。

王阳明及其后学广泛投入社会建设的最重要的精神动力来自宋明理学的“万物一体论”。“万物一体”之思想是宋明理学的基本精神，在阳明思想中达到了高峰。我们只要稍稍浏览一下被钱绪山称作“师门之教典”的《大学问》，就能强烈感受到阳明“万物一体论”蕴含的深沉的社会关怀，例如阳明对《大学》中“在亲民”解释道：

> 明明德者，立其天地万物一体之体也。亲民者，达其天地万物一体之用也。故明明德必在于亲民，而亲民乃所以明其明德也。是故亲吾之父，以及人之父，以及天下人之父，而后吾之仁实与吾之父、人之父与天下人之父而为一体矣；实与之为一体，而后孝之明德始明矣！亲吾之兄，以及人之兄，以及天下人之兄，而后吾之仁实与吾之兄、人之兄与天下人之兄而为一体矣；实与之为一体，而后弟之明德始明矣！君臣也，夫妇也，朋友也，以至于山川鬼神鸟兽草木也，莫不实有以亲之，以达吾一体之仁，然后吾之明德始无不明，而真能以天地万物为一体矣。[①]

“明明德”虽然是彰显自身之明德，但明德非仅限于一身，而是包括亲近、关爱父子、兄弟、君臣乃至山川草木等万有之物的实践要求。阳明对人与万物的根源性关联的高度强调成为阳明嫡传弟子的共识，高弟王龙溪即明确提到：“自阳明夫子倡道东南，首揭良知之旨以觉天下，天下之人，皆知此心之灵贯彻天地，而生民之痌瘰疾痛始与吾人休戚一体相关，为之维持抚摩，以

① 王守仁撰，吴光等编校：《王阳明全集》(新编本)卷二十六，杭州：浙江古籍出版社，2011年，页1015—1016。

求尽其心而致其命者，始烱然不容于自已，所谓生生之仁也。”[①]与万物休戚一体，对生民痛痒之关切不是外力的强迫，而是发自内在不容已的恻隐之仁心。阳明呼为“小秀才”的江右学者欧阳南野也说：“良知以天地万物为一体。故见人之善，若得其所欲，而爱护之也；人之不善，若疾痛在躬，而抚摩之也。有善必以及人，若解衣推食于其昆弟也；不能，必以问人，若足之行而取决于目也。岂有妒善嫉恶，矜能耻负之意哉？故学者必视天下无物非我，无人不可入于善，然后为致其知。”[②]天地万物一体相关，即是要视人如己，以他人之苦为苦，以他人之乐为乐，除了身体、生理上的关怀，还有精神、品质上的共同提升。这无疑是对个体在世之中无限而艰巨的伦理要求。聂双江把这种艰巨的要求表达得最直白：“天地万物，本吾一体，故天地我位，万物我育，莫非己也。备犹言责备也。禽兽草木，一物失所，匹夫匹妇有不被尧舜之泽者，皆我之责也。”[③]孟子所言“万物皆备于我”，双江解释为禽兽草木、匹夫匹妇之命运皆责备于我，一物失所，我即须负责，其中的责任意识不可谓不大，以致有学者认为阳明及其后学的“万物一体论”蕴含着一种宇宙向度的责任意识。[④]

与生命、鸟兽休戚与共的一体感必然导向关怀社会的行动，用儒学的术语说，即“经世”。经世或经世之学是儒学最核心的组成部分之一，有学者曰：“经世与修身如车之两轮，鸟之双翼，并为儒家人文思想之中心观念。”[⑤]此言用在阳明学派上十分谛当。近年来，对阳明学派讲学、社会建设等方面的研究不断地凸显心学经世之面向，同时纠正了阳明心学空谈心性的历史宿见。王龙溪被冈田武彦归入阳明后学的现成派，历来认为龙溪之学偏于高妙、玄虚，但他却有大量的经世言论和实践。他尝明确断言：

> 儒者之学，务为经世，学不足以经世，非儒也。吾人置此身于天地之间，本不容以退托，其曰“为天地立心，为生民立命”，固儒者经世事也。然此非可以虚气承当、空言领略，要必实有其事矣。[⑥]

---

① 王畿撰，吴震编校整理：《王畿集》卷十三，南京：凤凰出版社，2007 年，页 350—351。

② 欧阳德撰，陈永革编校整理：《欧阳德集》卷九，南京：凤凰出版社，2007 年，页 270。

③ 聂豹撰，吴可为编校整理：《聂豹集》卷十四，南京：凤凰出版社，2007 年，页 588。

④ 陈立胜：《王阳明“万物一体”论——从“身-体”的立场看》，上海：华东师范大学出版社，2008 年，页 55。

⑤ 张灏：《宋明以来儒家经世思想试释》，载“中央研究院”近代史研究所编《近世中国经世思想研讨会论文集》，1984 年，页 3。

⑥ 王畿撰，吴震编校整理：《王畿集》卷十三，南京：凤凰出版社，2007 年，页 350。

心学家对经世的态度，这段话已表露无遗。为了表明这并非阳明某个弟子的偶然孤立之见，我们可以再引心斋门人、即阳明再传弟子王一庵（名栋，字隆吉，1509—1581）相似的说法：

> 天地生物之心，无一息之停，故圣贤经世之怀亦无一时之歇，孔孟所以惓惓不忘天下，不以乱世不可为而遂不肯为也。必如此，方是为天地立心，为生民立极，为往圣继绝学，为万世开太平。①

重视经世本是儒学之通义，然阳明学派经世观的精彩之处是将经世和修身这两个儒家的“中心观念”紧密地结合在一起，一体而圆融。罗念庵的下面一段话便是很好的说明：

> 儒者之学，以经世为用，而其实以无欲为本。夫惟用之经世也，于是事变酬酢之故，人物利害之原，家国古今之宜，阴阳消息之理，无一或遗，然后万物得其所；夫惟本于无欲也，于是死生祸福、毁誉得丧、荣辱喧寂、忧愉顺逆之来，无一或动，然后用之经世者，智精而力专。在孔门，漆雕开、曾点以下，自信有未及者，往往略于外而疑于所行。夫子不以为非，此其本末先后之故可推也。夫子既没，百家并起相雄长，邹鲁之士失其所传，本末倒易，而尽主于多识。②

“存天理、去人欲”是宋明理学之修身口诀。在念庵看来，儒学非空虚，必务求经世，推原人物利害、穷究古今家国之变迁，使万物各得其所。而经世又不是肆意去做，其得失成败与参与的个体密切相关。不受各种私欲拖累的修身品格不仅能确保经世之业的道德方向，还能使经世者“智精而力专”，促进事业的顺利完成。修身与经世，前者为本、为体，后者为末、为用，两者合为一体而不可分割，既非有实践先后之不同，更不能被看作是两者毫无联系，可相互独立进行。我们如果参照宋儒，便会发现阳明心学的经世理念已变换了新的面貌。

吕东莱（名祖谦，字伯恭，1137—1181）与朱子（名熹，字元晦、仲晦，1130—1200）合编的《近思录》既选北宋周、张、二程思想之精粹，又可代表程

① 王栋：《一庵王先生遗集》，《四库全书存目丛书》子部第10册，济南：齐鲁书社，1995年，页93上。

② 罗洪先撰，徐儒宗编校整理：《罗洪先集》卷十一，南京：凤凰出版社，2007年，页496。

朱一系的基本观点,故用此书来讨论程朱一系理学家的经世观念最为简捷。此书有三卷是有关政治与社会思想的内容,即卷八、卷九与卷十,广义上都属于经世思想的范围。在卷八,程伊川阐述了他对治理天下的实践层次的基本划分:

> 治身齐家以至平天下者,治之道也。建立治纲,分正百职。顺天时以制事,至于创制立度,尽天下之事者,治之法也。圣人治天下之道,唯此二端而已。①

从整体上讲,治理天下包括两个领域或层面:治道(治体)和治法。前者讲述从修身到治国平天下的基本价值理念和一般原则,简单地说,即《大学》所蕴含的以修身为基础的治国平天下的儒家实践原则和理念;后者则是卷九涉及的内容,朱子名之曰"制度",包括治国理政过程中在政治、经济与社会等领域实施的各种制度、法令和政策等等。至于卷十,朱子题为"君子处事之方",指临政处事的态度、方式和策略,与治法同受治道之价值指导,广义上也可算作治法之内容。尽管朱子有时强调治道与治法互为前提,同举并重,②然对伊川来说,治道比治法更为根本。在同卷中,伊川谈到当世之务,以三者为先:立志、责任与求贤,"此三者本也,制于事者用也。三者之中,复以立志为本"③。立志、责任可以说都是修身以完善人格之原则,同卷还有多处提到治国理政首先要格君臣之心、正三纲等不一而足,君正臣贤才能确保各种治法有效实行。因此之故,有学者将宋儒这种通过格正君臣、修正身心来推行政治的思考和实践方式称为"人格经世"④。而到了王阳明及其后学的时代,他们虽然依然坚持处事为政(所谓"安人")以修身(所谓"修己")为

---

① 陈荣捷撰:《近思录详注集评》,上海:华东师范大学出版社,2007 年,页 226。

② 茅星来《近思录集注》引朱子之言曰:"圣人治天下之道,故不外此二端。然必人主之心术公平正大,无偏党反侧之私,而后治之法可得而行;必亲贤远佞,讲明义理之归,闭塞私邪之路,而后治之道可得而尽,有不可以不知也。"(朱熹等编,张京华辑校:《近思录集释》,长沙:岳麓书院,2009 年,页 669)茅氏此引言,陈荣捷先生《近思录详注集评》中采用(见该书页 226),但未知出处,查朱子文集,疑茅星来化用朱子以下的说法:"然而纲纪不能以自立,必人主之心术公平正大,无偏党反侧之私,然后纲纪有系而立。君心不能以自正,必亲贤臣、远小人,讲明义理之归,闭塞私邪之路,然后乃可得而正也"(朱熹:《晦庵先生朱文公文集》卷十一,《朱子全书》第 20 册,上海/合肥:上海古籍出版社/安徽教育出版社,2002 年,页 586)。

③ 陈荣捷撰:《近思录详注集评》,上海:华东师范大学出版社,2007 年,页 220。

④ 参张灏《宋明以来儒家经世思想试释》,载"中央研究院"近代史研究所编:《近世中国经世思想研讨会论文集》,1984 年。

前提的儒学理念，但其经世不再是偏重纯然的道德说教，而是亲身经理具体世务，不再是致力于格君臣之心，以期圣君贤相能自上而下地推行良好政治，而是联合士人团体，引导地方事务，直接从事移风易俗之实践。[①] 上引罗念庵的话即是明证，我们还可以看王龙溪类似的主张：

> 儒者之学，务于经世，然经世之术约有二端：有主于事者，有主于道者。主于事者，以有为利，必有所待，而后能寓诸庸；主于道者，以无为用，无所待而无不足，入者为主，出者为奴，见使然也……而世之儒者未免溺于有无之迹而二之。其有者，以兵赋礼乐为神奇，浴沂风咏为臭腐，是不凿牖而求室之用也；其无者，以兵赋礼乐为臭腐，浴沂风咏为神奇，是去辐而求车之用也。间有略知二者之偏，而思有以易之，其言曰："道之真以治身，其绪余以为国家，其土苴以为天下。"似矣。夫既曰"以道治身"，所治孰非事耶？既曰"以其绪余土苴为天下国家"，绪余土苴，孰非道耶？夫道与事，未尝相离也。[②]

龙溪之言虽然有些抽象而玄妙，但大意还是容易把握。他最终的结论是道与事"未尝相离"。一方面，脱离了"道"的"事"必然有所滞碍不通，达不到理想的结果；另一方面，"道"非空言，它必须在家国之事体现出来。尽管龙溪没有说明"道"的准确内涵，但从字里行间看，"道"不外指臻于"浴沂风咏"之神韵的理学心性修养之道，相当于程伊川"治道"之层面。不过，龙溪不认为有一个独立于"事"的修道过程，仿佛可以先修治身之道，然后以道治天下国家。离开了人情世事，"道"便无法落实，经世必须投身于"兵赋礼乐"的具体世务中。与宋儒的"人格经世"相比，王龙溪和罗念庵的经世理念也蕴含着人格修养之面向，但后者无疑更凸显了经理世务的实践精神以及道对事的积极作用和紧密联系。其实，心学的其他诸多观念也有同样的意蕴。阳明及其后学既然有非常丰富的经世济民的阅历，他们的相关思考必然也极为丰富和深邃。以下笔者将从他们对经世活动的直接反思以及与经世有关的一般思考两个方面阐述之。

---

① 余英时先生曾指出，王阳明等明代儒者的政治实践从宋代的"得君行道"的观念转向"觉民行道"的道路，他还认为明代政治专制之强化是一个重要的外部原因。参余英时：《明代理学与政治文化发微》，载其著《宋明理学与政治文化》，长春：吉林出版集团有限责任公司，2008年，页158—211。

② 王畿撰，吴震编校整理：《王畿集》卷十四，南京：凤凰出版社，2007年，页374—375。

### (一) 巩固宗族、推行乡约中的反思

王门后学，尤其是江右王门儒者从事了繁多的修订族谱、建设祠堂、推行乡约、丈量土地、改革赋役、修桥梁、立社仓等推动乡族建设的经世实践。江右王门的乡族实践首先与江西地区宋元以来大族群居的社会现状有关。另一方面，阳明政治生涯在江右最长，政治和学术影响最大，弟子众多，以致黄梨洲断言"阳明一生精神俱在江右"。所有这些内外因素使江右成为心学与经世结合最紧密的地区。

明代中期以后，因严酷的皇权专制、人口增长、里甲等社会管理制度的松弛、生员与乡绅阶层的不断增长等因素[①]，江南地区越来越多的包括士大夫在内的乡绅阶层广泛开展巩固宗族、制定乡约等安定乡里的地方建设活动。[②] 江右王门学者的乡族实践正是在此大趋势下进行的。不过，他们因心学思想而使其乡族建设与其他地区有所不同，而他们的乡族实践也促进其进一步的思考，因而，江右学者的思想与实践是紧密相联的。邹东廓、罗念庵等人不仅建祠堂、修族谱，积极参与自家宗族之建设，还利用其士大夫身份，推动县府内外其他宗族的巩固。根据笔者的统计，在江右王门诸子的传世文集中，邹东廓就留下了 25 篇族谱序言、10 篇祠堂记文，欧阳南野遗存有 12 篇谱序、6 篇祠堂记，而罗念庵的谱序的数量高达 32 篇，祠堂记也有 7 篇之多。[③] 作为儒家士大夫，他们最通常的做法是因势利导，将儒学伦理观念寄寓其中，把儒学思想从知识精英向庶民、草根阶层传播。例如，在给江西瑞州府高安（即今江西省高安市）云冈况氏家族所写的谱序中，罗念庵即利用谱主祖先之经历寄寓深远期望。据念庵陈述，况氏先祖均仁公曾在明太祖在位时，远赴京城（南京）"陈言十二事"，包括以纸币代替铜钱的便民主张，太祖欣然接纳。念庵随即陈言：

---

① 关于明代生员、乡绅等知识阶层的数量演变，可参 Ping-ti Ho（何炳棣），*The Ladder of Success in Imperial China*，New York: Columbia University，1962，pp. 173 - 179。威拉德·彼得森《晚明思想中的儒学》，载崔瑞德等编，杨品泉等译：《剑桥中国明代史》，北京：中国社会科学出版社，2006 年，页 677—680。关于明代的人口研究参何炳棣著，葛剑雄译：《明初以降人口及其相关问题：1368—1953》，北京：生活·读书·新知三联书店，2000 年。

② 有关明代士绅或乡绅参与的宗族建设与地方社会的实践，参郑振满：《明清福建家族组织与社会变迁》，长沙：湖南教育出版社，1992 年，页 159—165 以及页 242—257。陈宝良：《明代儒学生员与地方社会》，北京：中国社会科学出版社，2005 年。常建华：《宗族志》，上海：上海人民出版社，1998 年，页 43—56。常建华：《明代宗族研究》，上海：上海人民出版社，2005 年等等。

③ 张卫红教授也有类似的统计，参其著《罗念庵的生命历程与思想世界》，北京：生活·读书·新知三联书店，2009 年，页 123。

夫痛钱币之患，不啻吾身自罹其苦，即思有以处之。使患重于钱币，不啻吾身自罹其苦者，从可知也；幸而不比于钱币之重，而身之所罹者，乃其至轻，又可知也。推之至于一草一木，一饮一食，其事不尽仰于人，而彼此相去不至数千百里之远，举手动足，足以施无穷之利，兹不足为乎？又推而至于所及，不止一人，而吾之所为，不可以时计者，不知凡几。则是为吾婴情者，尤种种也。又推而本吾一身，卑高先后，咸有所仰，以至颠连无告，皆思有以庇之，斯又善于尊祖，并睦族之仁举之矣。①

均仁公所以能不远千里赴京上书，因其忧世之患不啻若自遭其苦，而其后人若能充此不忍之心，对于一草一木之摧折，乃至颠连无告者都能有所庇护，岂不是尊敬祖先、和睦全族的最好举措？很显然，念庵运用的是孟子劝勉齐宣王时的推恩方式。族谱、祠堂虽然是用来维护本族的团结和联系，但江右诸子常常强调把血亲之爱推广开来。念庵在另一篇谱序中论道：

凡谱之所书，等其骨肉，固甚难也。有能不阻其难而进所知，由一族以至天下，岂有辨族之谱，其一验矣。今试求之，有书其父母之名，而不动心者乎？有书其兄弟、妻子之名，而不动心者乎？夫人莫不有父母、兄弟、妻子，固一身之所值，然未有为之迫恻恳笃者，则又何也？夫人之自私者，一身之外，莫能相同。苟弃形骸，忘尔汝，即一身之外，其视人与天下，亦何以异？故能同于族者，必能同于天下，而无有乎亲疏、远近、贫富、众寡之分，是治谱之学也。②

常人总是对家庭、家族才有最真切的感受、最及时的关怀，但罗念庵希望能将对家人之爱推于天下，视天下之人如己，休戚与共，这无疑是“万物一体”之情怀。由此来看，阳明学的“万物一体”论不仅是对儒家士人的要求，也是对家族庶民的高远期望。阳明学的“万物一体”论有两个直接的思想渊源，其一是程明道（名颢，字伯淳，1032—1085）的《识仁篇》，另一个是张横渠（名

① 罗洪先撰，徐儒宗编校整理：《罗洪先集》卷十二，南京：凤凰出版社，2007 年，页 555。

② 罗洪先撰，徐儒宗编校整理：《罗洪先集》卷十二，南京：凤凰出版社，2007 年，页 553。邹东廓在其谱序中亦非常强调万物一体之仁爱，如其在谱序中亦言：“谱也者，普也，普爱敬以位育于一家也。故缩而普之，自父祖以溯于始迁也，而众明于尊祖矣；衡而普之，自兄弟以敷于群从也，而众明于睦族矣。人人尊祖而睦族，则位育普于四海，犹运之掌也。教之隆也，以四海为兄弟；其壅也，以一家为秦越”（可参邹守益撰，董平编校整理：《邹守益集》卷三，南京：凤凰出版社，2007 年，页 127）。

载，字子厚，1020—1073)的《西铭》。从“万物一体”论的视角来看，天下万物本是一族。聂双江常常用《西铭》“民胞物与”之思想来强调，天下万物才是全族、古今才是全谱：

> 夫家之有谱，犹国之有史，宗法亡而无谱学以继之，则天下无全族矣。是故类族，莫要于谱也。谱也者，普也，普吾之爱敬于天下国家也。《西铭》一篇，其天下古今之全谱乎？是故于宗之吝，不若出门之无咎，言爱敬之有所及、有所不及者之可吝，而况于宗人一无所爱敬而仇视如路人者乎？是故谱学之不可不讲也。[①]

聂双江的谱序中多次出现《西铭》一篇为“天下古今之全谱”的说法，邹东廓也有类似的看法。[②]《西铭》“民胞物与”的思想成了他们理解宗族结构、建构宗族伦理的理论基础。虽然罗念庵和聂双江在推扩宗族伦理的细节上不甚相同，但他们都是从天下、社会的整体视野来定位宗族的。不仅如此，他们甚至认为包括族谱、祠堂、祭田在内的宗族制度是继承三代宗法制的最佳途径。秦汉以后，郡县制取代封建制，与封建制相表里的宗法制也逐渐式微，而如何继承封建、宗法、井田等三代制度的美意，重现三代的理想社会，成为后世儒家永恒的“乡愁”。江右诸子深知三代治世已一去不复返，他们能做的仅是在既有社会现状下的因革变通。在罗念庵看来，修治族谱是落实三代宗法制，以此团结族人的最可能途径。他曾谈到宗法制的盛衰更替：

> 《周礼》比闾族党，联国中之民，固将一风俗也。然又立宗法于卿大夫之家，以收其族人。夫宗法不下于庶民，是收族之礼，独行于君子，而不能同于国中明矣。圣人岂不欲尽国中之民，皆以礼约束之哉？君子者，明其道；小人者，致其力。力不胜道，则礼有所遗；礼不尽力，则法有所限。是故为之祧祔继斩，而庙统立焉；为之尸祊焰馈，而祭义叙焉；为之冠见婚会，而亲情合焉；为之问劳赗助，而恤典行焉；为之含殓虞祥，而凶事同焉；为之隆降厌报，而服制通焉。此六者，人情之所必有，而惟君子能行之，故宗法非强立也，因君子以为之先，是以责之也。势不得以尽国中，故此详而彼略焉，此圣人之权也。封建废，卿大夫无世家矣。

① 聂豹撰，吴可为编校整理：《聂豹集》卷三，南京：凤凰出版社，2007 年，页 66。

② 双江类似的说法还可参《聂豹集》卷三，前揭书，页 71。邹东廓的说法参邹守益撰，董平编校整理：《邹守益集》卷二，南京：凤凰出版社，2007 年，页 26—27。

无世家,则宗法不可得而复;于不可复之时,而存什一于千百,岂不难哉!取其意稍可行于今,惟族谱近之。[①]

宗法原是与封建制并行的社会和政治制度,用来解决公卿、大夫等社会权力阶层政治权力之分配与更替等问题,确保统治阶层政治秩序有序而且稳定的开展,而宗法制包含的各种具体的礼仪制度同时也有统合族人、统一风俗、抚恤孤弱、安顿伦常秩序的历史作用。然封建制废除之后,公卿阶层的宗法制随之解体,伦理与政治的完美结合不再重现。念庵认为,后世江南地区世家大族制订族谱、设立祠堂等行为尚存三代宗法的些许精神。虽然宗族内部的礼节、仪式已相当不同,但族谱具有的综罗世系渊源、亲近邻里、构建社会共同体等意义与古代宗法的精神是一致的。而且,宗法制因有限的经济条件只能行于有位之君子,不行于庶民,族谱却能推广到社会各个阶层。对于修治族谱的"谱学"与宗法制的关系,聂双江具有与罗念庵同样的历史意识:

天地不仁,则乾坤毁;人不仁,则族散宗离。是故谱学所以继宗法之亡也。联名义伦理之系,如指诸掌,莫善乎谱;笃名义伦理之亲,以不忘乎一人之初,莫善乎仁……故爱身莫大于爱亲,爱亲莫大于尊祖,尊祖莫大于敬宗,敬宗莫大于收族,仁以结之,礼以维之,疾痛疴痒,皆切于吾身,于是贫穷者有养,患难者有恤,鳏寡茕独者有所归。佥宪(指双江好友,谱主汤氏)收族之本意,其在兹乎?有非谱之所可得而尽者。[②]

双江和念庵常化用《礼记·大传》"亲亲故尊祖,尊祖故敬宗,敬宗故收族"来表明团结宗族的重要意义。[③]《大传》原文本是来说明宗法伦理是政治伦理之根源,而双江和念庵则基于人的爱身、爱亲之常情来证明宗法在后封建时代依然具有团结族群、安顿社会伦常秩序的效力。依聂双江的观点,三代之后,社会分化越来越严重,强弱贫富愈发悬殊,这是难以避免的历史之"势"。而三代宗法制度提倡孝悌慈爱、悲喜同感等伦理理念中所体现的"一体"精神、平等精神,恰恰是引导历史大势、决定历史方向的永恒的价值原则。[④]

---

① 罗洪先撰,徐儒宗编校整理:《罗洪先集》卷十二,南京:凤凰出版社,2007年,页522—523。

② 聂豹撰,吴可为编校整理:《聂豹集》卷三,南京:凤凰出版社,2007年,页68。

③ 罗念庵的说法可参其《〈永新文竹周氏族谱〉序》《〈玉峡罗田袁氏族谱〉序》等等(其撰《罗洪先集》卷十二,前揭书,页570—596)。聂双江的说法还可参其撰《聂豹集》卷三,南京:凤凰出版社,2007年,页69。

④ 参聂豹撰,吴可为编校整理:《聂豹集》卷三,南京:凤凰出版社,2007年,页71。

聂双江、罗念庵等阳明后学认为修治族谱是继承三代宗法制的伦理精神，他们在团结宗族运动中寄寓了深远的理想。除此以外，他们认为推行乡约也是借鉴三代美治的一种努力。乡约肇始于北宋蓝田吕和叔（名大钧，1029—1080），而流行于明清，是古代士大夫和乡绅主导的地方社会的自治形式。明代的乡约运动，因推行者、地方情实之多样，往往有社会控制、地域融合、道德教化等不同功用的侧重。① 根据研究，阳明后学在江右吉安等地区推行的乡约，与其他地区相比，更为凸显道德教化的面向。② 他们把道德伦理寄寓在乡约条文中，极为重视乡约实践对于工、商等庶人阶层提高道德素养、美化风俗的意义。在他们看来，士人、生员等知识阶层能依靠书院等机构进行自我的教育和完善，而庶人则可以凭借乡约来相互劝勉，把乡里生活与道德教化结合起来。庶人阶层同士大夫一样要实践修身之学，让他们明白人伦之义是治国为政的必然环节。③ 聂双江甚至认为乡约不仅是王政全面开展的必要一环，而且是井田制度精神的充分体现。季彭山在嘉靖年间任吉安府同知时在双江家乡永丰县推行乡约，双江就此而谈到乡约之意义：

> 王者之化，莫备于井田，盖尝读《孟子》而得井田之所始也。乡田同井，死徙无出乡，出入相友，守望相助，疾病相扶持，则百姓亲睦，百姓亲睦而后可以语王化，故曰不观于其乡，无以知王化之易易也。自夫王者之迹熄，而乡井之教寖微，后世愿治之君，不知出此，徒欲以法把持，谓足以禁暴寝奸，驱民于善，而祇以乱之矣。譬之委禽于笼，纳兽于槛，而求其咸若遂生，有是理乎？④

与族谱限于内部族人的团结相比，乡约则偏重乡里公共生活的安顿。双江

① 朱鸿林《明代嘉靖年间的增城沙堤乡约》，载燕京研究院编：《燕京学报》第八期，北京：北京大学出版社，2000年，页133—143；又见于其著《二十世纪的明清乡约研究》，载《历史人类学学刊》第2卷第1期，2004年。

② Kandice Hauf（郝康迪）著，余新忠译：《十六世纪江西吉安府的乡约》，载郑晓江主编《赣文化研究》第6期，1999年，页127—130。

③ 例如，邹东廓说："古者大学之教，以修身为本。是学也，达乎诸侯大夫及士庶人。庶之等悬矣，而身有不修，则亲爱、贱恶、长敬、哀矜，举辟而不中节。以父母则弗能孝，以长上则弗能敬，以乡里则弗能睦，以子孙则弗能训，以生理则弗能安，而非为日作，灾害日侵。故善立教者，必造端于庶人，比长，闾胥相与戒其奇衺而劝其敬敏任恤，是以人人迁善改过，潜移默化，以升于大猷。"（其撰《邹守益集》卷二，董平编校整理，前揭书，页54—55）这是强调教化从社会底层做起。

④ 聂豹撰，吴可为编校整理：《聂豹集》卷三，南京：凤凰出版社，2007年，页51。

以为，乡约以约法的方式建设乡里公共生活之秩序，它除了具有抵御外寇、保护生命和财产的作用，还能防止贫富分化，使邻里相互扶持，和睦邻里关系，这与孟子所理解的井田制的精神一脉相承。由此来看，聂双江、罗念庵等江右诸子主导和参与的乡族实践并不是偶然兴起、杂乱无章的社会活动，而是朝向理想社会的改革运动。他们一方面面对江右地区世家大族聚居、风俗偷薄、土地分配不均等社会现状，一方面持有三代治世的儒学信念。团结宗族、推行乡约等乡里经世是他们再现儒家社会理想的一次探索和努力。江右诸子有一个共识，历史无法复原，封建宗法制的三代不可能再现。但是，在新的情势之下，通过改革社会来充分实现三代社会的价值理想，可能才是复归三代的最可能的途径。[①] 不过，儒学中的三代理想不是静止不变的。新的社会情况、阳明心学的新思想使阳明后学对理想社会产生新的认识，他们的经世实践也推动他们的社会思考。我们下面即来讨论阳明学派在社会思想上的新进展。

### （二）“格物致知”新解与“异业而同道”

与阳明学派的经世观念所体现的经理事务的实践精神直接相关的是王阳明及其后学对《大学》“格物致知”的新解释。曾经有一位明代官员听闻阳明讲学之后非常有兴趣，但忧心自己繁忙的政务会妨碍了心学的学习。阳明对此有一个著名的应答：

> 我何尝教尔离了簿书讼狱，悬空去讲学？尔既有官司之事，便从官司的事上为学，才是真格物。如问一词讼，不可因其应对无状，起个怒心。不可因他言语圆转，生个喜心。不可恶其嘱托，加意治之。不可因其请求，屈意从之。不可因自己事务烦冗，随意苟且断之。不可因旁之谮毁罗织，随人意思处之。这许多意思皆私，只尔自知，须精细省察克治，惟恐此心有一毫偏倚，杜人是非，这便是格物致知。簿书讼狱之间，无非实学。若离了事物为学，却是着空。[②]

“格物”之“物”，阳明解释为“事”，“格物致知”就是在人情事变中致良知之工

---

① 罗念庵的《宗论》即有这样的历史意识（参其撰《罗洪先集》卷十二，前揭书，页 37—39）。还可参邹守益撰，董平编校整理：《邹守益集》卷三，南京：凤凰出版社，2007 年，页 361。

② 陈荣捷：《王阳明〈传习录〉详注集评》，上海：华东师范大学出版社，2009 年，页 177。

夫过程[①]，这与朱子把“格物致知”看作是穷至物理的认识过程形成鲜明的对照。程朱等宋儒的实践哲学有治道与人事的两层区分，对他们而言，修己治人之道是《大学》所要格物穷理的主要内容，也是学子学习的首要内容。而按照阳明的观点，儒学的学习和实践必须介入具体人事当中，将事务处理得当是把握儒家修身哲学之真谛的内在要求。可以说，阳明通过“格物致知”的全新诠释而使《大学》具有了新的精神。关于这种新的精神，弟子欧阳南野有一段精彩的阐述：

> 意用于播谷种树、芟草斩木，则播谷种树、芟草斩木为一物，即播种芟斩之物而格之，则于草木之荣瘁开落、始终本末，一一用心讲究，以尽吾播种芟斩当然之则，然后吾之知始自慊，而意无不诚。如此则讲究草木，亦是诚意正心之功，非不求于内而求于外、不求诸心而求诸物者。盖所主不同，作用自别。推而至于士之读书作文，商之通功易事，仕之事君治民，童子之洒扫应对，莫不皆然。[②]

南野与阳明“意之所在谓之物”的诠释一致，把“诚意正心”看作是在生活世界中做事与磨炼，而非隔离外物的反观内省。“格物”可以按照朱子解释为即物而格之，但这不是企图从物中发现人伦之理，而是要对相关之物真实而细致地认识，进而恰当地利用。阳明的爱徒徐曰仁等人曾怀疑阳明“心外无理”之说会专注内心而忽视事为节目[③]，欧阳南野这里无疑给出了一个有力的解答。吾心并不是空明无物，而是与外物不断交接，总是参与到人情事变之中。在人情事变中的自我修养也包涵着对相关事物的正视和基本的了解。作为修身学的“格物致知”不仅不忽视知识与技能，反而促成客观知识的建立。阳明学派这种在修身成德、经世济民的精神关怀下，在经世实践中“一一用心讲究”相关事物的为学态度在阳明众多的弟子身上都有体现。我们以阳明几个知名弟子为例来概览一下阳明学派探索知识的方式和态度。

先从浙中王门王龙溪说起。根据龙溪自述，他曾与万鹿园共同阅读明代《本朝名臣奏议》及《十三省九边图考》，然后编辑完成一部《经济录》，其中

---

① 可参阳明在《大学问》中对“格物致知”的解释，其撰《王阳明全集》(新编本)卷二十六，吴光等编校，杭州：浙江古籍出版社，2011 年，页 1019—1020。

② 欧阳德撰，陈永革编校整理：《欧阳德集》卷五，南京：凤凰出版社，2007 年，页 181。

③ 参《传习录》第 3、4 条徐曰仁与阳明的问答，陈荣捷：《王阳明〈传习录〉详注集评》，上海：华东师范大学出版社，2009 年，页 17—18。

包括国体纲宪、时政事宜等内容。[①] 龙溪还曾编纂过一部《中鉴录》，选录历代宦官轶事，意在教化中官以影响天子。这两部文录似都已散佚，我们无法从中获知龙溪治人为政之思想。不过，龙溪文集还流露一二。王龙溪曾经为好友唐荆川编纂的《历代史纂左编》作序。此书是荆川对历代政治经验的汇辑，龙溪在序言中表达了他对历代政治的总看法："治必有法，如方圆之于规矩，平直之于准绳，断断乎不可以无者也。何也？时有古今，而治乘之；治有因革，而法纪之。道则贯乎治法，变通以趋乎时者也。夏商周之法备于六经，汉唐宋之法备于诸史。"[②]重视治法是龙溪的一个鲜明观点。他认为，治法在政治中具有轴心的地位。一方面，治法是在古今变化中继承古代善政经验的基础和凭借；另一方面，治法是在现实情境中治道的具体体现。其实，龙溪不仅重视治法，也重视日常行事的方法。应考科举是明代学子的头等大事，龙溪在讲学时就把心学"格物致知"之教与举子的应试结合起来："举业之事，不过读书作文。如意用于读书，即读书为一事；意用于作文，即作文为一事。于读书也，口诵心惟，究取言外之旨，而不以记诵为尚。于作文也，修辞达意，直书胸中之见，而不以靡丽为工。随所事以精所学，未尝有一毫得失介乎其中，所谓格物也。夫读书作文之物格，则读书作文之知始致，而所用之意始诚。"[③]举子的格物工夫就是在其读书、作文等当为之事中修炼。要想举业之物格、之知致，必须重视读书之法、作文之法（参第三章第一、二节）。

浙中王门的另一位儒者季彭山不仅通过注疏经典的方式推广心学，而且撰成《说理会编》一书。此书不仅涉及心性之学的内容，而且包括"政治"、举"贤才"等为政思想。彭山不仅根据阳明心学提出"心政"的治道总纲，而且大量讨论政治事务的实际举措，比如"救荒之法""治水之法""兵要"等等。从是书目录上即可看出，彭山和龙溪一样重视处理事务之方法。他的这些处事之法与他长期在建宁、长沙等地任职施政很有关系[④]，可以看作是他的政治经验总结。在讨论治水问题时，他指出，水患治理不仅涉及复杂多变的地形，而且与人情世态密切相关，因此不能照搬古代的治水经验。治水要根据河道大小、含沙量、流势、地势、周边百姓居住环境等河流实况来制定疏导

---

① 王畿撰，吴震编校整理：《王畿集》卷二十，南京：凤凰出版社，2007年，页597。

② 王畿撰，吴震编校整理：《王畿集》卷十三，南京：凤凰出版社，2007年，页345。

③ 王畿撰，吴震编校整理：《王畿集》附录二，南京：凤凰出版社，2007年，页745。

④ 根据彭山弟子徐文长所作《师长沙公行状》，季彭山自正德戊寅年（1518）34岁时开始在福建建宁任职，中间历任揭阳、弋阳、苏州、辰州、吉安等地方官职，最后在嘉靖戊戌年（1538）任长沙知府两年后被罢职。在其出仕的23年间，彭山很少中断仕途（参徐渭：《徐渭集》，北京：中华书局，1983年，页644—647）。

措施。他根据自己的知识,针对全国主要河川,提出四种不同的治水之法:"治河之道宜疏也""治济、漯之道宜瀹也""治汝、汉之道宜决也""治淮、泗之道宜排也"①。彭山对其他事务也提出许多具体的解决措施。尽管彭山提供的处事举措的效果有待评价,但显而易见,他绝不是一个空谈的玄学家。

在江右王门,我们可以来观察罗念庵绘制《大明广舆图》的方式。根据念庵自述,他"尝遍观天下图籍,虽极详尽,其疏密失准,远近错误,百篇而一,莫之能易也",他发现历史上的地图精确程度不够、错误甚多。造成地图绘制粗糙的一个重要原因是方法不当。当念庵得到元代学者朱思本的《舆地图》,发现其中的"计里画方之法",才由此大大提高了地图的精确程度,"形实自是可据,从而分合,东西相侔,不至背舛"②。地图的准确性在于地图与实际地形("形实")的逐一准确的对应,如此才能真实反映地形之实况,而计里画方之法,即通过在地图上绘制方格以确定地形的比例长度的方法,大大提高了地图绘制的精确程度。保证地图精确的另一方面是对全国疆域地形的准确把握,为此,念庵参考了大量历史图籍,用了十多年的时间才绘制完成此地图集。这些无不显示出念庵治学的严谨态度和艰苦工夫。

其实,阳明本人就有重视实情、处事严谨的经世态度,否则他很难出色地平定南赣、思田等地区的地方动乱,剿灭宁王的反叛。他十分重视《孙子兵法》所言"校之以计而索其情",作战前要多"校量计画",这自然是要依据敌我双方的军事实情。③ 阳明后学中多有兼通武事的学者,彭山弟子徐文长(名渭,1521—1593)在嘉靖年间曾作为胡宗宪幕僚助其抗倭,在他看来,两军对垒,军情、士气、天象等变化难测,需要因时制宜、相机而动。欧阳南野弟子王敬所也认为将帅切忌固执臆断,要根据实情,灵活多变。④

从王阳明与其弟子处理事务的态度、钻研知识与技术的方式可以看出,他们没有因为致良知的修身实践而忽视技能与知识。阳明"格物致知"之教要求他们在日常行事与政务工作中尽职尽责,当他们意欲应举、治水或绘制地图等事情,应举、治水和制图即成为他们的"格致"之"物"(事)。他们要把这些事情做好、要践行格物之学,自然要了解相应的应举之法、治水之道、制图之方,正视并依据相关知识和技术的内在理路,知识系统与技能系统在致

① 季本:《说理会编》卷八,《续修四库全书》第938册,上海:上海古籍出版社,2001年,页646下—647上。

② 罗洪先撰,徐儒宗编校整理:《罗洪先集》卷十一,南京:凤凰出版社,2007年,页507。

③ 王守仁撰,吴光等编校:《王阳明全集》(新编本)卷三十九,杭州:浙江古籍出版社,2011年,页1563。

④ 关于阳明学派的兵学思想参本书第三章第三节。

良知的经世实践中随即得以成立。[1] 而且阳明心学把德性与知识进行了明确的剥离，知识因此处于独立的地位，对知识的探究遵循其自身的特点而不受求知者价值偏向的影响，从而促成独立的知识系统。[2]

阳明向治讼之官提出，“簿书讼狱”便是他所当格之“物”。对于其他人，当有不同的格致之物。欧阳南野在上文更明确地说：“推而至于士之读书作文，商之通功易事，仕之事君治民，童子之洒扫应对，莫不皆然。”据此，《大学》的“格物致知”并不是士大夫的专利，所有阶层、所有年龄阶段的人均可从事儒家格物之学。阳明学派对“格物致知”的全新解释就将儒学从士大夫阶层推广到社会的全部范围。对比一下宋儒，更能凸显这一理念所带来的革命意义。对于《大学》的学习对象，朱子在《〈大学章句〉序》中有明确的说明：

> 三代之隆，其法寖备，然后王宫、国都以及闾巷，莫不有学。人生八岁，则自王公以下，至于庶人之子弟，皆入小学，而教之以洒扫、应对、进退之节，礼乐、射御、书数之文；及其十有五年，则自天子之元子、众子，以至公、卿、大夫、元士之适子，与凡民之俊秀，皆入大学，而教之以穷理、正心、修己、治人之道。此又学校之教、大小之节所以分也。[3]

教育分小学与大学两个阶段。小学包括洒扫应对、礼乐书数等日常仪礼和基本生活知识的学习，而大学学习的是“修己治人之道”，也即《大学》的基本内容。前者涉及所有子弟，后者主要针对王公大夫之子以及“凡民之俊秀”。简单地说，大学仅仅针对在位者以及准士人阶层，农工商等凡民没有机会，也没有必要进入大学。朱子的说法可以说代表了宋代以及宋以前传统儒家对儒学教育的一般观点。按照这样的观点，儒学作为“修己治人”之学仅限于士大夫所处的管理阶层，也就是说儒学是有明确限界的精英学问。而阳明学却有不同的态度，心斋弟子王一庵便对朱子序言中的有限界定提出质疑：

---

① 另参陈立胜《作为生活态度的格物之学》，载金泽等主编：《宗教与哲学》（第四辑），北京：社会科学文献出版社，2015 年，页 262—266。

② 关于阳明心学德性与知识相分离的思想史意义，可参李明辉《儒家思想与科技问题——从韦伯观点出发的省思》，载刘述先主编：《儒家思想与现代世界》，台北：“中央研究院”中国文哲研究所筹备处，1997 年，页 75—76。

③ 朱熹：《四书章句集注・大学章句》，《朱子全书》第 6 册，上海/合肥：上海古籍出版社/安徽教育出版社，2002 年，页 13。

格物止至善之学，人人共为、共成，原无人品限隔。今曰古者十五入大学而惟夫天子之元子、众子以至公卿大夫元士之适子入之，而其非适子者则皆限于分而不得与，凡民惟俊秀入之，而其非俊秀者则皆限于资而不得闻，是诚可疑。①

王一庵坚持认为《大学》之教育不能因资质而区别，《大学》之道是“人人共为、共成”，这与欧阳南野认为士农工商皆可做“格物”工夫是同样的意思。阳明学派把儒学向庶民阶层推广和落实的结果，可以概括为阳明的另一个著名的主张，即“四民异业而同道”：

阳明子曰：“古者四民异业而同道，其尽心焉，一也。士以修治，农以具养，工以利器，商以通货，各就其资之所近，力之所及者而业焉，以求尽其心。其归要在于有益于生人之道，则一而已。士农以其尽心于修治具养者，而利器通货，犹其士与农也。工商以其尽心于利器通货者，而修治具养，犹其工与商也。故曰：四民异业而同道。盖昔舜叙九官，首稷而次契。垂工益、虞，先于夔、龙。商、周之代，伊尹耕于莘野，傅说板筑于岩，胶鬲举于鱼盐，吕望钓于磻渭，百里奚处于市，孔子为乘田委吏，其诸仪封晨门荷蒉斫轮之徒，皆古之仁圣英贤，高洁不群之士。书传所称，可考而信也。”②

这段文字出自阳明为苏州昆山商人方麟所写的墓表。余英时先生评价阳明此文“是新儒家社会思想史上一篇划时代的文献”③。尽管阳明写作此文是一个“乌龙”，他对墓表主人公并不相识，而且他撰此文有批判商业功利化的用意④，但此文献本身的思想意义却不止于此。余英时先生引用此文是为了说明明代商人地位的提高，以及四民关系的新变化。但他尚未完全揭示“四民异业而同道”这一论断对儒学理论形态和实践所带来的巨大改变。在明

---

① 王栋：《一庵王先生遗集》卷一，《四库全书存目丛书》子部第 10 册，济南：齐鲁书社，1995 年，页 58 下。

② 王守仁撰，吴光等编校：《王阳明全集》（新编本）卷二十五，杭州：浙江古籍出版社，2011 年，页 986。

③ 余英时：《士与中国文化》，上海：上海人民出版社，2003 年，页 456。

④ 对于阳明《节庵方公墓表》的撰述背景及阳明写作的真实用意，陈立胜教授有一重要发现，参其《王阳明“四民异业而同道”新解——兼论〈节庵方公墓表〉问世的一段姻缘》，《哲学研究》，2021 年第 3 期。

代以前的历史中，儒学主要通过在位的士大夫影响君主或为政施治，自上而下地发挥作用。但在阳明看来，庶人尽管没有政位，职业不同，但都可以“求尽其心”、都能“有益于生人之道”。而“尽心”无非就是在自己的事务中做格物修身的工夫。士人可以通过修治之学以尽心修德，农之具养、工之利器同样也可以成贤成圣。阳明的心学或新儒学不再限于士人的修己治人之学的范围，而是对所有职业阶层分别提出了实践的价值理念，而这些理念最终又指向一个士农工商等不同职业分工合作、自我与社会以及精神追求与现世生活相辅相成的理想社会。①

阳明后学特别强调在具体的职业和事务中自我修养，实践心学，他们不把心学作为一般性的教化而对大众不加区分地施行。王龙溪继承阳明“四民异业而同道”的主张，进而指出：“人人各安其分，即业以成学，不迁业以废学，而道在其中。”②阳明心学是落实在每个人的伦常职事中的实践的学问。按照这样的理念，农之具养、商之通货与士之修治便没有价值上的高低之别。如果农、工、商等职业阶层能自觉地去“求尽其心”、去实践格物之学，那么就不仅有“儒商”，还有“儒农”“儒工”等一系列体现儒家精神的职业团体。我们回想一下《论语》中夫子对樊迟请学稼、学圃的回绝和点拨（《论语·子路》），再与以上阳明学学者的观念相对照。显而易见，通过阳明心学的转换，儒学在思想形态上经历着从精英文化向彻底的社会化的转变。

诸多研究其实早已指出，阳明心学在中晚明出现了平民化、庶民化的转向。③ 而阳明学的平民化和社会化在泰州学派中表现得尤为突出。④ 泰州学派的创立者王心斋出身灶户（即盐民），做过盐丁，心斋之子王东崖（名襞，1511—1587）常常于泰州地区各村落往来讲学。心斋及东崖吸引了众多没有功名的庶人弟子，其中被载入《明儒学案》的有樵夫朱恕（字光信）、陶匠韩乐吾（名贞，字以中，1509—1585）、田夫夏廷美。我们以韩乐吾为例简要

---

① 阳明认为理想的社会应该是平等分工、人人共学，“各勤其业”“各效其能”，最终各成其德，请参其“拔本塞源论”（陈荣捷《王阳明〈传习录〉详注集评》，前揭书，页115—116）。

② 季彭山有类似的看法：“天下无无业之学。无业之学，空谈也。下此则为无所用心矣。故居上以教养为业，大学以诗书、礼乐为业，小学以洒扫、应对为业，农以治田为业，商以通货为业，工以制器为业，女以纺织为业，其人虽有贵贱之殊，其事虽有小大之异，其为德一也，则皆谓之德业。”（其撰《说理会编》卷五，《续修四库全书》第938册，前揭书，页622上）

③ 彭国翔：《良知学的展开：王龙溪与中晚明的阳明学》，北京：生活·读书·新知三联书店，2005年，页491—502。

④ 关于泰州学派的平民化特征，参程玉瑛：《王艮与泰州学派》，见《台湾师范大学历史学报》1989年6月。宣朝庆《泰州学派的精神世界与乡村建设》第三章与第六章，北京：中华书局，2010年。

观察一下泰州学派平民化的一个侧面。韩乐吾祖上以制陶为业，在嘉靖十二年(25岁)时经由朱恕引荐参谒心斋，一见其学而倾心。后因他讲学声名大振，友人劝其专攻举业，求取功名。但三月之后，他毅然放弃应举的念头，继续以制陶为业，保持庶人的身份。韩氏在制陶之余，自为童蒙之师，而且在自己的住处建有讲堂，闲暇之余与来人相与讲学。① 韩乐吾的一生可以说是王龙溪所说的"即业以成学，不迁业以废学"的最好注脚。韩乐吾对心学不仅有深入的认识和自觉的践履，而且还有传播的使命感。其实，在泰州等地区像韩乐吾这样受心学吸引并以之规范生活的工商庶人当不在少数，只是由于史籍阙如，我们无法充分地了解阳明学在庶民基层中的实际开展。② 这些工商庶人的儒学实践几乎没有治人之学的面向，只是限于他们日常生活和职业的范围之中。对于他们而言，以阳明心学面貌出现的新儒学不是处理公共事务的治平之道，而是一种提供职业伦理、生活指导以及精神关怀等扣紧日常生活的实践智慧。可以说，在朱恕、韩乐吾等人身上，儒学与庶民产生了历史上最紧密的结合。

必须指出的是，阳明及其后学把儒学限于个人生活的领域，并没有缩小儒学的实践空间。本节开始提到的阳明"万物一体"的思想，即要求"亲吾之父，以及人之父，以及天下人之父"，对于兄弟、君臣、朋友、夫妇亦然。心学的修身实践是在自己的生活基础上由近及远地展开的，实现"万物一体之仁"，使万物(包括山川、鬼神、鸟兽、草木)各得其所才是阳明学的最终目标。再者，阳明学的社会化路向虽然对传统儒学的形态进行了极大的改变，但改变是奠基在传统儒学的基础上的。先秦以来的儒学一直以修己治人作为基本的理论结构，修身之学原本就是它的一个核心领域。阳明学"格物致知"和"异业而同道"的教法主张"即业以成学"，这无非是儒家悠久的修身学传统的进一步开展。只不过，传统儒学因主要针对士大夫阶层，其修身学主要涉及政治德行、人伦修养等内容，而阳明学将所有社会阶层纳入其中，其修身之学的内容无疑会因不同的职业和社会环境而更为丰富。建立以儒家精神为底色的商人伦理、工匠伦理等各职业伦理都是阳明"四民异业而同道"这一理念的题中之义。邹东廓曾从友人方一兰(生平不详)处听闻一位家居

① 有关韩乐吾生平简历，参许子桂等撰《乐吾韩先生遗事》，载黄宣民点校：《颜钧集》，北京：中国社会科学出版社，1996年，页189—195。黄梨洲在《明儒学案》中说乐吾"卒业于东崖"，当有误。

② 程玉瑛对《重镌王心斋先生集》与《王东崖先生遗集》中所录门人身份进行统计，结果是心斋与东崖的弟子中，除去籍贯和字号不详者之外，官绅(包括生员)与庶民的比例分别为32.2%、67.4%与14.3%、85.7%(见其《王艮与泰州学派》，《台湾师范大学历史学报》1989年6月，页125、127)。

浙江鄞县名叫张忭（字汝怀，号葵轩）的逸人，当他听到张葵轩一介农夫而以儒律身的事迹后大为感动，作传以表彰之：

> 稍长，读书闻圣贤大义，介然发愤曰："为学弗务躬行，将以奚为？"鞫录疾力，瞿瞿然思蹈于义。父母有疾，若痌在其身，中夜或闻咳唾，虽盛寒，必摄衣往省之。比卒，家贫，躬负筑以葬。仲氏早世，伯氏好酒，弗有其家，至分饷以为养。应门之劳，独力支之，白首而不衰。与族党处，无少长贵贱，一接以礼。故狡且慕者，亦无间言。聚族子弟而教，肄之以身为率，一语一步亦不苟，凡三十余年，劳而不厌。临取予，必损己以裕人，佣贩之徒，久亦信之。常行市，得遗金，遍求人还之。僮以金易绢，多持其一，命止舟以待其人，薄暮，果来，顿首而去。家为乡里长，所领十户，遇征税亟，辄代输于官，而徐使偿之，曰："彼俯仰且不给，忍督迫之乎？"故十户者，倚庇如父母。然亦以是，家殖日落，敝衣疏食，庳居鲜田，人所不堪，而居之裕如。①

尽管张葵轩所闻的圣贤大义不见得与阳明学有直接联系，但从东廓对他事迹的记述，如"父母有疾，若痌在其身""与族党处，一接以礼""应门之劳，独力支之""庳居鲜田，居之裕如"等来看，在东廓眼中，张葵轩就是一个在日常生活中践行儒学的平民儒者的典型人物。对于张葵轩、韩乐吾一类的平民儒者，实践儒学不是出于职务的要求，而是生命的认同，儒学帮助他们理解自己与他人、社会的关系，处理生活中的困难和矛盾，提供职业之道，并最终确立生命历程的终极意义。余英时先生在展望儒学的现代前景时指出，儒学在去建制化的今天依然可能发挥作用的一个路径是在社会和个人生活领域开拓空间，为个人生活和社会生活提供价值资源。② 如果我们同意这是儒学获得新生的一条可能的道路，那么，阳明学的社会化、庶民化所带来的儒学与生活的紧密关联已经在这条道路上做了最重要的探索。

## 三 良知与见闻之知之辨

"良知"与"见闻之知"（或"知识"）之辨（简称"知识之辨"）是阳明学中备

---

① 邹守益撰、董平编校整理：《邹守益集》卷十九，南京：凤凰出版社，2007年，页908。

② 参余英时：《现代儒学的回顾与展望》，北京：生活·读书·新知三联书店，2004年，页177—186。

受关注的问题。在宋明理学中,“见闻之知”指向日常的经验认识,其中也包含理论知识与技能的向度。因此,“良知”与“见闻之知”的结构关系就为处理“致良知”的修身哲学(道德)与知识探索(科学)的具体关联提供了一个基本的理论模式。所以,为了定位知识学、博物学在阳明良知学中的地位和作用,我们必须对“知识之辨”的观念原委、它原本的意涵有准确的把握。对于阳明学中“知识之辨”这一论题,学界已有很多的讨论。不过,有关其中的观念演变以及论辩蕴含的丰富思想,还有某些未发之覆。

### (一) 观念谱系

宋明理学中,关于德性之知与见闻之知或良知与知识的区分,公认源自张横渠。不过,横渠之分非是空中起楼阁,他的依据来自先师孔子。在《论语》中,孔子鼓励多闻多见,“子张学干禄。子曰:‘多闻阙疑,慎言其余,则寡尤。多见阙殆,慎行其余,则寡悔。言寡尤,行寡悔,禄在其中矣’”(《论语·为政》),“友多闻”会使自身获益(《论语·季氏》)。但是,多闻多见之知不是最高的“知”,孔子曰:“盖有不知而作之者,我无是也。多闻,择其善者而从之;多见而识之;知之次也。”(《论语·述而》)尽管孔子未明言多闻多见作为“知之次”是因由闻见而非“生而知之”之故[①],还是由于其他的原因,他对“多闻多见”有限的肯定态度却成为宋明儒者论述相关问题的基本原则。

由闻见所得的,横渠称之为“见闻之知”或“闻见小知”,他将其与“德性所知”明确区别开来:

> 诚明所知乃天德良知,非闻见小知而已。[②]

> 大其心则能体天下之物,物有未体,则心为有外。世人之心,止于闻见之狭。圣人尽性,不以见闻梏其心,其视天下无一物非我,孟子谓尽心则知性知天以此。天大无外,故有外之心不足以合天心。见闻之知,乃物交而知,非德性所知;德性所知,不萌于见闻。[③]

顾名思义,“见闻之知”是感应外物所得,是对所见所闻之物的认识。横渠认为,“闻见之狭”获得的仅是“闻见小知”。人之见闻毕竟有限,“今盈天地之

① 《论语·季氏》篇载:“孔子曰:‘生而知之者,上也;学而知之者,次也;困而学之,又其次也;困而不学,民斯为下矣。’”

② 张载撰,章锡琛点校:《张载集》,北京:中华书局,1978年,页20。

③ 张载撰,章锡琛点校:《张载集》,北京:中华书局,1978年,页24。

间者皆物也，如只据己之闻见，所接几何，安能尽天下之物”①？闻见之所以是“小知”不仅是因人之闻见交接的事物非常有限，更在于“闻见之知”只是耳目感官与所交事物的相合，而“知合内外于耳目之外，则其知也过人远矣”②。耳目之外的“合内外”或许即是“大心”与天下万物的相合，人心“能体天下之物”而后“视天下无一物非我”。“大心”，横渠又称之为“尽心”，“若便谓推类，以穷理为尽物，则是亦但据闻见上推类，却闻见安能尽物！今所言尽物，盖欲尽心耳”③。由此来看，“大其心”或“尽心”是不同于“闻见”的另一种认识，它才能穷尽天下万物，才能达到“视天下无一物非我”，如此而得的“知”或即是“德性所知”。“德性所知”可以解作由“德性”而获得的“知”，这里的“德性”似即上文的“大心”或“尽心”之德性。因而，横渠“德性所知”与“闻见之知”的区别不仅指两种不同的认识结果，还关涉两种不同的认识方式，前者是“穷神知化”，指向“性与天道”，后者是“耳目有受”，指向具体的“闻见之物”④。

二程生前都评论过横渠《正蒙》，他们区分“闻见之知”和“德性之知”似是受横渠的影响。两人主要就“闻见之知”如何是“知之次”做了说明：

> 如曰：“多闻，择其善者而从之，多见而识之，知之次也。”闻见与知之甚异，此只是闻之者也。⑤

> 闻见之知，非德性之知。物交物则知之，非内也，今之所谓博物多能者是也。德性之知，不假闻见。⑥

二程对“闻见之知”作为“知之次”的理解是“闻见”仅是“闻之者也”，“非内也”。在二程这里，“闻见之知”之“非内”既可以按照横渠之说，指“闻见之知”非出自人心，而是来自外物，“以多闻多见取之，其所学者皆外也”；⑦也可以解释为“闻见之知”仅流于口耳之谈，未深入人心，未能成为自身生活信

① 张载撰，章锡琛点校：《张载集》，北京：中华书局，1978年，页333。
② 张载撰，章锡琛点校：《张载集》，北京：中华书局，1978年，页25。
③ 张载撰，章锡琛点校：《张载集》，北京：中华书局，1978年，页333。
④ 亦参丁为祥：《虚气相即——张载哲学体系及其定位》，北京：人民出版社，2000年，页134—144。
⑤ 程颢、程颐著，王孝鱼点校：《二程集》，北京：中华书局，2004年，页209。
⑥ 程颢、程颐著，王孝鱼点校：《二程集》，北京：中华书局，2004年，页317。
⑦ 程颢、程颐著，王孝鱼点校：《二程集》，北京：中华书局，2004年，页191。

念，不能依之而行。这后一种原因分析，二程弟子谢上蔡表达得更明确，“闻见之知，非真知也。知水火自然不蹈，真知故也”[①]。与之相对，“德性之知”除了其来源“不假闻见”外，在质性上还是“真知”，是“真知而行”之知，是王阳明“知行合一”意义上的“知”。如是，二程所言的“德性之知”与“闻见之知”之区分就不仅是从认识对象和认识结果着眼，也取决于认识的效果。

朱子一方面继承了二程之说，以“真知”与否区别了“德性之知”与“闻见之知”，另一方面又试图将两者统一起来，以防学者遗漏“见闻之知”，如《朱子语类》载：

> 问“多闻”。曰：“闻，只是闻人说底，已亦未理会得。”问：“知，有闻见之知否？”曰：“知，只是一样知，但有真不真，争这些子，不是后来又别有一项知。所知亦只是这个事，如君止于仁，臣止于敬之类。人都知得此，只后来便是真知。”[②]

> 闻见之知与德性之知，皆知也。只是要知得到，信得及。如君之仁，子之孝之类，人所共知而多不能尽者，非真知故也。[③]

朱子认为，“闻见之知”与“德性之知”的主要区别是“知”的程度或“知”的效果有差异，而不是所知对象抑或认知方式的不同。两者所知的对象其实是一样的，“闻见之知”不只是事物形色、数量的肤浅认识，也应同“德性之知”一样，是“知”事物之“理”。孔子所说的“多闻多见”之“知之次”并非因为向外寻求，而是因“未能实知其理，亦可以次于知之者也”[④]。

“闻见之知”与“德性之知”的区别在于是否“真知”，这与横渠将两者视为性质非常不同的两种知相比，就显得相当微弱。显而易见，相对于横渠区别“见闻之知”与“德性所知”以使人心从见闻中解放出来，朱子注重两者之同，力图缩小两者的缝隙。阳明及其后学同时在横渠和朱子两个不同的方向上前进，既力辨其异，又努力统合为一，看似矛盾，实则融洽无间。

---

① 谢良佐：《上蔡语录》卷二，《影印文渊阁四库全书》第 698 册，台北：台湾商务印书馆，2008 年，页 584 上。

② 朱熹：《朱子语类》卷三十四，《朱子全书》第 15 册，上海/合肥：上海古籍出版社/安徽教育出版社，2002 年，页 1255。

③ 朱熹：《朱子语类》卷六十四，《朱子全书》第 16 册，上海/合肥：上海古籍出版社/安徽教育出版社，2002 年，页 2103。

④ 朱熹：《四书章句集注·论语集注》卷四，《朱子全书》第 6 册，上海/合肥：上海古籍出版社/安徽教育出版社，2002 年，页 127。

## (二) 王阳明的观点

在第一章中笔者已概括了阳明对知识技能的看法，彼处未提的是，在此问题上，阳明前后期的观点还有细微不同，尽管基本原则一致，这结合着阳明关于“良知”与“见闻”的分辨便可察知。阳明在未揭致良知的讲学早期批评知识见闻甚厉，不妨复引一下阳明在圣人成色说中对知识的批判：“后世不知作圣之本是纯乎天理，却专去知识才能上求圣人。以为圣人无所不知，无所不能，我须是将圣人许多知识才能，逐一理会始得。故不务去天理上着工夫，徒弊精竭力，从册子上钻研，名物上考索，形迹上比拟。知识愈广而人欲愈滋，才力愈多而天理愈蔽。”[①]当然，知识技能并非要“全然不理”，在《传习录》上卷，阳明认为涵养心体的修身工夫与“名物度数”等知识“要知所先后，则近道”[②]。把涵养心体与考索知识看作是先后关系，阳明诚然意在使弟子的目光转向自身性命而不是逐外，但从阳明后期工夫趋向一元的角度看，此并不究竟，似有把涵养心体与考索知识支离为两节的嫌疑。在揭致良知教后，阳明通过良知与见闻的论辩，在见闻作为获得知识途径的意义上，把良知与“见闻之知”合二为一。在对弟子欧阳南野的答疑解惑中，阳明表达了这一点。南野的疑问是：“师云：‘德性之良知，非由于闻见。若曰“多闻，择其善者而从之，多见而识之”，则是专求之见闻之末，而已落在第二义。’窃意良知虽不由见闻而有，然学者之知，未尝不由见闻而发。滞于见闻固非，而见闻亦良知之用也。今日落在第二义，恐为专以见闻为学者而言。若致其良知而求之见闻，似亦知行合一之功矣。如何？”[③]阳明回书曰：

> 良知不由见闻而有，而见闻莫非良知之用，故良知不滞于见闻，而亦不离于见闻。孔子云：“吾有知乎哉？无知也。”良知之外，别无知矣。故致良知是学问大头脑，是圣人教人第一义。今云专求之见闻之末，则是失却头脑，而已落在第二义矣。近时同志中盖已莫不知有致良知之说，然其功夫尚多鹘突者，正是欠此一问。大抵学问功夫，只要主意头脑是当。若主意头脑专以致良知为事，则凡多闻多见，莫非致良知之功。盖日用之间，见闻酬酢，虽千头万绪，莫非良知之发用流行。除却见闻酬酢，亦无良知可致矣，故只是一事。若曰“致其良知而求之见

① 陈荣捷：《王阳明〈传习录〉详注集评》，上海：华东师范大学出版社，2009 年，页 71。
② 陈荣捷：《王阳明〈传习录〉详注集评》，上海：华东师范大学出版社，2009 年，页 57—58。
③ 陈荣捷：《王阳明〈传习录〉详注集评》，上海：华东师范大学出版社，2009 年，页 142—143，标点有改动。

> 闻”，则语意之间，未免为二，此与专求之见闻之末者，虽稍不同，其为未得精一之旨，则一而已。“多闻，择其善者而从之，多见而识之”，既云“择”，又云“识”，其良知亦未尝不行于其间。但其用意乃专在多闻多见上去择识，则已失却头脑矣。崇一于此等处见得当已分晓，今日之问，正为发明此学，于同志中极有益。但语意未莹，则毫厘千里，亦不容不精察之也。①

阳明认为《论语》中“多闻，择其善者而从之，多见而识之”之意是在见闻上求“良知”。“专求之见闻之末，已落在第二义”，非“致良知”的第一义工夫，孔子称之为“知之次”或即因于此。而南野则说，以“见闻”为“第二义”可能仅针对那些“以见闻为学者”，“而见闻亦良知之用”。他担心阳明老师“专求之见闻之末，已落在第二义”之说可能会起否认见闻之疑，以“致良知”师教来对待见闻的态度不如说是“致其良知而求之见闻”。阳明回信答道，南野“致其良知而求之见闻”之说与“专求之见闻之末”说法虽稍有不同，但同样都失却致良知的“头脑”，不是致良知工夫最恰当的工夫门径。不管是“专求之见闻之末”还是“致其良知而求之见闻”，两者似乎“用意乃专在多闻多见上去择识”良知，良知发见自自家心性，在闻见之物及获得的知识中怎么能直接得到良知呢？

尽管良知不是在见闻上求，良知却不离于见闻。对“良知”与“见闻”的关系，阳明明确地表达为：“良知不由见闻而有，而见闻莫非良知之用”，“良知不滞于见闻，而亦不离于见闻”四句判断。一、三句是辨其异，二、四句申说两者之“不离”。“良知不由见闻而有”“良知不滞于见闻”两句表明了“良知”与“见闻”的区别。前者似指良知不能从耳目感官之所闻所见中获得，这是谈论良知的来源问题；后者似指良知发用不执滞于某一处见闻或“见闻”这一经由感官的途径，这与阳明主张的良知心体洒落、无定在相一致。如果说由“见闻”而获得的是“见闻之知”，那么从“良知不由见闻而有”来看，良知与“见闻之知”的主要区别无关于所知对象或知的内容，而在于知的来源，一者源于主体，一者自外而来。“良知不滞于见闻”的前提是“见闻莫非良知之用”。显然，阳明是以体用关系来解析“良知”与“见闻”，进而表明了两者之“不离”。按照阳明学“体用一源”之理路，以良知为体、以见闻为用无非是表明见闻是良知发用的途径之一或者由见闻所获得之知识是“致良知”的实践

① 陈荣捷：《王阳明〈传习录〉详注集评》，上海：华东师范大学出版社，2009年，页143，标点有改动。

活动之用。[①] 阳明重视良知心体发用过程中的洒落无滞之品格，所以阳明在表明良知与见闻是体用关系后又言“良知不滞于见闻”。见闻既是良知之用，而良知又不滞于见闻，两者的关系在形式上类似于良知与七情之关系，“良知虽不滞于喜怒忧惧，而喜怒忧惧亦不外于良知也”[②]。

将见闻纳入良知心体作用的范围内，在见闻上求知的活动就不外于良知发用，考索见闻知识中即可做涵养良知的工夫。如是，考索见闻知识与致良知工夫即不是前后不同的两件事，考索知识同时是致良知，这比《传习录》上卷对知识技能的谈论更加通透圆融。阳明在把良知与见闻区分为体用异层的同时，又在工夫论上实现了两者的统一。实质上，在上文阳明对南野的论说中存在体用两层、及本体工夫的区分，而阳明是滚合一起而论的。从文中看，阳明所言之“见闻”与横渠的“见闻之知”几无差别，都指通过耳目感官的认识方式而获得认识。但是，“德性之知”在阳明心学中转换成了“良知”，良知与见闻知识之辨随即变为讨论良知本体以及致良知的工夫问题，这就使阳明良知与见闻知识之辨与横渠乃至程朱的讨论语境有所不同，尽管他们在结论上或有相同。

### （三）欧阳南野与王龙溪的拓展

在阳明弟子中，继续深入拓展良知与见闻知识论辨的主要是欧阳南野和王龙溪。笔者的讨论以南野为主，以龙溪为辅，因为对于龙溪的良知与知识之辨，彭国翔教授已有非常详尽而深入的研究[③]，而且在笔者看来，与龙溪注重良知与知识之别相比，南野既辨其异，又求其合，全面继承了阳明所确立的思想原则并进行了更细致的辨说。

耿宁先生曾指出，阳明师弟讨论的“良知”与“见闻之知”关系问题主要指“良知”与“非德性的”“事实性的”“理论的”或“技术性的”知识的关系，有时也包涵着与“习得的道德知识”的关系。在他看来，“见闻之知”的涵义既指事实性、技术性知识又包括道德知识，即“通过在社会环境中的学习和自觉自愿而达到的道德信仰和是非判断”[④]。从上文对横渠至阳明“知识之辨”

---

① 林月惠教授依据阳明思想区分出良知与见闻之知的四种关系，参林月惠《王阳明的体用观》，载其著：《诠释与工夫：宋明理学的超越蕲向与内在辩证》，台北：“中央研究院”中国文哲研究所，2008年，页169—171。

② 陈荣捷：《王阳明〈传习录〉详注集评》，上海：华东师范大学出版社，2009年，页133。

③ 参彭国翔：《良知学的展开：王龙溪与中晚明的阳明学》，北京：生活·读书·新知三联书店，2005年，页50—69。

④ 参耿宁著，曾亦译：《王阳明及其弟子关于“良知”与“见闻之知”的关系的讨论》，载《时代与思潮(7)——20世纪末的文化审视》，上海：学林出版社，2000年，页122。

的分析来看，他们诚然未明确区分见闻知识的种类，不过，显而易见的是，他们关注的焦点是“见闻之知”作为通过耳目感官而获得知识的途径和方式，这一途径和方式既有别于追求“德性之知”的“大心”“尽心”的求知方式，也不能通过它获得“良知”。欧阳南野和王龙溪亦是如此，而且，通过他们更详尽的“知、识”论说，我们能进一步得知，“见闻之知”在阳明学的语境中主要指通过耳目闻见而由外习得的、并非自家“真良知”的道德法则或实践法则，当然其中也包涵着可以作为良知之用的事实性、技术性知识。欧阳南野和王龙溪的相关论辩都能体现这一点，我们先来看龙溪的讨论。

和阳明一样，王龙溪对见闻知识予以了严厉的批判。但不可否认，龙溪也并非反对见闻知识本身，他批判的是以耳目闻见所获得的知识作为良知这样一种认识谬误，这在龙溪文集中随处可见，以下两则与之相关的论辩足以显示：

有德性之知，有闻见之知。德性之知求诸已，所谓良知也；闻见之知缘于外，所谓知识也。毫厘千里，辨诸此而已。在昔孔门，固已有二者之辨矣。孔子曰：“盖有不知而作之者，我无是也。”言良知无所不知也。若多闻多见上择识，未免从闻见而入，非其本来之知，知之次也。以多闻多见为知之次，知之上者，非良知而何？其称颜子曰：“有不善未尝不知，知之未尝复行。”以为庶几。夫庶几者，几于道也。颜子心如止水，才动即觉，才觉即化，不待远而后复，纯乎道谊，一毫功利之私无所撄于其中，所谓知之上也。子贡、子张之徒，虽同学于圣人，然不能自信其心，未免从多闻多学而入。观其货殖干禄，已不免于功利之萌，所谓知之次也。颜子没而圣学亡，子贡、子张之学，相沿相着，沦浃于人之心髓，亦千百年于兹矣。吾人生于千百年之后，欲一洗千百年之陷习，以上窥绝学之传，亦见其难也已。夫道谊、功利，非为绝然二物。为道谊者，未尝无功，未尝无利，但由良知而发，则无所为而为；由知识而发，则不能忘计谋之心，未免有所为而为。本源既殊，支流自别。道谊、功利所由以判，君子于其有所为、无所为之义辨之，学斯过半矣！[①]

良知者，德性之知，性无不善，故知无不良。明睿所照，默识心通，颜子之学，所谓嫡传也。多学而识，由于闻见以附益之，不能自信其心，子贡、子张所谓支派也。盖良知不由闻见而有，而闻见莫非良知之用。

① 王畿撰、吴震编校整理：《王畿集》卷二，南京：凤凰出版社，2007年，页36—37。

多识者所以畜德。德根于心，不由多识而始全，内外毫厘之辨也。①

龙溪不仅区别了“德性之知”与“闻见之知”及其求知方式，甚至把两者的区分扩大为儒门内颜子与子贡、子张两种不同的学术派别。在第一则引自《水西同志会籍》的文本中，龙溪也是通过对《论语》中的多闻多见为“知之次”章解说来展开的。在龙溪看来，子贡、子张之学派在多闻多见上择识的闻见之知，作为“知之次”，并非真正的良知，这是一条错误的寻求良知的途径，是一种良知“异说”②。耳目闻见的求知途径尽管错误，却是用来择识“良知”，这说明子张、子贡通过耳目闻见求知的就应是与良知质性同类型的知识。虽然龙溪没做出区分，他大概不会把事实性知识当作次于良知的且同类型的知识。如果把良知看作道德实践中当下呈现的是非判断或实践法则，那么，作为“知之次”的见闻知识可能更多地指那些由外习得的与良知同类型的可给予实践法则的知识系统。龙溪认为，学者不能自信良知具足，所以才去见闻上求良知，这不仅得不到切实正确的实践指导，甚至还会激起功利计谋之心，损害学者心性。与阳明对文章训诂之批判如出一辙，龙溪对包藏功利狡诈等“人欲”的知识谬见亦予以激烈批判。③

把“见闻之知”看作次于良知的“第二义”概念，欧阳南野无有二致。例如，南野也说：“然多闻择善而从，多见而识，则以闻见为主，而意在多识，是二之矣。二之则非良知，第一义盖已着在闻见，落在第二义，而为知之次矣。”④多闻多见之所以不是“第一义”不仅因不能从中穷致到良知，而且其志

① 王畿撰、吴震编校整理：《王畿集》卷九，南京：凤凰出版社，2007 年，页 225。

② 龙溪认为，在见闻上求“良知”是当时错误的良知“异说”之一。如龙溪曰：“吾人得于所见所闻，未免各以性之所近为学，又无先师许大炉冶陶铸销熔以归于一，虽于良知宗旨不敢有违，而拟议卜度、搀和补凑，不免纷成异说。有谓‘良知落空，必须闻见以助发之，良知必用天理则非空知’，此沿袭之说也。”参王畿撰，吴震编校整理：《王畿集》卷二，南京：凤凰出版社，2007 年，页 34—35。

③ 如龙溪曾批判道：“夫良知未尝离闻见，而即以闻见为知，则良知之用息；耳目未尝离声色，而即以声色为视听，则耳目之用废。差若毫厘，谬实千里。岂惟不足以主经纶而神变化，揜闭灵窍、壅淤聪明，将非徒无益，而反害之也！愚窃有隐忧焉。虽然，孔门诸贤诵法孔子，皆以圣人为学，虽不免意见之杂，然未尝落于世情。今时之弊，则又十百千万于此矣！盖自伯术以来，功利世情渐渍熏染，入于人之心髓，已非一朝一夕之故，吾人种种见在好名、好货、好色等习，潜伏胶固、密制其命，不求脱离，终日倚靠意见，牵搭支撑，假借粉饰，以任情为率性，以安逸因循为自然，以计算为经纶，以迁就为变通，以利害成败为是非，以愤激悻戾为刚大之气，方且图度影响同异，驾空猎虚、谈性说命，傲然自以为知学，譬如梦人清都，自身正在溷中打眠，全无些子受用。”见王畿撰，吴震编校整理：《王畿集》卷九，南京：凤凰出版社，2007 年，页 214—215。

④ 欧阳德撰，陈永革编校整理：《欧阳德集》卷四，南京：凤凰出版社，2007 年，页 152。

向在博闻多识而不在进德成圣。尽管把“见闻之知”作为“第二义”，南野却非完全离弃之，他继承并发挥了师说，一方面辨明“良知”与“见闻之知”之异，另一方面又认为两者“不离”，在两个方向上都进行了更为详尽的论辩，使“良知”与“见闻之知”的分别与关联更加明晰、透彻。南野肯认上文中阳明关于“良知”与“见闻”之辨的四句原则，同时，他引入“水喻”与“耳聪目明”之类比推理深入拓展了两个概念间的分辨与统合。我们先来看南野以水之“源”与“流”来比拟“良知”与“知识”关系的譬喻：

> 仆前书谓良知与知识有辨，执事不以为非，独未能释然于其体用无二之说。凡今疑此者实多，而未察夫言之各有所当也。请以水喻，皆水也，其源一，而其流清浊异。清者不失其本源，浊者失其本源。虽失其本源，然不可以浊者为别一源。虽清浊未始异源，然不可不知其源之本清也。是故不可混也，亦不可二也。良知与知识，何以异于是？良知，至善者也；知识则有善有恶。不知所辨，则认知识为良知，而善恶混矣。歧而二之，则外知识以求良知，良知何从而见哉？此源流清浊之论也。[1]

引文中南野明确表达了自己的主张：良知与知识“不可混也，亦不可二也”。以水源喻良知、以水流喻知识既说明了良知与知识之间的区别，又强调了两者间的关联。从譬喻来看，二者之“不可混”可能在于以下两点。首先，正如水源本清，良知纯善无恶；正如水流有清有浊，知识亦有善有恶。此中的知识有善有恶可能不仅指知识在真理意义上的正确与错误之分，而更偏向指求知活动或者知识运用之实践“喻利喻义”的道德属性。[2] 其次，正如水流无论浊清，就其为水而言，皆出自源泉，知识无论善恶，就其为知识而言，也出自良知作用，而非别有本源，良知是知识产生之源。当然，这不是说知识的善恶是由良知产生的，而是指求知的动力或者向外求知的能力在于良知。南野以譬喻来分别良知与知识的重点或是前者，不过，若结合下一个譬喻来看，后一个区别也当蕴含其中。

从南野的论说看，他亦是以体用关系来辨析良知与知识。在此譬喻中，以良知为体、以知识为用，似是说知识由良知产生，正如水流来自源泉。因而可以说，知识是良知之发用，知识不离于良知，两者是产生与被产生的关系，自然不能分割为“二”。毫无疑问，水源水流的譬喻有其限制，一方面南

① 欧阳德撰，陈永革编校整理：《欧阳德集》卷一，南京：凤凰出版社，2007 年，页 30。

② 欧阳德撰，陈永革编校整理：《欧阳德集》卷一，南京：凤凰出版社，2007 年，页 30。

野在其中既未说明知识何以有善恶，而易产生知识之善恶皆源自良知的混淆，另一方面又易有把良知与知识支离为两节的危险，如同容易把水源水流理解为水的两个部分一样。南野又有“耳聪目明”的类比来论辩良知与知识。综合“源流”之喻和“耳聪目明”的类比来分析，不仅能克服上述两个误解，而且可分辨出南野是在几个不同的层面来论辩良知与知识的。南野文集中至少有两处通过分辨“耳聪目明”来解说“良知”与“见闻之知”的关系：

> 良知与知识有辨。知识是良知之用，而不可以知识为良知。犹闻见者聪明之用，而不可以闻见为聪明。此毫厘千里之分。比来同志恐亦只讲个知识耳。夫知识必待学而能，必待虑而知。良知乃本心之真诚恻怛，不学而能、不虑而知者。而人为私意所杂，不能念念皆此良知之真诚恻怛，故须用格致之功。①

> 某以天德之知与闻见之知，初无二理。闻见之知，即所以致天德之知。良知不由闻见而有，而见闻莫非良知之用。犹聪明不由视听而有，而视听莫非聪明之用……夫良知者，见闻之良知；见闻者，良知之见闻。致其良知之见闻，故非良知勿视，非良知勿听，而一毫不以自蔽；致其见闻之良知，故见善则迁，闻过则改，而一毫不以自欺。是致知不能离却闻见，以良知、闻见本不可得而二也。②

在第一段文字中，南野表达了良知与知识的又一项区别：“知识必待学而能，必待虑而知。良知乃本心之真诚恻怛，不学而能，不虑而知者。”显然，这里依据的是孟子之说：“人之所不学而能者，其良能也；所不虑而知者，其良知也。”（《孟子・尽心上》）若再进一步辨别，良知“不学而能，不虑而知”与“知识必待学而能，必待虑而知”又包涵着两方面的分别。首先，良知“不学而能”，是先天本有的，“知识必待学而能”表明知识是由后天经验习得的。其次，良知“不虑而知”，是自然见在、当下呈现的，知识“必待虑而知”表明知识是人为的，需要思虑揣度。这两点区别与阳明的良知观相一致，可以说是为阳明“良知不由闻见而有”而提供的理由。由此两点分别来看，“良知”与“知识”不是近代西方哲学中道德法则之“应然”与事实知识之“实然”的判断形式上的不同，即不是两种不同类型的知识之别，两者之区分在于来源以及获

---

① 欧阳德撰，陈永革编校整理：《欧阳德集》卷一，南京：凤凰出版社，2007 年，页 28。

② 欧阳德撰，陈永革编校整理：《欧阳德集》卷四，南京：凤凰出版社，2007 年，页 151—152。

得方式的差异。

同“水喻”类似,上文中南野对“聪明”与“闻见”或“视听”之分辨的运用,亦是为了论说良知与知识或见闻之知之间“不可混”且“不可二”之关系。在两者之“不可混”方面,以“闻见者聪明之用,而不可以闻见为聪明”类比论辩“知识是良知之用,而不可以知识为良知”和以“聪明不由视听而有,而视听莫非聪明之用”来类比“良知不由闻见而有,而见闻莫非良知之用”或许比“水喻”更能彰显良知与知识之间产生与被产生的关系。正如闻见视听是耳聪目明之发用、耳聪目明之运用产生了所见所闻一样,耳闻目见等感官感知是良知之发用、良知作用产生了感官知识。在此类比或譬喻中,良知与知识亦是一种体用两层的关系。然而,此处的良知之为体、知识之为用不是目的与手段的关系,而是能力与作用结果的关系;良知与知识也非是道德法则与实用知识、技术知识之间的两种性质不同的知识之别,而是产生与被产生、所以然与所然之别。“知识是良知之用”“见闻莫非良知之用”不是说感官知识是促成致良知之实践活动的手段,也不是说考索感官知识的活动中能涵养心性、长养良知,而当指良知的作用活动产生了感官知识,正如耳目之聪明能力的作用或运用产生所闻所见一样。

阳明提出“良知不由见闻而有”,却未说明两者间的区别之所在。而从以上对南野两个譬喻或类比运用的分析看,南野至少在四个方面区分了良知与“见闻之知”或“知识”。第一,“良知,至善者也;知识则有善有恶”,此是从两者活动、发用或运用的道德属性着眼。第二,良知“不学而能”,“知识必待学而能”,这是主体先天本有与后天经验习得之别。第三,良知“不虑而知”,知识“必待虑而知”,一者自然见在,一者人为揣度,这是认识方式或获得方式之别。第四,“知识是良知之用”,良知是“见闻之知”或感官知识产生的主体能力之依据,“见闻之知”是良知作用或活动的结果。南野“水喻”及“耳聪目明”的类比中都蕴含着这一层涵义,而尤以后者显明。据此四点来看,南野与横渠、阳明之观念一致,主要是从来源及认知方式的角度区别良知与知识的。特别是第四点表明良知与知识并非通常认为的道德法则与经验知识的区别,而是主体能力与作用结果之分别。能力之作用可表现出规则,但能力本身并不即是法则。

在以上两个譬喻或类比中,南野均以体用范畴来架构良知与“见闻之知”的关系。良知为体、“见闻之知”为用除了分辨良知与“见闻之知”,说明两者之“不可混”外,亦表明了两者之“不离”“不可二”也。两个譬喻或类比说理显示,“见闻之知”是良知发用之结果,良知是“见闻之知”的前提条件,“见闻之知”自然不能“离于”良知,两者不可支离为二,这是从良知本体论的义理层面统合两者。此外，在上引《答马州守》一书中，南野又提出两种良知与“见闻之知”“不离”的方式。其一，“致其良知之见闻，故非良知勿视，非良知勿听，而一毫不以自蔽”，在考索知识的见闻活动中，依照良知之指示，善则行之，恶则改之，既获得了知识，又不废致良知工夫。实质上，这与唐荆川在研习六艺之学中做工夫的理路毫无二致。其二，“致其见闻之良知，故见善则迁，闻过则改，而一毫不以自欺”，所见所闻中亦有与自家良知相符的言行，在所见所闻中闻善言善行而从之，见自身言行之过而改之。此中所见所闻的知识当属有善恶之别的道德知识，其虽不必是“致其良知之见闻”中所考索的知识之全部，但其能用于致良知的修身工夫，亦是为了修身成圣。这亦是从工夫论上说明良知“不离于”“见闻之知”。

准确来讲，不论是“致其良知之见闻”还是“致其见闻之良知”，俱不是说“见闻之知”“不离于”良知本体，而是指见闻活动和见闻知识“不离于”或“不外于”致良知的工夫，“见闻之知”与“致良知”非两事。见闻活动中可做致良知工夫，见闻知识能助益良知长养，可以说这是阳明提出的“见闻莫非良知之用”这一论断蕴涵的第二层意思。同时，此两种统合方式也彰显了另一种体用观，“见闻之知”与“致良知”非两事实现了工夫论上的“体用不二”。显而易见，工夫论上的良知与“见闻之知”的“体用不二”之关系，既不同于在“水喻”和“耳聪目明”之类比中“见闻之知”作为良知本体之发用的体用“不可二”的关系，也非指在道德实践之完成“不离于”技术知识之运用的意义上的良知与“闻见之知”“不可二”。

欧阳南野不仅引入上述“水喻”和“耳聪目明”之类比并以体用范畴探讨良知与“见闻之知”或“知识”的关系，而且把“见闻之知”关联着“知觉”，在良知与“知觉”之辨的论域中说明良知与“见闻之知”的关系。若仔细分疏南野论说的语境，“见闻之知”除了指由耳目感官之感知而获取的知识，还指在获取知识过程中耳闻目见的知觉活动，“见闻之知”是“视、听、言、动”等知觉活动的一部分。南野并未如此区分，他时常混合两种涵义来使用“知识”“见闻之知”“口耳之知”等概念，譬如南野说：“口耳在外，而知即天德之知也。无天德之知，则口耳无知；离却口耳之知，亦无从见其所谓天德之知者。故知一而已矣，无内外也，无自欺以自慊其知者，亦一而已矣，亦无内外也。”[1]其中，“口耳之知”既可指口传耳闻之知识，也可说是口传耳闻之知觉活动。

可以说，见闻知识是见闻知觉活动的结果，见闻知识离不开见闻之“知觉”，两者难以分离，南野对良知与知觉以及良知与知识之辨的结论也基本

① 欧阳德撰，陈永革编校整理：《欧阳德集》卷三，南京：凤凰出版社，2007年，页118。

一致。关于良知与知觉的分辨与联系，南野的基本看法是：

> 恻隐、羞恶、恭敬、是非之知，不离乎视、听、言、动。而视、听、言、动未必皆得其恻隐羞恶之本然者。故就视、听、言、动而言，统谓之知觉；就其恻隐羞恶而言，乃见其所谓良者。知觉未可谓之性，未可谓之理。知之良者，盖天性之真，明觉自然，随感而通，自有条理，乃所谓天之理也。犹之道心、人心，非有二心；天命、气质，非有二性；源头、支流，非有二水。先儒所谓视听、思虑、动作，皆天也，人但于其中要识得真与妄耳。①

南野认为，良知与知觉一方面"名同而实异"②，"不可混而一"，另一方面又"不可歧而二"③。良知与知觉虽都称"知"，良知必须在知觉活动中呈现其作用，但是，现实之中"视、听、言、动"等感知活动"未必其皆善"④，未必皆有良知发用于其中。良知与知觉指的是由良知主宰的知觉活动之整体的不同面向，在知觉活动中视、听、言、动等感官感受行为感应并表象事物这一过程及结果称之为"知觉"，而在同一知觉活动中体验到的道德或价值感受如恻隐之情、是非之知、好恶之意等称之为"良知"。两者都可在"感知"或"感受"的涵义上称为"知"，但感知的内容和形式毕竟非常不同。尽管良知与知觉"不可混而一"，但是良知"本然之善，以知为体，不能离知而别有体"⑤，良知并非独立之实体，在视、听、言、动等知觉活动中才能成其体段，把捉其形象。良知呈现在知觉中的现实活动，既可称为"良知"，又可称为"知觉"。虽两者所指的面向偏重不同，而所指之实却是一个。良知与知觉是同一"知"，因而南野屡言"知一而已矣"，"知觉一而已"。

如果说"见闻之知"亦指耳闻目见的知觉活动，那么良知与"见闻之知"的"不可混"就不仅是源流、本末之区别，而且是同一知觉活动不同特征间的区别；两者的"不可二"也不仅指致良知工夫与见闻活动统合在同一实践活动中，而且指向此实践活动中的同一个知觉行为。因而，根据"见闻之知"与知觉的关联似可说，南野关于良知与知觉的论辩同时又是对良知与"见闻之知"的论辩。

和欧阳南野相似，王龙溪也运用耳闻目见类比说明良知与知识的关系。

---

① 欧阳德撰，陈永革编校整理：《欧阳德集》卷一，南京：凤凰出版社，2007 年，页 16。
② 欧阳德撰，陈永革编校整理：《欧阳德集》卷一，南京：凤凰出版社，2007 年，页 12。
③ 欧阳德撰，陈永革编校整理：《欧阳德集》卷四，南京：凤凰出版社，2007 年，页 132。
④ 欧阳德撰，陈永革编校整理：《欧阳德集》卷一，南京：凤凰出版社，2007 年，页 12。
⑤ 同上注。

例如，龙溪曾对同门季彭山云："夫良知未尝离闻见，而即以闻见为知，则良知之用息；耳目未尝离声色，而即以声色为视听，则耳目之用废。差若毫厘，谬实千里。"[①]据此而言，龙溪同样认为"良知未尝离闻见"，而且又辨明不可以闻见为良知，强调两者的不同。从龙溪具体的知（良知）、识（知识）之辨来看，他强烈反对把知识混为良知的谬见，着重分辨了两者之分别。他融汇佛学之见，从作用形式的层面区别了良知与知识：

> 赵子请问良知、知识之异。先生曰："知一也，根于良则为本来之真，依于识则为死生之本，不可以不察也。知无起灭，识有能所；知无方体，识有区别。譬之明镜之照物，镜体本虚，妍媸黑白，自往来于虚体之中，无加减也；若妍媸黑白之迹滞而不化，镜体反为所蔽矣。镜体之虚，无加减则无生死，所谓良知也。变识为知，识乃知之用；认识为知，识乃知之贼。回、赐之学，所由以分也。"[②]

如上所示，"知"（良知）与"识"（知识）亦不是两种知识类型的分别。两者区别之处在于作用形式或活动方式：认识活动有始终，有间断，良知则恒运不已，无一息之停。认识活动须区分能知之主体与所知之客体，主体有待于客体，而良知能力具足，无待于外。认识活动是对某物的认识，受所知之物的限制，有确定的认识范围，而良知活动"无定体"，不限于一域，无处不在。认识活动要分辨所知之物的各项特征，而其中往往又产生美丑好坏之分别，良知顺应万物，既不分别高低上下，也无意于辨别事物之异同。

龙溪分疏的"知"与"识"在认识形式和活动方式上的差别同时也显示出两者之间的价值高低之分。在龙溪看来，"识"不是究竟的认识形式，是良知受物欲侵浊而变异的结果[③]，"识"的活动的彰显亦隐没了良知的正常发用。因而，若想复归良知心体，就要"绝意去识"，"变识为知"：

> 人心莫不有知，古今圣愚所同具。直心以动，自见天则，德性之知也。泥于意识，始乖始离。夫心本寂然，意则其应感之迹；知本浑然，识

---

① 王畿撰，吴震编校整理：《王畿集》卷九，南京：凤凰出版社，2007年，页214。

② 王畿撰，吴震编校整理：《王畿集》卷三，南京：凤凰出版社，2007年，页65。

③ 在龙溪处，"识"作为认识活动之形式与良知作用形式其实不仅是相区别而已，"知"与"识"具有不同的善恶基础，如龙溪曰："良知与知识，所争只一字，皆不能外于知也。根于良，则为德性之知；因于识，则为多学之助。知从阳发，识由阴起，知无方所，识有区域。阳为明，阴为浊。阳明胜则德性用，阴浊胜则物欲行。"见王畿撰、吴震编校整理：《王畿集》卷十六，南京：凤凰出版社，2007年，页464—465。

> 则其分别之影。万欲起于意，万缘生于识。意胜则心劣，识显则知隐。故圣学之要，莫先于绝意去识。绝意非无意也，去识非无识也。意统于心，心为之主，则意为诚意，非意象之纷纭矣。识根于知，知为之主，则识为默识，非识神之恍惚矣。譬之明镜照物，体本虚而妍媸自辨，所谓天则也。若有影迹留于其中，虚明之体反为所蔽，所谓意识也。①

"绝意去识"不是消除意念，摒弃认识活动，而是"意统于心，心为之主"，意念由心体而发露，"识根于知，知为之主"，认识皆在良知观照之中。同理，"变识为知"不是把见闻所获得的知识转变为自家心体所发的良知灵觉，而是摒弃人欲，破除依待，把对应感之物的依待、分别、执滞，变为无所依待、无有分别、无执不滞，恢复良知应感万物的本来情状，顺应人情事变而又在其自己，如明镜之应物，既照见其本象，又不执象为己。如此良知才不异化，认识才不虚妄，在良知之虚明作用中"默识"事物之真，臻定知识之价值。"去识非无识也"，"变识为知"亦非舍弃"识"。"识乃知之用"，"变识为知"在去除"识"之欲根的同时，也使良知复归主宰，发挥"识"之虚明作用。"变识为知"实质上是重现良知正常发用而已。王龙溪的知识论辨最终也归向了致良知工夫。

综合本节所述，阳明师弟的"知识之辨"除了明辨良知与"见闻之知""知识"之关系，亦是在讨论良知本体与致良知工夫的问题。他们一方面分辨良知本体与"见闻之知""知识"在性质和作用方式上的不同特征，又从良知本体论，特别是致良知之工夫论上说明两者之"不离"，在坚持德性优先的前提下，实现见闻知识之价值。通过"知识之辨"的依次深入，阳明师弟凸显了良知本体的丰富内涵，也体现出阳明学一元工夫的特点。尤其是欧阳南野的论辨表明，良知不仅规范、引导见闻活动，为见闻活动呈现行为法则，而且是见闻活动之可能的先天依据。虽然见闻知识的性质与良知迥异，见闻活动与良知的作用方式不同，但是，"见闻之知"与良知并非毫无关联。实质上，见闻知识不离于良知作用，见闻活动不外于致良知工夫，在见闻活动中求索知识与扩充良知的修身工夫是一而二、二而一的事情。

## 四 结语

江右学者的乡族经世、季彭山的簿书政务与他们的心学实践是紧密相

① 王畿撰，吴震编校整理：《王畿集》卷八，南京：凤凰出版社，2007年，页192。

联的。王龙溪声称“即业以成学”，季彭山亦主张德业合一，欧阳南野强调在“播种芟斩”中正心诚意，龙溪也说“读书作文”是格物之功，所有这些无不是在发挥阳明学“事上磨练”、在事物上为学的基本精神。如果我们再向前追溯，阳明及其后学在事务上修身的为学方式与陆象山（名九渊，字子静，1139—1193）的“在人情事变上做工夫”、孟子所说的“动心忍性”的人格锤炼其实是一脉相承的。与以往不同的是，阳明及其后学修身所格之事，不仅是生活中的大事、难事，而且包括琐事、小事。阳明学的格物之教不是像实验室中的科学实验、医院中的医疗工作，有特定的工作时间、工作地点，下班之后便搁置职事。不论是实验科学家，还是医务工作者，也不论是在工作之中，还是业余闲暇，阳明学的格物之学都要求时刻保持警醒和明察，不断地自我反思和提高。可以说，阳明及其后学是把人的生活全体作为格致的对象，而格物之学则体现了“一种自觉、真诚而负责的生活态度”①。

在本章我们看到季彭山、罗念庵等阳明高弟重视处事之方以及探求知识的方法，而阳明学的“知识之辨”也通过体用一源的理论模式而肯定知识之“用”，但我们切不可夸大王门学者对知识和技能的重视程度。虽然他们有丰富的知识经验，罗念庵甚至获得“地理学家”的美誉，但他们并不是主要以此而名世的。作为传统儒者，做圣贤始终是他们人生的“第一等事”。任何知识和生活技艺只有“有益于生人之道”，只有服务于“万物一体”的经世关怀才值得肯定。对知识和技能设定这样的前提并未限制它们的发展，只有在一个更高的精神关怀下，一切知识和技术才拥有坚实的根基。

---

① 陈立胜《作为生活态度的格物之学》，载金泽等主编：《宗教与哲学》（第四辑），北京：社会科学文献出版社，2015年，页269。

# 第三章　阳明高弟的技艺活动与工夫修炼

前章指出，阳明“四民异业而同道”的说法为儒学的平民化，儒学向各个阶层的落实提供了思想基础，而阳明学派对“格物致知”的新诠释表明儒家心学能够贯彻到每个人的职业和日常生活之中。总之，阳明心学使儒家修身之学与每个人的工作和日常生活融为一体。在本章，笔者以阳明及其后学所经历的应举、作文与用兵这三项日常行事为例，探讨心学与日常生活、心学与经世行动（职事）互动以及融合的过程。应考举业与时文写作是他们日常生活的重要组成部分，也是他们作为举子的司职之事。操习兵事是他们的职责所在，也是他们经世济民的具体表现。笔者对这三项行事的考察，重点不是搜求阳明学学者曾经历的具体事迹，而是分析他们做事的态度和方式，并由此显示他们的日常行事以及在其中展开的修身之学的独特性。

## 一 应举

生在宋明时代的读书人，应举赶考是人生早年的一件大事。而稍检宋明诸大儒的行状、年谱和传记，他们无不是把求道和学圣贤作为“人生第一等事”，以鄙弃举业来彰显笃志圣道的高远。[①] 尽管如此，当应举选拔成为读书人进身登阶近乎唯一的机会，举业成为他们少年时代的必修科目，如何看

---

① 比如，程明道“自十五六时，闻汝南周茂叔论道，遂厌科举之业，慨然有求道之志”（程颐撰《明道先生行状》，载《二程集》，前揭书，页 638）。伊川“举进士，嘉佑四年廷试报罢，遂不复试……治平、熙宁间，近臣屡荐，自以为学不足，不愿仕也”，后以布衣身份招廷对（朱熹撰《伊川先生年谱》，载《二程集》，北京：中华书局，2004 年，页 338）。明儒胡居仁“弱冠时，奋志圣贤之学，往游康斋吴先生之门，遂绝意科举”，亦以布衣终身（黄宗羲撰、沈芝盈点校：《明儒学案》（修订本）卷二，北京：中华书局，2008 年，页 29）。阳明的故事同样著名：“尝问塾师曰：‘何为第一等事？’塾师曰：‘惟读书登第耳。’先生疑曰：‘登第恐未为第一等事，或读书学圣贤耳。’龙山公闻之笑曰：‘汝欲做圣贤耶？’”（见《王阳明全集》（新编本）卷三十二，前揭书，页 1226）

待“举业之学”，如何应举以及如何处理举业与成圣贤的关系自然成了理学家极其关心的事情。

### （一）应举与圣学是“一件事”

宋明诸儒洞察到科举制度和世俗的科举学业对人心的败坏。朱子说：“大抵科举之学误人知见，坏人心术，其技愈精，其害愈甚。”[①]阳明则用“假贷请客”来譬喻世俗举业的工具性、形式性而无身心之受用：

> 学圣贤者，譬之治家。其产业、第宅、服食、器物，皆所自置。欲请客出其所，有以享之。客去，其物具在，还以自享，终身用之无穷也。今之为举业者，譬之治家，不务居积，专以假贷为功。欲请客，自厅事以至供具百物，莫不遍借。客幸而来，则诸贷之物一时丰裕可观；客去，则尽以还人，一物非所有也。若请客不至，则时过气衰，借贷亦不备。终身奔劳，作一窭人而已。是求无益于得，求在外也。[②]

在明代，举业的内容主要也是圣贤之言，学习如果不归在自家受用而沦为功名利禄的手段，那么即便是圣贤之言也流于知解，而非“实有诸已”、身心受益，终归于精神的贫困。科举并非全无是处，它作为国家选拔人才、儒者进身行道的“门户”，是儒者面对的制度事实。阳明认为，举业是士君子得君行道的“羔雉”。士君子想见君行道，不仅要修饰“羔雉”，更重要的是内心要有“恭敬之实”，而且须同孟子所言“恭敬者，币之未将者也”一样，“恭敬之实”在“饰羔雉之前”[③]。

---

① 朱熹：《答宋容之》，《晦庵先生朱文公文集》卷五十八，《朱子全书》第23册，上海/合肥：上海古籍出版社/安徽教育出版社，2002年，页2776。该文集下一通书信中，朱子还批判说：“大抵学者之病，最是先学作文干禄，使心不宁静，不暇深究义理，故于古今之学、义利之间，不复能察其界限分别之际，而无以知其轻重取舍之所宜，所以诵数虽博、文词虽工，而祇重为此心之害。”（同前书，页2777）朱子门人陈淳对当时以圣贤之言为内容的“科举之学”评论道：“似学而非学也。同是经也，同是子史也，而为科举者读之，徒猎涉皮肤以为缀缉时文之用，而未尝及其中之蕴，止求影像髣髴、略略通解，可以达吾之词则已，而未尝求为真是真非之识穷，日夜旁搜博览、吟哦记臆，惟铺排骈俪无根之是习，而未尝有一言及理义之实。自垂髫至白首一惟虚名之是计，而未尝有一念关身心之切。”见陈淳《北溪大全集》卷十五，《影印文渊阁四库全书》第1168册，台北：台湾商务印书馆，2008年，页620上、下。

② 陈荣捷辑《传习录拾遗》，见其著《王阳明〈传习录〉详注集评》，上海：华东师范大学出版社，2009年，页249，标点有改动。

③ 阳明在《重刊文章轨范序》中说：“夫自百家之言兴，而后有《六经》；自举业之习起，而后有所谓古文。古文之去《六经》远矣，由古文而举业，又加远焉。士君子有志圣贤之学，而专求之于举业，何啻千里！然中世以是取士，士虽有圣贤之学，尧舜其君之志，不以是进，（转下页）

理学子弟或因家贫而求仕，或欲为儒家士君子而应举。可是，理学家又教导弟子要立志希贤希圣，学圣人之学、志圣人之志才是“人生第一等事”。应试业举会不会妨碍圣学？两者能不能“兼得”？弟子中总有因难以处理业举与学圣贤间的关系而烦扰者。针对业举有妨于学圣的忧虑，二程果断地说：“科举之事，不患妨功，惟患夺志。”①那士子该如何协调应举和学圣间的紧张，让举业对圣学之碍降到最低呢？二程的建议是：“一月之中，以十日为举业，余日足可为学。”②朱子做了发挥：“士人先要分别科举与读书两件，孰轻孰重。若读书上有七分志，科举上有三分，犹自可；若科举七分，读书三分，将来必被他胜却，况此志全是科举。”③

在应举之时，弟子也难免对考试结果患得患失，有弟子问伊川：“家贫亲老，应举求仕，不免有得失之累，何修可以免此？”伊川给予的应对之道是：“此只是志不胜气。若志胜，自无此累。家贫亲老，须用禄仕，然得之不得为有命。”④科举是一种选拔考试，总有人中、有人不中。作为应试的个人，能够

---

(接上页)终不大行于天下。盖士之始相见也必以贽，故举业者，士君子求见于君之羔雉耳。羔雉之弗饰，是谓无礼；无礼，无所庸于交际矣。故夫求工于举业而不事于古，作弗可工也；弗工于举业而求于幸进，是伪饰羔雉以罔其君也。虽然，羔雉饰矣，而无恭敬之实焉，其如羔雉何哉！是故饰羔雉者，非以求媚于主，致吾诚焉耳；工举业者，非以要利于君，致吾诚焉耳。世徒见夫由科第而进者，类多徇私媒利，无事君之实，而遂归咎于举业。不知方其业举之时，惟欲钓声利，弋身家之腴，以苟一旦之得，而初未尝有其诚也。邹孟氏曰：‘恭敬者，币之未将者也。’伊川曰：‘自洒扫应对，可以至圣人。’夫知恭敬之实在于饰羔雉之前，则知尧舜其君之心，不在于习举业之后矣；知洒扫应对之可以进于圣人，则知举业之可以达于伊、傅、周、召矣。”(见《王阳明全集》(新编本)卷二十二，前揭书，页 916—917)须指出的是，儒家对科举制度的批判在徐复观那里表现得最为激烈和深刻。徐先生在《中国知识分子的历史性格及其历史的命运》一文中断言，在中国古代的君主专制制度下，科举制度的出现是中国“知识分子本身命运的一大变局，也是中国历史命运的一大变局”。归纳起来，他对科举制度的批判主要有四点：“科举在事势上只能着眼于文字，文字与一个人的行义名节无关”，使士大夫言行脱节；科举考试是专制皇权引诱士大夫“入彀”的“垂饵”，“把士人与政治的关系，简化为一单纯的利禄之门，把读书的事情，简化为一单纯的利禄的工具”；士大夫之出仕不靠荐举，而是“投牒自进”，遂丧失羞耻之心；科举内容只以诗赋、八股为主，“少实事磨练的机会，并少一谋出身衣食的途径”，“生计上毫无自立之道”。见其著《学术与政治之间》(新版)，台北：学生书局，1985 年，页 186—190。由于依托的政治理念及所处时代之不同(在科举制度之门内与门外)，儒家对科举制度及其流弊的批评有轻重缓急之别，而他们都从道德人心着眼，这一点是一致的。

① 程颢、程颐撰，王孝鱼点校：《二程集》，北京：中华书局，2004 年，页 416。

② 程颢、程颐撰，王孝鱼点校：《二程集》，北京：中华书局，2004 年，页 416。

③ 朱熹：《朱子语类》卷十三，《朱子全书》第 14 册，上海/合肥：上海古籍出版社/安徽教育出版社，2002 年，页 411—412。

④ 程颢、程颐撰，王孝鱼点校：《二程集》，北京：中华书局，2004 年，页 194。不过，伊川随后说“然圣人言命，盖为中人以上者设，非为上知者言也。中人以上，于得丧之际，不能不惑，故有命之说，然后能安。若上智之人，更不言命，惟安于义；借使求则得之，然非义则不求，此乐天者之事也。”上智之人“以义为命”，中人“言命”是二程的一个基本分别。

做的是，立志真切，用心专一，不为客气所动，不受情绪干扰。至于结果是中选还是落选，则属个人的命限，非己力所能。

由上来看，关于弟子的举业之问，二程和朱子的教诲是：在应举与学圣学的关系问题上，要辨明“孰轻孰重”，“责圣贤之志”；业举活动中要“知命”，澹然应对，不必对举业寄予厚望。[①] 不过，从阳明学一个工夫的角度看，此并不究竟。举业不妨圣功，圣贤之学妨不妨碍举业呢？[②] 应举与学圣毕竟是两件事，工夫或有所间断。况且，业举之时难免疏离圣贤学问，也耗费年轻士子不少精力。习举业时有无修身工夫可做呢？正是在诸此问题上，阳明和龙溪提出了他们的应举之道。

与二程子的情况相似，阳明的门人中有许多因家贫求禄仕而为其所累者，也有怀疑举业妨碍圣学者，而且他们还要面对阳明心学与举业之朱子学的差异。对于门人的忧虑，阳明的回答和二程的精神相一致：

> 家贫亲老，岂可不求禄仕？求禄仕而不工举业，却是不尽人事而徒责天命，无是理矣。但能立志坚定，随事尽道，不以得失动念，则虽勉习举业，亦自无妨圣贤之学。若是原无求为圣贤之志，虽不业举，日谈道德，亦只成就得务外好高之病而已。此昔人所以有“不患妨功，惟患夺志”之说也。夫谓之夺志，则已有志可夺；倘若未有可夺之志，却又不可以不深思疑省而早图之。[③]

到了龙溪讲学时，“今之人有疑于夫子（指阳明——引者注）之学者，大约有二：一者疑夫子教人本乎心性，不专以读书为务，近乎禅学；二者谓夫子所讲之学，时与晦翁稍有异同，或妨于举业之途”[④]。龙溪回驳道：

① 伊川说：“人多说某不教人习举业，某何尝不教人习举业也？人若不习举业而望及第，却是责天理而不修人事。但举业既可以及第即已，若更去上面尽力求必得之道，是惑也。”见《二程集》，北京：中华书局，2004 年，页 185。

② 在二程和朱子的举业论说中，多以圣学为主，关心“举业是否有妨圣功”，而到陈北溪时，始出现“圣学是否有妨科举”的问题，他回答说：“圣贤学问实未尝有妨于科举之文。盍理义明，则文字议论益有精神光采，耀然从肺腑中流出，自切人情、当物理，为天下之至文，而非常情所及者。”（氏撰《北溪大全集》卷二十四《答蔡廷杰二》，前揭书，页 695 下）这或是阳明学“圣学有益举业”论的前奏。宋儒关于举业的论述还可参宁慧如《南宋道学型人物的科举论述》，载刘海峰主编《科举制的终结与科举学的兴起》，武汉：华中师范大学出版社，2006 年，页 403—411；方旭东《应举与修身——道学的身心治疗之术》，载吴震主编：《宋代新儒学的精神世界——以朱子学为中心》，上海：华东师范大学出版社，2009 年，页 374—393。

③ 王守仁撰，吴光等编校：《王阳明全集》（新编本）卷四，杭州：浙江古籍出版社，2011 年，页 181—182。

④ 王畿撰，吴震编校整理：《王畿集》卷十四，南京：凤凰出版社，2007 年，页 383。

千古圣学，惟在理会心性。心性者，根于天，取诸固有而盎然出之，无所假于外。外此而学者，谓之异学。高者蔽于意见，卑者溺于利欲，虽所趋不同，其为无补于心性，一也。夫心性者，所谓自立之根，而读书则取其发育长养之助而已。禅者固如是乎？不本于心性，而专务读书，虽日诵六经之文，亦不免于玩物丧志。明道所以规上蔡也："夫举业不患妨功，惟患夺志。"今之举业，所习者圣贤之书，所绎者圣贤之意，非如稗官小说、外典之相戾也。夫子于晦翁之论，虽有异同，要之均为发明圣贤之旨，不妨参互以尽其变，非如熏莸黑白之相反也。①

钱绪山父亲曾怀疑，阳明学学人悠游讲学或妨碍举业和朱子学的学习。阳明回答说："岂特无妨？乃大益耳。"②从事圣贤心学不是耽搁举业，而是有益于举业学习，这自然会引起举子学圣学的兴趣。圣学对举业有哪些助益呢？龙溪继承师说，并做了进一步的发明。在龙溪看来：

此件事本明白易晓，但人习于常见，由之而不知耳。有人于此，平时精神纷扰，饮酒耽色，纵恣行游，或缠俗务，或泥小术，种种外好无所不至。及至临考时，志有所重，必须将此等勾当暂时放下，收摄精神，打叠心地，方去看得书，做得文字。若晓得讲学做工夫，时时爱养精神，时时廓清心地，不为诸般外诱所侵夺，天机时时活泼，时时明定，终日不对卷，便是看书一般，终日不执笔，便是作文一般，触机而动，自无凝滞，以我观书，不为法华所转。如风行水上，不期文而文生焉。不肖未敢为已试之方，盖尝折肱于此者也。③

龙溪以身说教，确实有说服力。他继续说，从事心学的读书人所习之举业是"上等举业"：

就是世间举业，亦有两般：有上等举业，有下等举业。吾人讲学去做举业，不惟不相妨，原是有助。不惟有助，原只是一件事。言不可以伪为，言之精者为文。若时时打叠心地洁净，不以世间鄙俗尘土入于肺

① 王畿撰，吴震编校整理：《王畿集》卷十四，南京：凤凰出版社，2007年，页383—384。

② 参陈荣捷辑：《传习录拾遗》，见其著《王阳明〈传习录〉详注集评》，上海：华东师范大学出版社，2009年，页249。

③ 王畿撰，吴震编校整理：《王畿集》卷八，南京：凤凰出版社，2007年，页197。

> 肝，以圣贤之心发明圣贤之言，自然平正通达，纡徐操纵，沉着痛快，所谓本色文字，尽去陈言，不落些子格数，万选青钱，上等举业也。若不信自己天聪明，只管傍人学人，为诡遇之计，譬之优人学孙叔敖，改换头面，非其本色精神，纵然发了科第，亦只是落套数、低举业，有志者所不屑也。①

龙溪化用了阳明“治家请客”的譬喻。对于世俗功利之人，应举学习会因“假贷”变成“窭人”，而从事心学的士子，“收摄精神”“打叠心地洁净”，便有超凡脱俗的见识，自然不拘泥于老套的科举程文，而能写出既“平正通达”又具有一己“本色精神”的上等举业文章。

细观龙溪的语脉，“心学有助举业”、两者“原只是一件事”，不仅指心性修养能提高运思文章的见识和能力，也指应举备考之时即是修身工夫用力之实地，修身工夫与应举考试“非二事”。龙溪告诫举业之士子：

> 只此举业便是对境火坑，种种得丧利害世情，尽向此中潜伏倚傍，本来真性反被凌铄晦蚀。古人云：“入见夫子之道而悦，出见纷华富贵而悦。”此正诸君临炉交战时也。夫举业读书是与千古圣贤上下议论，以求印证触发，原是乐事。乃被世情搅和牵缠，夺志劳神，翻成苦业，非是举业辜负人，人自辜负举业，良可慨也！②

士子应举患得患失，把举业变成了“苦业”。这并不夸张。艾尔曼先生(Benjamin A. Elman，1946—)在研究明清科举文化史时指出，对科举考试的焦虑是明清举子普遍怀有的心态。明代的举子因屡屡考试失意，甚至患了一种未曾发现过的名为“思郁”的新病。③ 那么，如何做才能把“苦业”变成“乐事”呢？

### (二) 应举工夫

在阳明《示徐曰仁应试》和龙溪《北行训语付应吉儿》两文中，我们可以发现两人的应举备考之道。兹先引原文如下，再略作分析：

> 君子穷达，一听于天，但既业举子，便须入场，亦人事宜尔。若期在

① 王畿撰，吴震编校整理：《王畿集》卷八，南京：凤凰出版社，2007年，页197。
② 王畿撰，吴震编校整理：《王畿集》卷十六，南京：凤凰出版社，2007年，页448—449。
③ Benjamin A. Elman, *A Cultural History of Civil Examinations in Late Imperial China*, University of California Press, 2000, p. 298.

必得，以自窘辱，则大惑矣。入场之日，切勿以得失横在胸中，令人气馁志分，非徒无益，而又害之。场中作文，先须大开心目，见得题意大概了了，即放胆下笔；纵昧出处，词气亦条畅。今人入场，有志气局促不舒展者，是得失之念为之病也。夫心无二用，一念在得，一念在失，一念在文字，是三用矣，所事宁有成耶？只此便是执事不敬，便是人事有未尽处，虽或幸成，君子有所不贵也。将进场十日前，便须练习调养。盖寻常不曾起早得惯，忽然当之，其日必精神恍惚，作文岂有佳思？须每日鸡初鸣即起，盥栉整衣端坐，抖数精神，勿使昏惰。日日习之，临期不自觉辛苦矣。今之调养者，多是厚食浓味，剧酣谑浪，或竟日偃卧。如此，是挠气昏神，长傲而召疾也，岂摄养精神之谓哉！务须绝饮食，薄滋味，则气自清；寡思虑，屏嗜欲，则精自明；定心气，少眠睡，则神自澄。君子未有不如此而能致力于学问者，兹特以科场一事而言之耳。每日或倦甚思休，少偃即起，勿使昏睡；既晚即睡，勿使久坐。进场前两日，即不得翻阅书史，杂乱心目；每日止可看文字一篇以自娱。若心劳气耗，莫如勿看，务在怡神适趣。忽充然滚滚，若有所得，勿便气轻意满，益加含蓄酝酿，若江河之浸，泓衍泛滥，骤然决之，一泻千里矣。每日闲坐时，众方嚣然，我独渊默；中心融融，自有真乐，盖出乎尘垢之外而与造物者游。非吾子概尝闻之，宜未足以与此也。[①]

汝此行应试，途中朝夕起居，须慎动弗妄作劳。读书作文之暇，时习静坐，洗涤心源，使天机常活，有超然之兴。举业不出读书作文两事，此是日履课程。读书时，口诵其言，心绎其义，得其精华，而遗其麤秽，反身体究，默默与圣贤之言相符，如先得我心之同然，不为言诠所滞，方为善读书。作文时，直写胸中所得，务去陈言，不为浮辞异说，自然有张本、有照应、有开阖，变化成章而达，不以一毫得失介于其中，方是善作文。此便是见在感应实事，便是格物致知实学，便是诚意实用力处。读书如饮食，入胃不能游溢输贯，积而不化，谓之食痞。作文如写家书，句句道实事，自有条理，若替人写书，周罗浮泛，谓之绮语。于此知所用心，即举业便是德业，非两事也。第一以摄养精神为主，胸中常若洒然，不挂一尘，戒欲速。欲速则不达，业此反无头绪。进场十日前，切忌看书，拈弄文艺，反将精神泼撒。时时安闲静默，以无心应缘。息思虑、寡

① 王守仁撰，吴光等编校：《王阳明全集》（新编本）卷二十四，杭州：浙江古籍出版社，2011年，页954—955。

嗜欲，则神自清；薄滋味、禁躁妄，则气自和。优游含育，如不欲战，北海之珠，得于罔象。只此是学。积深而发自裕，心明而艺自精。临文沛然，一泻千里，所谓行乎其所当行，止乎其所不得不止，乃分内勾当也。此予已试之方，切宜勉之！世人多以酒肉厌饫为养，纵情昏睡为乐，汩神乱气，反伤其活泼之机。非徒无益，害有甚焉。且心不可以二用，若一心在得，一心在失，一心在文字，是三用矣。仓皇应酬，宁有佳思？此世人之通病也。切宜戒之！人事不可不尽，得失迟速，有数存焉。象山所谓："务正学以言，岂必皆天命之所遗，主司之所弃？安以待之，不须将迎意必，徒放心耳。"此为吾儿举业，开此方便法门。若大丈夫立远志、崇大业，此身自有安身立命所在，眼前区区得失，非所论也。[①]

应举备考，既包括平日积累，又包括临场发挥。平日之"日履课程""不出读书作文两事"。读书时，要心口（身）一致，由言晓义，"先明大意"，得圣贤之精华；读书的速度因人而宜，不疾不徐，从容中道；不可以记诵为能，更不可强记以致"食痞"[②]，而是要将圣贤之言验之于身心而"实有诸己"，这才是真正的"记得"[③]。作文即是把胸中所得如实表达出来，去陈言，免俗套，如此便

① 王畿撰，吴震编校整理：《王畿集》卷十五，南京：凤凰出版社，2007 年，页 441—442。

② 《传习录》第 241 条载："问：'读书所以调摄此心，不可缺的。但读之之时，一种科目意思牵引而来，不知何以免此？'先生曰：'只要良知真切，虽做举业，不为心累。纵有累，亦易觉，克之而已。且如读书时，良知知得强记之心不是，即克去之。有欲速之心不是，即克去之。有夸多斗靡之心不是，即克去之。如此，亦只是终日与圣贤印对，是个纯乎天理之心。任他读书，亦只是调摄此心而已，何累之有？'曰：'虽蒙开示，奈资质庸下，实难免累。窃闻穷通有命，上智之人恐不屑此。不肖为声利牵缠，甘心为此，徒自苦耳。欲屏弃之，又制于亲，不能舍去。奈何？'先生曰：'此事归辞于亲者多矣，其实只是无志。志立得时，良知千事万为只是一事。读书作文安能累人？人自累于得失耳。'因叹曰：'此学不明，不知此处担搁了几多英雄汉。'"见陈荣捷：《王阳明〈传习录〉详注集评》，上海：华东师范大学出版社，2009 年，页 186，标点略有改动。

③ 儒学传统中阐述读书法最丰富的自然是朱子。与朱子读书强调"专心""虚心""耐心""少读""徐读""熟读"等相比，阳明和龙溪的"读书法"强调读书非单纯的记诵，重要的是"观圣贤之意"；读书要"实有诸己"、身心受用。否则，记得再多，也只是"假贷""食痞"，非自家所有、性命所用。例如《传习录拾遗》第 30 条："先生曰：'学者读书，只要归在自己身心上。若泥文着句，拘拘解释，定要求个执定道理，恐多不通。盖古人之言，惟示人以所向往而已。若于所示之向往，尚有未明，只归在良知上体会方得。'"（见陈荣捷：《王阳明〈传习录〉详注集评》，前揭书，页 243）龙溪认为："吾人读书为学，须先明大意。大意既得，然后细微可从而理。若着意精微，堕在琐碎窠臼里，与义相雠，大处反失，非善于学者也。孔明读书，惟观大旨，曾点之见大意，在于沂浴风雩之间。古人之学，可见矣。"（见王畿撰，吴震编校整理：《王畿集》卷十五，前揭书，页 422）对朱子读书法的分析，可参钱穆：《朱子新学案》第四八节，《钱宾四先生全集》第 13 册，台北：联经出版事业公司，1998 年，页 691—773；陈立胜《朱子读书法：诠释与诠释之外》，见其著《"身体"与"诠释"——宋明儒学论集》，台北：台湾大学出版中心，2011 年，页 191—228。

能写出文质彬彬的举业文章。考试前十天就须进入临场备战的状态：首先作息有节，养成与考试时间同步的作息规律；不躁动多思，也不可临时看书强记，以免扰乱心神；饮食方面要清淡。考试进场当天，“胸中洒然”，“不挂一尘”，气定神闲。如此应试，则“天机常活”，文思沛然，滚滚不绝。

阳明和龙溪建议的应试工夫，包括生活习惯（作息、饮食）、读书方法、考前模拟、临场身心状态调整等多个方面，可谓面面俱到。在这些建议中，阳明和龙溪非常重视平日及临场时心神安静、洒落、活泼这一面向，这是克服心中患得患失、紧张焦虑情绪从而志气饱满地写出优秀文章的关键。结合我们自身的考试经验来看，饮食起居、读书方法的要求似较易做到，相比来讲，考试时紧张焦虑、担心一己答题之得失的负面情绪最难克服。相信参加过“中考”“高考”等各种大型考试的当代考生对此会有同感。每个参加考试的人都希望发挥自己最高的水准、获得最好结果，但是，必须摆脱对考试结果之得与失的挂念才能更好地表现自己的能力，这似乎是个矛盾，其中似包涵自我意志的冲突。怎么才能摆脱这些负面情绪的拖累呢？

阳明和龙溪没有就此给出更详细的建议。不过，师徒两人有丰富的“去累”工夫经验，未尝不可用之于此。概而观之，阳明和龙溪的“去累”工夫可分为两个方面，一是去心中之执着，二是拓广心量。去心中的执着，既要“无我”，又要“无入而不自得”①。拓广心量，可效法古圣贤之胸怀。《王阳明年谱》载：

> 是月德洪赴省城，辞先生请益。先生曰：“胸中须常有舜、禹有天下不与气象。”德洪请问。先生曰：“舜、禹有天下而身不与，又何得丧介于其中？”②

拥有天下而又没有觉得增加什么，这是何等胸怀！与天下之得丧相比，个人考试的小得失又算得了什么。此外，参“太虚之体”可悟良知心量。太虚之中，万物流行，万变交错，又何所增减得失而为之障碍？圣贤胸怀与“太虚之体”又可等“量”齐观：

> 舜之大德，量如太虚，未尝有一毫外慕之心，其视禄位名寿之加于

① 可参陈来：《有无之境——王阳明哲学的精神》，北京：人民出版社，1991年，页242—244。

② 王守仁撰，吴光等编校：《王阳明全集》（新编本）卷三十四，杭州：浙江古籍出版社，2011年，页1296。

> 其身与去于其身，如万象交变，出没于太虚之中，神奇臭腐，无所拣择，亦无所增减。故饭糗终身，袗衣固有，太虚之体，固如是也。[1]

心量广如太虚，不为任何得失增减所动，对业举亦是如此。

在阳明学的应举工夫中，去"得失之累"不仅施之于考试之前，还要坚持到考试之后。若应举而不及第，不必悲伤。比如阳明两次会试而不中，第三次才考中，他对落第的态度是："同舍有以不第为耻者，先生慰之曰：'世以不得第为耻，吾以不得第动心为耻。'识者服之。"[2]若中举及第，也无须喜形于色，要澹然处之，即便是考了个状元。罗念庵便是生动的写照。龙溪描写念庵状元及第后的行迹与心态曰：

> 我朝设科，以明经取士，惟状元为极选。凡赐及第，天子必临轩，设卤簿胪传，假以仪卫，锡以锦袍镂带，京兆陈黄繖，内帑出银瓜，以示宠异，烨然繁华，殆不啻锡命。昼接之荣，世之人皆慕之……君（指罗念庵——引者注）之名在数人之中，如翘之在楚，尤为杰然自表于世，顾不欲以文学、气节自居。志于古人之学，以道德为归，其于繁华荣宠，不惟不形色，亦已漠然不存于心矣。君出游，每每晦名韬迹，混于稠人之中，不欲自异。人之见者，或以为学究，或以为医流，君暗然自适也。君尝访予会稽山中，舆人索君黄繖银瓜，君怃然而笑，盖不惟出游时无此物，虽居官时亦未尝携此物，而舆人犹欲以常情目君，宜乎君之自笑也。[3]

罗念庵虽中状元，为士之翘楚，却无欣喜炫耀之心，反而"晦名韬迹"，暗然现于世，这与我们熟知的范进中举而发疯的故事适成鲜明对照。[4] 应举考试之后，不因中榜及第而喜，也不因下第失败而悲，这只是外在的身体表现，更究竟、更内在的工夫应该是得而"不存于心"，失而"不动其心"，"胸中不挂一尘"，"无所增减"。由此及以上对应举备考工夫的分析来看，摆脱内心患得

---

① 王畿撰，吴震编校整理：《王畿集》卷十三，南京：凤凰出版社，2007年，页365—366。阳明和龙溪"去累"的工夫分此两个方面，仅为了分析的方便。"太虚之体"不仅含藏万有，"无所拣择"，而且不为任何事物所碍。"良知与太虚同体"，也不为任何得失际遇所累。"去心中之执着"与"拓广心量"可看作是从良知感应的当下一念与念虑全体两个角度做出的区分。

② 王守仁撰，吴光等编校：《王阳明全集》（新编本）卷三十二，杭州：浙江古籍出版社，2011年，页1229。

③ 王畿撰，吴震编校整理：《王畿集》卷十七，南京：凤凰出版社，2007年，页505—506。

④ 关于一般士人对科举考试成败的精神情态之反应的简单叙述，可参郑若玲《累人的科举》，载刘海峰主编：《科举制的终结与科举学的兴起》，武汉：华中师范大学出版社，2006年，页36—37。

患失情绪之拖累，保任心体的洒脱、活泼、自在贯穿于举业考试的前、中、后。

按照阳明和龙溪提示的应举备考的办法和去“得失之累”的工夫，便可把心学与举业统一起来，使“心学有益举业”，做到两者“原只是一件事”：一方面，应举考试之时正是修身工夫用功之地；另一方面，修身工夫之精熟，会加深举业知识的理解、提高作文之能力，同时使举子的考试能力在考试中充分发挥出来。这便比二程更圆满地解答了“举业是否有妨圣学”的问题。

在阳明学派学者组织的讲会中，“心学有益举业”“两者原只是一件事”的观点，对于应举赶考的士子自然具有非常大的思想魅力。这是不是阳明及其门人为传播阳明心学、开拓思想领地而吸引举子的策略？如此会不会把阳明学变成了应举备考的“成功学”？与宋儒的观点相比，它是不是减弱了对科举制度的批判？

从前面的分析来看，阳明和龙溪主张圣学不外于举业、举业中有圣贤工夫可做，有充分的工夫论依据，此与阳明学“事上磨练”和“必有事”的基本工夫取向相一致。心学与举业的合一，除了表达应举活动与修身工夫不二外，还包涵士子应举须出于出仕行道之诚心的道德要求，上文所引阳明以“羔雉”喻举业的文本就透露这一消息。阳明认为，士人中举后“徇私媒利”，源于应举之前、考试之中人心已经败坏、言行相违，而不是直接由科举制度所致。邹东廓表达了与阳明一致的看法：

> 学之弗讲，往往疲精竭神，涉经猎史，汩没于举业，以徼时好、跻世资，至于士失己而民失望。故有识隐忧，力辟时文，以为坏人心术，与杨、墨、佛、老同科。嗟乎！举业何尝戾圣学也？是尧舜，非桀跖，崇仁义，贱诈力，洋洋洙泗家法，而夷考其行，则戛戛不相入，是何异优孟之学孙叔敖，抵掌谈笑，宛然复生，而精神命脉，霄壤戾矣！故尝断之以二言曰：言行相顾，便是圣学；言行不相顾，便是俗学。圣之与俗，无他，诚不诚之间耳。[①]

事实上，阳明学士子从事应举活动时，心学并非总能促进举业。他们必须面对身体力行之心学与举业之程朱学之间的张力。当遇到与心学宗旨相违背的试题时，是冒着落榜的危险“修辞立诚”、直抒胸臆，还是暂时违心迎合考

---

① 邹守益撰，董平编校整理：《邹守益集》卷十八，南京：凤凰出版社，2007年，页877。

官以做权宜,如何决定,这并不轻松。《王阳明年谱》载嘉靖二年:"南宫策士以心学为问,阴以辟先生。门人徐珊读《策问》,叹曰:'吾恶能昧吾知以幸时好耶!'不答而出。闻者难之。曰:'尹彦明后一人也。'同门欧阳德、王臣、魏良弼等直接发师旨不讳,亦在取列,识者以为进退有命。"①在科举关乎个人荣辱成败的时代,为了卫道而抗拒科举,需要很大的勇气。虽然修身工夫能提高业举的能力,但阳明的许多门人和其他大儒一样,对举业功名也淡然处之。例如,钱绪山和王龙溪在家人和阳明的说服下参加了会试,尽管中选,最后还是"不廷试而归",唯以讲求阳明心学为乐。②

最后需要补充的是,阳明学也不缺乏批判精神。余英时先生在研究中国古代知识分子的思想传统时指出,与西方知识分子"愚"的精神相对,中国古代知识分子的"狂"体现了自由批判精神③,而阳明学恰是凸显了一种"狂者精神",只不过这一"狂者精神"要以"致良知"来充养。邹东廓在发挥阳明老师的"狂者精神"时说:"先师曰:'古之狂者,嘐嘐圣人而行不掩,世所谓败阙也,而圣门以列中行之次;忠信廉洁,刺之无可刺,世所谓完全也,而圣门以为德之贼。某愿为狂以进取,不愿为愿以媚世。'……良知之明,蒸民所同,本自皜皜,本自肫肫,常寂常感,常神常化,常虚常直,常大公常顺应,患在自私用智之欲所障,始有所尚,始有所倚。不倚不尚,本体呈露,宣之为文章,措之为政事,犯颜敢谏为气节,诛乱讨贼为勋烈;是四者皆一之流行也。"④阳明学学者的"尚狂",以良知为准则,既可对虚伪道德行为进行批判,又可在政治上表现出"犯颜敢谏"。

时下,科举制度虽已停废,但我们依然要应对种种关乎个人命运之穷达的考试,依然常常在备考之时、考场之中忧心忡忡、紧张不安,甚至恐惧焦

① 王守仁撰,吴光等编校:《王阳明全集》(新编本)卷三十四,杭州:浙江古籍出版社,2011年,页1296。此处"尹彦明后一人"指程门高弟尹淳的故事。《宋元学案·和靖学案》载:"绍圣元年,发策有'元祐邪党'之问,先生曰:'噫,尚可以干禄乎哉!'不对而出,告伊川曰:'焞不复应进士举矣!'伊川曰:'子有母在。'先生归告其母陈,母曰:'吾知汝以善为养,不知汝以禄养。'伊川闻之曰:'贤哉母也!'"参黄宗羲原著,全祖望补修,陈金生、梁运华点校:《宋元学案》卷二十七,北京:中华书局,1986年,页1002。对该年阳明弟子如何应对策问的详细研究,参日本学者鹤成九章《嘉靖二年会试の策題における阳明学批判について》,《福冈教育大学纪要》第56卷1号,2007年。

② 关于钱绪山和王龙溪早年的业举经历,参龙溪撰《刑部陕西司员外郎特诏进阶朝列大夫致仕绪山钱君行状》及徐阶撰《龙溪王先生传》,分别见《王畿集》卷二十,南京:凤凰出版社,2007年,页585;附录四,页823—824。须补充的是,绪山和龙溪最终还是参加了廷试,参彭国翔《王龙溪先生年谱》,载其著《良知学的展开:王龙溪与中晚明的阳明学》,北京:生活·读书·新知三联书店,2005年,页527—528。

③ 余英时:《士与中国文化》,上海:上海人民出版社,2003年,页103—106。

④ 邹守益撰,董平编校整理整理:《邹守益集》卷二,南京:凤凰出版社,2007年,页40。

虑，反而妨碍个人能力的发挥，累及个人的精神风貌。对于儒学与科举关系的话题，除了探讨二者在历史上的具体关联外，讨论理学家应举备考的工夫经验，也可以是一个有益的尝试。

## 二 作文

赋诗作文是古代读书人的一种基本生活方式，在宋明时期，加之科举考试之要求，学习写作各种考试程文便成了读书人的日常功课，理学士子自不例外。第一章已经说明理学家尽管严厉批判世俗诗文辞章之习，却未舍弃诗文辞章之学，理学家持有独特的文章观。既然圣贤之学有独特的文章，本圣贤之学所作之文也当与众不同。理学家(特别是阳明学一系)写作的文章如何？他们是如何作文的，理学家有无独特的“作文之法”？作文活动中有何工夫可做？阳明学有无独到的工夫经验？这是本节要考察的主要内容。

### (一) 上等文章

学习写作，首先要从阅读优秀的文章开始。从理学家的观点看，圣贤文章才是第一等文章。圣贤之文，“譬之淳醪，破为时酒，味犹深长”，非市面上“刊本时文”所能比。[①] 读圣贤文章，重点不在于理会文辞、学习作文法度，而在于从中“观圣贤气象”，涵养自家心性。伊川说：“凡看文字，非只是要理会语言，要识得圣贤气象。”[②]圣贤之文是圣贤胸臆之抒发，是圣贤气象之发露，或者我们也可以说，圣贤文字中有“圣贤气象”在。明代文人钟惺(字伯敬，号退谷、止公居士，1574—1624)在评价阳明文章时说：“独阳明先生之为言也，学继千秋之大，识开自性之真，辞旨蔼粹，气象光昭，出之简易而具足精微，博极才华而不离本体，自奏议而序、记、诗、赋，以及公移、批答，无精粗大小，皆有一段圣贤义理于其中，使人读之而想见其忠孝焉，仁恕焉，才能与道德焉，此岂有他术而侥幸致此哉？盖学问真，性命正，故发之言为真文章，见之用为真经济，垂之训为真名理，可以维风，可以持世，而无愧乎君子之言焉耳。”[③]读阳明之文，而见阳明之人格品行。阳明之文是“理学文章”，而阅读

① 把圣贤《六经》之文比作“淳醪”，刊本时文比作“酒中低品”是龙溪论举业文章时做的譬喻。参王畿撰，吴震编校整理：《王畿集》卷八，南京：凤凰出版社，2007年，页198。

② 程颢、程颐撰，王孝鱼点校：《二程集》，北京：中华书局，2004年，页284。

③ 钟惺《王文成公文选序》，载王守仁撰、吴光等编校：《王阳明全集》(新编本)卷五十二，杭州：浙江古籍出版社，2011年，页2111。

本身即成为“理学式”阅读。此种阅读首先不是为了通晓文章法度，也不是为了训诂名物，而是意在涵养自家之心性，身心受益。阳明说：“学者读书，只要归在自己身心上。若泥文着句，拘拘解释，定要求个执定道理，恐多不通。”[①]读圣贤书是如此，读其他书目亦不例外。

作文要有一定之法度，理学家概莫能外。圣贤文章本身自含有一定之规，朱子即从读《孟子》中“知作文之法”[②]。不过，在理学家看来，要写出好文章，首要的因素不是文章法度，而是作者的精神修养。作者之精神修养体现在文字中，决定了文章水平之高下。程门高弟杨龟山（名时，字中立，1053—1135）便以之评价时人的文章：

> 为文要有温柔敦厚之气，对人主语言及章疏文字，温柔敦厚尤不可无。如子瞻诗多于讥玩，殊无恻怛爱君之意。荆公在朝论事多不循理，惟是争气而已，何以事君？君子之所养，要令暴慢哀僻之气，不设于身体。[③]

文章的内容，不仅包括言辞、格式套路，而且还包括其中透发出的精神风貌或“气象”。文章的“精神”“气象”出自作者之工夫涵养，因而，若想提高文章的水平，须在自家品性上用功。按照朱子学的理路，工夫涵养的重点是“格物穷理”，朱子弟子陈北溪（名淳，字安卿，1159—1223）说：

> 果能穷格工夫至到胸中昭融洞彻，无一毫之少蔽，则于吐词论事，如水融冻释，如破竹迎刃而解，如春阳着物，随所至无不敷荣条畅，又何艰深蹇塞之为乎？故凡状物意之不切者，由其见物理之不真也，论事情之不白者，由其烛事理之不莹也。[④]

“穷格工夫”如能见物理真切、烛事理莹白，那么，作文时就会状物意贴切、论事情明白，写出的文章“水融冻释”“迎刃而解”“敷荣条畅”，焉得不为好文章？而从阳明学的观点看，作文工夫的“头脑”须落在自家心体上。

---

① 陈荣捷：《王阳明〈传习录〉详注集评》，上海：华东师范大学出版社，2009年，页243。

② 参朱熹：《朱子语类》卷十九，《朱子全书》第14册，上海/合肥：上海古籍出版社/安徽教育出版社，2002年，页654。

③ 杨时：《龟山集》卷十，《影印文渊阁四库全书》第1125册，台北：台湾商务印书馆，2008年，页191上。

④ 陈淳：《北溪大全集》卷三十四，《影印文渊阁四库全书》第1168册，台北：台湾商务印书馆，2008年，页771。

> 先生尝语学者曰："作文字亦无妨工夫。如诗言志，只看尔意向如何，意得处自不能不发之于言，但不必在词语上驰骋，言不可以伪为。且如不见道之人，一片粗鄙心，安能说出和平话？总然都做得后一两句露出病痛，便觉破此文原非充养得来。若养得此心中和，则其言自别。"①

在《应举》一节中已经提到，为了解答应举士子"圣学是否有妨举业"的疑惑，龙溪提出，圣学工夫有益于举业文章的习作。推而广之，圣学修身工夫有益其他文章的写作，当是龙溪作文论的蕴含之意。我们不妨再援引一次龙溪之言：

> 若时时打叠心地洁净，不以世间鄙俗尘土入于肺肝，以圣贤之心发明圣贤之言，自然平正通达，纡徐操纵，沉着痛快，所谓本色文字，尽去陈言，不落些子格数，万选青钱，上等举业也。若不信自己天聪明，只管傍人学人，为诡遇之计，譬之优人学孙叔敖，改换头面，非其本色精神，纵然发了科第，亦只是落套数、低举业，有志者所不屑也。②

写出"上等文章"才能中选"上等举业"。"上等文章"需要"打叠心地洁净"，使心体纯明，并摆脱世俗之粗见。换言之，修身工夫若纯熟到本心明净，发之于作文，所写文字即不是"陈言"、文章之格式即不老套，而是透露自家所得之"本色精神"的"本色文字"。从龟山、北溪、阳明和龙溪的论说来看，修身工夫之于作文，是文章整体水准的提升，既包括具体的表达能力("状物意贴切""论事情明白")、言辞使用(非"陈言")、格式布局(不落"格数""套数")，又包括文章整体透发出的精神风貌或"气象"("温柔敦厚之气""和平话")，用龙溪的话概括之，即经由修身工夫而作之文，是蕴含自家"本色精神"的"本色文字"。

### (二) 作文工夫

作者要想写出好文章，须提高自己的身心素养，这为理学学子之写作提供了门径。而另一方面，"作文"也是"一事"，是他们的一项基本生存活动，

---

① 钱德洪：《刻文录叙说》，见王守仁撰，吴光等编校《王阳明全集》(新编本)卷五十二，杭州：浙江古籍出版社，2011 年，页 2090。

② 王畿撰，吴震编校整理：《王畿集》卷八，南京：凤凰出版社，2007 年，页 197。

因而也是工夫用力之地。“作文”中有何工夫可做，该如何用功？

与应举一样，作文工夫也要追溯到二程。二程认为，《周易·乾卦·文言》中的“修辞立其诚，所以居业也”说的就是文章写作的工夫原则。程明道曰：

> “修辞立其诚”，不可不子细理会。言能修省言辞，便是要立诚。若只是修饰言辞为心，只是为伪也。若修其言辞，正为立己之诚意，乃是体当自家敬以直内、义以方外之实事。[①]

“修辞”指的不是修饰言辞、雕琢字句，而是“修省言辞”，是“立诚”的工夫。言辞为心之所发，是自家心意之流露。“修辞立其诚”，既指对已写文辞的反省，也指作文之时即要“立己之诚意”，按自家真实心意来书写。阳明倾向后一种解释，他说：“凡作文，惟务道其心中之实，达意而止，不必过求雕刻，所谓‘修辞立诚’者也。”[②]据龙溪回忆，阳明曾用一有趣的譬喻说明作文要“道其心中之实”的原则：

> 昔有关中人士尝持所作，请证于阳明先师，先师谓曰：某篇似《繫辞》，某篇似《周诰》，某篇似《檀弓》，某篇绝似《穀梁》。其人甚喜，因谕之曰：“十岁童子作老人相，拄杖曳履，咳唾伛偻，非不俨然似也，而见者笑之，何者？以其非真老人也。苟使童子饬衿肃履，拱立以介乎其间，人自竦然，不敢以幼忽之，何者？以其真童子也。”尝以语荆川子，荆川深领之，谓可以为作文之法。且夫天下万事，未有不从虚明一窍中出而能得其精者也。[③]

十岁童子扮老人，引人讥笑，因其“非真”；而童子衣着庄重、恭敬地站在老人之间，人亦肃然起敬，则因其“真”。作文也是把自家之所有，自家之“本色精神”，如实地而且自然地表达出来，不必“着意安排组织”[④]，更不必“沿门持钵”“傍人学人”。

---

① 程颢、程颐撰，王孝鱼点校：《二程集》，北京：中华书局，2004年，页2。

② 王守仁撰，吴光等编校：《王阳明全集》（新编本）卷二十七，杭州：浙江古籍出版社，2011年，页1050。

③ 王畿撰，吴震编校整理：《王畿集》卷十三，南京：凤凰出版社，2007年，页347。

④ 阳明说：“诗文之习，儒者虽亦不废，孔子所谓‘有德者必有言’也。若着意安排组织，未有不起于胜心者，先辈号为有志斯道，而亦复如是，亦只是习心未除耳。”见王守仁撰，吴光等编校：《王阳明全集》（新编本）卷五，杭州：浙江古籍出版社，2011年，页199。

龙溪认为，具有“本色精神”的“本色文字”是从“虚明一窍”中发出的。“虚明一窍”“圆明一窍”“灵窍”[①]是龙溪常用的概念，即指良知本体。良知发露出的“本色精神”是良知本然之性状，是良知的“本来面目”，也是修身而复的精神品质和独特识见。学圣贤的修身工夫不仅可以纯净心性，而且还能提高作文能力，听起来似乎简易直截，可这种工夫如何来做？作文毕竟要有一定的法度，作文方法是一种技巧，体现在表达手法、字句雕琢、篇章布局等方面，而修身学圣贤要为善去恶，成就纯善无恶之人格，两者似乎互不相干。志于此则失彼，志于彼则失此，两者能否“合一”？当时向往阳明学的文人便有此困惑：

> 珠川子锐志词章之学有年，既裒然富且工矣。一日闻阳明先师良知之说，恍然若有见，怃然叹曰：“斯其根本之学也乎！吾之所习，特枝叶尔已。”间以其说发为文词，则众哗然非而笑之：“此道学头巾语也。习之将奚以为？”珠川子亦牵于旧习，未能舍，其于良知之说，又不忍弃也。二者往来于中，久未能决。[②]

且看龙溪如何答疑解惑：

> 夫君子之学，莫先辨志，未有志于根本而不达于枝叶者也，亦未有志于枝叶而能得其根本者也。今之所谓良知之学者，夫亦通其说而已，未尝实致其良知也，名为根本，而实未尝忘于枝叶也。子而果欲实致其良知，非徒通其说而已，则当自其一念灵明者专志而求之，弗惮于非笑，弗眩于多歧，必也忘世情、忘嗜欲，并其词章之念而忘之，而后道可几耳。良知者，天地万物之灵也，子而果能实致其良知，范围曲成，将于是乎赖，而况于文词之艺乎哉？故曰‘通乎昼夜之道而知’，语知至也。昔有求工画者，不在乎吮笔含墨，而在于解衣礴薄以坐之人，惟能忘于画而后画始工耳。今者则何以异于是？世之所谓头巾者，皆泥于良知之

① 龙溪将良知称为“窍”是对阳明良知说的发明。阳明尽管似未明言良知为“灵窍”，实已蕴含此一概念。阳明说过“盖天地万物与人原是一体，其发窍之最精处，是人心一点灵明”（陈荣捷：《王阳明〈传习录〉详注集评》，前揭书，页197），良知“灵明”是天地“发窍”处，自然是一“灵窍”。关于宋明理学中“窍”与“发窍”观念的梳理与诠释，请参陈立胜《身体之为“窍”：宋明儒学中的身体本体论建构》，载其著《“身体”与“诠释”——宋明儒学论集》，台北：台湾大学出版中心，2011年，页43—70。

② 王畿撰，吴震编校整理：《王畿集》卷十三，南京：凤凰出版社，2007年，页352。黄虞稷《千顷堂书目》卷二十三录有《吴世良云坞山人稿十七卷》，疑即此处《云坞山人集》。吴世良，嘉靖十七年（1538）进士，生卒及著述未详。

迹而未得其精、滞而未化者也。先师之集传于人久矣，子试取而读之，果有头巾气否乎？然则子之惑可以解矣。[1]

若想志于圣学之“根本”而又想得文词之“枝叶”，须在“根本”上用功，“实致良知”。创作优美、有卓见的文章，关键不在苦心雕琢文字，而在良知心体上着力。正如想作好画不是苦思力索于局部细节，而要“解衣磅薄”、身心放松，使精神自由自在，作文须用“忘”的工夫，“忘世情”“忘嗜欲”“词章之念而忘之”，摆脱各种束缚，透显创作的自由心。龙溪“忘”的工夫，思想渊源上显然来自庄子。[2] 徐复观先生曾指出，“庄子之所谓道，落实于人生之上，乃是崇高的艺术精神；而他由心斋的功夫所把握的心，实际乃是艺术精神的主体”；[3]庄子“所用的工夫，乃是一个伟大艺术家的修养工夫”[4]，而其中“心斋”与“坐忘”的工夫乃是将精神主体从欲望与知识活动中解放出来，摆脱各种限隔而得以自由，遂产生一种“美的观照”能力——即一种主客两忘而合一的纯粹知觉或直观——而成为艺术创造的主体。[5] 龙溪“忘”的工夫也可如此诠释。通过“忘”的工夫，主体摆脱对创作对象（文章）的分析与执滞，与对象两忘而不分，创作活动遂成为纯粹“知觉的直观活动”，使创造新对象（上等文章）的想象能力充分实现出来。简言之，“忘”的工夫，蕲向的是自由心的呈现和创作的想象力的实现。不过，与庄子“坐忘”工夫微有不同的是，龙溪在阳明心学理脉中“忘”的工夫，不仅是摆脱认识和欲望的纠缠，还要摆脱道德意志的执滞[6]；不仅是“堕肢体”“黜聪明”，在欲望和知识活动上克制，还指向“病根”深处，在念虑之微上用功（“词章之念而忘之”）。

通过“忘”的工夫而呈现自由创作能力的过程，龙溪还称之为“用虚”。在王龙溪思想的研究中，“虚”一般被看作同“无”“寂”“空”含义相近并用来描述心体性状的摹状词，而在作文活动中，“虚”成为提高作文写作能力的工夫：

凡读书在得其精华，不以记诵为工，师其意，不师其辞，乃是作文要

---

① 王畿撰，吴震编校整理：《王畿集》卷十三，南京：凤凰出版社，2007 年，页 352—353。

② 龙溪对庄子有极高的评价：“庄子已见大意，拟诸孔门，庶几开、点之俦”，“告子乃二乘禅定之学，庄子乃上乘之学，但精一未至，未免于狂”（分见《王畿集》，前揭书，页 14、62）。

③ 徐复观：《中国艺术精神》自序，上海：华东师范大学出版社，2001 年，页 2。

④ 徐复观：《中国艺术精神》，上海：华东师范大学出版社，2001 年，页 30。

⑤ 徐复观：《中国艺术精神》，上海：华东师范大学出版社，2001 年，页 42—45。

⑥ 龙溪言：“忘好恶，方能同好恶；忘是非，方能公是非。盖好恶是非，原是本心自然之用，惟作好恶、任是非，始失其本心。所谓忘者，非是无记顽空，率其明觉之自然，随物顺应，一毫无所作，无所任，是谓忘无可忘。”见王畿撰，吴震编校整理：《王畿集》卷一，南京：凤凰出版社，2007 年，页 11—12。

> 法。古人作文，全在用虚，纡徐操纵，开阖变化，皆从虚生。行乎所当行，止乎所不得不止，此是天然节奏，古文时文皆然。[①]

> 尝闻之古文之与时文，其体裁相去若甚远，而其间同异之机，不能以寸。要皆于虚明一窍发之，非明者莫能辨也。故曰："师其意不师其辞，吾有取焉尔。"读者悟夫作者之意，而不失其用虚稽实、纡徐纵闭变化之态，时文犹古文也。[②]

> 古人作文全在用虚。古今好文字，足以有传，未有不从圆明一窍中发者。行乎所当行，止乎所不得不止，一毫意见不得而增减焉。只此是作文之学，只此是学。[③]

综合上述三段话语，作文之"用虚"大致指从"虚明一窍"即良知而发的能创作出语势和缓("纡徐操纵")、结构灵巧("开阖变化")的优美文章的过程。"用虚"何以有如此成就，如何做"用虚"的工夫，在作文工夫的论说中，龙溪没有申言。我们须结合龙溪其他论"虚"的文本，来深入理解和诠释"用虚"的工夫。

龙溪言"虚"自然源于阳明。阳明和龙溪言"虚"，除了用来批判俗学之"虚文"、仙佛之"虚寂"等有"虚"而无实外，尚有其他三方面的涵义。其一，阳明"虚"的积极涵义自参悟"太虚"而来：

> 良知之虚，便是天之太虚。良知之无，便是太虚之无形。日月风雷，山川民物，凡有貌象形色，皆在太虚无形中发用流行，未尝作得天的障碍。圣人只是顺其良知之发用，天地万物，俱在我良知的发用流行中。何尝又有一物超于良知之外，能作得障碍？[④]

良知之"虚"同太虚一样，人情事变往来于胸而无所滞碍，此即是通过"忘"的工夫而获得的洒脱无滞的心理性状。其二，万事万物"出入"于太虚以见大化流行，言"入"则太虚含藏万有，良知之"虚则无不容"[⑤]，"心惟虚，故万象备焉"[⑥]。

---

① 王畿撰，吴震编校整理：《王畿集》卷八，南京：凤凰出版社，2007年，页198。

② 王畿撰，吴震编校整理：《王畿集》卷十三，南京：凤凰出版社，2007年，页346—347。

③ 王畿撰，吴震编校整理：《王畿集》附录二，南京：凤凰出版社，2007年，页707。

④ 陈荣捷：《王阳明〈传习录〉详注集评》，上海：华东师范大学出版社，2009年，页195—196。

⑤ 王守仁撰，吴光等编校：《王阳明全集》(新编本)卷八，杭州：浙江古籍出版社，2011年，页290。

⑥ 王畿撰，吴震编校整理：《王畿集》卷十七，南京：凤凰出版社，2007年，页497。

言“出”则太虚发用无穷，良知之“虚以动而出不穷”[①]。“万象”出入于良知，良知自然顺应，不以私心“好丑简择”[②]。其三，良知之“虚”即寂即感、即感即应，可在具体处境下应对事变，当下做出决断。龙溪尤倡此义，他特别强调“虚”才能“适变”：

> 夫目之能备五色，耳之能备五声，良知之能备万物之变，以其虚也。致虚则自无物欲之间，吾之良知自与万物相为流通，而无所凝滞……学者苟能不泥于旧闻，务实致其良知，去物欲之间，以求复其虚体，其于万物之感，当体具足，虚中而善应，不屑屑于典要，而自不过其则。[③]

> 夫心性虚无，千圣之学脉也。譬之日月之照临，万变纷纭而实虚也，万象呈露而实无也。不虚则无以周流而适变，不无则无以致寂而通感，不虚不无则无以入微而成德业。[④]

> 故吾人今日之病，莫大于意见。着于意，则不能静以贞动；着于见，则不能虚以适变。不虚不静，则不能空。[⑤]

日常生活的实践活动可谓因时、因地而异，千“变”万化。即使同一个人在不同时间做同样的事情，因相关背景和条件发生变化，也要采取不甚相同的举措，也是要“变”。莱布尼茨说“天下没有两片完全相同的树叶”，我们也可以说“天下没有完全相同的两件事情”，一切事情都是“事变”，因而也没有完全相同的应对“事变”的举措。对于熟悉的事情，我们用习得的经验来应对，可突然遭遇一件从未经历过的事情，我们怎么办？

在龙溪看来，良知之“虚静”“虚无”能够应对一切“事变”，当下做出判断、决定和行动。陈立胜先生在考察“宋明儒学中的‘镜喻’”时认为，宋明诸大儒以镜喻心，以镜之明喻心之公、虚、静，“磨镜”便成为实现心体虚明的修身工夫。他借助塞尔(John Searle，1932—　)的“背景”理论进而阐释道，这一“磨镜”的工夫类似技能的学习过程，不是将各种实践规则内化，而是塞尔

---

① 王畿撰，吴震编校整理：《王畿集》卷十七，南京：凤凰出版社，2007 年，页 497。

② 龙溪言：“孔子五十而知天命，能与太虚同体，方能以虚应世，随声所入，不听之以耳，而听之以神，更无好丑简择，故谓之耳顺。”见王畿撰，吴震编校整理：《王畿集》卷一，南京：凤凰出版社，2007 年，页 11。

③ 王畿撰，吴震编校整理：《王畿集》卷二，南京：凤凰出版社，2007 年，页 44—45。

④ 王畿撰，吴震编校整理：《王畿集》卷二，南京：凤凰出版社，2007 年，页 47。

⑤ 王畿撰，吴震编校整理：《王畿集》卷三，南京：凤凰出版社，2007 年，页 56。

所谓“背景能力”的培养过程；修身工夫习得的不是对实践规则的熟练应用，而是整个“背景能力”的提高，修身工夫“由‘生’到‘熟’乃至到‘忘’的过程，实际上就是整个‘背景’能力培养的过程”①。陈先生的观点在龙溪处得到了进一步印证。既然事情总是在变动中，人就不会做出完全相同的应对举措。即便是相似的事情符合相同的道德法则或实践规则，而其实际的处理和操作措施并不全然一致。在龙溪这里，“事变”自然要符合相应的法则，但这些法则不是现成的、事先给定的，而是在“事变”之际本“虚静”之心即感即应、当下决断而体现出来的。与之相应，在龙溪的工夫论说中又屡屡言及“虚以适变，不为典要”，良知“天则自见”②。“不为典要”“不徇典要”的工夫涵义指的不仅是不固执、执滞于某一特定的实践规则，达权通变，而且是本无对现成、既定规则的意向，或者说不是对现成、既定规则的使用。良知“天则自见”“自见天则”“自有天则”指的就不是熟练地遵守或使用规则的自然性，而是在处境中应对能力的自然呈现，而这一应对能力及其实践的过程在客观上被表述为规则或“天则”。

综合“虚”之三义，“虚”的工夫可以看作一“背景”能力或实践能力的培养过程。就作文工夫而言，“用虚”之工夫所培养的能力，可包涵理解与记忆能力的提高（“虚则无不容”）、由“不为物碍”而透显创作的“纯粹直观”能力，言辞及文章格式的创造性想象力（“纡徐操纵，开阖变化”）等方面。当然，此区分仅为丰富对实践能力的理解。在实际事务活动中，它们是一体而具现的。

由对“忘”与“用虚”工夫的分析来看，两者所指究其实是同一个工夫，都指向实践能力之培养，分别在于前者是消极的说，后者是积极的说。修身工夫所培养的实践能力是一综合的能力，包括判断、决定、行动等方面，在道德实践中体现为道德行为的达成，在作文等其他生存活动中，可使其更高效地完成。而且，作文之过程也是修炼心性、锻炼人格品质的过程。

### （三）阳明学视域中的荆川文论

龙溪的作文工夫论已如上述，至于他本此工夫而作的文章水准如何，则

---

① 参陈立胜《宋明儒学中的“镜喻”》，见其著《“身体”与“诠释”——宋明儒学论集》，台北：台湾大学出版中心，2011年，页111—145。塞尔对“背景能力”的阐述，可参约翰·R·塞尔著、李步楼译：《社会实在的建构》第六章，上海：上海世纪出版集团，2008年。

② 除了文中所引，龙溪还经常说“致知之功，存乎一念之微，虚以适变，不为典要，寂以通感，不涉思为，以渐而进，优游以俟其化，非可以躐等而求”；“虚以适变，不狗典要，寂以通感，不涉思为，恒寂恒惺，千圣学脉也”；“良知是天然之灵窍，时时从天机运转，变化云为，自见天则”；“敛而不拘，裕而不肆，神感神应，天则自见”；“致良知功夫不出伦物感应，自有天则”等等（分别见《王畿集》页500、503、79、281、326）。

有待精于明代文章之学的专家来评价。[①] 本节的另一个任务是要说明理学家特别是王龙溪的作文工夫论与唐宋派代表人物唐荆川诗文创作思想的内在关系。就笔者目力所及，中文学界晚近关于唐荆川文学思想的研究已较为全面和深入，而且也明显注意到理学特别是阳明学与荆川文论之渊源，可惜未从阳明学的角度理清两者间的内在理路。[②] 笔者以下便尝试之。实际上，唐荆川作为阳明后学之一员，其文学思想是理学特别是阳明学作文论的开展和体现是其中之一环。并且，在阳明学作文论之理脉的参照下，荆川文论才能获得更深入和切实的理解。

简要言之，荆川诗文创作思想主要由“洗涤心源”“直写胸臆”“本色文章”三个观念或命题及“神明变化”之法或“法寓于无法之中”的文章法度论构成，并且，此三个观念或命题与理学家的作文论是相一致的。唐荆川最著名的文学思想是“本色”论，其最系统的论说见之于《答茅鹿门知县》一书：

> 只就文章家论之，虽其绳墨布置，奇正转折，自有专门师法。至于中一段精神命脉骨髓，则非洗涤心源，独立物表，具今古只眼者，不足以与此。今有两人，其一人心地超然，所谓具千古只眼人也，即使未尝操纸笔呻吟学为文章，但直据胸臆，信手写出如写家书。虽或疏卤，然绝无烟火酸馅习气，便是宇宙间一样绝好文字。其一人犹然尘中人也，虽其专学为

---

① 阳明文章便常为后人所称道，如唐宋派另一代表人物茅坤(字顺甫，号鹿门，1512—1601)说：“八大家而下，予于本朝独爱王文成公论学诸书，及记学记尊经阁等文，程、朱所欲为而不能者。江西辞爵及抚田州等疏，唐陆宣公、宋李忠定公所不逮也。即如浰头、桶冈军功等疏，条次兵情如指诸掌，况其设伏出奇、后先本末，多合兵法，人特以其稍属矜功而往往口訾之耳。嗟乎！公固百世殊绝人物，区区文章之工与否，所不暇论。予特附揭于此，以见我本朝一代之人豪，而后世之品文者，当自有定议云”。见茅坤撰，张大芝、张梦新点校：《茅坤集》卷三十一，杭州：浙江古籍出版社，1993 年，页 834。值得指出的是，茅鹿门亦从“精神”与识见而非章法形式来观阳明之文。

② 在诸多研究唐荆川文学思想的专著和论文中，西北大学杨遇青据其同名博士论文修订而成的《明嘉靖时期诗文思想研究》一书中关于荆川文学思想核心观念的梳理有文献编年的切实依据与较细致清晰的分析，是笔者所见的较好的研究成果。他把荆川诗文创作思想概括为“摆脱依傍而独标心法，重视‘真精神的流露’”“文本心源的本色论”“‘法在无法之中’的天机——法度论”三个方面，特别后两者是在阳明心学的直接影响下而产生的，此恰好与文中所论本修身工夫以作文与“用虚”的作文工夫相呼应，也可验证其文学思想的儒家性格。他明确提到荆川诗文思想受白沙、魏庄渠，尤其龙溪思想的影响，“唐顺之的心源论是与王畿商榷过程中形成的文学思想”，“唐顺之‘心源’说显然从王畿‘虚明一窍’的思想中受到重要启示，从而，剖破藩篱，摆脱一切形式的束缚，把文学思想的基础彻底放置于心源之上，建立起以真精神和千古不可磨灭之见为内容、以本色书写为写作特征的文学范式”，惜乎其未进而探讨两者内在义理脉络之关联。详参其著《明嘉靖时期诗文思想研究》第三章第二节，西安：三秦出版社，2011 年。

文章，其于所谓绳墨布置，则尽是矣。然番来覆去，不过是这几句婆子舌头语。索其所谓真精神与千古不可磨灭之见，绝无有也。则文虽工而不免为下格，此文章本色也。[①]

荆川对比了两种作文之法。其一，俗世中学为文章者，刻意求工，“绳墨布置”，但是文章内容老套，“番来覆去，不过是这几句婆子舌头语”。而第二种人“洗涤心源”[②]，在自家身心上做修身工夫，而“具千古只眼”，即此而“直写胸臆”[③]，便能写出有卓绝之“真精神与千古不可磨灭之见”的“本色文字”。

显而易见，在荆川看来，文章水平之优劣在于其中表现的精神风貌与识见。一方面，好文章有“真精神与千古不可磨灭之见”，此来自“心地”之超然，得之于“洗涤心源”的修身工夫，因而荆川又说“文字工拙在心源”[④]。另一方面，作文之法，是将“心源”之见“直据胸臆，信手写出”，把自家之真心实意如实表达出来，“盖文章稍不自胸中流出，虽若不用别人一字一句，只是别人字句。差处只是别人的差，是处只是别人的是也。若皆自胸中流出，则炉锤在我，金铁尽镕，虽用他人字句亦是自己字句，如《四书》中引《书》引《诗》之类是也”[⑤]。文章价值之关键既在于由修身而得的精神风貌与识见，又在于所表达内容的真实性与自然性，而不在字句之雕琢和趋新，此两点恰对应于上文所论本修身工夫以作文和“立己之诚意”“道其心中之实”的作文原则，因而表明了荆川文学思想的儒学性格，其诗文创作思想是儒学特别是阳明心学内在之一环。微有不同的是，荆川还以文人眼光观之，“直写胸臆”不仅是修身工夫之要求，也是作者自家所得精神与识见之流露，是文章价值之所在，即“文章本色”也。

在上面引文中，荆川认为，“心地超然”之人不按照文法，“直据胸臆”“信

① 唐顺之：《重刊荆川先生文集》卷七《答茅鹿门知县》二，四部丛刊初编本，明万历元年(1573)纯白斋刻本。

② “心源”一词大概源于佛教，指人之心性或本心。“洗涤心源”之语，龙溪也有使用，与前文所引“打叠心地洁净”相差无几，俱指在自家身心上做工夫，使本心朗现之义，是阳明心学之工夫语。

③ 荆川曰：“近来觉得诗文一事，只是直写胸臆，如谚语所谓‘开口见喉咙’者。使后人读之，如真见其面目，瑜瑕俱不容掩，所谓本色，此为上乘文字。扬子云闪缩谲怪，欲说不说，不说又说。此最下者，其心术亦略可知。”见唐顺之《重刊荆川先生文集》卷七《与洪方洲书》二，四部丛刊初编本，明万历元年(1573)纯白斋刻本。

④ 语出唐顺之《重刊荆川先生文集》卷七《与洪方洲书》一，四部丛刊初编本，明万历元年(1573)纯白斋刻本。

⑤ 同上注。

手写出”的文章远远高于“专学为文章”之人，刻意“绳墨布置”而写出的文章。但这并不意味着荆川轻视作文方法。相反，他作为文学家极为重视写作的技法。在《董中峰文集序》一文中，荆川集中表达了他的文法思想：

> 汉以前之文，未尝无法而未尝有法，法寓于无法之中，故其为法也，密而不可窥。唐与近代之文，不能无法而能毫厘不失乎法，以有法为法，故其为法也，严而不可犯。密则疑于无所谓法，严则疑于有法而可窥。然而文之必有法，出乎自然而不可易者，则不容异也。且夫不能有法，而何以议于无法？①

荆川区分了两种作文之法：汉以前“六经”、诸子之文，“法寓于无法之中”，技法是无意而成；唐宋诸文章大家之文，“以有法为法”，技法经由刻意地学习和运用。他最终落脚在“文之必有法”，秦汉、唐宋之文均无例外。荆川于嘉靖三十五年（1556）纂成《文编》，备载秦汉、唐宋历代美文。通过批点，他由文章创作深入方法论的反思层面，提出一些具体的作文方法。② 与此同时，他对作文方法的反思论述则与心学联系起来。荆川认为文章的“本色”是作者主体精神的写照，而作文之法也是主体的一种能力。他在《文编》序言中写道：“然则不能无文，而文不能无法。是编者，文之工匠而法之至也。圣人以神明而达之于文，文士研精于文以窥神明之奥。其窥之也，有偏、有全、有小、有大、有驳、有醇，而皆有得也，而神明未尝不在焉。所谓法者，神明之变化也。”③在荆川，“神明”是心体或“天机”的同义词。文章经纬错综之法实质上是吾心变化的轨迹，这样，文章的内容（不可磨灭之见）与形式都根源于吾心，与吾心的修养密切相关。尽管与文章之本色需要“洗涤心源”来提升相比，作文技法或可通过熟读历代范文积累，不过，在荆川看来，技法精妙之处也来自吾心之修养：

> 千古作家别自有正法眼藏在。盖其首尾节奏，天然之度自不可差，而得意于笔墨溪径之外，则惟神解者而后可以语此。近时文人说秦、说汉、说班、说马，多是廳语耳。庄定山之论文曰：“得乎心，应乎手，若轮

---

① 唐顺之：《董中峰文集序》，见《重刊荆川先生文集》卷十，四部丛刊初编本，明万历元年（1573）纯白斋刻本。

② 参孙彦：《从〈文编〉看唐顺之的“文法”说》，载《南京师范大学文学院学报》，2013年12月。

③ 唐顺之：《文编序》，见《重刊荆川先生文集》卷十，四部丛刊初编本，明万历元年（1573）纯白斋刻本。

扁之斲轮，不疾不徐；若伯乐之相马，非牡非牝”，庶足以形容其妙乎。顾自以精神短少，不欲更弊之于此，故不能穷其妙也。①

文章“天然之度”得之于“笔墨溪径之外”，“得乎心，应乎手，若轮扁之斲轮”，让我们想到上文龙溪所谓“求工画者，不在乎吮笔含墨”以及《庄子》的相关论说。相比而言，荆川此处对“不可言说”之法的阐述没有龙溪充分，但从文意来看，荆川和龙溪思想当无二致，也把作文精妙之法看作是主体的一种直观能力，非言语所能述。

显而易见，荆川的本色论、文法论与龙溪等心学学者的作文观有深厚的关联。另一方面，王龙溪也经常以“本色”论学，常常谈及“本色文字”“本色精神”等等。但我们不能因而断言荆川“本色”论源于王龙溪。荆川心性之学多受教于龙溪，此是确凿之事，但未有确切文献证明荆川“文章本色”、神明之法等思想受龙溪启发。荆川词章之学对龙溪有所影响也未可知。或许可以说，“文章本色”论、“忘”及“用虚”的作文工夫是龙溪和荆川浸润在阳明学的氛围中共同讲学、论学而共有、共享的知识信念。② 因此，荆川的文学思想须在宋明理学文章论的参照下，才能观其源流谱系。

最后，笔者尝试对龙溪的蕴含“本色精神”的“本色文字”和荆川的“文章本色”做简单阐释。荆川“文章本色”的核心内涵是“真精神与千古不可磨灭之见”，与龙溪的“本色精神”基本一致。尽管两人未就相应的观念进行专题解说，我们还是可以依据两人思想的理脉以及其他关于“本色”的使用做一些阐释。就笔者目前之见，龙溪和荆川所言之“本色文字”或“文章本色”是指优秀卓越的文章，此文章优秀卓越之处主要包涵文章“本色”之“本”，及“本色”之“色”两个方面。顺便指出，“本色”一词可上溯到两晋时期，大概源自佛教所译经。阳明亦时或语及“本色”而有“良知的本色”之说。在阳明学的语脉中，“本色”与“本来面目”庶几同义。荆川提出“文章本色”或由阳明、龙溪而转手，而亦与白沙“色色信他本来”有关。荆川亦钦慕白沙之学，他曾言“白沙先生‘色色信他本来’一语，最是形容天机好处”③。龙溪与荆川的通信中时常出现“本色”“本色作用”等观念，由此可见，“本色”是两人通用的论

① 唐顺之：《与两湖书》，见《重刊荆川先生文集》卷五，四部丛刊初编本，明万历元年（1573）纯白斋刻本。

② 龙溪与荆川的通信中时常出现“本色”“本色作用”等观念，由此可见，“本色”是两人通用的论学语。而龙溪七十岁左右所作《天心题壁》中的“本色文字”“本色精神”，以“本色”论文章，或是受到荆川的影响。

③ 唐顺之：《重刊荆川先生文集》卷六《与聂双江司马》，四部丛刊初编本，明万历元年（1573）纯白斋刻本。

学语，而龙溪七十岁左右所作《天心题壁》中的“本色文字”“本色精神”，以“本色”论文章，或是受到荆川的影响。

综观龙溪和荆川的相关言述，“本色”之“本”主要有四方面的涵义：第一，在阳明学的语脉中，“本色”首先指良知心体的本然性状或“本来面目”，此“本色”之“本”可看作超越论或先验论意义上的超越依据和完满性。第二，“本色”文章是“涵养畜聚”而得，非如“盖头窃尾如贫人借富人之衣，庄农作大贾之饰”[①]，是经由工夫涵养而得的真实见解，非是“假借”而为，“本色”同时是一种“本真”。第三，“本色”文章之创作非“捆缚龌龊，满卷累牍”、拟议安排，而是“信手写出”[②]，注重文章创作的自然平淡而非刻意求工，也可看做是文章创作方式的“本真”。第四，在荆川文论中，“本色”还特别指作者自得的一种独特而深刻之创见，“儒家者有儒家本色，至如老庄家，有老庄本色。纵横家，有纵横本色。名家、墨家、阴阳家，皆有本色。虽其为术也驳，而莫不皆有一段千古不可磨灭之见”[③]，“本色”因而也是“特色”。总之，“本色”文章之“本”指文章内容及创作的本然、完满、真实、自然、独特等特征。

至于“本色”文章之“色”，指文章透发的“真精神与千古不可磨灭之见”。何谓文章的“精神”？笔者拟以康德(Immanuel Kant，1724—1804)之见简单阐释之。康德在《判断力批判》中提出，艺术作品的“精神”(Geist)“在审美的意义上，指内心的鼓舞生动(belebende)的原则”。此原则一方面指创作者运用想象力构想某些审美理念并在艺术作品中表现出来的能力，此审美理念的表象因超出经验之限界而没有确定的概念适用其上，这表明创作者的想象力是创造性的。另一方面指鉴赏者在鉴赏艺术作品过程中想象力受到激发，联想到比作品的经验表象(比如，绘画作品的直观表象、文学作品的语言表达)更为丰富的表象；此联想到的表象超出了原审美理念可能蕴含的表象内容，因而没有一个确定的概念来指称它们，并且联想到的表象唤起的情感“鼓动着认识能力，并使单纯作为字面的语言包含着精神”[④]。简要言之，艺术作品之“精神”在于其体现了创造性的审美理念、创造的想象力、活跃的认识能力并唤起鉴赏者的充沛的情感。

康德对艺术作品之“精神”意涵的揭示是就所有艺术作品而言，仅是形

---

① 唐顺之：《重刊荆川先生文集》卷七《答茅鹿门知县》二，四部丛刊初编本，明万历元年(1573)纯白斋刻本。

② 同上注。

③ 同上注。

④ 参康德著、邓晓芒译、杨祖陶校：《判断力批判》，北京：人民出版社，2002年，页157—162。

式的解说,未涉及艺术作品蕴含的具体的审美理念内容。从理学家的观点来看,文章之“精神”是作者人格修养之反映,因而文章具有的“精神”多指人格性的或与人格有关的理念(或观念)(“温柔敦厚”“淳淳”),文章之“精神”也随即成为作者独特之人格特征的反映。此外,在荆川看来,本色文章还在于蕴含作者的“千古不可磨灭之见”;本色文章除了反映作者之独特人格外,还包涵作者独特之识见或深刻的洞察力。结合康德之见,荆川所言具有“真精神与千古不可磨灭之见”的本色文章,其“真精神”与“千古不可磨灭之见”意指的内容似乎包涵文章蕴含的创造性观念(“千古不可磨灭之见”),文章反映的作者独特人格,文章体现的作者之创造的想象力,以及读者在阅读时产生的丰富的想象、活跃的认识和充沛的情感等方面。本色文章的“真精神”与识见不仅是作者的,更是在阅读时读者心中产生的。

把龙溪和荆川思想中的“本色”分解为“本”与“色”,仅是出于分析此概念详细意涵的方便,两者结合起来才能恰当且深入地理解荆川和龙溪文章“本色”的意指。简而言之,在荆川和龙溪的思想中,文章的“本色”指作者之创作是自家真实、独到见解甚至心性品质或人格素养的自然展现,而此深刻之识见和心性品质是经由修身工夫而得。而且,读者在阅读此本色文章时,既可以唤起或活跃自己认识、想象、感受能力,也能在人格上有所感化。

理学家对词章总是贬低和鄙弃可能是我们的一般印象,而从本节来看,理学家蕴有一套内在的文章评判与写作的义理及办法。理学家普遍认为,评价文章,重点不在形式技巧上,而在文章发见出的作者的人格精神及识见,要从文章中观“圣贤气象”。修身工夫,非但不是词章写作的束缚和障碍,还能提升文章之“精神”,提高文章写作的能力。徐复观先生在评论韩愈“文以载道”时亦云:“由修养而道德内在化,内在化为作者之心。‘心’与‘道德’是一体,则由道德而来的仁心与勇气,加深扩大了感发的对象与动机,能见人之所不能见,感人之所不能感,言人之所不敢言,这便只有提高、开拓文学作品的素质与疆域,有何束缚可言?”①不过,宋明儒家的修身工夫不单是狭隘意义上的人格修养,而且也是实践能力的培养。就文章写作而言,修身工夫不单提高作者的精神教养,而且也提高其创作的技巧、能力和识见。

① 徐复观:《中国文学精神》,上海:上海世纪出版集团,2006年,页19。

## 三 用兵

明代士人谈兵甚至亲自带兵是一个颇为流行的现象。① 这一方面由于长期困扰明代的北部边防、东南倭寇、内部盗寇等诸多国防问题，也与明代政府常以文人督抚军务、限制武将兵权的制度安排有关。特殊的时代因素激发了明代士人的兵学思考。作为明代学术传布最广的阳明学，在此方面表现突出。除了军功显赫的王阳明，阳明后学中不乏重视军事的学者。王阳明及其后学作为儒家学者不再如先儒一样，对兵学否定而摒弃，而是有限乃至积极地肯定与吸纳。值得注意的是，在明代的兵学思潮中，阳明学人之兵学不是技术性或功利性之趋向，他们以儒家思想为底色，对用兵的目的、方式及具体施行赋予人文价值，在儒学精神与伦理的层面上贞定兵学之意义。时贤对王阳明本人的用兵之术已多有考述②，然阳明后学的兵学论述罕有提及，而且阳明学人的兵学实践与心学（儒学）的密切关系并未得到充分的探讨。从阳明学的整体看，他们卓越的军事功勋以及丰富的兵学思考蕴涵着一种论域广泛、观点鲜明的儒家式兵学的向度。本节尝试从阳明及其后学对兵学的态度、儒学与兵学之结合、用兵工夫三个方面概览阳明学人独特的兵学思想，揭示其兵学实践与思考中自觉的儒学意识。

### （一）从"用兵是不得已"到"文武合一"

儒家自来反对兵战。卫灵公尝问兵事于孔子，孔子答之以"军旅之事，未之学也"（《论语·卫灵公》）。孟子之世，列国之间"争地以战，杀人盈野；争城以战，杀人盈城"，孟子指斥"此所谓率土地而食人肉，罪不容于死。故善战者服上刑，连诸侯者次之，辟草莱、任土地者次之"（《孟子·离娄上》）。及至宋代，张横渠年少谈兵，被范文正（名仲淹，989—1052）责之以"儒者自有名教，何事于兵"并劝读《中庸》，遂成一代理学大儒。③ 二程亦言："兵也者，古人必不得已而后用。"④

---

① 赵园：《谈兵——关于明清之际一种文化现象的分析》（上、下），《黄河科技大学学报》2002年3月，第4卷第1期；2002年6月第4卷第2期。

② 张祥浩：《王守仁评传》，南京：南京大学出版社，1997年，页206—254；钱明：《王阳明的兵学术及武备策》，《浙江学刊》2019年第1期。

③ 张载著，章锡琛点校：《张载集》，北京：中华书局，页381。

④ 程颢、程颐撰，王孝鱼点校：《二程集》，北京：中华书局，2004年，页51。

王阳明受命平定地方动乱，难免毁伤生灵，累及无辜。阳明坦言："兵凶战危，圣人不得已而用之者也。"[①]他亲自督战，更能切身感受战争之危害："古者不得已而后用兵，先王不忍一夫不获其所，况忍群驱无辜之赤子而填之于沟壑？且兵之为患，非独锋镝死伤之酷而已也。所过之地，皆为荆棘；所住之处，遂成涂炭。民之毒苦，伤心惨目，可尽言乎"?[②] 此非阳明之煽情，他在平定南赣汀漳之贼寇时多以告谕劝降，后期征讨广西思恩、田州叛乱时通过解甲休养而安抚思田土官。此外，阳明认为争斗频发乃由于教化不明，民风未善，所以他在地方安定之后广兴社学，转化一方风俗。[③] 诸此均显明阳明之事功不是唯有仰赖武力，而是贯穿着儒家仁政之关怀。

南中王门唐荆川以带兵讨伐东南倭寇而知名。他亦言用兵杀敌之不得已是为保全更多人的生命："生者，阳道；杀者，阴道。天生、天杀，虽云并用，而上帝好生，不得已而杀之……上古有罪者，一人不杀，则千万人不能生，故杀人所以生人也。"[④]在兵战中，仁民爱物仍是第一义的。对于兵事征伐，阳明学人以"全生"为尚。王阳明非常推崇《孙子兵法》中"不战而屈人之兵"的仁道精神，他对此评论道："孙子作《兵法》，首曰'未战'，次曰'拙速'，此曰'不战，屈人兵'。直欲以'全国'、'全军'、'全旅'、'全卒'、'全伍'。'全'之一字，争胜于天下。"[⑤]阳明弟子季彭山发挥阳明之意说："兵，凶器；战，危事。圣人不得已而用之，虽用之，必计万全焉。岂可因贪忿兴兵，而以所不爱及其所爱哉！争地以战，杀人盈野，争城以战，杀人盈城。虽百战百胜，犹服上刑，而况未必尽胜乎！圣人所以慎战，为计万全耳。然临敌而始慎之，则晚矣，亦其所不得已也。是以君子之息争也，不在于微辞请罪之日，而在于修好睦邻之初。"[⑥]"必计万全"不仅仅是尽可能保全我方兵卒之生命，而且使战争损伤最小，尽可能减少敌我双方之伤亡。

阳明和孟子一样认为，要使战争立于不败之地，根本是施行仁政。梁惠

---

① 王守仁撰，吴光等编校：《王阳明全集》(新编本)卷三十九，《武经七书评》，杭州：浙江古籍出版社，2011 年，页 1563。

② 王守仁撰，吴光等编校：《王阳明全集》(新编本)卷二十五，《祭永顺宝靖土兵文》，杭州：浙江古籍出版社，2011 年，页 1011。

③ 《阳明先生年谱》对此有多处记载，见王守仁撰，吴光等编校：《王阳明全集》(新编本)，杭州：浙江古籍出版社，2011 年，页 1251、1258、1326 等。

④ 唐顺之：《荆川先生文集》卷十四，《祭六纛司旗牌司刀之神文》，四部丛刊初编本，明万历元年(1573)纯白斋刻本。

⑤ 王守仁撰，吴光等编校：《王阳明全集》(新编本)卷三十九，《武经七书评》，杭州：浙江古籍出版社，2011 年，页 1563。

⑥ 季本：《说理会编》卷八，《续修四库全书》第 938 册，上海：上海古籍出版社，2001 年，页 650 下。

王曾向孟子请教在战国诸侯争霸时如何取胜，孟子的回答是："王如施仁政于民，省刑罚，薄税敛，深耕易耨，壮者以暇日修其孝悌忠信，入以事其父兄，出以事其长上，可使制梃以挞秦、楚之坚甲利兵矣。"（《孟子·梁惠王上》）当弟子邹东廓问老师兵法时，阳明的回答如出一辙：

> 益尝问兵法于先师，先师笑曰："何必孙吴，圣门自有节度矣。省刑薄敛，深耕易耨，孝弟忠信，爱亲死长，则坚甲利兵，可持梃而挞，彼民之爱我也如父母，而视寇夷也若仇雠，则狙诈咸作使，而奚宁谧之弗济！"[1]

用兵的根本在于"文治"而非"武功"。尚武只能助长暴力，以暴易暴，没有穷尽。而仁政养民才是解决争斗的长久之道，这既可以止息战争侵伐之戾气，又能够获得民心，巩固国本，为不得已之战争提供坚实的民力基础。究极而言，阳明和传统儒家一样，对用兵或兵事总体上持消极之态度。对他们来说，用兵是面对动乱及侵犯的一种被动的不得已的权宜方式，不值得提倡与重视。所以，当弟子频频请教兵法时，阳明常转向其他更根本的层面。但是，随着明代南倭北虏边防形势的愈加严峻，阳明后学愈发提高兵事的重要性。

唐荆川除亲自指挥并参与抗击倭寇的战争外，还编纂过一部《武编》，此书汇集历代用兵之指要，分将士、行阵、火药等151门，内容十分详备。在编纂的另一部《历代史纂左编》中，他在"名臣"之外单列"将"之一目，作为国家治理之不可或缺者。好友王龙溪在此书序言中发挥荆川重视兵将之意：

> 自问阵之对出于孔子，学者遂分俎豆、军旅为二事。不知此特有为而言耳。观夫文事武备之请，岂真未尝学者耶？圣人之学不传，儒者徒以雍容肆习、盘辟委蛇为文。而抱桴鼓、挥长戈专为武夫之所守，儒者益摈而不讲。不知雍容、盘辟非所以议俎豆，而抱鼓挥戈亦非所以尽军旅之事也，两失之矣。[2]

依龙溪之意，儒学最初完备的礼、乐、射、御、书、数之"六艺"，被后世割裂为文武二途，以礼乐为儒者之文，射御鼓戈为武夫所守，两者不相往来，遂失儒

① 邹守益撰、董平编校整理：《邹守益集》卷四《赠司马谈公自虔台陟两广序》，南京：凤凰出版社，2007年，页160。

② 刘荣茂：《王龙溪〈历代史纂左编凡例并引〉佚文》，《鹅湖月刊》2016年5月，页53。

学文武皆备之原旨。唐荆川和王龙溪以儒学融摄兵学的努力不是孤鸣之音。黄梨洲在《明夷待访录》中分三篇详细剖析了明代乃至历代兵制之得失。梨洲指出，明代军力疲弱的一个原因是文武分途，文臣专任计饷节制，武将只能操兵。表面上看此可犬牙相制，实则导致明代武人拥兵自重、朝中缺乏忠义勇略之将的败局。梨洲认为文武分途的制度也致使儒学重文轻武之弊病：

> 自儒生久不为将，其视用兵也，一以为尚力之事，当属之豪健之流；一以为阴谋之事，当属之倾危之士。夫称戈比干立矛者，士卒之事而非将帅之事也，即一人以力闻，十人而胜之矣。兵兴以来，田野市井之间膂力稍过人者，当事即以奇士待之，究竟不当一卒之用。万历以来之将，掩败饰功，所以欺其君父者何所不至，亦可谓之倾危矣……使文武合为一途，为儒生者知兵书战策非我分外，习之而知其无过高之论，为武夫者知亲上爱民为用武之本，不以粗暴为能，是则皆不可叛之人也。①

梨洲的文武合一，一方面是要儒者谙习兵书战策，另一方面则培养武人的人文情怀，融化杀伐之气，使两者相互补充，增强国力。晚明阳明学人的重武风尚随着清朝的建立而趋于衰竭，但在清末民初国家遭受内忧外患时获得强烈的回响。不论是康有为、梁启超的维新派，还是章太炎等人的革命党，王阳明俱被推崇为强立尚武之典范。阳明之武功、阳明学之勇猛无畏精神在近代军国民主义思潮的背景下再次被激发起来。② 从晚明重武的历史看，阳明学在近代的“登场”，除了由于日本明治维新的外在刺激，也离不开历史的内在因缘。

### （二）儒门兵将

相较于近代推崇王阳明时仅仅崇尚武功、事功，阳明学人是以儒学的视角看待兵学，自觉地以儒学融摄兵学。王阳明及其诸多后学都认为儒学与用兵存在相通之处。王龙溪对兵学有一个大胆的判断：“《孙子》十三篇，兵家之《六经》也。其言必原诸天，而曰：‘将之道，智、信、仁、勇、严’。斯五者，是即吾儒之德行也。‘治心’、‘治气’，即吾儒‘养心’、‘养气’之旨也。‘无智

① 黄宗羲著，吴光主编：《黄宗羲全集》，杭州：浙江古籍出版社，2012 年，页 35。

② 陈立胜：《阳明学登场的几个历史时刻——当“王阳明”遭遇“现代性”》，《社会科学战线》2018 年第 7 期。

名、无勇功’，即吾儒‘忘己’之实也。‘其君信吾说则从、不信吾说则去’，即吾儒进退之节也。审若是，将之为将，是即吾儒之俎豆也，顾可专以军旅之事少之乎？”[①]龙溪认为，《孙子兵法》所言将之德性、修为以及立身等为将之道与儒学观念十分接近，所以儒家不能因为兵学涉及杀伐而排斥之，同时儒家之道也有助于兵学的研习。事实上，阳明及有兵事经历的后学多以儒学修身作为将领之素养。

钱绪山曾问乃师用兵之术，阳明答曰：“用兵何术，但学问纯笃，养得此心不动，乃术尔。凡人智能相去不甚远，胜负之决不待卜诸临阵，只在此心动与不动之间。昔与宁王逆战于湖上时，南风转急，面命某某为火攻之具。是时前军正挫却，某某对立矍视，三四申告，耳如弗闻。此辈皆有大名于时者，平时智术岂有不足，临事忙失若此，智术将安所施？”[②]“不动心”不仅是儒家修身之目标，在此也成为兵将临阵不惧的必备素质。

阳明再传弟子王敬所（名宗沐，1523—1591）曾担任江西右布政使、右佥都御史，平定江西动乱，巡视宣府、大同，身履兵事的他亦自觉以儒统摄兵学。王敬所特别撰写《儒将》一文，从儒学立场申发用兵之道。他提出七种成为将帅的品质：“将者，兵之柁也，柁运则舟从；心者，将之机也，机从则柁应。坐作击刺与夫旗鼓进退有法可循者，姑置弗道也。而由主将者之心，其必不可已者，盖有七焉。凡当机欲圆，赴机欲迅，应卒欲闲，持议欲定，秉气欲壮，怀忠欲烈，虑势欲远……凡此七者，得二焉可以将，得半焉无不胜，全则无敌于天下。自非久于学以明其心，完其养，以定其气，其奚以及此！”[③]此七种为将之品质适用于兵刃相交的战场上，而它们需要通过一般的明心、完养、定气之修养工夫而获得。

季彭山弟子徐文长（名渭，1521—1593）与王敬所的观点十分契合。徐文长曾作为胡梅林（名宗宪，1512—1565）的幕僚参与后者指挥的东南抗倭战争，这段经历促进了他对兵学的思考。徐氏专辟一长文辩说将帅修养的重要性。他认为将之修养不在“气之鼓”“心之敢与决”，而在“治气”与“治心”。治气、治心以孟子的“浩然之气”与“不动心”为目标：“古之将多矣，无不治其气与心，而其治气与心，无不养之于闲，而始责期于猝，炼之于缓，而始求其效于临时……孟子儒于将，能将而未尝将者也，其欲跻齐宣而王之

① 刘荣茂：《王龙溪〈历代史纂左编凡例并引〉佚文》，《鹅湖月刊》2016年5月，页53。

② 王守仁撰，吴光等编校整理：《王阳明全集》（新编本）卷三十八，杭州：浙江古籍出版社，2011年，页1498。

③ 王宗沐：《儒将》，《敬所王先生文集》卷十五，《四库全书存目丛书》集部第111册，页349上—350下。

也，犹反手，此非将之效，而何效乎？至于尽授其诀于公孙丑，则特有‘善养气’与‘不动心’二三言耳。孰谓养气者非将之治气，而所以致其心之不动焉者，非将之治心耶……彼孟子者方且孺其服，士其冠，缓其带，安其履，委委蛇蛇，进而与齐梁之君谈道而论德，退而与其徒学孔而希周。明而以对于人，幽而以谨于独，辨事之非义，而决不敢妄于一行，辨人之非辜，而决不敢妄于一杀。其致密于一尘一芥之微者既如此，而其昼夜之所从事，乃在于‘助’与‘忘’，‘帅’与‘充’，‘至’与‘次’，‘蹶’与‘趋’、‘得于言’与‘不得于言’，‘揠苗’与‘不耘苗’者也，而非有他也。研其几于有无之间，而致其谨于鬼神所不得窥之际，视其气息之柔，若属纩而欲绝，而心之澄且烛也，若渊之未澜而旭之始登，以至于枉直辨，义利明，则大者塞于天地，然后机之敏而断也若舍括。而胆之所向而所决也，虽百贲育于吾前而无所用其勇也，然后敢开口而决之曰，齐可王，而王可反手也。盖为将者之气与心，必至此而后可以言治，而治气与心，必如此而后可以尽将之道而无遗。噫，此诚未易以言也。古之言将者，儒与将一也，儒与将一，故治气与治心一也。”①徐氏以为，孟子“儒于将”“能将”，只是没有成为将帅的机会。这个论断可能有争议，但是他认为孟子在进退出处之中涵养的浩然之气和不动心与将帅之气与心并无二致，这一观点却意蕴深厚。徐文长和王龙溪、黄梨洲的看法总体一致，文武应当合一，将帅当以儒学为底色。不过，徐氏的儒将说不仅要求用兵行为以儒学仁道精神为价值导向，而且在他看来，儒学修身工夫，特别是孟子的养气与不动心绝不单是一种道德修养，而且是一条通向将帅勇敢刚毅之心性品质的实践路径。儒学从来就是文武合一的，它的修身之学原本就具有很强的实践效力。

阳明学人主张儒学与兵学之相通，除了儒将合一之论，还认为儒学有助于兵法谋略。季彭山指出，兵法要以仁义为指导，“兵法以仁为主而以严行之。非仁则人心离，非严则人心玩，皆取败之道也。严与仁，礼乐之别名也。而谓行兵者，不本于中和之德可乎”②！仁义礼乐亦是带兵备战的行事原则。徐文长的说法与之相似：“盖天下之事无一不成于道，败于不道，而道莫要于孝弟。议者不察乎此，而谓兵之家尚诡与毅，于是率卤莽于家庭，而侥幸于阃毂，一涉孝弟事，则见以为迂阔钝迟，徒老生耳，一切置不讲。而不知赵括长平之败，乃由不善用其父书，而伯禽卒成淮徐之功，则以其敦信义习礼让，

① 徐渭：《徐渭集》，北京：中华书局，1983 年，页 892—893。徐氏此文甚长，笔者择要引述。

② 季本：《说理会编》卷八，《续修四库全书》第 938 册，上海：上海古籍出版社，2001 年，页 649 上。

推本所致，乃自木叶俯仰中积累而然……今夫兵犹博也，孝弟者其资也，胜而成功其采也，资高则气安而必胜，资寡则气不安而必不胜。”[①]徐氏步其师后尘，也认为孝悌仁义是用兵取胜的关键，兵法兵计离不开儒学伦理。

并不是所有用兵之道都与儒家伦理相符。兵法中的诡道计谋常遭到儒家批评。荀子曾专门批评过战国兵家以变诈袭击对方的谋略：“仁人之兵，不可诈也；彼可诈者，怠慢者也，路亶者也。”（《荀子·议兵》）荀子认为用兵攻占之本在于士民归附，而用变诈则会使君臣离德、敌方丧失归附信心。随着战争愈加复杂，后儒对计谋诡道也有所接受。宋儒二程认为，两军对阵，用计谋是必要的，但是当学生问及“间谍之事”，二程说“这个不可也”[②]。然而，阳明之用兵善于用智谋，而且还善于“用间”[③]。不过，阳明对此三缄其口，密守不传。相反，他强烈批评阴谋诡计之行。[④] 或许阳明担心说出用兵计谋会“长乱导奸”，所以才“不形于奏，不宣于语”[⑤]。

阳明弟子对于计谋诡道则相对激进，为其必要性予以辩护。季彭山说：“以力角力，取胜为难。虽或胜之，而弟子之舆尸必众，此仁者之所不忍也。故攻其无备，出其不意，多方以误之，力争者之要法也。夫诡道，非圣人之所尚。然不能弭乱于未萌，酿成其势，至于不得已，则急于救人者必有仁术，故诡道不可尽废焉。”[⑥]用谋不仅可以增加取胜筹码，更重要的还在其能减少敌我伤亡人数。唐荆川在《历代史纂左编》将“谋臣”单列，王龙溪将其与盗贼之谋相区别：“神圣有神圣之机，盗贼有盗贼之机。神圣之机亦神圣之谋也，盗贼之机亦盗贼之谋也。故机慎则谋审，机藏则谋深，机密则谋不疏，机圆则谋不滞。或握其机，或窃其机。神圣握之以妙应，盗贼窃之以神奸。举不能外也。是造化之阴符，未尝轻以示人……或者以为神圣、盗贼之机混而为一，孰从而辨之？是不然。必为善，必不为恶，人之本心而天之机也，由君子以入于神圣。

---

① 徐渭：《徐渭集》，北京：中华书局，1983 年，页 562—563。

② 程颢、程颐撰，王孝鱼点校：《二程集》，前揭书，页 217。

③ 黄懿《浅谈王阳明“用间”艺术》，载张海晏、熊培军主编：《国际阳明学研究》，上海：上海古籍出版社，2012 年，页 79—86。

④ 陈荣捷：《王阳明传习录详注集评》，上海：华东师范大学出版社，2009 年，页 27。

⑤ 钱绪山对阳明老师之用计谋，有一个很好的说明：“及事（平濠之事——引者注）平，报捷疏内，一切反间之计俱不言及。亦以设谋用诡，非君子得已之事，不欲明言示人。当时若使不行反间，宁王必即时拥兵前进，两京各路何恃为备？所以使之坐失事机，全是迟留宁王一着；所以迟留宁王，全是谋行反间一事。今日读奏册所报，皆可书之功，而不知书不能尽者十倍于奏册……先生有言：‘孔子修《春秋》，于凡阴谋诡计之事皆削之，以杜奸。’故平藩用间不形于奏，不宣于语，门弟子皆不闻，亦斯意焉。”见钱德洪《平濠记》，载钱明编校：《徐爱、钱德洪、董沄集》，南京：凤凰出版社，2007 年，页 234。

⑥ 季本：《说理会编》卷八，《续修四库全书》第 938 册，上海：上海古籍出版社，2001 年，页 649 上。

其握而用之，乃其天机之自然而不容已。彼小人之为盗贼，则所谓失其本心，窃之而已矣。”[①]龙溪认为君子之心本具有不可测之机，心机之妙运难测即是君子之谋，小人用于恶才产生欺诈之术。彭山、龙溪等阳明后学由过去对诡道之反对到大胆肯定，可以说是他们重视兵学、以儒摄兵的重要体现。

### (三) 用兵工夫

阳明学是修身成德的圣贤之学，阳明学人追求“无一时不在于学，无一事不以学为证”[②]，兵事活动为他们的修身之学提供了特殊的境遇。王阳明兵事之暇不忘与门人讲习讨论，唐荆川于嘉靖三十九年(1560)在维扬(今扬州)任佥都御史巡抚并筹划兵务时，亦与王龙溪共讲良知之学。对于阳明学者来说，在兵事中为学不仅包括讲学论辩，更在于即兵事中做修身的工夫。这一点可从荆川与龙溪在维扬的对话中得到清晰的展现：

> 荆川唐子开府维扬，邀先生往会。时已有病，遇春汛，日坐治堂，命将遣师，为防海之计。一日退食，笑谓先生曰：“公看我与老师之学有相契否?”先生曰：“子之力量，固自不同，若说良知，还未致得在。”荆川曰：“我平生佩服阳明之教，满口所说，满纸所写，那些不是良知?公岂欺我耶!”先生笑曰：“难道不是良知，只未致得真良知，未免搀和。”荆川愤然不服，云：“试举看?”先生曰：“适在堂遣将时，诸将校有所禀呈，辞意未尽，即与拦截，发挥自己方略，令其依从，此是搀入意见，心便不虚，非真良知也。将官将地方事体，请问某处该如何设备、某事却如何追摄，便引证古人做过勾当，某处如此处、某事如此处，自家一点圆明反觉凝滞，此是搀入典要，机便不神，非真良知也。及至议论未合，定着眼睛，沉思一回，又与说起，此等处认作沉几研虑，不知此已搀入拟议安排，非真良知也。有时奋棹鼓激、厉声抗言，若无所容，自以为威严不可犯，不知此是搀入气魄，非真良知也。有时发人隐过，有时扬人隐行，有时行不测之赏、加非法之罚，自以为得好恶之正，不知自己灵根已为摇动，不免有所作，非真良知也。他如制木城、造铜面、畜猎犬，不论势之所便、地之所宜，一一令其如法措置，此是搀入格套，非真良知也。尝曰：‘我一一经营，已得胜算，猛将如云，不如着一病都堂在阵。’此是搀入能所，非真良知也。若是真致良知，

---

① 刘荣茂：《王龙溪〈历代史纂左编凡例并引〉佚文》，《鹅湖月刊》2016年5月，页53。

② 王畿：《留别霓川漫语》，《王畿集》卷十六，南京：凤凰出版社，2007年，页466。

只宜虚心应物，使人人各得尽其情，能刚能柔，触机而应，迎刃而解，更无些子搀入。譬之明镜当台，妍媸自辨，方是经纶手段。才有些子才智伎俩与之相形，自己光明反为所蔽。口中说得十分明白，纸上写得十分详尽，只成播弄精魂，非真实受用也。”荆川怃然曰：“吾过矣！友道以直谅为益，非虚言也。”①

尽管龙溪认为荆川未臻良知化境，“搀和”诸种弊病，荆川也还是无时、无事不在做“致良知”工夫，兵事中大有工夫可做！用兵之际可以做哪些修身工夫，可以在哪些事情上做工夫，应当如何本“真良知”来做工夫？为了直观而又有条理地展现荆川兵务中修身工夫的详细内容，笔者根据《维扬晤语》并结合龙溪与荆川的通信拟制了下列表格以示之。

| 序号 | 举止与情态 | 弊病或“搀和”项 | 理想状态（“真良知”） | 事项 |
|---|---|---|---|---|
| 1 | 诸将校有所禀呈，辞意未尽，即与拦截，发挥自己方略，令其依从 | 搀入意见 | 虚心 | *兵情汇报* |
| 2 | 将官将地方事体，请问某处该如何设备、某事却如何追摄，便引证古人做过勾当，某处如此处、某事如此处 | 搀入典要 | 神机、圆明（即良知）无凝滞 | *兵事决策* |
| 3 | 议论未合，定着眼睛，沉思一回，又与说起，此等处认作沉几研虑 | 搀入拟议安排 | *即感即应、无须沉思* | *兵事商讨* |
| 4 | 奋棹鼓激、厉声抗言，若无所容，自以为威严不可犯 | 搀入气魄 | *收敛气魄、从容应对* | *兵务辞令* |
| 5 | 有时发人隐过，有时扬人隐行，有时行不测之赏、加非法之罚，自以为得好恶之正 | *掺入情识*、灵根摇动 | 好恶无所作，*无有作好、无有作恶* | *事后赏罚* |
| 6 | 如制木城、造铜面、畜猎犬，不论势之所便、地之所宜，一一令其如法措置 | 搀入格套 | *顺势之便、因地之宜* | *兵务筹划* |
| 7 | 我一一经营，已得胜算，猛将如云，不如着一病都堂在阵 | 搀入能所② | *能所俱泯、无所依待* | *兵力估算* |

① 王畿：《维扬晤语》，《王畿集》卷一，南京：凤凰出版社，2007 年，页 7—8，标点略有改动。

② “能所”一词源自佛学，龙溪时常使用，此处约是有所依待之义。关于“能所”的涵义，可参慈怡主编：《佛光大辞典》，台北：佛光文化事业有限公司，1988 年，页 4296。

续 表

| 序号 | 举止与情态 | 弊病或“搀和”项 | 理想状态(“真良知”) | 事项 |
|---|---|---|---|---|
| 8 | 克斋来柬,忽有止兵之说。倏缓倏急,倏鼓倏罢,仓卒举动,有同儿戏 | *掺入情识*(“老婆心切,救世念重”<br>“被虚声耸动”)① | *神感神应、从容应对* | *兵事行动* |
| 9 | 近来举动,乍出乍没,倏往倏来,若神龙之变化,似欲使人不可测识……使人情惝恍,不能快然 | *搀入拟议安排*(“略出有意,却未免涉于轻躁”) | *镇静*、*不轻躁*、*不拨弄精神* | *兵事行动* |
| 10 | 昨闻兄请兵,意气横发,君臣朋友之义,以身相许,誓欲与同生死 | *掺入气魄*(“从侠气带来”)、*终涉好名* | 无我、*忘名* | *请兵誓师* |
| 11 | 才遇差别境界,便会触得动;才涉嫌疑,便思分疏,忍耐不下;才经指摘,便觉懊恼不快活 | *掺入气魄*(“以气魄承当”)、*不能忘名* | 无我、*忘名* | *兵务及师友交往* |
| 12 | 每事尽心,宁可犯手,不肯些子放过。但恐应机处少有所碍 | *掺入情识*(“经世心切,爱人根重”) | *神机,妙应无碍* | *兵事行动* |

说明:总体来说,表格四栏十二行的文字,正体字引自上文《维扬晤语》及《王畿集》第十卷两通《与唐荆川》之书信,或稍作变动;斜体字为笔者根据龙溪语意而做的补充。分开来讲,表格第二栏对用兵活动中荆川“举止与情态”的刻画,前七项来自《维扬晤语》,第八项来自《与唐荆川》第一书②,最后四项俱来自第二书。③ 表格第三栏中,正体字部分为原文所摘出,斜体字部分为笔者根据此三处文献及龙溪其他工夫论话语而做的补充,补充的依据或是随后括号中的引文,或做脚注说明。表格第四栏,正体字部分或为原文,或为笔者根据龙溪话语逻辑做一语意反转,因而亦属龙溪之意;斜体字部分为笔者根据相应语脉中龙溪的话语逻辑而做的补充。第五栏中事项之归属为笔者添加。

此表12项内容非常清晰地概括了唐荆川在兵事活动中丰富的修身内容。荆川之“致良知”工夫贯彻到几乎所有用兵之事项中,从前期的“请兵誓师”到用兵期间的“商讨”“筹划”及“决断”,再到事后的“赏罚”。同时,用兵工夫对荆川之历练也是全面而深入的,龙溪对其言行(“辞令”“举动”)、身体仪态(“定着眼睛”)乃至心理活动(“懊恼不快活”)的全方位审视,使荆川暴

① 尽管龙溪未直言“老婆心切,救世念重”障碍良知而“应机有碍”,龙溪言外之意确实是批评荆川“救世念重”“爱人根重”,忧世、爱人之情过度发用而障碍了心体的洒脱,因而障碍了良知神机。过度的忧世、爱人之心是一种“情”或情绪,属于“情识”之范围。所以,此处良知之蔽沾名之曰“掺入情识”。

② 王畿撰,吴震编校整理:《王畿集》卷十,南京:凤凰出版社,2007年,页265—266。

③ 王畿撰,吴震编校整理:《王畿集》卷十,南京:凤凰出版社,2007年,页266—268。

露出各种“情识”“气魄”等私欲病根之掺杂。龙溪之剖析如抽丝剥茧，其细密和深刻程度，在阳明后学工夫论中并不多见，很能说明阳明心学“念念致良知”“事事致良知”的工夫论特性。

兵事活动作为性命攸关、充满危险的处境，在其中的修身工夫必定与日常之修养多有不同。王龙溪与唐荆川的讨论突出了用兵者的两种修身品质：“知机”与“不动心”，徐文长、王敬所等人同样强调这两点。在阳明后学中，“机”本指个人意念端倪初露、意向未定之征兆，属自我意识[①]，而在用兵行动中，“机”则转指兵事事态发展之趋向或征兆。尽管他们并未做出这一区别，但用兵之事关生死的利害关系导致其对事态本身的关注是十分明显的。不过，在阳明学人看来，洞察兵事几微的前提是用兵者的“不动心”。此心不动在危险的兵事处境中尤为重要，上文王龙溪、钱绪山、徐文长等人的言论已明白显示。我们还可从王龙溪对其师的回忆得到印证：

> 夫人心本神，本自变动周流，本能开物成务，所以蔽累之者，只是利害毁誉两端。世人利害不过一家得丧尔已，毁誉不过一身荣辱尔已。今之利害毁誉两端，乃是灭三族、助逆谋反，系天下安危。只如人疑我与宁王同谋，机少不密，若有一毫激作之心，此身已成齑粉，何待今日？动少不慎，若有一毫假借之心，万事已成瓦裂，何有今日？此等苦心，只好自知。譬之真金之遇烈焰，愈锻炼愈发光辉。此处致得，方是真知；此处格得，方是真物。非见解意识所能及也。自经此大利害、大毁誉过来，一切得丧荣辱，真如飘风之过耳，奚足以动吾一念？[②]

龙溪的回忆和绪山一致，他们都指出阳明用兵常胜的关键不是兵法秘技，而是临危不惧的心理素质。不论是绪山所说的“此心不动”，还是龙溪此处说的不“动一念”，抑或徐文长申辩的“治气”与“治心”等等，都明白地表明在孟子那里原本并非核心观念的“不动心”，在兵事行动中变得尤为首要。阳明学人的“不动心”其实也有理学工夫论的渊源，它与程明道的《定性书》颇为近似，两者都指向一种内心的安定状态。区别在于，《定性书》要破除一种抗拒外物、封闭内

① 牟宗三认为阳明后学所言“机”为个人意念“定吉定凶定善定恶之先兆”(其著《从陆象山到刘蕺山》，上海：上海古籍出版社，2001年，页258)。彭国翔对此有辨正，他认为龙溪之“机”是“良知心体呈露端倪而尚未形成固定意识状态的最初发动状态”而不属于经验层。参其著《良知学的展开：王龙溪与中晚明的阳明学》，北京：生活·读书·新知三联书店，2005年，页136—141。

② 王畿：《读先师〈再报海日翁吉安起兵书〉序》，《王畿集》卷十三，南京：凤凰出版社，2007年，页343。

心的错误做法，而用兵中的“不动心”则须克服患得患失、畏惧死亡的心理恐惧。显而易见，后者的处境更艰难，对修身者的历练也更彻底。如龙溪所言，两军对峙的危险境况也给修身者提供了一个检验自我、突破自我的极端机会，阳明生命之跃升离不开他经历的种种战事。阳明自言：“某于良知之说，从百死千难中得来，非是容易见得到此。”[①]“我自用兵以来，致知格物之功愈觉精透。”[②]当然，长期的征战生涯促进阳明思想之转进的同时，阳明修身工夫对于其平定宸濠之乱等卓越的军事功绩亦关系匪浅。[③] 就后学唐荆川、王敬所等用兵者而言，兵事行动与为学工夫也成为一个相互促进、相得益彰的回环。

王阳明及其后学中的用兵者均将儒学理念融入兵事行动中，这是阳明学人军事实践的一大特点。阳明从不夸耀自己的军事武功，他认为用兵是不得已的权宜行为。但王龙溪、黄梨洲等人愈发强调兵事的重要地位，他们希冀儒家文治与兵家武备能够统一。这种“文武合一”一方面体现在，阳明学人发掘儒学与兵家相通的元素，以儒家理念统摄用兵之道。在兵事领域落实儒家理念是对儒学的拓展，同时也是对传统兵学的拓展。儒学融摄兵学增加了儒学的应用领域，但是对文武分途的传统儒家观念构成了挑战。另一方面，用兵作为利害攸关、充满危险的处境，却成了王阳明、唐荆川等人的修炼场。在兵事中随处做工夫使将领更能沉着应战，把握战机。因此，他们把带兵者的身心素质而非兵法作为决定战争成败的最关键因素，这与重视兵法的兵学家非常不同，也使阳明学表现出鲜明的改变现实的实践特性。总之，阳明学人的兵学实践和思考十分丰富，非常特别，无论是对于儒学治道之拓展，还是对于阳明学实践性格的揭示，都极富意义。

## 四 结语

从本章的分析来看，应举、作文、用兵作为阳明学学者的日常生活与职事，是致良知工夫展开的场域，是王龙溪所言“即业以成学”的具体实例。修身工夫不仅没有妨碍他们的日常行事，反而大大提高了他们做事的成效。

① 陈荣捷：《王阳明传习录详注集评》，上海：华东师范大学出版社，2009 年，页 236。

② 王畿：《读先师〈再报海日翁吉安起兵书〉序》，《王畿集》卷十三，南京：凤凰出版社，2007 年。页 343。

③ 王守仁撰，吴光等编校：《王阳明全集》（新编本）卷三十九，《武经七书评》，杭州：浙江古籍出版社，2011 年，页 1497—1498。

心学提供给他们的不仅是行动的伦理指引，而且是处事的智慧。综合阳明及其后学对经世实践与日常事务的思考，以良知学的宗旨去读书习艺、经理世务，能获得丰硕而多重的功效，既收获了知识技能，又可实现其效用，实践着儒家"万物一体"、"仁民爱物"之情怀，而且还成就良好的德性。简言之，此是麦金泰尔（Alasdair Chalmers MacIntyre，1929—　）所说"内在利益"和"外在利益"的双重收获①，也是群己人我共同向善的过程。这一过程是通过修身工夫与处事之道的融合而实现的。在良知学指导下的日常处事与事务操持不同于现代生产流水线或职业劳动中的娴熟操作：它并非如银行点钞员、缝纫工等等的熟练技术一样，是为了劳动之外的技术成果或劳动报酬；它也不仅仅追求技术的最高效率或最高数量的劳动果实，其重心是把日常事务与职事的处理转变为磨炼心性、砥砺德行的修身之道。因此，阳明学学者在日常行事中提高生活技能的同时亦是人格成长的过程，经世实践不是与主体截然二分，一方面"万物一体"的生存感受鼓舞着他们的经世活动，而另一方面经世实践并非外在性的，它同时提供了实践者德性修炼的空间。

心学实践者致力于讲学传道，维护乡族，解决民患，他们的人生事务是繁杂的，其中的修身工夫也是多样的，而从中锻炼的德性也是全方位的。根据应举、作文、用兵活动的修身实践来看，在生存实事中成长的人格德性不仅是主体的一种充实的状态、品质，而且也是这一状态、品质在行事中实现的活动、行为，它也不仅是践履工夫的果实，反过来还促进切身、职司世务的卓越。处事方式或修身工夫起初或许是对实践规则的学习、模仿，当实践纯熟、工夫臻于化境，"从心所欲而不逾矩"，德性睟面盎背，他/她的生存实践就不是简单地遵守外在规范，也不完全是实践规则的内化，而是"声为律，身为度"，身体的行动践履同时呈现为客观的实践规则。

① 麦金泰尔著，龚群、戴扬毅译：《德性之后》，北京：中国社会科学出版社，1995 年，页 241 及以下。

# 第四章　黄勉之的儒学思想与知识追求

黄省曾(1490—1540)，字勉之，号五岳，吴县人，是一名生活于明代中期的儒家知识人。黄氏虽终生进士不第，但满腹经世之志，好交游，问学于王阳明与湛甘泉，以明代文豪李空同(名梦阳，1473—1530)为知己，而又不为其所限，博览经史，并重子部，文章见称于世，广涉地理、农业之学，知识范围甚为广泛。传统史志一般将黄勉之归于“文学”之列，故文学史研究较多关注，而因其几部农学著作，在农学史研究中又多加以探讨，反而在思想史研究中极少涉及他的儒学思想。对于探讨阳明学与明代知识学之关系而言，因黄氏与阳明心学的密切关系与其长久而广泛的博物经历，黄勉之思想的专题探讨不容忽略。下文就黄勉之的儒学思想与知识追求逐一论述之。

## 一 心学造诣与思想定位

正德十六年(1521)，阳明寄赠《修道说》于黄勉之，黄氏“披而读之，若排云雾而睹青天，始知圣贤之意若是其简且易也。自是诵而思，思而诵，亦若铢有所进，寸有所得，遂不揣下陋而妄为之注，将躬贽于夫子之门而正诱是求也”[①]，黄勉之为《修道说》作注，作《格物说》，一并寄示请正于阳明。两人虽未相见，而先以书信商量学问。勉之心悦于阳明自得之学，而生委质亲炙之愿，但中间屡遭事阻，最终于嘉靖三年(1524)左右自吴赴越[②]，拜于阳明门下，亲聆师教。勉之晚年回忆这段从学阳明的经历云：

---

① 黄省曾:《五岳山人集》卷三十一,《四库全书存目丛书》集部第 94 册,济南:齐鲁书社,1997 年,页 791 下。

② 今《王阳明全集》(新编本)卷五所收两通与黄勉之书信,俱标为嘉靖甲申年,而前者写时两人未见面,后者为黄氏见阳明自越返吴后,阳明答勉之问学书。按此时间,勉之亲炙阳明当在此年。

> 新建伯阳明王公在越，四方鸿俊千里负笈，汉氏以来未有此盛。山人以有姑氏戴夫人嫁在绍兴，馆于其家，执贽道席，晨参讲堂，暮敛精室，神澄笔纪，作《会稽问道录》十卷。公之蕴奥，山人默识举契之矣。盖门人咸隆颂陟圣，而不知公方釐理过、恒视坎途；拟滞度迹，而不知公随新酬应、了无定影。公之启授展矣，诚血片言未悟，千语犹释人之不明，若己聋瞶。每晨班坐，次第请疑，公问至即答，无不圆中。山人一日彻领，汗洽重襟。山人虽宝获王氏之玄珠，未尝少有露耀与人辩诋，怀珍衡门，聊以永日。故一时同游之士不知山人有此饱得，或仅目为文人，知我者其惟邹子守益、欧阳子德、王子艮、王子畿乎！为道不在求知，尝允天则，足娱其心而已……王公尝赏山人笔雄见朗，约同山中著为《王氏论语》，慨焉徂谢。[①]

黄氏问学之时，正值阳明揭良知教后，赋闲在家，大力讲学，门人日进之时。勉之朝夕与师友学问思辨，日进不已，自信“获王氏之玄珠”，所得匪浅。黄勉之对心学的悦服和体究并未就此止步，回乡后多次与阳明通信讨教良知学。今本《王阳明全集》中所收三通与黄勉之的书信[②]，其中两通即是勉之离越后所写，继续讨论良知心学。不仅如此，黄氏还多方求益，从学于阳明道友湛甘泉，“湛公不轻许，目久乃雅知山人，故命山人作《易传序》”[③]。为湛甘泉《修复古易经传训测》作序，可见其深受甘泉器重。

黄勉之曾作《会稽问道录》十卷记录问学阳明之内容，然黄梨洲之时此书已难见。梨洲推测，今本《传习录》下卷“黄省曾录”数十条可能采自此书[④]，但无由取证，我们也因此难窥勉之良知学之全貌。黄氏自言“获王氏之玄珠”，此非自矜夸大之语，阳明论学书中屡次言其“论得大意亦皆是”“甚得鄙意”云云，[⑤]可见勉之所得之真。从黄氏现存可检的讨论心学的文献来看，黄氏确实能真切理解阳明心学，深入理脉之中，这主要体现在以下三点：

第一，勉之以“良知”统贯儒学经传，学求合一，反对支离。阳明文集中

---

① 黄省曾：《五岳山人集》卷三十八，《四库全书存目丛书》集部第 94 册，济南：齐鲁书社，1997 年，页 850 上—851 上。

② 见王守仁撰，吴光等编校：《王阳明全集》（新编本）卷五，杭州：浙江古籍出版社，2011 年，页 205、206 与 863。

③ 黄省曾：《五岳山人集》卷三十八，《四库全书存目丛书》集部第 94 册，济南：齐鲁书社，1997 年，页 851 上。

④ 黄宗羲撰，沈芝盈点校：《明儒学案》（修订本）卷二十五，北京：中华书局，2008 年，页 581。

⑤ 王守仁撰，吴光等编校：《王阳明全集》（新编本）卷五，杭州：浙江古籍出版社，2011 年，页 208、209。

留有一封回寄黄勉之讨论良知学的书信，其中保存了黄氏阐述良知心学的几段宝贵的内容，黄氏向阳明畅谈良知教之圆满："以良知之教涵泳之，觉其彻动彻静，彻昼彻夜，彻古彻今，彻生彻死，无非此物。不假纤毫思索，不得纤毫助长，亭亭当当，灵灵明明，触而应，感而通，无所不照，无所不觉，无所不达，千圣同途，万贤合辙。无他如神，此即为神；无他希天，此即为天；无他顺帝，此即为帝。本无不中，本无不公。终日酬酢，不见其有动；终日闲居，不见其有静。真乾坤之灵体，吾人之妙用也。窃又以为《中庸》诚者之明，即此良知为明；诚之者之戒慎恐惧，即此良知为戒慎恐惧。当与恻隐羞恶一般，俱是良知条件。知戒慎恐惧，知恻隐，知羞恶，通是良知，亦即是明。"[①]良知贯彻动静、昼夜、古今、生死，觉照万有，与天帝鬼神无二，说明了良知本体的无限、圆满、灵明的性能，良知超越于万有发用，而又内在其中。而且儒学经典中所含有关主体之性状与活动等语俱是讨论良知之学，均可以良知融合为一，《中庸》之"诚明""戒慎恐惧"是良知本体之发用，《孟子》之四端不离良知之明觉，甚至《论语》所记孔子生活亦是孔子良知之活动，"有人因薛文清'过思亦是暴气'之说，乃欲截然不思者。窃以孔子曰'吾尝终日不食，终夜不寝以思'亦将谓孔子过而暴其气乎？以愚推之，惟思而外于良知，乃谓之过。若念念在良知上体认，即如孔子终日终夜以思，亦不为过。'不外良知，即是何思何虑，尚何过哉？'。"[②]黄氏能充分领会阳明心学之精神，不仅把儒学义理和概念都溯源于良知心体，而且还坚持把在朱子学区分为二的"理气""性情"等概念合为一体、一物，反对支离为二物。例如，黄勉之认同韩愈"博爱之谓仁"的说法，"韩昌黎'博爱之谓仁'一句，看来大段不错，不知宋儒何故非之？以为爱自是情，仁自是性，岂可以爱为仁？愚意则曰：性即未发之情，情即已发之性，仁即未发之爱，爱即已发之仁。如何唤爱作仁不得？言爱则仁在其中矣。孟子曰：'恻隐之心，仁也。'周子曰：'爱曰仁。'昌黎此言，与孟、周之旨无甚差别"[③]。以勉之所解，性情、仁爱是一物之两面，而非形上、形下判然有别之两物，阳明回信中大致认同勉之以爱训仁的理解，此与阳明对性情的理解也非常一致，阳明曾言："理者气之条理，气者理之运用。"[④]"性一而已。仁义礼智，性之性也。聪明睿知，性之质也。喜怒哀乐，

① 王守仁撰、吴光等编校：《王阳明全集》（新编本）卷五，杭州：浙江古籍出版社，2011年，页206—207。

② 王守仁撰，吴光等编校：《王阳明全集》（新编本）卷五，杭州：浙江古籍出版社，2011年，页209。

③ 王守仁撰，吴光等编校：《王阳明全集》（新编本）卷五，杭州：浙江古籍出版社，2011年，页208。

④ 陈荣捷：《王阳明〈传习录〉详注集评》，上海：华东师范大学出版社，2009年，页128。

性之情也。”[①]即反对把理气、性情支离为二物。

第二，倾心阳明“乐是心之本体”之慧论。“乐是心之本体”是王阳明的一个著名话头，黄氏对此解释说：“阴阳之气，欣合和畅而生万物。物之有生，皆得此和畅之气。故人之生理，本自和畅，本无不乐。观之鸢飞鱼跃，鸟鸣兽舞，草木欣欣向荣，皆同此乐。”[②]为心体之乐提供了一个形上学基础。黄氏进而认为，《论语》首章即是保任人心乐体的工夫，“孔子曰‘学而时习之’，便立个无间断功夫，悦则乐之萌矣。朋来则学成，而吾性本体之乐复矣。故曰‘不亦乐乎’。在人虽不我知，吾无一毫愠怒以间断吾性之乐，圣人恐学者乐之有息也，故又言此”[③]。学者当效法孔子，“学而不厌”，“不怨天、不尤人”，吾心自然悦乐不息。

第三，以心学解《易》。黄勉之为湛甘泉《修复古易经传训测》所作序言便透露出明显的心学特征。黄氏认为《易》为“心之易”，《易》所谈义理、占筮皆是吾人心体之义理和占筮，易学史上的义理派和象数派均未得其真，“外心谈理则虽统希夷、笼象帝、恍玄惚妙，是之谓‘说易’，而所以参赞者无诚功。外心测筮，则虽验响应、射毫发、预吉先凶，是之谓‘占易’，而所以补过者无实履，而圣人作易之意泯乎亡矣。圣人之作易也，将以用之，非说而占焉已也。用之者先明乎天地人之道，符浑贯合，于是乎学而补过焉。参焉以开物而成务，此之谓用也。然则天地人之道，何以征其符浑而贯合？仲尼之传《象》也，言人之道必及乎天地，言天地之道，必及乎人。是以知其一也。何以征夫俾人学而补过焉，参焉以开物而成务？仲尼之传《象》也，言天地必法之于君子，言君子必法乎天地。是以知其参也。参之者无他，参以心之易也。心之易也，无他，仁义焉已也。故曰：‘立天之道，曰阴与阳；立地之道，曰柔与刚；立人之道，曰仁与义。’是知阴阳者，天之易也。柔刚者，地之易也。仁义者，人之易也”[④]。历史上义理派和象数派的错误在于不悟本源、驰求于外，义理派谈玄谈妙仅是“说易”，流于空言；象数派占卜预测仅是“占易”，而无实行。真正的易学是“用易”，是孔子所说的“补过”，是修身成德之实学，而补过修身依据的是孔孟仁义之易道。同样，《易经》所言用蓍草预测吉凶，也非富贵之吉、贫贱之凶，而是“如圣人之无心而应矣。苟人之心能无心而应也，

---

① 陈荣捷：《王阳明〈传习录〉详注集评》，上海：华东师范大学出版社，2009 年，页 139。

② 王守仁撰，吴光等编校：《王阳明全集》（新编本）卷五，杭州：浙江古籍出版社，2011 年，页 207。

③ 同上注。

④ 黄省曾：《五岳山人集》卷二十六，《四库全书存目丛书》集部第 94 册，济南：齐鲁书社，1997 年，页 748 下。

则良心之从者必吉,其弗从者必凶,又何假于蓍龟。圣人神夫蓍龟而定之者不得已也,定之而不言,所以神之之故者,'民可使由之,不可使知之也'"[①]。

以上所述勉之阐述心学之内容皆深契阳明心学精神,由此显示出黄氏谙熟良知学义理脉络。然而,参之黄氏其他论性理之文字,其心学有驳杂之处,尚未纯粹究竟,这尤其见之于勉之论"性":

> 陈晓问曰:"性可以善恶名乎?"曰:"不可。性犹命也,道也。谓之命也,命即其名矣,不可以善恶言命也。谓之性也,性即其名矣,不可以善恶言性也。谓之道也,道即其名矣,不可以善恶言道也。'道也者,不可须臾离也,可离非道也。'孔子但以'不可离'言道,而未尝以善恶也。是故'君子戒慎乎其所不睹,恐惧乎其所不闻',明目倾耳不可得而睹闻者也,而可名言之乎?'上天之载,无声无臭',是诚非睹闻可及也。故曰:'夫子之言性与天道,不可得而闻也。'言其所言,至精至微,仰高钻坚,瞻前忽后,虽欲从之,末由也矣。其不可得而闻者如此,非若文章然,威仪可瞻,文词可聆,可得而闻者也……曰:"然则性无善恶乎?"曰:"有善恶者,性之用也,岂特善恶而已矣。善之用,有万殊焉;恶之用,有万殊焉;皆性之用也,而不可以名性也。犹之阴阳之用,万殊焉,皆天道之用也。刚柔之用,万殊焉,皆地道之用也。而阴阳不可以名天,刚柔不可以名地也。仁义之用,万殊焉,皆人道之用也,而仁义不可以名人也。善恶者,非用而不可得见者也。"[②]

"性犹命也,道也",三者异名而同实[③],与阳明"命即是性""性即是道"之说基本一致[④]。但勉之之"性不可以名善恶"与阳明之"性无善无不善"或"性无善无恶"全然不同。勉之之意似是,性与道、命为本体,属形上层,无形可见可闻,善恶为发用,有形可见,属形下层,两者性质悬殊,体用两分,善恶可名形下之行为,而非行为所以然之本体。但是,这与上述其性情合一之理解不一致,而且也与阳明"气亦性也,性亦气",即体即用或即用见体之性论不同。

① 黄省曾:《五岳山人集》卷二十,《四库全书存目丛书》集部第94册,济南:齐鲁书社,1997年,页684上。

② 黄省曾:《五岳山人集》卷二十三,《四库全书存目丛书》集部第94册,济南:齐鲁书社,1997年,页716上、下。

③ 黄勉之还言:"性者,天也,命也。古之圣贤所谓'乐天知命'者,乐吾所性而知至至之耳。曰'天命之谓性',言性即天命也。"见黄省曾:《五岳山人集》卷二十,《四库全书存目丛书》集部第94册,济南:齐鲁书社,1997年,页685下。

④ 陈荣捷:《王阳明〈传习录〉详注集评》,上海:华东师范大学出版社,2009年,页194。

更让人惊讶的是，勉之竟然说"恶之用，有万殊焉；皆性之用也"，万殊之恶作为性之发用，此性何以作为天命之性吗？而且，善恶为性之用，与后文"仁义之用，万殊焉，皆人道之用也"说法并不一致和对应。笔者实在想不出黄氏此论与儒家主流之性善论有何关联，而倒与告子的人性论有些貌似。此外，甘泉《新泉问辩续录》记有一条与勉之问答语录。据此来看，勉之对"心即理"的心学命题理解未臻究竟。黄勉之言："心犹一池清水，天理犹水中天日之影，若忘却如去了水一般，天日如何得见？助却如时时添水，增长激撼，波澜摇动，天日虽在，不过依希罔象，何能的见？必须澄潭皎洁，乃始天日了然。"[①]甘泉一语击中要害，"池水天日犹是二物"[②]，勉之之喻正有分心与天理为二的嫌疑。若此记准确，结合上述黄氏"性论"，我们似可下一结论说，黄勉之从学阳明和甘泉学习心学数年，能得心学之大意、真意，所言"获王氏之玄珠"诚为不虚，但与心学的某些思想尚有隔阂，未全面领会。

黄氏心学未臻纯粹，原因或在于，他的自我期许和定位并非是一个儒家心学的修道者，因而未把精力全副投入心学修习。他虽见知于邹东廓、欧阳南野、王心斋、王龙溪等王门诸子，却并未积极参与这些王门主流的讲学修道活动。邹东廓曾就此含蓄地批评黄氏：

> 但使果能自成自道，实用其力，虽在离索，如临师友，则不患师道之不倡矣。绪山在师门久，所得最深，须痛与扫荡，悉使荡荡然无一物，方可以语屡空之室。不然，亿则屡中，直与辟噫同为渣滓耳。佛者之教曰：佛无知见，知见乃魔。吾辈乃以知见求圣，将无认魔为佛乎？文集鸠工，如鄙人之见，只欲删繁就简，以无违先师之志。不然，恐添学者一重知见矣。[③]

东廓不满勉之有三点：一，离群索居，不与同道切磋；二，落于知见，不做工夫，不实地修行；三，工于文集，舍本逐末。姑且不谈东廓的批评是否有以己度人之嫌，在笔者看来，东廓对黄氏学行之概括非常准确。首先，黄氏自言得阳明玄珠后，"怀珍衡门"，很少与人辩论。他对当时盛行的讲学活动颇有微词，不愿与之为伍。[④] 其次，勉之虽作《会稽问道录》，不过其传世文集中极

---

① 湛若水：《泉翁大全集》卷七十一《新泉问辩续录》，台北："中央研究院"汉籍电子文献，http://hanji.sinica.edu.tw/。

② 同上注。

③ 邹守益撰、董平编校整理：《邹守益集》卷十三，南京：凤凰出版社，2007 年，页 641。

④ 黄氏批评当时的讲学运动曰："世之衰也，以征诛伪汤武矣。及其甚也，以禅授伪尧舜矣。今之人又以讲学伪仲尼。呜呼！古之圣人，假窃尽矣。"见黄省曾：《五岳山人集》卷二十一，《四库全书存目丛书》集部第 94 册，济南：齐鲁书社，1997 年，页 691 下。

少有谈论心学的文字，因而，他可能仅主动与阳明、甘泉交往问学，很少继续与王门、湛门其他弟子继续研讨心学。而且，在现存的黄氏讨论心学的文字中，未见其做工夫的自述语，而多是解释经义的内容，他学习心学或许如东廓所言“以知见求圣”，更多地出于知识的兴趣，而非如东廓、钱王等弟子一样的求道、修道的热忱，因而很少实地做致良知工夫。最后，东廓批评勉之“文集鸠工”，这正是黄氏为学的一个主要目标。黄勉之并未立志成为阳明或甘泉心学之传人，而是以孔门游夏为榜样，博学于文，以文载道，著书明道以传世。后两点或许是黄氏心学未能步入化境的主要原因。

黄勉之幼时“好缃素古文，解通《尔雅》，今编古赋千首为诵”，年轻便以文见称乡里，黄氏在与乡贤、好友的书信中多次道出自己的志向：

> 夫五岳小子必游，游且必以圣贤之道发之于文，以成一家之言。归于故乡，仍亲农作于南海，以窃附乎向长梁鸿之末，则仆之志愿毕矣。①

> 千余年来，(荀卿、杨雄、王通、韩愈)四儒之名光于四海而为孔子者不一而称之。其馀则烬露而灭者，不可亿计。良以四儒之言能主于道，犹足羽翼洙泗尔……愚陋人也，结发而往，遂有志于此，不敢自弃于虫昆草木，尚思跻于游夏之列。②

“以圣贤之道发之于文，以成一家之言”即是韩愈所说“文以载道”，此可溯源至子游子夏之儒门文学科，这是儒家悠久的诗学传统。黄勉之志于儒家文学之科，因而，他重视诗文著述就并非出于审美的兴趣，一意求工，他也不赞同理学家把道与文章看作本先末后关系的态度，而是充分重视文辞的表达功能，道文并重，弥合已长期分离的儒林、文苑两途，恢复儒家诗学传统。对于诗词文章，黄氏一方面与阳明不谋而合，批评世俗文章虚华淫巧而无实③，另一方面主张道依文而传，文以道而显，力求孔子所说的“文质彬彬”：

---

① 黄省曾：《五岳山人集》卷三十，《四库全书存目丛书》集部第94册，济南：齐鲁书社，1997年，页788下。

② 黄省曾：《五岳山人集》卷三十一，《四库全书存目丛书》集部第94册，济南：齐鲁书社，1997年，页791上、下。

③ 例如，黄氏言：“省曾于三数年之前，已窥见今之为文者，颓然崩峰，逝然倒澜，鄙浅恶陋，狂悖一世。虽号称名家者，亦不过借聋瞽之见，乘习熟之誉声讹耳，谬略传之耳……至于秦汉以来，操觚之士则一务于文叠怪词以为胜，饾华章以为高，而道之至与不至，少不为顾”(见黄省曾：《五岳山人集》卷三十一，前揭书，页790下—791上)。黄氏还说：“彼博家以罗冗为多，藻人以淫丽为夸者，犹孔翠之玩乐不如龙马之腾越也，草卉之敷芳不如禾谷之资利也。奚足道哉！”(见黄省曾：《五岳山人集》卷二十六，前揭书，页745下)

孔铎既湮，后士寡哲，儒林文苑岐为两途。颛承师说者以含味窃多，目握椠为艺生，曰华丹之乱窈窕也。优柔缛绮者以著造自侈，鄙抱经为学究，曰瓦缶之夺钟万也。二家之讼迨今犹然。殊不知性道者，文章之本干也；文章者，性道之葩萼也。使质而匪文，则衷志何以言永，彝宪何以弥纶，庙国何以经纬，而风化之术熄矣。文而匪质，则理命何以穷至，精一何以执守，心履何以昭洁，而礼义之门塞矣。①

或许正因黄氏对儒家诗学传统的认同，于诗文辞章颇有所长。所以，他乐于与李空同等明代文人交往，终以跻身文学之列。不过，黄氏的诗文观与复古派颇有差异，而更接近心学以及受心学深刻影响的唐宋派的诗文观，以下两点是有力佐证。首先，他并不强调诗文之“章法”“文采”等文字技巧，而看重真情（“质”）与自然表达。在其所编诗集的序言中，黄氏说：“诗者，神解也，天动也，性玄也，本于情流，弗由人造……古人构唱，直写厥衷。如春蕙秋蓉，生色堪把，意态各畅，无事雕模。若末世风颓，横添私刻，矜虫斗鹤，递相述师，如图缯翦锦，饰画虽妍，割强先露；故实虽富，根荄愈衰。千葩万蕊，不如一荣之真也。”②诗文以人生情感为根本，为多数传统文人所共享。而黄氏特别强调诗文所作出自真情，反对作伪；情意表达自然质朴，不雕模造作③，这与儒学“修辞立其诚”以及阳明“凡作文，惟务道其心中之实，达意而止，不必过求雕刻”的诗文观旨趣一致④，黄氏或曾受其影响。其次，在黄氏看来，

① 黄省曾：《五岳山人集》卷二十六，《四库全书存目丛书》集部第 94 册，济南：齐鲁书社，1997 年，页 744 上。

② 黄省曾：《五岳山人集》卷二十五，《四库全书存目丛书》集部第 94 册，济南：齐鲁书社，1997 年，页 736 下。

③ 再如黄勉之为李空同文集作序言：“夫文者，所以发阐性灵，叙诏伦则，形写人纪，彰泄天化。物感而言生，声谐而节会，乃玄黄之英华而神理之自然也。譬彼霞辉星彩，匪绘而焕，龙章凤色，不绣而奇，岂出造为？精机妙吐而已……盖词非伪借之可传，语必肺本而攸永，来世方远，焉可眩欺，鬼灿神昭，若握柄宰。如执簧之韵，耕田之唱，短调无芊眠之富，直音无润色之美，亦且绯陟孔经，采居匮史者，良由出之恻怛嗟叹之真，自当流诵于无极也。”（参黄省曾《五岳山人集》卷二十六，前揭书，页 742 下）黄氏虽引李空同为知己，但文学观强调质本于文，与李氏颇有差异，而更近于理学家之文学观。他还说：“仆尝爱陆生有云：诗缘情而绮靡，一言尽之。缘情者，质也，绮靡者，文也。故衷里弗根者，靡孚格之感，斧藻不备者，缺扬耀之色。然包文挟质，谁不谈之？但良玉丑碱，虽姿彩相似而真伪迥殊，此当契辨耳。故读之枯凋矮合者，皆伪也。使人意动情应者，皆真也。故志者，质也。言者，文也。凤凰所以绝音于群鸟者，以所托者远耳。此岂庸细所易语哉。”（见黄省曾：《五岳山人集》卷三十，前揭书，页 786 下）

④ 王守仁撰，吴光等编校：《王阳明全集》（新编本）卷二十七，杭州：浙江古籍出版社，2011 年，第 1050 页。

从诗文能够观作者之“心”:“文者,心之精也,人之象也。心之所以为心,与夫人之所以为人,噫!于文乎著矣!心不神乎其为心,人不矩乎其为人,则文亦不成乎其为文。谓之曰文不可以观人,未之信也。可以观矣,而校之者又罗不得乎其人,则是校之者之辟昧,而非为文之罪也。且夫觚操之际,文之发于人也,有尹旦经纶之心者,则必发为尹旦之文,有尼轲计道之心者,则必发为尼轲之文,有荀杨宏深之心者,则必发为荀杨之文,有贾董康济之心者,则必发为贾董之文,以至于有庸夫浅子之心者,则必发为庸浅之文,有短谋困学之心者,则必发为短困之文,千殊万级,不可以毫状。”①文章凝结着作者的心志、能力、思想等等,从历代贤圣之文可观其贤圣之心,反之,庸劣之文则表明作者内心之平庸鄙陋。文章除了用于载道传世外,尚有观人识人的认识功能。

黄勉之文质并重、以文载道以及书写真情、无事雕模的观点,均显示出其以儒家游夏文学传统为归宿的自觉。而且,黄氏同传统儒学的观念一样,博学之文不只是吟咏一己性情的诗词,也包括应用天下的典籍文制。与此对应,文所载之道不仅是性情之道,也指仁民爱物的治平之道,后者也是黄勉之一生念念在兹的思考重点,而这也进一步彰显出了黄氏思想的儒家底色。

## 二 政治思想

黄勉之文集中不乏批判政治现状以及探索发扬经世安民之理想治道的内容。黄氏甚至模仿《韩诗外传》引《诗》说理的方式,创作一百三十余章,主要阐发治国安人之道,批判腐化堕落之士风。他不把自己局限在内圣学领域,对外王之学也颇为用心,志在揭橥实现理想政治之途径。总体上看,黄勉之的政治思想继承《诗》《书》与孔孟儒学政治思想之传统,其中尤为突出和重视民本论、正君臣之心、重视贤才三个方面。

首先,黄勉之同其他传统儒者一样,认为人民是国家的根本,“卉木之本在神液,国之本在民心,故曰:民惟邦本,本固邦宁”②。人民作为国家治理的根本,不仅指人民安定与否、人心向背是决定国家治乱兴衰的最重要因素,

① 黄省曾:《五岳山人集》卷三十四,《四库全书存目丛书》集部第 94 册,济南:齐鲁书社,1997 年,页 815 上—下。

② 黄省曾:《五岳山人集》卷二十一,《四库全书存目丛书》集部第 94 册,济南:齐鲁书社,1997 年,页 688 下。

亦指人民安居乐业是政治的最终目的。黄氏引用董仲舒的话说:“传曰:天之生民非为王也,而天之立王以为民也。故其德足以安乐民者,天予之;其恶足以残害民者,天夺之。”①君王并非人民的目的,而正相反,人民才是设置君臣的目的。黄氏也继承了董仲舒的天人感应思想,把天象作为评判国家治乱之标准并施与奖罚,不过,正如《尚书》所言“天视自我民视,天听自我民听”,天象在本质上还是民心的变化和表达,“民心,形也,天象,影也。人之言天变者皆曰天警之也。然而凡天之变,皆因民之心而发焉宣焉,形而影之者也”②。黄氏认为民心是政治正当性的关键因素,他基于中国王朝不断更迭的历史经验进而提出,君王与土地、人民的关系就如同旅客与旅馆的关系,人民与土地是固定不动的,非君王所私有,“古昔以来,一土已尔。尧曰唐矣,舜曰虞矣,禹曰夏矣,汤曰商矣,武曰周矣,故曰:皇王无恒土。土者,传馆也。皇王者,旅客也。故圣人有天下而不与,长育其民而已矣”③。黄勉之此喻大约是要表明正如旅馆非旅客所占有,仅供其暂时使用,土地、百姓也非君王之私产,随时有被剥夺的可能,故君王不可沾沾自喜,当尽其职责,长育人民而已。把君王与土地比喻为旅客与“传馆”,很容易让我们想到黄梨洲的著名说法:“古者以天下为主,君为客,凡君之所毕世而经营者,为天下也。”④尽管两人以君主为“客”的语意不甚相同,但把君主放在次于人民与土地的位置并为之服务,两人的观点极为一致。

在黄勉之看来,君主的设立是为安定人民,而臣僚则是协助君主以治国安民。然而,据黄氏观察,当时的政治并非为民,特别是官僚士人已经汩没于名利场中,完全是为一己富贵而出仕。黄氏揭示道:“夫天子为安民而求士,士以贵身富家而求用,何其求之应之之不相值也。故其释褐之初,以至于请骸之日,无非为一富一贵之计。而夙兴夜寐于簿牒之繁,亦不过假此以为图利之阶耳。至于民情之乐苦,岁事之成歉,狱讼之淑慝,生齿之流集,一切置之心外而无问矣。”⑤腐败的政治根源在腐化的人心,若想重回三代理想

① 黄省曾:《五岳山人集》卷二十二,《四库全书存目丛书》集部第 94 册,济南:齐鲁书社,1997 年,页 695 下。

② 同上注。

③ 黄省曾:《五岳山人集》卷二十一,《四库全书存目丛书》集部第 94 册,济南:齐鲁书社,1997 年,页 689 上。

④ 黄宗羲《明夷待访录》,沈善洪主编:《黄宗羲全集》第 1 册,杭州:浙江古籍出版社,1985 年,页 2。

⑤ 黄省曾:《五岳山人集》卷三十四,《四库全书存目丛书》集部第 94 册,济南:齐鲁书社,1997 年,页 812 上。

治世，必须明乎为政之意，正君臣之心。对于君王来说，要清静无为，“清修玄澹，治天下之器也。故舜在畎亩，说在版筑，穷而圣修，皆泊乎无心于富贵者也”①。对于士大夫，最重要的是要明白出仕的目的，“盖天生斯人，君亦民也，民而无纲则不能安其生而乱，是以天必立之君。君之一身难以安民于天下，故又建之臣。故奉天以安民者，为仕之意如此而已矣……古之仕也以民，今之仕也以身；古之仕也以国以天下，今之仕也以身、家。诚不妄矣”②。今之士人视仕途为逆旅，为攫取名利的捷径，皆源于不明为士之意，故黄氏特撰《仕意》上下两篇以批判求仕之人的自私自利之心，警醒世人。

求仕之人不仅要有德，还要有才能。黄勉之认为德与才并不是分离的，有才能者必然有德行，否则称不上有才。黄氏分辨说：

> 异哉！今之所谓才也。今之所谓才者，以语对流捷、兴起事新、案牍疾剖、曲趋风旨、撰述文咏、善应干嘱者谓之才。苟于斯而有得，则虽猛如乳虎、急如束湿、污如溪壑、刻如钩巨皆弗之短矣。苟于斯而无得，则虽仁如文董、宽如何参、廉如遵震、明如吉武亦弗之优矣……吾是以知古之所谓才者，其心良，其德善，其志以天下为一家，举而用之可以康济民生之谓也。吾是以知才者，德之能也。才德非二也。故孟轲氏曰：“若夫为不善，非才之罪也。”未尝离才于德而言也。后世离才于德而为言，则是才其所才，而非圣人之所谓才也。③

如果离德而言才，以“语对流捷”“兴起事新”等为才，则极易流于自私虚假，虚华不实，这些充其量只是奇技淫巧、雕虫小技。真正的才是能用来经世济民的真才实干，而经世济民之才能源自于善良之心，有才者必有德，才德本不相离也，这样一种纳德于才的理解显然是儒家式的。黄勉之进一步认为，才不是先天即有的，需要积极地培养，“谷艺而获，才养而登者也。谷未艺而求实于陇亩者，穮蓘而已矣。才未养而采秀于庠序者，庸鄙而已矣”④。培养成才并不是摆设，任贤使能方可民富国强，“贤者之为物，非若美嫔丽妾之可

① 黄省曾：《五岳山人集》卷二十一，《四库全书存目丛书》集部第94册，济南：齐鲁书社，1997年，页692上、下。

② 黄省曾：《五岳山人集》卷三十一，《四库全书存目丛书》集部第94册，济南：齐鲁书社，1997年，页790上。

③ 黄省曾：《五岳山人集》卷三十四，《四库全书存目丛书》集部第94册，济南：齐鲁书社，1997年，页813下。

④ 黄省曾：《五岳山人集》卷二十二，《四库全书存目丛书》集部第94册，济南：齐鲁书社，1997年，页696下。

观于目也，非若端冕带裳之可加于身也，非若嘉肴庶羞之可实于口也，将以言策。尔策之不用，虽多亦奚以为？苟徒备百僚之名，而不谘道德之实，则莫若铸金为人而列之朝也"①。

黄勉之对贤才的重视不仅在于辨明贤才之实，更体现在实际的行动上。黄氏非常推崇历代贤能之士及其传世著作，或辑录事迹，或校订刊刻、注释著作以表彰之。他曾辑录自周至战国三十二位名贤事迹，以兴"见贤思齐"之心，自汉之后，他表彰的名贤有管子、晏子、贾谊、陆贾、刘向、刘基等等，其文集中收有许多篇关于校订或刊刻历代名贤著作的序言可资为证。黄氏还专门为东汉思想家荀悦的《申鉴》作注，注释得到四库馆臣的充分肯定。他不仅称赞得志行道之贤才，也尊崇在野之隐士、高士，反复吟诵赞颂。所有这些都可显示出他对历代名贤的推重和向往之情。

以上对黄勉之政治思想的简要梳理表明，黄氏的政治思考是在传统儒学政治思想的脉络中开展的。经由他对传统儒学治道的反复阐明，我们可进一步明确，黄勉之虽未能进士及第，无缘从政，却仍然心系天下，勤勉好学，以历代儒家贤圣为楷模，推明治道，著文传世以求不朽的努力。

## 三 知识追求

黄勉之以著述明道而成一家之言作为终生的志向，对他来说，认识圣贤之道，首先需要对历代圣贤著作广泛阅读，深入思考，这也包括上面提到的对历史先贤著作的校订、刊刻、注释等等，所有这些都表现为一种博学多识的追求。不过，黄勉之的博学多识，不只局限在儒家内圣外王之学的范围内，他也重视具体的经世实用之学，他对学问的追求固然大多是为了求道、明道或用之于世，但其中也蕴含着非常浓厚的知识兴趣。

据其同样以文学闻名吴中的姑家表弟皇甫汸所记，"省曾悉捐其金购奇书秘典，朝夕诵读，潜心古人，号五岳山人，博闻强识"②，这说明黄勉之具有强烈的求知欲。王世贞更详细地描述了其求学的经过和求知的广度："先生……以书贽于北地李献吉，相与扬扢，自六代西京而下距嘉靖，二千载如指掌也。乃先生则愈欿然，以为无当于世，日夜考载籍、征耆硕，以究极乎古

① 黄省曾：《五岳山人集》卷二十二，《四库全书存目丛书》集部第 94 册，济南：齐鲁书社，1997 年，页 697 上。

② 皇甫汸《黄姬水墓志铭》，载黄姬水：《黄淳父先生全集》卷二十四，《四库全书存目丛书》集部第 186 册，济南：齐鲁书社，1997 年，页 505 下。

今兴衰倚伏之变，国典庙彝礼乐比详，兵车水土平准之策，下至于星历、医卜、农贾，覆逆支离，人竭五官之职而恨其晷者，先生饶辨之矣。乃愈以为即当于世，亦役我以老，而无当于真我。东走谒王文成公阳明洞天，眉宇接而心神融，了然独悟天则之妙，归而著《会稽问道录》。”[1]王世贞对黄勉之知识范围的概括并非夸张之词，黄氏不仅知识视野甚为开阔，其著作也卷帙累累，涉及科目众多。黄氏晚年在总结自己著述时言：“山人著撰《黄集》百卷，以十干为部，甲、乙、丙、丁，各自一、二至十而未讫也。山人闻道以来，惟玩经体道，洗心萧斋。门人来谘既多，作《黄氏家语》。有《经说》，有《易系奥旨》，有《怀贤录》……有《诗言龙凤集》，有《老子玉略》，有《舆地经》，有《西洋朝贡典录》……故不蓄怀较，积书万卷，皆山人折赀损产，不惜重购，读用未周，山人慨恨者也。”[2]如果全面搜集各种史志书目所载黄氏尚存及已佚著述，黄氏上述列举远非全面，他的著作遍布传统的四部之学。为直观起见，笔者以下先以表格罗列黄氏之著作及其推广知识之活动[3]，以见其宽广的知识视野，再对黄氏的知识观做简单分析：

| 门类 | 成书方式 | |
|---|---|---|
| | 著作 | 传述 |
| 经学<br>（包括理学） | 《论语洙泗万一本旨》（佚）<br>《会稽问道录》十卷（佚）<br>《经说》（佚）<br>《易系奥旨》（佚） | 为《春秋》《孝经》作序 |
| 历史 | 《西洋朝贡典录》三卷（存）<br>《吴风录》一卷（存）<br>《怀贤录》（或称《怀贤传》（佚） | 刊《汉纪》《后汉纪》<br>抄写虞世南《北堂书钞》并作序 |
| 诸子学 | 《〈申鉴〉注》五卷（存） | 校订贾谊《新书》并作序<br>为陆贾《新语》、刘向《说苑》作序 |
| 文学 | 《西湖游咏》二卷（合著）（佚）<br>《诗言龙凤集》（佚）<br>《骚苑》四卷（合著）（存）<br>《诗法》八卷（佚） | 校订并刊刻王逸《楚辞章句》（有序）<br>重辑并刊刻《嵇中散集》十卷（有序）<br>编辑并刊刻《谢灵运诗集》（有序）<br>刊刻《空同集》多部等明人文集 |

---

① 王世贞《五岳山人集序》，载黄省曾：《五岳山人集》，《四库全书存目丛书》集部第 94 册，济南：齐鲁书社，1997 年，页 531 上。

② 黄省曾：《五岳山人集》卷三十八，《四库全书存目丛书》集部第 94 册，济南：齐鲁书社，1997 年，页 851 上、下。

③ 关于汇集黄勉之的知识撰述成绩，笔者参考了尹玲玲：《明代学者黄省曾及其著述》，见 http://www.agri-history.net/scholars/yilinlin1.htm。

续　表

| 门类 | 成书方式 | |
| --- | --- | --- |
| | 著作 | 传述 |
| 经世实用之学 | 《鱼经》一卷(存)<br>《养鱼经》一卷(存)<br>《兽经》一卷(存)<br>《蚕经》一卷(存)<br>《菊谱》二卷(存)<br>《艺菊》一卷(存)<br>《种芋法》一卷(存)<br>《理生玉经镜稻品》一卷(存)<br>《舆地经》一卷(佚) | 刊刻《水经注》,《山海经》(有序一首) |
| 自然哲学 | 《客问》四十章(见《五岳山人集》卷二十,探索天象以及动植物、人体诸多现象之成因等内容) | |
| 佛道之学 | 《老子玉略》(佚) | 为《支道林文集》《释迦如来成道记》《坛经》作序以表彰之 |

从上表来看,黄勉之具有非常广泛和深厚的知识阅历和成就,这除了来自其勤勉好学的秉性和努力,也与他重视各种知识之价值密切相关。首先,作为传统儒者,黄勉之非常重视儒家经学。每月朔望之日,黄氏常置"五经"于高处,施礼拜之,以宣其礼敬先师与圣经之意。[①] 黄勉之认为,"五经"具有不可逾越的地位,经与传、经与注释要严格区分。他特别反对混传于经的做法,因其出自狂僭之心态。[②] 对经之注释虽然不计其数,但多自以为是。因而,要想明经求道以见圣人之心,就不要受历代注释之迷惑,要直面经文,以心求心,反复涵咏。尽管注释往往驳杂失真,完全不能与经匹配,黄氏还是相当重视,在读《论语》时,便"搜剪古今,兼阐鄙蕴,庶几求获仲尼之心"[③]之万一。对于记史传世的意义,最直接的自然是记遗存真以备忘。在黄氏看来,真实地记录历史,并像孔子著《春秋》一样褒善贬恶,极有利于改良风俗、纯化人心。然而,自明初兴宗以来,史官失职,不事实录,官员奏疏多淆乱真实,墓志碑铭一味颂扬,历史遂陷于虚假。黄氏于此深有感触,有志著史,却

① 黄氏尚存《拜五经文》一篇,见其《五岳山人集》卷三十五,《四库全书存目丛书》集部第94册,济南:齐鲁书社,1997年,页817上—818上。

② 黄省曾《吏部尚书湛公古易经传训测序》,见其《五岳山人集》卷二十六,《四库全书存目丛书》集部第94册,济南:齐鲁书社,1997年,页747下—748上。

③ 黄省曾:《五岳山人集》卷二十五,《四库全书存目丛书》集部第94册,济南:齐鲁书社,1997年,页730上。

不得其位，徒嗟叹而已。[1]

黄勉之对诗文辞章的爱好以及对儒家名贤的推崇，上两节已做介绍，他在这两个领域有所建树，自然顺理成章，故不再赘述。以上涉及的知识领域，传统儒者或多或少都会重视，黄勉之的独特之处则在于，作为一个立志归向儒家文学之科的儒者又“颇希济经之效”，非常重视各种具体而专门的实用科学。黄勉之广泛而细致地学习农学各科，并有多部农学著作传世，其中比较详尽地记载和描述水稻、菊花、鱼、蚕等动植物的品种、性状、种植和养殖方法等诸多方面的内容，对相应农业专科的贡献不容小觑。[2] 不过，有些遗憾的是，我们很难找到黄氏对自己从事农学探索的回顾或说明，也无缘得知这些农学著作的撰述缘起与经过。笔者猜测，这除了与黄氏身怀经世之志有关外，也与传统的耕读生活方式、家乡吴地的农业环境以及黄氏之个人性情有关。[3] 在农学之外，黄勉之尚撰有一卷地理学著作《舆地经》，可惜已佚。黄氏曾对李梦阳言：“曩时常谓：‘丈夫生世，进不得振耀王庭，扬搉治体，恢展经济，发挥圣谟，即当裹粮蹑蹻，周游五岳，穷览六合，舒豁襟抱，选长林，庐大壑，撰造一家之言以垂托不朽。’”[4]由此即见黄氏对名山大川再三致意。黄氏还将传统叙山纪水之经典著作《水经注》与《山海经》合并为一书，校订刊刻。时人有疑两书所记多与后世山水矛盾，而欲舍弃，勉之则以为，水之德广大，不仅是生命之必需，而且用途广泛，利人利物，这两部经典虽然与后世山水之实有所出入，然不害其大同，而且除了据之以识名山大川外，还能释经注史，认识古代名物，用途多矣，诚“不刊之珍典”[5]。

黄勉之文集中还含有许多探讨自然现象的内容，其中黄氏以传统阴阳五行等自然哲学理论分析、理解各种各样的天象和生物现象的性质、变化及

---

① 黄氏著《史说》两篇以申论真实记史之重要，见《五岳山人集》卷三十四，《四库全书存目丛书》集部第 94 册，济南：齐鲁书社，1997 年，页 810 上—811 下。

② 对于黄省曾的农学成就，可参考中国农学史中的相关研究。例如，曾雄生《黄省曾的农学贡献与吴地的农学传统》，载高燮初编：《吴文化资源研究与开发》，苏州：苏州大学出版社，1995 年；魏露苓《〈稻品〉作者黄省曾考》，载《中国农史》1998 年第 3 期。

③ 勉之有一首描写其经营农艺的诗：“少小爱桑麻，农书凡几家。圃栽常抱露，池步屡逢霞。清粉衣沾竹，红烟酦媚花。山图还种药，不遣鬓生华。”（黄省曾《五岳山人集》卷十一，前揭书，页 619 上）此外，勉之也有描写内人治蚕的诗歌。由此可见，黄勉之有农业经营的亲身经验。

④ 黄省曾：《五岳山人集》卷三十，《四库全书存目丛书》集部第 94 册，济南：齐鲁书社，1997 年，页 781 下。

⑤ 参黄省曾《刻水经序》，见其《五岳山人集》卷二十四，《四库全书存目丛书》集部第 94 册，济南：齐鲁书社，1997 年，页 718 上—719 上。

其原因等，极有条理并颇具系统，于此最能发现他的纯粹非实用的求知兴趣。此外，黄勉之也不废佛道之学。他与佛门中人时有交往，对佛教经论也不乏了解，对道家典籍常加讽诵，而尤为注重《老子》，并作《老子玉略》(又称《老子道德经玉略》)。在是书序言中，黄氏提出，《老子》为叹衰世之政而明治道之书，《老子》所明之治道有二，无为与贵生，两者形影不离，相须为用。[①] 虽然《老子玉略》已不传世，但根据现存之序言，黄氏对《老子》一书基本精神的把握十分准确，确能深入其中。

最后，我们来扼要讨论黄勉之的儒学致思与其他知识的探索之间的关系。在现存的黄勉之文献中，很难找到黄氏对自己所学所述的所有知识及其关系的总体说明。不过，上文中王世贞之言给我们提供了一些线索，只是王氏对黄勉之学习内容前后转变的记载很不准确，需要辨正。按王氏之说，黄勉之的学习过程是先求工诗词，与李梦阳相交，然后转向探求治道以及经世实用之学，最后问学于阳明和甘泉。事实上，黄勉之与李梦阳交往是在问学于阳明几年之后。黄勉之文集中存录一封李梦阳答黄氏书信，其文末记写作时间是嘉靖戊子年(1528)小满。此书为回复黄氏来信言久闻李梦阳之名以求结交而作，因而此时两人尚未见面，黄李两人的认识与交往才刚刚开始。而早在正德十六年(1521)，王阳明惠赠黄勉之《修道说》，两人已开始问学往来。再者，黄勉之亲赴会稽求道在嘉靖三年(1524)。黄李相交之时，黄氏学习良知心学已经四五年有余，因此，黄氏与李梦阳讨论文学在学习心学之后。

另一方面，黄氏学习文学、经世实用之学与心学的过程也不存在一个明确以后者否定前者的分期。根据王世贞的描述，似乎在黄勉之的思想中，三种学问两两对立，不能并存。而根据上面史实辨正，黄氏自幼擅长诗词文学，并未因学习心学而放弃文学，而且在问学于阳明和甘泉后，同样坚持经世实用之学。[②] 从诸多史实来看，黄氏从始至终未间断儒学(包括心学)、经世实用之学以及文学的探讨，而且也未认为三者之间有任何矛盾之处，尽管时有同道中人批评他过于追求经史外物、用心于文辞。[③]

---

① 黄省曾：《五岳山人集》卷二十四，《四库全书存目丛书》集部第94册，济南：齐鲁书社，1997年，页719下—720下。

② 例如，勉之合刊《水经注》与《山海经》是在嘉靖甲午，即1534年，此时距其从学于阳明，已经有十年之久。

③ 除了上文提到的邹东廓之批评外，阳明在信中亦含蓄地批评黄氏过于博览经史，轻忽性命之学，见王守仁撰、吴光等编校：《王阳明全集》(新编本)卷五，杭州：浙江古籍出版社，2011年，页205—206。

## 四 结语

黄勉之同顾箬溪、唐荆川一样，都是阳明后学中重视知识、博学多识之儒者。他对农学等各类知识的关注除了个人兴趣与经世之志向，还与其所处的吴中地区发达的农桑产业背景有关。不过，他并未过多地从思想和观念上阐述心学与其他知识之学之关系，而主要落实在具体的问道、求学与著述的行动中。对于阳明心学，黄氏“未尝少有露耀与人辩诋，怀珍衡门”。这也许表明，阳明心学，甚至也包括甘泉心学，提供给黄勉之的是一套如王世贞所言“有当于真我”，理解自我、安顿自我、了解自我与世界之关系的道理，它与诗文、地理、农学等其他知识具有不同的价值，共同组成了黄勉之的知识世界。

# 第五章　顾箬溪与唐荆川的道艺观

阳明学派的知识学形态十分多元。浙中、江右阳明高弟的经世实践把心学修身学与乡土实践结合在一起，将阳明心学的理念与工夫落实在乡村改良的行动中。黄勉之学识博杂，虽难以称得上是阳明学派的核心成员，但其因博学之旨趣，亦是阳明学派之知识学论域的不可忽略之个案。黄氏的知识论域特色在农学，属于理学传统之经世之学的范围。而本章介绍的两位人物顾箬溪与唐荆川不仅继承将知识作为经世之用的理学传统，而且将知识的研习与阳明心学（理学）紧密地融为一体。两人把自身的知识探索放到儒学"游艺"的传统中，并予以新的诠释。他们不论在知识涉猎的广度和知识观的理念表达上，均极具特色，且多有相同和相通之处，故本章将两人一并讨论。

## 一 顾箬溪的知识探索

顾箬溪约在正德六年（1511）在北京从学王阳明，是阳明悟道后较早的弟子。[1] 他寿命较长，活到嘉靖朝末，前后思想有所变化。尽管顾氏晚年对阳明多有批评，但从其传世文献来看，他的思想仍具有鲜明的心学特征，黄梨洲在《明儒学案》中将其置于浙中王门应无疑义。顾箬溪在弘治十八年（1505）中进士后便步入仕途，官至刑部尚书，于嘉靖四十一年（1562）致仕，他曾任广东佥事，在阳明巡抚南赣时助其平定地方动乱。[2]

在阳明的亲炙弟子中，箬溪是非常独特的一员。一方面，他很早就跟随阳明，对阳明之学耳濡目染，浸润甚深。另一方面，他不囿于理学的范围，博学多览、涉猎广泛，在很多知识领域见解深刻。在其 82 岁（1564）完成的《静

① 束景南：《王阳明年谱长编》，上海：上海古籍出版社，2017 年，页 604。

② 富路特：《明代名人传》，北京：北京时代华文书局，2015 年，页 749—750。

虚斋惜阴录》一书中，顾氏除了总结其理学思想，还阐述了他对五经、古文字、律吕、历史人事等许多领域的认识。此外，他还有历法、刑律方面的作品。尤其重要的是，顾箬溪是明代中期数学史的重要人物，亦曾影响到唐荆川的数学研习。体现一位学者知识水平的最直观方法是汇集其所有的著述，所以，笔者根据各种史志书目和古籍丛书搜罗了顾箬溪近乎全部的著述目录。为了更好地总结顾氏学术的范围与特长，下文先用表格对其所有著述进行分类，并对所属学科门类、卷数、存遗等情况做出说明，随后简要分析其学术特点和成就。

| 著作性质<br>门类 | 撰著 | 编纂(含选编) |
|---|---|---|
| 经学 | 《读易愚得》一卷(轶) | 《尚书纂言》(轶) |
| 历史 | 《人代纪要》三十卷(存)<br>《人代纪要考证》十卷(存)<br>《人代纪略》三卷(存)<br>《南诏事略》一卷(轶) | 《长兴县志》十二卷(轶) |
| 文学(集部) | 《崇雅堂诗集》八卷(存)<br>《崇雅堂文集》六卷(存)<br>《箬溪归田诗选》一卷(存) | 《唐诗类钞》八卷(存)<br>《明文集要》(轶) |
| 数学、历法 | 《勾股算术》二卷(存)<br>《测圆海镜分类释术》十卷(存)<br>《测圆算术》四卷(存)<br>《弧矢算术》一卷(存)<br>《授时历法》二卷(轶)<br>《授时历法撮要》一卷(轶) | |
| 刑律 | 《律解疑辨》(轶) | 《重修问刑条例》七卷(存)① |
| 棋艺 | 《围棋势选》一卷(轶) | |
| 综合 | 《静虚斋惜阴录》十二卷附一卷(存) | |

以上分类结合了传统四部之别与顾箬溪本人的学术专长。总体而言，顾箬溪见诸史册的著作共 22 部，其中 13 部存世，其余当已散佚。他对传统的四部之学均有撰述，尤其擅长历史与数学。顾箬溪涉猎的知识领域，除了上表所及之外，尚包括其《静虚斋惜阴录》中经学(理学)、古文字、律吕以及不便归类的“杂学”等内容。在顾箬溪广博的学术领域中，下面三点值得重点关注：

① 表中的著作分类未必准确，对于失传以及收藏在中国国家图书馆、台北“国家图书馆”等地的孤本著作，只能根据书名判断其门类与著述性质。

1. 数学成就

顾箬溪的数学造诣主要体现在上表四部数学著作中。从书目可知，它们属于勾股、弧弦等几何学的领域。顾氏的数学水准与贡献，史家已多有论断。[①] 尽管顾箬溪并非明代最具创造力的数学家，也未显著推进宋元数学的发展，但我们如果联想到明代数学衰退的大环境，那么一定会对他无师自通和长期坚持的毅力刮目相看。据顾箬溪《行状》，他自出仕至盖棺，"独好读书，无故未尝一日释卷，以故九流百家无所不窥，然必博证精解，务当于心而后已。其平生最喜者，《九章》《勾股法》"[②]。他曾言："自幼好习数学。""贱子数学原无师承，止是钻研册子得之。中间多有不蹈旧格者，反若简便至于立法之故必须指授者，往往未得于心"。[③] 顾氏的数学是无师自通，在其著作序言中的说法类似："自幼性好数学，然无师传，每得诸家算书，辄中夜思索至于不寐，久之若神告之者，遂尽得其术。"[④]这一爱好坚持了一生，在 51 岁(1533)他完成第一部数学著作《勾股算术》，第四部著作成于 70 岁(1552)，而在《静虚斋惜阴录》中也包含数学的内容。

从元末到明中叶，数学发展处于停滞和倒退时期，从顾氏的自述中亦能窥见其数学学习的困难和坚持。顾箬溪的数学是以勾股算术为基础。他说："九数之中惟勾股一术最为玄妙，用以测高深、望远近，尤儒者所当知者。"[⑤]他撰写了中国历史上第一部以"勾股"为专题和专名的数学著作《勾股算术》。而他的其他数学著作亦贯穿了"勾股"数学理论。[⑥] 客观而言，与历史上其他朝代的数学家相较，顾氏的数学成就不是特别突出，但这当归因于当时数学传习的中断。而他终生的数学追求恰恰说明了他对数学的重视：

故其为术也益玄，非心细而静者不能造其极也。若造其极则天地

① 李约瑟：《中国科学技术史》第三卷，北京：科学出版社，1978 年，页 112—113。郭书春：《中国科学技术史・数学卷》，北京：科学出版社，2010 年，页 542—547；王连发：《勾股算学家——明顾应祥及其著作研究》，台北师范大学数学研究所硕士论文，2002 年。

② 徐中行：《天目先生集》卷十五，《续修四库全书》第 1349 册，上海：上海古籍出版社，2001 年，页 749 上。

③ 分别见顾应祥：《崇雅堂全集》卷九《〈测圆海镜分类释术〉序》及卷十三《复唐荆川内翰书》，台北"中央研究院"傅斯年图书馆复印明万历 38 年刻本(原本藏于日本国立公文书馆)。

④ 顾应祥《〈勾股算术〉序》，见郭书春主编：《中国科学技术典籍通汇・数学卷》第二分册，开封：河南教育出版社，1993 年，页 975 上。

⑤ 顾应祥：《静虚斋惜阴录》卷六，《续修四库全书》第 1122 册，上海：上海古籍出版社，2001 年，页 425 下。

⑥ 王连发：《勾股算学家——明顾应祥及其著作研究》，台北师范大学数学研究所硕士论文，2002 年，页 24。

之高深，日月之运行，如指诸掌矣。儒者罕通此术，遂以九九小伎目之，谬矣！①

外夷之人不为文义牵绕，故其用心精密如此，我中国之儒错用心于无益之虚文，而于数学知之者鲜，宁不可惜哉！②

从上可见，顾氏对当时儒者轻视数学是非常不满的。同时，他在毫无指导的背景下自己摸索、坚持自学，体现了他对数学重要性的慧见。不过，我们不能忘记，顾氏还是阳明学派的成员，是王阳明早期的重要弟子。就本书主题而言，我们更关注顾氏“好习数学”的原因及与理学的关系。

顾箬溪并未因与阳明的交往而放弃数学的爱好，也未因研习数学而否定理气心性的思辩。在顾氏这里，没有发现两者冲突的任何迹象。不仅如此，顾箬溪还特别把数学研习与心性修养联系起来。顾氏经常遭遇到数学何用的追问：

初贱子之好算也，士夫闻之必问之曰：“能占验乎？”答曰：“不能。”又曰：“知国家兴废乎？”曰：“不能。”其人莞尔曰：“然则何为？”不得已，应之曰：“将以造历。”其人愕然曰：“是固有用之学也。”③

这自然是搪塞对方的回答。他随后表露爱好数学的衷心：“君子之学，自性命道德之外，皆艺也。彼摘章绘句，取媚于人以求富贵者，较之以数为乐，求自得于心者，故有间矣。”④“以数为乐”能够“自得于心”。熟悉宋明理学的都知道，二程提倡“学要在自得”“学莫贵于自得”⑤，追求“自得”成为理学家的重要话头。顾箬溪不经意间表露出数学学习蕴含着理学的意味。

2. 历史著述

顾箬溪另一个重要的学术关怀是历史撰述。他的三十卷《人代纪要》是

① 顾应祥：《静虚斋惜阴录》卷六，《续修四库全书》第1122册，上海：上海古籍出版社，2001年，页425下。

② 顾应祥：《静虚斋惜阴录》卷六，《续修四库全书》第1122册，上海：上海古籍出版社，2001年，页432下。

③ 顾应祥：《崇雅堂全集》卷十三《复唐荆川内翰书》，台北“中央研究院”傅斯年图书馆复印明万历38年刻本（原本藏于日本国立公文书馆）。

④ 顾应祥：《崇雅堂全集》卷十三《复唐荆川内翰书》，台北“中央研究院”傅斯年图书馆复印明万历38年刻本（原本藏于日本国立公文书馆）。

⑤ 程颢、程颐撰，王孝鱼点校：《二程集》，北京：中华书局，2004年，页122、316。

对历史重要事件的纪年，其他两部《人代纪要考证》与《人代纪略》，从书名来看，应该是对前者的考证与缩写。顾箬溪巡抚云南时，专门考察过当地“南诏”的历史，著有《南诏事略》。他的历史兴趣还体现在《静虚斋惜阴录》中，此书十二卷，其中有三卷以“论古”为题谈论古代人事，另有三卷杂论也多是讨论明代及以前之人事。这六卷的内容除了包括历朝大事、君臣大义等一般历史议题外，还包括井田、刑律、礼制等社会政治问题，所有这些注重现实的论题都能显示出顾氏的经世情怀。尤其值得一提的是，顾箬溪特别关注兵事、兵器等不为传统理学家重视的领域。在此书中，顾氏用中文第一次记录了中国与葡萄牙的最早接触，亲眼目睹葡萄牙使者皮利士诸人携带献礼及佛郎机铳入境之过程。正德十一年(1516)，顾箬溪担任广东按察司佥事，代管海道，当时佛郎机国遣使臣进贡船舶抵达广州城下，放铳三个，城中尽惊。“铳乃其船上带来者，铳有管长四五尺，其腹稍大，开一面以小铳装铁弹子，放入铳腹内，药发则子从管中出，甚迅，每一大铳用小铳四五个，以便轮放其船内，两旁各置大铳四五个，在舱内暗放，敌船不敢近，故得横行海上……近见浙中军门所刻《海防图编》，画佛郎机铳每个约重二百斤，每个用提铳三个，每个约重三十斤，又有一架与其原制不同。想必我中国增添之者，又有一种小于佛郎机铳，有架可以转动者，我中国原有此物，非佛郎机铳也。予谓此铳用于海舶甚利，以之守城亦可。若临阵不如神枪火炮之便也。”①历史素养与对兵器的兴趣使他记下了整个经过，并对佛朗机铳的构造与威力进行了详细描述，这由此成为外交史和军事史上的珍贵资料。

3. 棋艺之好

顾箬溪热衷围棋和象棋。介绍它们，不在于体现顾氏的造诣多高，而在于呈现其中的知识技艺之观念。顾氏自陈，他围棋技艺不高，但一直有此喜好，在京为官时曾手录数百种棋势，从云南罢官回家后时常对局。不仅如此，他又精心选录180余局棋势，闲暇时便在舍后茅亭独自演练，沉浸其中，“不知天壤间复有何事也”②。对于象棋，他亦不仅心存热爱，而且收集著名的“金鹏变”棋谱，最后合为《橘中真乐》一册。作为理学家，顾氏一定知道“穷经致用”是宋代以来儒者的一贯主张，也了解谢上蔡“玩物丧志”的典故③，但顾箬溪的知识视野与兴趣并未以此为限。面对质疑，他做出了一个

---

① 顾应祥：《静虚斋惜阴录》卷十二，《续修四库全书》第1122册，上海：上海古籍出版社，2001年，页511上—512上。

② 顾应祥：《崇雅堂全集》卷九《〈围棋势选〉序》，台北“中央研究院”傅斯年图书馆复印明万历38年刻本(原本藏于日本国立公文书馆)。

③ 程颢、程颐撰，王孝鱼点校：《二程集》，北京：中华书局，2004年，页60。

精彩的回答:"或曰:下棋损闲心,且勿学。余曰:君子之学,自性命道德之外,何者非艺也。彼焦心苦思,求功于文字者,亦何益于身心乎? 余以适吾意耳,庸何伤哉!"[①]这一心态剖析与他对数学的爱好极其相似。

在本节中,我们重点介绍顾箬溪知识探索的不同门类和成果,分析其知识探索的动力,特别是与理学的关系。除了个人之兴趣,顾氏认为,知识的作用主要在两个方面,经世与修身,这自然不外于理学的知识观。但是,顾箬溪在为自己的数学学习辩护时,提出"以数为乐"。这里出现了儒家思想史上乃至中国历史上非常罕见的学习数学的纯粹快乐的体验和主张,不能不说是一种稀少而珍贵的声音。极为巧合的是,阳明学派的另一成员唐荆川在知识探索的范围与内在动机上与顾箬溪有诸多相通之处。我们先来介绍唐荆川的知识成就,再将两人的知识观合并讨论。

## 二 唐荆川的心学与经世学

在阳明后学中,推崇知识、博学多识的另一个重要学者是明代常州武进的唐荆川。唐荆川在学术史上主要以文学出名,他擅长诗文以及八股时文创作,是明代唐宋派的重要代表。另一方面,荆川是多才多能、涉猎广泛、知识视野极为宽阔的学者。他热衷宋明理学,尤其心学一脉思想,刻苦修习,与王龙溪、罗念庵等阳明后学切磋问学,并且他对经史、历算、兵学等经世知识有广泛的兴趣与探索,影响和塑造了当地经世学术传统。在现代学术研究中,荆川之学的文学方面受到较多的关注,研究也日趋深入,而荆川心学思想则鲜有人问津。根据本书课题,下文即来探讨荆川的心学思想及与其经世博学之关系。

### (一) 唐荆川心学思想概要

唐荆川没有亲炙王阳明,他很可能也未曾见过阳明。他对宋明新儒学的热情,除了因科举时义学习程朱之学外,主要源自与王龙溪、罗念庵等阳明后学的交往与论学。唐荆川与罗念庵同为嘉靖八年(1529)进士,唐荆川会试第一(即会元)、殿试第四,罗念庵殿试第一(即状元),两人俱名重一时。他们二人于此时当已相识。不过,荆川对阳明学的深入认识是在嘉靖十一

① 顾应祥:《崇雅堂全集》卷九《〈围棋势选〉序》,台北"中央研究院"傅斯年图书馆复印明万历38年刻本(原本藏于日本国立公文书馆)。

年(1532)王龙溪、钱绪山参加殿试时,“时则王龙溪以阳明先生高弟寓京师,公(即唐荆川)一见之,尽叩阳明之说,始得圣贤中庸之道矣”①。在随后的交往学习中,唐荆川待王龙溪亦师亦友,其心学之习行多得自龙溪。王龙溪回忆,唐荆川“尝戏谓予(即王龙溪)‘独少北面四拜之礼’”②。不仅如此,荆川与阳明其他后学特别是阳明嫡传弟子也交往密切。泰州王门王心斋曾与龙溪一起登门探访荆川③,荆川与阳明弟子顾箬溪、邹东廓、欧阳南野、聂双江等人也颇有往来,时常通信论学,他曾为季彭山《春秋私考》作序。荆川与阳明高弟的紧密交往以及他的心学思想表明,他也处于中晚明阳明学运动的核心。

不论是在私人交往还是思想交流方面,在阳明后学中,荆川与王龙溪、罗念庵最为相知。荆川与罗念庵为进士同年,互相砥砺,相互论学三十余年。荆川甚至在离世(1560)前不久,在巡抚维扬(今扬州)抗击倭寇的倥偬兵务中,还与龙溪讲学不辍。但必须指出,荆川并未积极参与阳明后学的讲学运动。他对当时的讲学运动颇有微词,在他看来,当时如火如荼的讲学“多为具文而非彼此感应之真机,而其志之不相同者则遂指摘以为口实,诚所谓吾党有过焉者也”④。他甚至认为讲学之人“崇意见而乖实际,竞口耳而寡心得”⑤。所以,他的心学思想主要得自一己之习行以及与友人之论学。以下我们即来简要梳理荆川的心学思想。

黄梨洲在《明儒学案》中把唐荆川的心学思想总结为“以天机为宗,无欲为工夫”,可以说非常准确。“天机”一词在《庄子》中早已出现。《庄子·大宗师》有“其耆欲深者,其天机浅”的说法⑥,其中,“天机”当指生命自然拥有的重要材质或能力。王阳明把“天机”转手,用以指称心体或良知。如阳明曾说:“戒惧之念是活泼泼地。此是天机不息处,所谓‘维天之命,于穆不已’。”⑦“天机不

---

① 李贽《续藏书》,载周骏富辑:《明代传记丛刊·综录类16》,台北:明文书局,1991年,页440。

② 王畿撰,吴震编校整理:《王畿集》卷十九,南京:凤凰出版社,2007年,页573。

③ 唐鼎元:《明唐荆川先生年谱》卷一,《北京图书馆藏珍本年谱丛刊》第47册,北京:北京图书馆出版社,1999年,页485。

④ 唐顺之:《重刊荆川先生文集》卷九《与徐少初县尹二》,四部丛刊初编本,明万历元年(1573)纯白斋刻本。

⑤ 唐顺之:《重刊荆川先生文集》卷五《答廖东雩提学》,四部丛刊初编本,明万历元年(1573)纯白斋刻本。

⑥ 《庄子》之《天运》《秋水》等篇也提到“天机”一词,与《大宗师》之“天机”含义相近,例如《庄子·天运》云“天机不张而五官皆备,此之谓天乐,无言而心说”。

⑦ 阳明之言“天机”还见之阳明之诗:“瑯琊雪是故园雪,故园春亦瑯琊春。天机动处即生意,世事到头还俗尘。立雪浴沂传故事,吟风弄月是何人。到家好谢二三子,莫向长沮错问津。”见王守仁撰,吴光等编校:《王阳明全集》(新编本)卷二十,杭州:浙江古籍出版社,2011年,页768。

息”即是心体发用不息。唐荆川很少谈良知，而常常代之以“天机”：

> 盖尝验得此心天机活物，其寂与感，自寂自感，不容人力。吾与之寂、与之感，只自顺此天机而已，不障此天机而已。障天机者，莫如欲。若使欲根洗尽，则机不握而自运。①

> 盖其酝酿流行，无断无续，乃吾心天机自然之妙，而非人力之可为。其所谓默识而存之者，则亦顺其天机自然之妙，而不容纤毫人力参乎其间也。是故湛然常寂而非静也，盎然常感而非动也，退藏于密而非内也，曲成万物而非外也，不寝不食而非助也，不睹不闻而非忘也，惩忿窒欲而未尝损也，改过迁善而未尝益也。②

以上两段论说中荆川言“天机”俱从吾心立论，天机指吾心本体当显而易见。荆川指出，天机具有圆活自然、完满、发用无碍之性能，此有似于阳明、龙溪对良知之“无”的阐发。正因天机完满无滞之品格，所以荆川主张顺应天机之发用，不以其他人力计度或造作。除“天机”而外，荆川又时常以“天根”“真根子”“真种子”等指称心体。③ 除了对阳明有所继承外，荆川对“天机”等概念的思考与运用与龙溪也极为相近。“天机”“天根”亦是龙溪论学的常用语：

> 邵子指天根，亦以一阳初动而言。盖穷上反下，一阳初动，所谓复也。天根如树之根，天机如根之生意，名虽异而实则一，不可以动静分疏。④

> 良知本虚，天机常活，未尝有动静之分，如目本明，如耳本听，非有假于外也。致知之功，惟在顺其天机而已。有不顺者，欲为之累，如目之有翳，耳之有垢，非聪明本然也。累释则天机自运，翳与垢去，则聪明自全矣。⑤

① 唐顺之：《重刊荆川先生文集》卷六《与聂双江司马》，四部丛刊初编本，明万历元年(1573)纯白斋刻本。

② 唐顺之：《重刊荆川先生文集》卷十《明道语略序》，四部丛刊初编本，明万历元年(1573)纯白斋刻本。

③ 参唐顺之：《重刊荆川先生文集》卷五《与项瓯东郡守》、卷六《答冯午山提学》与《与张本静》等。

④ 王畿撰，吴震编校整理：《王畿集》卷十，南京：凤凰出版社，2007年，页251。

⑤ 王畿撰，吴震编校整理：《王畿集》卷十四，南京：凤凰出版社，2007年，页392。

龙溪将“天根”的概念溯源自邵康节，并且把“天根”与“天机”等而视之，两者异名同实，差别仅在含义各有侧重。另一方面，他也突出了天机自然活泼的特点，强调顺应天机作用，不另求本源。由此来看，龙溪所言荆川于其只少一拜，诚非虚语。

此心天机圆活灵动之性发用在行事上即表现为洒落、率易的风格。有友人以生性洒脱为托辞，不愿从事“苦身缚体”的修身儒学，荆川即指明儒家之学不外于洒脱与率易，“夫古之所谓儒者，岂尽律以苦身缚体，如尸如斋，言貌如土木人，不得摇动，而后可谓之学也哉！天机尽是圆活，地性尽是洒落，顾人情乐率易而苦拘束。然人知恣睢者之为率易矣，而不知见天机者之尤为率易也；人知任情宕佚之为无拘束矣，而不知造性地者之尤为无拘束也”[①]。洒脱率易、无拘无束之性格本出自天机活泼之本性，从事儒家修身之学正是追求洒落率易之妙境。但另一方面，洒落率易不是任情恣睢，需要戒慎恐惧之功来落实。戒惧工夫，荆川又称为“小心”：

> 来书提出小心两字，诚是学者对病灵药。但如前所说，细细照察，细细洗涤，使一些私见习气，不留下种子在心里，便是小心矣。小心，非矜持把捉之谓也，若以谓矜持把捉，则便与鸢飞鱼跃意思相妨矣。江左诸人，任情恣肆，不顾名检，谓之脱洒。圣贤胸中一物不碍，亦是脱洒，在辨之而已。兄以为脱洒与小心相妨耶？惟小心而后能洞见天理流行之实，惟洞见天理流行之实，而后能脱洒，非二致也。[②]

据荆川所论，小心之工夫不是“矜持把捉”之滞碍吾心流行，“脱洒”也不是任情恣肆，放任无度，小心与脱洒并不相妨，小心工夫正是要去除“私见习气”之欲障，矜持把捉之滞碍，唯有小心才能脱洒。荆川此处的观点和论说思路，与阳明“洒落”与“敬畏”之辨何其相似！[③] 他和阳明一样，都把心态洒落、自在无碍看作身心修养的极致境地。

唐荆川的天机自然活泼、心体脱洒率易，在体用关系上又体现为寂感一体、心无定体、即用见体之说。荆川与聂双江曾有寂感关系、心有无定体的讨论。对于寂感关系，荆川的观点是：

---

① 唐顺之：《重刊荆川先生文集》卷五《与两湖书》，四部丛刊初编本，明万历元年(1573)纯白斋刻本。

② 唐顺之：《重刊荆川先生文集》卷六《与蔡白石郎中二》，四部丛刊初编本，明万历元年(1573)纯白斋刻本。

③ 参陈来：《有无之境——王阳明哲学的精神》，北京：人民出版社，1991年，页244—247。

圣人固以寂感对言，亦有以寂感分言者矣。《易》曰："复，其见天地之心乎？"关闭不行，是寂也，是天地万物之心也。则不消帮补一感字，而感在其中矣。又曰："观其所感而天地万物之情可见矣"。是感也，是天地万物之心也。则不消帮补一寂字，而寂在其中矣。《易》明言"闭关不行"，而先儒以为动而见天地之心，是以为寂异于感，而帮补一感字也。《易》明言感即天地万物之心，而先儒以为咸卦六爻皆以有感而多凶，是以为感异于寂，而帮补一寂字也。是未知圣人对言寂感未始为完语，而各言寂感未始为剩语也……夫此心原无放逸，则不必论主寂。有放逸，则不可不论主寂。学者此心原不放逸者，能有人哉？譬如人元气原无病，则不必论服药。有病，则不可不论服药。尝有人问伊川："无病何须服药？"伊川云："只为开眼即是病"。此语道尽学者膏肓处。吾丈所举程门静坐与未发之前求中之说，皆所谓顶门之针而膏肓之药也。虽至上古圣人，成汤、周公坐以待旦，高宗恭默思道三年，孔子尝终日不食、终夜不寝，至于三月而不知味，所以求之枯寂之中，如是其坚苦然者。盖虽圣人，亦自觉此心未能纯是天机流行，故不容不如此着力也。然学者用却有寂有感的工夫，却是于此中欲识得无寂无感的本心。[①]

聂双江与王龙溪、欧阳南野等王门后学曾对寂感关系进行过详细辩论[②]，荆川也介入其中，引文即是荆川对双江归寂说的回应，他是分本体与工夫两个层面表达自己观点的。首先，在本体的层面，他指出，虽然在圣典中屡有寂感分言的情况，但这并不表明寂感是分离的，圣人言及一者，另一者即蕴涵其中。所以本心是寂感互含、即寂即感的。这样一种寂感一体而不分(即无寂无感)的理解显然与龙溪、欧阳南野等王门诸子的观点是一致的，而与聂双江不同。不过，在工夫的层面，荆川显示出折衷双江的取向。虽然心体是即寂即感的，或者无分于寂然感通，但常人往往放逸本心，需要用主寂之功回复本心。在下文将指出，唐荆川的工夫论其实不是以归寂为旨归。所以，此处并不表明荆川的工夫论采取归寂一路，他仅以此肯定双江主寂工夫的合理性。

寂感一体、即寂即感其实是以体用一元、即用见体的体用关系来运思，如此理解体用关系又见之荆川对心无定体的认识：

---

① 唐顺之：《重刊荆川先生文集》卷六《与聂双江司马》，四部丛刊初编本，明万历元年(1573)纯白斋刻本。

② 参林月惠：《良知学的转折——聂双江与罗念庵思想之研究》，台北：台湾大学出版中心，2005年，页437—459。

仆亦窃谓孔子尝言心矣，出入无时，莫知其向。此真心也，非妄心之谓也。出入本无时，欲有其时，则强把捉矣。其向本无知，欲知其向，则强猜度矣。无时，即此心之时。无向，即此心之向。无定体者，即此心之定体也。有定体，故曰寂。不动，则有定体也，故谓之寂。无定体，故曰寂。无时无向，则无定体也，故谓之寂。动则有时有向，有时有向则动也。①

心有无定体也是聂双江、罗念庵与陈明水、欧阳南野等阳明后学论辩的一个话题。② 荆川是因应聂双江的观点来阐述的。双江主寂，强调心有定体以做主宰。而荆川则根据《孟子》"出入无时，莫知其向"的说法，心出入无定时、无定向，变动不居，所以心无固定之体段和方所。荆川进而认为，"心无定体"，但又主宰常在，如如不动，此恰是双江主张的"心之定体"，即是"寂"。显然，荆川是以"心无定体"来重新诠释双江的主寂说。陈明水等阳明弟子主张的"心无定体"源自阳明"心无体，以天地万物感应之是非为体"之说③，意指本心应感不息，无固定之形体或方所，需在应感事为中识取心体，而荆川此处引孟子之说其实也是表达同样的意思。④

天机自然、洒落率易、寂感关系等都属于心体论或本体论的范围。从荆川的相关讨论看，他对心体的体证与阳明心学的基本义理若合符节，与阳明后学王龙溪、陈明水等人的思想也极为一致。所以，荆川心学之思辩非常究竟，他能完全领会良知学义理的精髓。同时，这也表明，在心体论上，他和王龙溪、欧阳南野等人更为相近，而与聂双江、罗念庵距离较远。不过，在工夫论上，唐荆川有折衷王门诸子的倾向。

荆川同诸多阳明学学者的认识一致，吾心天机本能自然圆活，本来脱洒无碍，因为受各种私欲障蔽，反而迷失自身。所以，为重现心体本真，需要做

---

① 唐顺之：《重刊荆川先生文集》卷六《与聂双江司马》，四部丛刊初编本，明万历元年(1573)纯白斋刻本。

② 参林月惠：《良知学的转折——聂双江与罗念庵思想之研究》，台北：台湾大学出版中心，2005年，页528—437。

③ 陈荣捷：《王阳明〈传习录〉详注集评》，上海：华东师范大学出版社，2009年，页199。

④ 荆川"心无定体"的观点还见之他对息思虑、绝外物、存中字等修身方式的批评："故有欲息思虑以求此心之静者矣，而不知思虑即心也。有欲绝去外物之诱而专求诸内者矣，而不知离物无心也。有患此心之无着，而每存一中字以着之者矣，不知心本无着、中本无体也。若此者，彼亦自以为求之于心者详矣，而不知其弊。乃至于别以一心操此一心，心心相捽。是以欲求宁静，而愈见其纷扰也。"(见唐顺之：《重刊荆川先生文集》卷十《明道语略序》，前揭书)

“无欲”的工夫。综观荆川一生的工夫话语，“无欲”工夫主要包括立本、去蔽正反两个方面。首先，他遵循了龙溪心体立根的工夫理路，主张学者首先要体证本体，自悟本心，依心体而行事，“窃以学者能自悟本心，则意念往来如云，物相荡于太虚，不惟不足为太虚之障，而其往来相荡，乃即太虚之本体也”①。为学首要的是明见自家心体，“大率此学惟真根子最是紧要，所谓有基方筑室也。若是真根子，则初间虽是用工甚钝，久之必自透悟。若不是真根子，则其下者树门面，高者骛意见，虽自谓顿悟，竟成捕影，即其意见所究”②。“自悟本心”或“顺天机自然之妙”无非指保任心体常惺常明，主宰常在，上文的“小心”以及《中庸》的“戒慎恐惧”即属于此践履工夫的范围。③ 此外，荆川还提出要“坚苦磨炼，忍嗜欲以培天根”④，甚至“非心心念念，昼夜不舍，如养珠抱卵，下数十年无渗漏的工夫，则不能收摄此物，完养此物”⑤。

在荆川的修身实践中，体证本心或培养天根的一个重要方式是静坐。静坐自二程以来，一直是理学家看重的修身法门⑥，荆川也是如此。荆川二十九岁被张璁罢官，自言“自去官归家，闭门静坐。大抵人穷则反本，霜降水涸，天根始见”⑦。他在家闲居的这段时间，“携家至阳羡。谢去世事牵缠，时时闭门默坐，始知平日没于多岐荡精摇神之过”⑧。尔后，荆川“更欲作一闭关之计，生徒尽已谢遣，交游亦且息绝”⑨。乃至“年近四十，觉身心之卤莽而精

---

① 黄宗羲撰，沈芝盈点校：《明儒学案》（修订本）卷二十六，北京：中华书局，2008 年，页 601。

② 唐顺之：《重刊荆川先生文集》卷六《答冯午山提学》，四部丛刊初编本，明万历元年（1573）纯白斋刻本。

③ 荆川把“戒慎恐惧”看作立体去欲的工夫：“中庸所谓无声无臭，实自戒谨不睹、恐惧不闻中得之。本体不落声臭，工夫不落闻见，然其辨只在有欲无欲之间。欲根销尽，便是戒谨恐惧。虽终日酬酢云为，莫非神明妙用，而未尝涉于声臭也。欲根丝忽不尽，便不是戒谨恐惧。虽使栖心虚寂，亦是未离乎声臭也。”（见唐顺之：《重刊荆川先生文集》卷五《答张甬川尚书》，前揭书）

④ 唐顺之：《重刊荆川先生文集》卷五《与应警庵郡守》，四部丛刊初编本，明万历元年（1573）纯白斋刻本。

⑤ 唐顺之：《重刊荆川先生文集》卷六《答王遵岩》，四部丛刊初编本，明万历元年（1573）纯白斋刻本。

⑥ 关于宋明理学中静坐的专题探讨，可参杨儒宾：《宋儒的静坐说》，载《台湾哲学研究》，2004 年第 4 期。杨儒宾、马渊昌也等编：《东亚的静坐传统》，台北：国立台湾大学出版中心，2012 年。陈立胜：《静坐在儒家修身学中的意义》，载《广西大学学报（哲学社会科学版）》，2014 年 8 月。

⑦ 唐顺之：《重刊荆川先生文集》卷五《与项瓯东郡守》，四部丛刊初编本，明万历元年（1573）纯白斋刻本。

⑧ 唐顺之：《重刊荆川先生文集》卷五《与田巨山提学》，四部丛刊初编本，明万历元年（1573）纯白斋刻本。

⑨ 唐顺之：《重刊荆川先生文集》卷五《与薛方山郎中》，四部丛刊初编本，明万历元年（1573）纯白斋刻本。

力之日短，则慨然自悔，捐书烧笔。于静坐中求之，稍稍见古人涂辙可循处”[①]。荆川在嘉靖三十四年(1555)四十九岁致书双江时，还表达隐居静坐的心愿：“仆自觉欲障缠缚之深，而放逸之久矣。方欲入空山，枯坐蒲团，兀然作一活死人。如是者十余年，庶几识得本来面目。”[②]可以说，静坐工夫贯穿荆川一生为学的始终。但非常遗憾，我们难以明确静坐在荆川修身实践中的具体作用。在他相关论说的字里行间，我们仅隐约发现，静坐既能涵养本源、培养天根，又可搜刮妄念、洗涤欲障[③]，也即静坐具有立本与去蔽的双重作用。此推测倘若信实，那么以“无欲”为工夫旨归的荆川，对静坐如此重视也就不足为奇了。

然而，荆川没有把静坐的作用绝对化。事实上，他认为静坐或寂静并不能彻底根除欲根，潜伏之欲根往往在人事应接中暴露出来。这得自他亲身的经验：“仆自来家居，多是谢却一切应务。或闭门读书，或宴坐山水间。稍能摆脱，便谓胸中无事，其实种种欲根潜伏，不曾露出头面。既不得头面，则不知下手着实扫除，盖悠悠之为患久矣。近来乃于一切应务，不敢避过，始觉败露渐多。然一番败露，则一番锻炼。从此工夫颇为近实。”[④]荆川此处的修身经验和阳明有些近似。阳明曾指出，静坐虽可澄心静思，但不能有效应事，所以他提出“事上磨练”之教法，建议弟子在事务应对中做存理去欲之工夫。[⑤] 荆川也以同样的思路，指导后辈为学：“若使尽捐书册，尽弃技能，兀然

---

① 唐顺之：《重刊荆川先生文集》卷七《答蔡可泉》，四部丛刊初编本，明万历元年(1573)纯白斋刻本。

② 唐顺之：《重刊荆川先生文集》卷六《与聂双江司马》，四部丛刊初编本，明万历元年(1573)纯白斋刻本。

③ 荆川在《与张本静》中言：“近来学者本不刻苦搜剔，洗空欲障，以玄悟之语，文夹带之心，直如空花，竟成自误。要之，与禅家斗机锋相似。使豪杰之士又成一番涂塞，此风在处有之，而号为学者多处，则此风尤甚。惟嘿然无说，坐断言语意见路头，使学者有穷而反本处，庶几挽归真实力行一路，乃是一帖救急易方。”(其撰《重刊荆川先生文集》卷六《与张本静二》，前揭书)据此，荆川首先指出学者学风空花，未能“刻苦搜剔，洗空欲障”，然后又建议“嘿然无说”“有穷而反本”。这似是表明通过静坐来“刻苦搜剔，洗空欲障”。

④ 唐顺之《重刊荆川先生文集》卷五《答周七泉通判》，四部丛刊初编本，明万历元年(1573)纯白斋刻本。荆川“事上磨练”的主张还体现在另一事例。曾有友人欲闭关收敛以静心，他提出不同的建议：“兄且毋必求静味，只于无静味中寻讨；毋必闭关，只于开门应酬时寻讨。至于纷纭轇轕往来不穷之中，更试观此心何如，其应酬轇轕与闭关独卧时，还自有二见否？”他最终的看法是：“苟以为多病羸弱，精力不及，闭关以养疾则可耳。闭关以养心，则不可也。”(其撰《重刊荆川先生文集》卷六《答吕沃洲》，前揭书)荆川相似的看法还在与万鹿园的通信中有所表露，参万表：《玩鹿亭稿》附录，《四库全书存目丛书》集部第 76 册，济南：齐鲁书社，1997 年，页 180 上。

⑤ 例如《传习录》第 204 条，参陈荣捷：《王阳明〈传习录〉详注集评》，上海：华东师范大学出版社，2009 年，页 171。

槁形灰心，此亦非大难事。而精神无凝聚处，亦自不免暗路漏泄。若就从观书、学技中将此心苦炼一番，使观书而燥火不生，学技而妄念不起，此亦对病下针之法，未可便废也。燥火不因观书而有，特因观书而发耳。妄念不因学技而有，特因学技而发耳。既不因观书、学技而有，则虽不观书、不学技，亦安得谓之无乎？”[1]欲念在日常状态下常常潜而不发，反而在特殊行事中发露出来，在行事中当下发现欲念，当下克除，这样才能有效地去除隐藏之欲根。

荆川对人欲有深刻的体验和观察，他对人性并不乐观。他观察到：“今之学者种种欲障，绝未摆脱。世间熏天塞地，无非欲海；学者举心动念，悉是欲根，而往往托无寂无感、无善无恶之说，以覆其放逸无所忌惮之私。”[2]以存理去欲为志向的学者难以摆脱欲障，何况常人。而且欲望种类繁多，既有嗜欲[3]，也包括情识之欲。尽管此心天机活泼自然，即寂即感，却因受私欲障蔽而难见其发用之妙。正因人欲的根深蒂固，荆川因而把克除人欲几乎作为修身工夫的全部。而且，他把克除人欲看作非常严峻之事，甚至比作战场之生死交战，谨慎恐惧以待之：

> 人心存亡，不过天理人欲之消长。而理欲消长之几，不过迷悟两字。然非努力聚气，决死一战，则必不能悟。或不知所战，或战而不力，则往往终其身而不悟。故佛家有认贼作子与葛藤绊路之说。而兵家亦曰：名其为贼，敌乃可灭；又曰：一日纵敌，数世之患。此佛家之可通于吾儒，而治戎之道，可用以治心者也。儒者以交战为子夏之病，而不能战是所以为子夏也。虽颜子亦有战矣。曰：不远复。夫不战，何以有复也？虽天地亦有战矣。曰：“龙战于野，其血玄黄。”夫阴既疑于阳矣，阳安得晏然而无战乎？惟战而不胜，故血而至于玄黄。战而胜，则血可以不玄而阳可以亨也。是能战之效也……然窃有少恠于兄，以为世间种种嗜好，凡人之所可玩可喜者，多足以挂兄之胸臆而动其抱慕不舍之

① 唐顺之：《重刊荆川先生文集》卷六《答侄孙一麟》，四部丛刊初编本，明万历元年（1573）纯白斋刻本。

② 唐顺之：《重刊荆川先生文集》卷六《与聂双江司马》，四部丛刊初编本，明万历元年（1573）纯白斋刻本。

③ 荆川尝反省自己迷恋饮食厚味：“仆自生齿以来，百种嗜欲颇少于人，亦绝不知人间有炫耀显赫事。独不能淡于饮食，乃始痛为节损，或四五日不肉食。始而苦之，久且甘之矣。闲饮食于富贵之家，腥膏满案且哕之而投箸矣。所以苦身自约如此者，以为既不能改于其固陋以狥时好，则贫贱自是此生常事。谚曰：‘畏水者，不乘桥’，恐其动心也。”（唐顺之《重刊荆川先生文集》卷五《与王尧衢书》，前揭书）

意。此其中于心也微，而不知其植根也，胶而难解。苟一不解，则微者或横溃而著矣，根者或引蔓而枝矣。就使能戒而不溃不蔓，则其为力甚劳，而为功亦寡。譬如聚千百，不逞于深丛巨莽之间，按而不发，而时出其一二骑以钞于路，幸不为大忧。然而授首献俘之期，恐终不可冀也。而况其猖蹶之不可料欤？[①]

荆川此书意在规劝同为唐宋派成员的好友王慎中减损嗜好。对于荆川来说，嗜好作为私欲植根胶着，有如佛教所说"葛藤绊路"，不易根除。剪除嗜好的过程如同兵家之作战，必须抱必胜之心，全力以赴，不能姑息纵容，务求坚决彻底。荆川以博学游艺著称于世，饶有意味的是，他结合自身所长，把修身与技艺联系起来。

唐荆川的工夫论简述如上。荆川没有像龙溪、念庵一样形成独特的工夫经验和理论，他运用的涵养本心、静坐、去欲等工夫的形式和方法均是理学家常用的工夫。综观荆川的心体论和工夫论来看，他虽然和罗念庵同样看重静坐，却又体验到静坐不能彻底根除欲念，所以，他的心学，不论是天机自然的心体论，抑或对事上去欲之工夫的强调，更近于龙溪，而非念庵——尽管他与念庵的交谊亦至为深厚。相比于荆川在文学思想上的创造性，他在心学上的所得稍显逊色。这与他的早逝不无关系。荆川晚年不顾世人非议，受权臣严嵩荐举出仕，平定东南倭乱，事未竟而身先死。荆川临别曰："死国，吾志也。今得良死舟中，幸矣！第恨山中尚少十年工夫耳！"[②]其他迹象也表明荆川之修炼未达化境。不过，当我们以传统理学修身成圣之眼光，而不是以思想推陈出新的要求来看待荆川时，他毫无疑问是一个笃志圣学、实地用功、思想纯正的传统儒家士大夫。

### （二）唐荆川的经世博学

除了理学、文学外，唐荆川也以博学多能著称。唐荆川的身心修炼不是隔绝尘缘的独善其身，他饱含经世热忱，热衷经世事务之实践。不仅如此，他广泛涉猎经史、实用之学，为经世济民储备了丰富的知识资源。终其一生，唐荆川选录、编纂了类别众多的分科知识，也撰述了一些经史、历算著作，幸运的是，其中重要的编著大多存世。荆川如此众多的知识编纂与撰著

---

① 唐顺之：《重刊荆川先生文集》卷五《答王南江提学》，四部丛刊初编本，明万历元年（1573）纯白斋刻本。

② 唐鼎元：《明唐荆川先生年谱》卷六，《北京图书馆藏珍本年谱丛刊》第48册，北京：北京图书馆出版社，1999年，页123。

为其自身的经世实践提供了全方位的指导，同时也是他知识观的最佳体现。不过，唐荆川知识学的独特性不是他对某种专门之学有所推进，抑或创造了新的知识分类原则，而在于他把探索知识与修身成德的心学实践结合起来，指出在以修身成圣为蕲向的儒学中容纳经世学科的可能性和必要性。为全面展现唐荆川知识学的范围、内容与特点，下文先根据唐鼎元先生在民国时期所撰《唐荆川公著述考》，对荆川所有知识著述进行分门别类，再择其存世且重要者做简要介绍，最后分析荆川知识学的内外动因以及对知识的整体理解。

荆川第十四世孙唐鼎元与唐镇元博览明清各种藏书目，历阅江浙各个地区图书馆，在民国乙亥年(1935)完成《唐荆川公著述考》。此书详尽搜罗唐荆川一生曾撰写、编纂，甚至批点过的著作或文献之名目，及其存遗情况。根据著作内容和撰述性质，笔者对《唐荆川公著述考》所录书目分类如下，其中也对民国时期尚存世之著作予以标注(此中多数收录在目前各大丛书中)。

| 门类 | 成书方式 | | |
|---|---|---|---|
| | 编纂(含选编) | 撰著 | 批点 |
| 经学(含理学) | 《唐荆川先生编纂诸儒语要》十卷(存)<br>《诸儒文要》八卷<br>《儒编》六十卷<br>《选辑朱子全集》十五卷(存) | 《五经总论》一卷<br>《春秋论》一卷(存)<br>《乐论》八卷 | |
| 历史 | 《历代史纂左编》一百四十二卷(存)<br>《荆川先生右编》四十卷(存)<br>《左氏始末》十二卷(存)<br>《精选史记汉书》(存)<br>《宋资治通鉴节要》十七卷 | 《两汉解疑》二卷(存)<br>《两晋解疑》一卷(存)<br>《汉书揭要》一卷 | 《批选史记》十二卷<br>《批选汉书》四卷<br>《评选两汉奏疏》十六卷 |
| 文学(含策论时文) | 《文编》六十四卷(存)<br>《诗编》<br>《明文选》二十卷<br>《董中峰文选》<br>《二妙集》十二卷<br>《六家文略》十二卷(存)<br>《策海正传》十二卷 | 《四书文》四册 | 《唐会元精选批点唐宋名贤策论文粹》八卷(存)<br>《批选周汉文》十二卷<br>《批点真西山〈文章正宗〉》二十六卷 |

续 表

| 门类 | 成书方式 | | |
| --- | --- | --- | --- |
| | 编纂(含选编) | 撰著 | 批点 |
| 历算 | | 《数论五篇》(一说《数论六篇》)(存)<br>《勾股六论》一卷(或即《数论五篇》)<br>《神机勾股算法》<br>《历算书稿》十二册<br>《四元宝鉴》 | 《回回历批本》 |
| 兵学 | 《武编》十卷(存)<br>《奇门六壬翻擎太乙诸书》<br>《兵垣四编》五卷 | | |
| 边防地理 | 《海防图志》八卷<br>《历代地理指掌图》<br>《淮阳图编》<br>《大同三关图》 | | |
| 杂 | 《荆川稗编》一百二十卷(存) | | |

从此表来看,荆川尤为热衷按主题编纂专门知识与历史文献,相对而言,他自己撰写的知识著作非常有限。荆川关注的知识领域包括经史、文学、历算、兵学、边防等许多门类。荆川有诗文创作的天赋,他对历代典范文章的编辑显示了这方面的眼光,其中他对科举时文的创作和精编为当时应举士子提供了应试门径。荆川也擅长历算,历法基于算术,他于算法尤精。古史可以作鉴以资治,而兵法边防就是为了保卫领土、安邦安民,两者都是经世之学的重要构成。而历算的主要作用也是用于日常生活。所以显而易见,荆川的知识学以经世为主要诉求。以下我们即来分别介绍荆川各类知识学的内容和特点。

1.《唐荆川先生编纂诸儒语要》

据荆川之子唐凝庵(名鹤征,字元卿,1538—1619)为此书所作之序言,唐荆川曾选辑自周濂溪以至王阳明诸大儒之文章而成《儒编》,另录其言说之纯者而成《诸儒语要》一书,所以此书比《儒编》更加纯正和精炼。此书由荆川弟子吴达可在万历三十年(1602)刊刻,共十卷(一说二十卷)。前六卷选录周濂溪、二程、张横渠、谢上蔡、杨龟山、胡五峰、朱子、张南轩、陆象山、杨慈湖(名简,1141—1226)、陈白沙(名献章,1428—1500)、王阳明凡十三家论学语,后四卷以话题分类,辑录以上诸家(主要是宋儒)对圣贤、先秦诸子、汉唐诸儒、二程门人等等之评语。荆川尝言："诸先生者，入圣之阶也。诸先生之言，又诸先生之所以为诸先生也。尽取而读之，亦知其不无择言而纯者，未尝不在也。"[①]所以，荆川把此书作为学子初入圣门的阶梯，作用类似于朱子、吕东莱合编的《近思录》。

是书没有列举朱子门人，反而辑录象山弟子杨慈湖之学，且于明儒中不录吴康斋（名与弼，1391—1469）、薛敬轩（名瑄，1389—1464）等亲朱子学者，而选择陈白沙、王阳明，其心学之偏向显而易见。不过，从书前的两篇序言及书中内容编排来看，荆川此书显示出折衷、调和朱王的姿态。首先，唐凝庵指出，荆川此编不是追求思想统一，"诸先生之所从入与所自得固不一矣，先君子亦岂敢以一意裁之哉！大都根器利则自悟而修，语或偏悟；根器钝则自修而悟，语或偏修"[②]，其最终的目的是"读者有会焉，则各以性之所近而就其从入之途"[③]。而吴达可在另一篇序言中说，此书一方面可以溯圣学源流，补救宗良知说者之"乐放逸，恶拘检，究且流于恣肆"之蔽，亦可使应科举者"借此以求文艺根本"[④]。此外，就此编内容来说，荆川尽管专题编录象山、慈湖、白沙和阳明之学，他也专用一卷选编朱子之学，而且在后四卷大量引用朱子之说，而极少涉及白沙和阳明之言。特别是在佛教之辨上，荆川所选诸儒之说主要突出儒佛之别，与阳明融合三教之旨趣有较大距离。总之，尽管荆川在此编中几乎未下按语，我们还是能从荆川选编内容之取舍上了解其思想态度之一二。

2.《历代史纂左编》

此编刊行时，王龙溪为之作一长序。在序言中，龙溪回忆道，荆川此书"经二十余祀，凡七易稿而始成编。初名《史大纪》，更名《史纂左编》"[⑤]。荆川曾将此编第六稿一分为二，赠予龙溪与念庵。嘉靖四十年（1561），荆川去世不久，其僚友胡宗宪为缅怀荆川之志，据第七稿将此编刻印。关于此书的主题，荆川在序言中说："《左编》者，为治法而纂也。"[⑥]荆川是编即根据"左史

---

① 唐鹤征《诸儒语要序》，载唐顺之辑：《唐荆川先生编纂诸儒语要》，《四库全书存目丛书》子部第10册，济南：齐鲁书社，1995年，页108下。

② 唐鹤征《诸儒语要序》，载唐顺之辑：《唐荆川先生编纂诸儒语要》，《四库全书存目丛书》子部第10册，济南：齐鲁书社，1995年，页109上。

③ 唐鹤征《诸儒语要序》，载唐顺之辑：《唐荆川先生编纂诸儒语要》，《四库全书存目丛书》子部第10册，济南：齐鲁书社，1995年，页110下。

④ 吴达可《题诸儒语要录序》，载唐顺之辑：《唐荆川先生编纂诸儒语要》，《四库全书存目丛书》子部第10册，济南：齐鲁书社，1995年，页111下、页112上。

⑤ 王畿《历代史纂左编凡例并引》，载唐顺之辑：《历代史纂左编》，《四库全书存目丛书》史部第133册，济南：齐鲁书社，1996年，页3上。

⑥ 唐顺之辑：《历代史纂左编》自序，《四库全书存目丛书》史部第133册，济南：齐鲁书社，1996年，页1下。

记事”之成例，选取由汉至元历代有关治法之史事，按照君、相、名臣、谋臣等二十五目[①]，分类编纂，备载历代治道之经验。从选编内容看，荆川具有宽阔之胸襟以及宽广的学术视野。荆川不仅详述历代名君贤相、经师名儒之事迹，甚至还载录佛道方技乃至奸篡乱莽之故实，正如龙溪所言：“其无关于治者，尽削弗录，不以为寡；其尤有关于治者，旁取诸家、百氏、稗官、野史，搜罗缀辑，类以属之，不以为赘。”[②]在内容的取舍与排列上，此书编排的一大特点是严正统、谨夷夏之辨。荆川在君之首目中仅列汉、唐、宋三朝之君主，曹操、司马懿以至南北朝、五代诸建国者及其子孙则归于“篡”之目，甚至在曹操、司马懿名字上冠以汉魏二字。对于北魏、辽、金、元等异族政权，荆川仍称之为索头虏、契丹、女真、蒙古，并置于“夷”之栏目。荆川严辨夷夏之别，多少也反应了当时北虏南倭的紧张边防局势。

3.《荆川先生右编》

与《左编》相应，荆川是编根据“右史记言”之先例，辑选三代以下历朝名臣有关治道之奏议。不过，荆川生前并未完成此编之纂。万历间，焦弱侯出其所藏《右编》未定残稿，南京国子监祭酒刘曰宁（字幼安）按照荆川《左编》义例择要补遗，司业朱国桢绪正校雠，后二人以太学经费授梓，此书才得以流传。此编在补遗与编排时参考《左编》之体例，分治总、君、臣、将、后、储以至六部等二十一目，所以其卷次结构和内容编排与《左编》多有类似。从辑选文章看，荆川此编与《左编》的意图是一致的，即积累治法经验，为治国安民提供借鉴。需要指出的是，虽然此编备载历代名臣为政之经验，但荆川并不主张拘泥其中。他把辑选的名文比作棋谱，“奏议者，奕之谱也。师心者废谱，拘方者泥谱，其失均也……余之纂《右编》，特以为谱之不可废而已，而未及乎不泥谱之说也”[③]。

4.《两汉解疑》《两晋解疑》

荆川此两短篇选取两汉、两晋人物或事件，例如汉高祖、斯养卒归赵武臣、韩生、羊祜劝伐吴、杜预、贾充等，先悬设相关问题，然后自作解答，表达其对汉晋人、事之看法。两书完成的时间已不可考，唐鼎元推测“《两汉解疑》《两晋解疑》等文当是窗下游戏之作”[④]，并非严肃之著述。因两书

① 二十五目是根据龙溪在序言中所分（去除最后一目“释道”之重复）。荆川《左编》实际目录的个别处稍显含混。

② 王畿《历代史纂左编凡例并引》，载唐顺之辑：《历代史纂左编》，《四库全书存目丛书》史部第133册，济南：齐鲁书社，1996年，页2下—页3上。

③ 唐顺之辑：《荆川先生右编》序言，《四库全书存目丛书》史部第70册，济南：齐鲁书社，1996年，页2上。

④ 唐鼎元、唐镇元辑录《唐荆川公著述考》，载唐鼎元辑：《武进唐氏所著书》，上海图书馆藏，页36。

对人物之评论与正史较不相同，故受到四库馆臣“好为异论，务与前人相左”之批评[①]。论者指出，荆川两书之观点或受其少年独立之性格以及阳明学重个人自得之精神影响。考虑到荆川逐步刊落技能、对心学之日趋专注的为学历程，两书可能是荆川年少之作，由此也表明荆川自始至终的史学兴趣。

5.《文编》

荆川此编主要有两个传世版本。其一是嘉靖三十五年(1556)，荆川批选，门人姜宝编次，胡帛校刊本，是为原本。另一为天启年间陈元素重订本。陈本是在原本基础上删减而成，相比原本，陈本不仅文章数量有所剪裁，而且对于原本之批点、评语也多有删减。在序言中，荆川说：“然则不能无文而文不能无法。是编者，文之工匠而法之至也。”[②]所以，此编目的不仅是要汇集历代美文，而尤其包括蕴含文章技法的文章。仅就总汇作文之法而言，荆川此编的规模也非常宏大。荆川遍选周秦以至唐宋范文 1400 余篇，根据文体划分为制策、对、谏疏、论疏等近 30 门类，共 64 卷。这些文章不仅作为各种文体写作的典范，而且蕴含着高妙的作文技法。另一方面，荆川通过对这些文章的批点、评论，也阐述了其对文章立意、布局结构等方面之法度的观点。[③] 此外，荆川此编选文之取舍表明了他作为唐宋派的古文观。是编选周秦两汉文 300 余篇，魏晋六朝文 20 多篇，而唐宋文多达 1000 余篇，唐宋文之中又仅取唐宋八大家之作。

在《文编》的基础上，荆川又节略而成《六家文略》。荆川子凝庵序曰：“先君子荆川翁既尽取周秦以下诸文，择其至者为《文编》矣。又于《文编》，择其尤至者为《文略》。其人则自昌黎而下，河东、庐陵、眉山父子、金陵、南丰凡六家。其文则序、记、碑、志、书、疏、论、策凡若干篇……夫亦取其至而可法者尔。”[④]据此，《文略》可说是《文编》的精选本。唐鼎元言，《文略》所选眉山父子为三苏，六家实为八人。后人以“唐宋八大家”称之。荆川文友茅鹿门后来唐宋八大家之说与《文编》与《文略》有深厚渊源。

6.《数论五篇》

今本《重刊荆川先生文集》卷末收有荆川数学论文五篇，题目分别是《勾

---

① 永瑢等主编《四库全书总目》，载唐顺之撰：《两汉解疑》，《四库全书存目丛书》史部第 282 册，济南：齐鲁书社，1996 年，页 805 下。

② 唐顺之编：《文编》序言，《影印文渊阁四库全书》第 1377 册，台北：台湾商务印书馆，2008 年，页 103 上。

③ 参孙彦《从〈文编〉看唐顺之的“文法”说》，载《南京师范大学文学院学报》，2013 年 12 月。

④ 唐鼎元、唐镇元辑录《唐荆川公著述考》，载唐鼎元辑：《武进唐氏所著书》，上海图书馆藏，页 31。

股测望论》《勾股容方圆论》《弧矢论》《分法论》《六分论》，讨论勾股理论、弧矢形相关计算、差分、方程、分数方面的问题。值得注意的是，这几篇论文都是理论领域的探讨，不涉及经验应用，因而表明了荆川对数学知识的较为纯粹的兴趣。同时，荆川也重视数学知识的应用，他本人是一个珠算高手，曾有记载，唐荆川“尝至庐州，时蔡克廉以府同署印，将约之同游境内山川，蔡辞以有算粮事相妨。唐子乃讨善算者十余人，人各与一数，算讫，记其概，只数字，几三四易，自拨盘珠，每一数亦只记数字，不移时而一府钱粮目清矣。老书算咸惊叹：‘天下未有若是其神速者也’”[①]！荆川同当时擅长数学的学者顾箬溪、周述学有问学往来，他对顾箬溪的数学探索颇有影响，比如，他的《弧矢论》直接促成顾应祥撰写《弧矢算术》。[②]

7.《武编》

与《右编》相同，荆川生前没有刊印《武编》。传世刻本是在万历年间本焦弱侯所藏稿本印行。《四库全书总目提要》对此书的介绍简明扼要：“是书皆论用兵指要，分前、后二集。前集六卷，自将士、行阵至器用、火药、军需、杂术凡五十四门。后集六卷述古事，自料敌、抚士至坚壁、摧标，凡九十七门。体例略如《武经总要》。所录前人旧说，自孙、吴、穰苴、李筌、许洞诸兵家言，及唐、宋以来名臣奏议，无不摭集。”[③]即前集是兵学各种理论之辑录，后集则搜罗历代用兵范例，有体有用，体用并举。此编也因编选详实、内容丰富、体用兼备而受后世充分认可。[④] 其实，荆川不仅用心研讨兵法、兵术，他也擅长武艺。他少年时即擅长射艺，并在罢官闲居时，向河南杨松学枪法，荆川武艺亦受当时士人推崇。[⑤]

8.《稗编》

荆川生前未能将此编完成付梓，其弟子左烝（一说左丞）为之考校完善，左没，茅鹿门之侄茅一相复加厘正，于万历辛巳年（1581）刊行。是编又名《杂编》，“稗”取自《庄子》“道在稊稗”之说，喻不废小道，遍取有关于道者而录之。荆川此编不仅取材广泛，广搜历代史志论著，且编纂范围全面，从

① 李开先《荆川唐都御史传》，见其撰《李开先集》，路工辑校，北京：中华书局，1959 年，页 623。

② 荆川在与顾箬溪的信中言：“仆既作为《弧矢论》以请于明公，而明公亦既演之为书矣。”（见唐顺之《重刊荆川先生文集》卷六《与顾箬溪》，前揭书）

③ 唐顺之辑：《武编》卷前提要，《影印文渊阁四库全书》第 727 册，台北：台湾商务印书馆，2008 年，页 205 下。

④ 参吴用先、姚文蔚、郭一鹗为《武编》所作序言，见唐鼎元、唐镇元辑录《唐荆川公著述考》，载唐鼎元辑：《武进唐氏所著书》，上海图书馆藏，页 22—23。

⑤ 唐鼎元：《明唐荆川先生年谱》卷二，《北京图书馆藏珍本年谱丛刊》第 47 册，北京：北京图书馆出版社，1999 年，页 568—576。

《易》《诗》等六经延及法、名、天文、历算等诸子百家，次之诗、词等文艺，再从君、臣、将、谋以迄六官之终，共近七十大类。荆川认为庄子"道在稊稗"之说表明"道器不二"之理，虽贱器小器，亦有道存，"语理而尽于《六经》。语治而尽于六官，蔑以加之矣。然而诸子百家之异说，农圃、工贾、医卜、堪舆、占气、星历、方技之小道，与夫六艺之节脉碎细，皆儒者之所宜究"[①]。是编再次展示了荆川博学之旨趣。

洪朝选《唐荆川行状》称荆川嘉靖庚子年(1540)罢归后，"心未尝一日忘天下国家。既削籍不仕，于是一意沉酣六经百子史氏、国朝故典律例之书……昼夜讲究，忘寝废食。于其时学射学算，学天文律例，学山川地志，学兵法战阵，下至兵家小技一一学习"[②]。根据以上荆川的编纂和撰著，此述毫不夸张。很少有迹象表明，荆川博览群籍与其家学有关。他的编纂之学多出于其博学之兴趣与经世之关怀，后者是更为重要的因素。荆川的几大类编几乎全部以资治或致用为目的，充分体现了其经世致用或学以致用的儒家情怀。这些类编综罗群籍，卷帙浩繁，很难设想是出于一时兴致之作，其中定然蕴含着荆川以学经世的深沉关怀。而且，从这些撰述大多在荆川生前未能刊刻来看，荆川或许长期费心于此，一直在不断充实和完善。由此，我们需要重新审视荆川之学"四十之变"的老话题。

荆川屡屡谈及自己的为学经历。在《答顾东桥少宰》中，他把自己为学的经历分为三个阶段：

> 仆迂憨无能人也。过不自量，尝从诸友人，学为古文诗歌，追琢刻镂，亦且数年。然材既不近，又牵于多病，遂不成而罢去。及屏居山林，自幸尚有余日，将以游心六籍，究贤圣之述作，鉴古今之沿革，以进其识而淑诸身。又牵于多病，辄复罢去。既无一成，则惟欲逃虚息影，以从事于庄生所谓堕体黜聪，以为世间一支离之人，耕食凿饮，以毕此生，而不敢有觊乎其外。[③]

---

① 唐顺之:《重刊荆川先生文集》卷十《〈杂编〉序》，四部丛刊初编本，明万历元年(1573)纯白斋刻本。

② 洪朝选《明都察院右佥都御史巡抚凤阳等处地方提督军务前右春坊右司谏兼翰林院编修荆川唐公行状》(简称《唐荆川行状》)，见唐顺之撰、马美信等点校:《唐顺之集》附录三，杭州:浙江古籍出版社，2014 年，页 1038。需要指出的是，此处《唐荆川行状》所记时间有误，荆川罢归当在嘉靖十九年，而非嘉靖二十年(辛丑)(参唐鼎元《明唐荆川先生年谱》34 岁条)。

③ 唐顺之:《重刊荆川先生文集》卷五《答顾东桥少宰》，四部丛刊初编本，明万历元年(1573)纯白斋刻本。

这是说荆川之学有三变，早年热衷“古文诗歌”，然后“游心六籍，究贤圣之述作，鉴古今之沿革”，尔后“欲逃虚息影，以从事于庄生所谓堕体黜聪”。前两者指习作诗文时文与博览经史、考核古今两个阶段，而最后约指摒除干扰，从事性命修养之学的过程。不过，根据文脉，第三个阶段仅是荆川心愿之表达，此书写作之时，荆川尚未完全转向其中。除此之外，荆川谈论更多的是四十岁转向：

> 仆自四十外，非特世事灰心，向来一切诗文伎俩亦从扫抹，于闲静中稍有窥见本来面目处。[①]

> 仆禀气素弱，兼以早年驰骋于文词技艺之域，而所恃以立身者，又不过强自努力于气节行义之间，其于古人性命之学，盖殊未之有见也……年近四十，疾疢忧患之余，乃始稍见古人学问宗旨只在性情上理会，而其要不过主静之一言。又参之养生家言所谓归根复命云云者，亦止如此。是以数年来绝学捐书，息游默坐，精神稍觉有收拾处。[②]

从荆川数次对自己四十岁前后为学之反省来看，荆川四十岁左右摒弃诗文技艺、刊落经世用世之念[③]，一意追求性理之学，全身心进行性命修养。正是由此多次的为学转变之回顾，唐鼎元在撰述《唐荆川先生年谱》时便断定，荆川“公二十以前专精制艺之文，故负海内盛名，为场屋圭臬。三十左右，为诗古文辞，甲兵、钱谷、象纬、历算、击剑、挽强，无不习之。四十以后，专研理学”[④]。由此也就形成了荆川四十学术丕变之成说，现代学者多因袭之。[⑤]

然而，“四十之变”说与史实颇多乖违。他在四十之后并未完全停止诗

① 唐顺之：《重刊荆川先生文集》卷六《与李中溪知府》，四部丛刊初编本，明万历元年(1573)纯白斋刻本。

② 唐顺之：《重刊荆川先生文集》卷五《寄刘南坦》，四部丛刊初编本，明万历元年(1573)纯白斋刻本。关于荆川对自己四十岁为学转向的回顾，还可参其《重刊荆川先生文集》卷五《与王体仁》《与两湖书》，卷六《与刘寒泉通府》《答王遵岩》等书信。

③ 荆川在《寄赵浚谷》中言：“四十岁时，此心已成灰冷。及虏骑入京师，激于臣子大义，不觉热中一番。数年来此心又渐销歇。盖不待世人弃我，亦自知分量之所定矣。”(参唐顺之《重刊荆川先生文集》卷八《寄赵浚谷二》，前揭书)

④ 唐鼎元：《明唐荆川先生年谱》卷六，《北京图书馆藏珍本年谱丛刊》第48册，北京：北京图书馆出版社，1999年，页126。

⑤ 如左东岭：《王学与中晚明士人心态》，北京：人民文学出版社，2000年，页439—450。

文的兴趣。《文编》序言写在嘉靖三十五年，他五十岁时①，即是一个证明。王龙溪说《左编》“经二十余祺，凡七易稿而始成编”，这二十余年不太可能指荆川二十至四十这段时间。龙溪又言：“予与荆川子久处山中，是编每从商定，得其笔削去取之故，间亦有折衷之助焉。”②准此，《左编》主要是在荆川落职后闲居在家时所纂，而他闲居在家的时间主要是嘉靖十四年(1535)至三十六年(1557)，约在荆川三十至五十岁之间。所以，荆川四十之后也未停止经世之学的研习和编纂。再如，荆川在嘉靖二十六年(1547)左右，四十一岁时，还与友人详论西北河套攻守之事，并索要相关奏议以及边防地图。③ 尽管荆川数量庞大的知识类编大多没有明确的编年，但认为它们都出现在荆川四十岁之前，这似乎是一项难以完成的事业。

的确，荆川屡屡说起四十之后不再热心诗古文辞的创作(尤指应酬文章)，也刊落种种技能。这或许仅是一种趋向。荆川没有完全摆脱世务，隔离人世，遁入证道的枯寂中。否则，我们也很难理解为何荆川五十多岁应严嵩义子赵文华荐举而毅然出山，北巡南抚，以身殉于除寇安邦的兵务中。荆川在其人生的晚期，或由于精力之限制，或由于道友之规劝④，逐步节制知识技能的学习，但其经世的深切关怀难以使他彻底远离当世之务。

荆川强烈的经世关怀使其极为重视实用性的知识，即使仅为实用，荆川的知识视野也是非常广阔的，《稗编》的编目是最好的说明。他甚至还曾说：

---

① 参唐顺之编：《文编》序言，《影印文渊阁四库全书》第1377册，台北：台湾商务印书馆，2008年，页103上。再如，荆川论文法的核心文本《〈董中峰文集〉序》作于嘉靖壬子(1552)年，荆川四十六岁时(据光绪三十年(1904)刊本《中峰文选·董中峰侍郎文集序》落款时间，参杨遇青《明嘉靖时期诗文思想研究》，前揭书，第193页)。

② 王畿《历代史纂左编凡例并引》，载唐顺之辑：《历代史纂左编》，《四库全书存目丛书》史部第133册，济南：齐鲁书社，1996年，页3上。

③ 参唐顺之：《重刊荆川先生文集》卷八《答曾石塘三》，四部丛刊初编本，明万历元年(1573)纯白斋刻本。关于此通书信之系年可参孟庆媛《唐顺之书信编年考证》，上海：华东师范大学硕士论文，2010年，页45。需指出，孟氏对荆川书信系年并不完全准确，参考时要甄别。

④ 罗念庵早在嘉靖十二年(1533)守父丧时，就曾委婉劝喻荆川专精于学，毋惑于多识之歧，“夫多学而识，圣门以为第二义，然博学又孔门之训也。究其所以异者，只缘多却有识之心，非一了百当。然则知识之痛，岂小小哉！子贡一生精力，自视岂与诸子等？然毕竟不可以入道，概可见矣。庐居深悔向来悠悠之病，方深惩创。追思同心，邈在千里外，风便，何以惠之？初冬闻受荐入馆，想得专精于学，惟勿惑于他岐，吾道之幸”(罗洪先撰、徐儒宗编校整理：《罗洪先集》卷六，前揭书，页222)。乃至嘉靖二十五年(1546)，荆川四十岁时，念庵登门会见，“荆川精于历数者，闻予惊曰：‘兄聪明善悟若此，胡不究历法乎？’将强以授予。应曰：‘程子有言，某那得许多工夫？’一笑而罢”(罗洪先撰、徐儒宗编校整理：《罗洪先集》卷一，前揭书，页18)。即此可管窥两人学术兴趣之差异，同时也说明荆川此时并未废止历算之学。

"苟可以为劝于世。虽其戏如滑稽,诞如禨祥,且不废也。"①这也表明荆川对知识持有兼容并蓄的态度。荆川的知识考索自然不限于实用知识,经学依然是最崇高的知识。对于经学,他也有一种兼容并蓄的取向。

慈湖、阳明等心学学者提出,吾心之理是《六经》的实质。荆川继承此说,同时又强调圣典对吾心的发明:

> 试尝观之,心之不能离乎经,犹经之不能离乎心也。自吾心之无所待而忽然有兴,则诗之咏歌、关雎猗那之篇已随吾心而森然形矣,是兴固不能离乎诗矣。然自其读诗而有得也,未尝不恍然神游乎关雎猗那之间,相与倡和乎虞廷周庙,而不知肤理血脉之融然以液也,则是学诗之时固已兴矣,非既学诗而后反求所以兴也……安得以寓于篇者之为经,而随吾心森然形者之不为经耶?故即心而经是已。安得以无所待者之为吾心,而有所待而融然以液与有所待而肃然以敛者之不为吾心耶?故即经而心是已。②

吾心是圣典的主观的、灵动的体验形式,圣典是吾心之理的固定的客观载体。吾心与经学之间没有本末的区别,"文章即性与天道"。作为经学基础的"形声文字训诂之学"虽然并非吾心之道,然经学之道也不能离"形声文字训诂之学"而有。所以在荆川看来,王弼、郑玄等汉唐诸儒,"虽未能深究乎先王之精蕴,至于形声器度之间,比较同异,参量古今,其功最多"③。汉学与宋学各有所长,要兼取为用,而非是此非彼。

经学以至道为鹄的,经世之学则主要包括安邦定国、民生日用的实用知识与技能,两者的知识性质与目的很不相同,自然也可并存不废。不过,荆川认为两者有内在的联系。知识在总体上包括形上之道与形下应有两个层面,两者互为前提,缺一不可。他对历算的探索即两者并重:

> 夫知历理,又知历数,此吾之所以与儒生异也。知死数,又知活数,此吾之所以与历官异也。理与数非二也。数者,理之实致用处也。活

---

① 唐顺之:《重刊荆川先生文集》卷十《笔畴序》,四部丛刊初编本,明万历元年(1573)纯白斋刻本。

② 唐顺之:《重刊荆川先生文集》卷十《巽峰林侯口义序》,四部丛刊初编本,明万历元年(1573)纯白斋刻本。

③ 唐顺之:《重刊荆川先生文集》卷五《答江五坡提学》,四部丛刊初编本,明万历元年(1573)纯白斋刻本。

> 数、死数，非二也。死数者，活数之所寄也。近见一二儒者亦有意象数之学，然不得其传，则往往以儒者范围天地之虚谈，而欲盖过畴人布算积分之实用，不知岂便吃尔盖过了也。后世儒生所论六艺往往而然，不特历也。①

形上之理寓于具体的知识技艺中，具体的知识技艺非仅出于实用，其中亦有妙道存焉。世俗儒生往往视实用知识为小技末艺，纵谈形上之理，此失之虚；方家艺人又常局于曲艺而暗于大道，未识根本。正确的为学途径是由具体的知识技艺以穷达至道，“下学而上达”。如此，在专门而实用的知识技能的学习和编纂中，除了经世致用的目的，其中尚蕴含着上达天道的超越追求。在荆川看来，这才是儒家游艺之学的基本精神。知识技艺不能限于末技方术，要由此“德成而上”，参悟大道。对于这样一种极具儒学特质的知识观，荆川通过道艺、道器关系的论辩详尽地展示出来。

## 三 唐荆川的道艺之辨

德行道艺关系的讨论在儒学思想史上由来已久，前文王阳明对辞章之学的态度即属于这一论题。不过，在传统儒学中，“艺”主要指生活的技能与知识，与现代的文艺、艺术等概念并非完全对应。与王龙溪、欧阳南野等阳明高弟不同的是，唐荆川通过德行道艺的关系辨析来说明修身与知识探求之关系。唐氏不仅为自己的经世博学提供了理论说明，也对儒学中的“道艺”关系、“游艺”观念颇有发明。以下先论儒学道艺观的思想渊源，继之疏解唐氏论辨的详细内容。

### （一）先儒论道艺

孔子将“游艺”置于道德仁义之后，并说：“弟子入则孝，出则弟，谨而信，泛爱众，而亲仁。行有余力，则以学文。”（《论语·学而》）《礼记·乐记》也指出“德成而上，艺成而下”，诸此种种可见先秦儒家已认为成就德行是人生学

① 唐顺之：《重刊荆川先生文集》卷七《与万思节主事》，四部丛刊初编本，明万历元年（1573）纯白斋刻本。荆川理数并重的立场曾使他指出，顾箬溪的《测圆海镜分类释术》“此书形下之数太详，而形上之义或略。使观之者尚不免有‘数可陈而义难知’，及‘示人以鸳鸯枕而不度与人以金针’之疑。仆意欲明公于紧要处，提掇一二作法源头出来。使后世为数学者，识其大者得其义，识其小者得其数”（唐顺之《重刊荆川先生文集》卷七《与顾箬溪二》，前揭书）。

问之主业，知识技艺是学余之事，这也为后世儒学的道艺关系问题确立了德性优先的思想原则。从上文周程三子评判文章训诂之学的论说看，他们即坚持了德性优等的原则，认为文章训诂等文艺知识之学要以“道德”为归，“道德”之学可融摄文艺知识。二程弟子尹和靖（名焞，字彦明，1071—1141）则将“道德”与知识文艺的关系归结为“本”与“末”的关系：

> 德行，本也。文艺，末也。穷其本末，知所先后，可以入德矣。①

“本末”“根干”“枝叶”是理学家常用的语词，德行为“本”、文艺为“末”大概可有两方面的涵义。其一，相对于德行的贵、大、重，文艺则显得贱、小、轻，这也是主张德行相对于文艺的价值优等性。其二，根干是树之“本”，枝叶是树之“末”；有根干才会、才能生枝长叶，而只有枝叶则不能生根长干。相对于文艺知识之学，修道进德之学不仅是高尚尊贵的，而且还能够融摄知识文艺之学。宋明理学家均以修身成圣为终极蕲向，关于第一点，他们定会首肯。② 对于第二种涵义，根据二程对诗文辞章的看法，大多数理学家当会认可，例如，被朱子批评为忽略“道问学”的陆象山也说“主于道则欲消，而艺亦可进。主于艺则欲炽而道亡，艺亦不进”③。

理学家以性命道德为“本”，以知识文艺为“末”并不表明他们就轻视知识、否弃文艺，此已言之屡屡，这还可由第一章稍稍提及的朱子论道德文艺“本末”“先后”的一则语录而见一斑：

> 艺是小学工夫。若说先后，则艺为先，而三者为后。若说本末，则三者为本，而艺其末，固不可徇末而忘本。习艺之功固在先。游者，从容潜玩之意，又当在后。文中子说：“圣人志道，据德，依仁，而后艺可游也。”此说得自好。④

---

① 朱熹：《四书章句集注·论语集注》卷一，《朱子全书》第 6 册，上海/合肥：上海古籍出版社/安徽教育出版社，2002 年，页 70。

② 例如，陆象山说：“‘德成而上，艺成而下，行成而先，事成而后’；《论语》曰：‘入则孝，出则弟，谨而信，泛爱众，而亲仁’，曰：‘言忠信，行笃敬’；《孟子》曰：‘仁义礼智根于心，其生色也，睟然见于面，盎于背，施于四体，四体不言而喻’，曰：‘仁义忠信，乐善不倦’，此等皆德行事，为尊为贵，为上为先。乐师辨乎声诗，祝史辨乎宗庙之礼，与凡射、御、书、数等事，皆艺也，为卑为贱，为下为后。古人右能左贤，自有定序。”参陆九渊撰，钟哲点校《陆九渊集》卷十五，北京：中华书局，1980 年，页 193，标点有改动。

③ 陆九渊撰，钟哲点校：《陆九渊集》卷二十二，北京：中华书局，1980 年，页 272。

④ 朱熹：《朱子语类》卷三十四，《朱子全书》第 15 册，上海/合肥：上海古籍出版社/安徽教育出版社，2002 年，页 1222。

朱子认为，尽管“志道”“据德”“依仁”为本、为贵，习艺却是在先的工夫。“游艺”之所以在最后，在于“游者，从容潜玩”，“游艺”指学者习艺工夫熟后的从容境界。对于“艺”之先后，晦翁弟子陈埴（字器之，生卒年未详）说得更明确：

> 从事于六艺之文，所以致知格物也。大学以致知格物为先，《论语》“游于艺”乃在“志道、据德、依仁”后，何邪？“格物”谓穷极乎物之理，“游艺”则玩适乎艺之事。穷极其理，讲学之先务。玩适其事，德盛之余功。“游艺”在“据德、依仁”之后，最着玩味，与博学于文教六艺之境界全别，有初学、成德之分。盖此是德盛仁熟之后，等闲玩戏之中，无非滋心养德之地，如孔子钓弋是也。“从心所欲不逾矩”者，正其境界欤？①

朱子学一系的学者认为道、艺之本末关系仅是贵贱轻重之区别，而非先后之序，陆王“心学”一系学者却未必认同。笔者未找到阳明对道艺关系直接且明晰的论说，不过，从本书对阳明知识技能观点的分析来看，在发明心体的道德修炼与考索知识技能的关系上，阳明认为两者也是根干枝叶或本末的关系，但这同时即是为学先后之次序。因此，可以确定的是，朱子和阳明等宋明诸大儒均未在学理上否弃知识文艺，分歧仅在于如何看待考索知识、习练文艺在修身成圣的道德之学中的位置和作用。对于朱子学来讲，习艺即是格物致知而穷其中之理，因而是学子之“先务”；而陆、王两大儒则认为“发明本心”、自悟良知才是学问之“头脑”，知识文艺非学子之所急。然而，即使在阳明学内部，对于知识文艺在修身成德中的作用，其态度也并非全然一致。南中王门唐荆川即非常重视知识文艺的修身之用，认为君子修身成德非空虚无所附丽，而须在切实的学习技艺活动中修炼。不仅如此，在阳明学的语境中，荆川通过对道艺关系的论辩，对儒学之“道”与知识文艺之“艺”产生了某些独特之见，并深化了这一论题，从观念上提高了“六艺”之学在宋明理学（甚至传统儒学）中的位置。我们来看唐荆川道艺论辩的具体开展。

### （二）荆川“道艺”之分辨

唐荆川曾以制艺闻名士林，亦曾教授举业，但遭到友人“好博杂技艺”之批评，荆川从德行道艺之关系来说明举业等技艺活动不可废：

---

① 陈埴撰：《木钟集》卷一，《影印文渊阁四库全书》第703册，台北：台湾商务印书馆，2008年，页581上。

> 至于道德性命技艺之辨，古人虽以六德、六艺分言，然德非虚器，其切实应用处，即谓之艺；艺非麄迹，其精义致用处，即谓之德。故古人终日从事于六艺之间，非特以实用之不可缺而姑从事云耳。盖即此而鼓舞凝聚其精神，坚忍操炼其筋骨，沉潜缜密其心思，以类万物而通神明，故曰："洒扫应对、精义入神只是一理。"艺之精处，即是心精；艺之麄处，即是心粗，非二致也。但古人于艺，以为聚精会神、极深研几之实，而今人于艺，则以为溺心玩物、争能好胜之具。此则古与今之不同，而非所以为艺与德之辨也。执事所举尧舜，夫尧舜之所未闻与若罔闻云云者，此道也。羲和之历象，夷夔之礼乐，皋之刑名，至于垂工和殳伯益鸟兽，孰非道哉？然诸子为之，而尧舜若罔闻云云者，盖君逸臣劳，道则然耳。若谓尧舜以道自处，而以艺士诿之人，何其自待者厚而待人者薄也！皋以刑名自处，而乃为其君陈迪德之谟；夔以击石拊石自处，而乃教胄子以简廉直温之德性，则是以艺士自处而以德望之人，又何其自责之薄而责人之厚也！历象、礼乐，艺也。修五玉，如五器，张施五采，在玑衡，独非艺哉？则尧舜亦屑屑矣。孟子曰："尧舜之智而不徧物，急先务也。"若在羲和，则历象便为先务；在夔，则击石拊石便为先务，又安得以尧舜之所不徧者而遂不急也？执事以好博杂技艺为仆之病，此则不敢不承。而至于分技艺与德为两事，则辨之亦不敢以不明也。盖儒者慕古之论，莫不以为必绝去举业而后可以复古之德行道艺。此则不务变更人心，而务变更法度，将有如王介甫所谓"本欲变学究为秀才，不谓变秀才为学究"者矣。儒者务高之论，莫不以为绝去艺事而别求之道德性命。此则艺无精义而道无实用，将有如佛老以道德性命为上一截，色声度数为下一截者矣。是以鄙意不敢不尽于执事也。[①]

此书的起因似是荆川曾教授举业，友人"俞教谕"疑其误入"利途"。遗憾的是，"俞教谕"是谁，今已难考，我们也无从得知他质疑的具体内容。但是，荆川的观点是清楚明了的。他与朱子的观点大致相同，也认为学习知识文艺与修身成德不能分为"两事"，学习知识文艺的过程即是在格物穷理，身心修炼，成德工夫不能悬空而为，须落实在"六艺"之学上。如此一来，荆川对尹彦明和阳明以本末和根干枝叶来看待道艺关系的接受就是有限度的。在德性价值优等的意义上，荆川可能同意以德行为本、以文艺为末。但本与末或

---

① 唐顺之：《重刊荆川先生文集》卷五《答俞教谕》，四部丛刊初编本，明万历元年(1573)纯白斋刻本。

者根干与枝叶不是分裂为二，而是统一为“树”之整体。按照荆川的观点，毋宁说，德行是“树”，知识文艺是“树”之“枝叶”，不仅根干可以促进枝叶生长，枝叶之繁茂即体现为树之壮大。同理，从事于知识文艺之学即能修身进德，两者非二事。俞教谕或以为尧舜圣王志在道德，羲和、夷、夔、皋等臣子精于技艺，术业有专攻，劝说荆川从事于修身成德的儒者之学，而不要“博杂技艺”。荆川却回应说，自古以来，儒学即主张技艺与德行非“两事”，先古圣王如尧舜并非不习艺，《尚书》所言“修五玉”“如五器”“彰施五采”“在璿玑玉衡”便是尧舜所专攻。[①] 而另一方面，羲和、夷夔等人所从事者不是“末技”，而同尧舜之学一样，也是“道”。研习技艺本身即是求道进德的过程。

此外，荆川还以“道器不二”来说明儒者不能舍弃知识文艺之学：

> 《易》不云乎“言天下之至赜而不可恶也”。曾子论道之所贵者三，而归笾豆于司存，以反本也，论者犹以为颇析道器而二之。庄生云：“道在稊稗，在瓦砾，在尿溺。”其说靡矣，儒者顾有取焉，以为可以语道器之不二也。语理而尽于《六经》，语治而尽于六官，蔑以加之矣。然而诸子百家之异说，农、圃、工、贾、医、卜、堪舆、占气、星历、方技之小道，与夫《六艺》之节脉碎细，皆儒者之所宜究。其说而折衷之，未可以为赜而恶之也。善学者由之以多识蓄德，不善学者由之以溺心而灭质，则系乎所趋而已。[②]

上节已指出，唐荆川编有《文编》《荆川先生右编》《历代史纂左编》等等不一而足，每一部类纂都是鸿篇巨制，极尽其博学多识之能事。在荆川看来，除《四书》《五经》等儒者所必须修习的科目外，先秦诸子学说以及农工、医卜等知识技能也是需要参究的，其中都蕴涵着天道。如果学者于其中激起功利之心而丧心灭质，这不能归咎于百家学说，而是学者自身的价值趋向出了问题。

唐荆川技艺与道德“非两事”的论辩不止于论证考索知识、习练技能的合理性，他将修身成德灌注于技艺之学的“切实”之事的同时，也提升了技艺之学的地位。荆川技艺与德性“非两事”一方面以为“德非虚器，其切实应用处，即谓之艺”，极大地开拓了儒家“六艺”之学的范围；而另一方面认为“艺

---

① “修五玉”“如五器”“在璿玑玉衡”及“彰施五采”分别出自《尚书》之《舜典》及《益稷》，可参孔安国传，孔颖达正义，黄怀信整理：《尚书正义》，上海：上海古籍出版社，2007 年，页 82、76、166。

② 唐顺之：《重刊荆川先生文集》卷十《杂编序》，四部丛刊初编本，明万历元年（1573）纯白斋刻本。

非麁迹，其精义致用处，即谓之德”，技艺之学不仅是为了获取满足日用常行的实用知识，也不再是世俗儒学鄙弃的与“道”无关的“末技”，习艺的同时即能增进道德，“艺即是道，道即是艺”也。[①] 这样，技艺之学与道德之教不再是异层两分的，而是同质同层之关系，按照荆川“道器不二”的说法，“道艺”亦可说是“不二”。

如果细致分析上文荆川之辩说，其中表达的“道艺不二”观念实也包括两层涵义。首先，修身成德不外于考索知识、习练技艺，在知识技艺学习中即可做修身工夫，“即此而鼓舞凝聚其精神，坚忍操炼其筋骨，沉潜缜密其心思，以类万物而通神明”。其次，“道器不二”表明“器”中有“道”在，格“器”致知的知识技艺之学就不仅是为获得实用知识，而是要穷至其中之“道”，“羲和之历象，夷夔之礼乐，皋之刑名，至于垂工和矢伯益鸟兽，孰非道哉”？尽管小器小艺中寓存的或许是“小道”。

在唐荆川看来，不仅技艺之学可以通达“道德”，反之，洞彻“道德”也能促进知识技艺的精熟，求道成德的圣贤之学与知识技艺之学能相互促进，两者可以贯通融合：

> 恒者，人心之常理。古今凡圣不减不增，惟其有占不占。是以有能恒、不能恒之别，而恒道实未尝去人也。古圣贤教人，虽一曲艺，未尝不与心学相通。人能得此常理，设使为医，则必能究性命之源；为巫，则必能极鬼神之情状。一彻万融，所谓因源而得委也。古如农辕、重黎之徒，以圣贤精微之学而为医巫师是也。若使为巫医者，知无恒之不可，则必反而求之于心，念念在有恒上着工夫。则庶几性命之源，鬼神之情状可得，而无愧于巫医。盖本欲精其艺，而因以达乎其德，所谓自委而溯源也。如古巫咸、医和之徒，因巫医而知道是也。圣人提醒人心，只在一占字。《易》曰：“君子居则观其象而玩其辞，动则观其变而玩其占。”所谓占者，岂是揲蓍布卦乃为占哉？此恒心之存主处，则为“居”；此恒心之应用处，则为“动”。神明在我，知几而动，是无时无处不是占也。不占则神明失几，微昧矣。是可谓之恒乎？而又何医巫之可谓乎？[②]

---

① 陆象山曾说：“棋所以长吾之精神，瑟所以养吾之德性。艺即是道，道即是艺，岂惟二物，于此可见矣。”（见陆九渊撰、钟哲点校：《陆九渊集》卷三十五，前揭书，页 473）从工夫论的角度融通道艺，象山和荆川两人是一致的。

② 唐顺之：《重刊荆川先生文集》卷六《与裘剡溪推官书》，四部丛刊初编本，明万历元年（1573）纯白斋刻本。

文中荆川以恒德为例说明了医巫等“曲艺”与圣贤“心学”相通的两种方式。其一，如神农炎帝、轩辕黄帝、重黎等圣贤本具恒德，此恒德之心有助于医巫之学之研习，他们持之以恒，研习医巫之术，最终而能穷究生命和疾病的本源，洞见鬼神变化的真相，精练于医道，谙熟于巫术，此方式称之为“因源而得委”。其二，如古代巫咸、医和等人虽未能全具恒心，他们在学习医理、习演巫法时也知恒德之为贵，锲而不舍，日雕月琢，最终不仅可以穷究生命和疾病之源，通晓鬼神变化之真相，而且“因以达乎其德”，修炼身心、体证此恒德，此是“自委而溯源”。

此书信中，荆川是依顺“恒德”来说明“曲艺”与“心学”相融合的两种方式，而根据上文荆川“道器不二”的观点，笔者以为，在荆川的思想中实还蕴涵着另两种“曲艺”与“心学”融合的方式。以下说明还以“医巫”为例。其一，若能如圣贤一样洞彻“性命道德”，此“性命道德”也体现在生命、鬼神之“物”中，因而此“性命道德”亦是生命、鬼神终极之“道”，圣贤从事于医巫之学，其所洞彻之生命、鬼神终极之“道”亦可有助于医巫学术中知识节目之考索，这也是“以圣贤精微之学而为医巫师”，也可称为“因源而得委”。其二，若能精研医巫之术，不止于因症施药、“揲蓍布卦”等技术末节，而是上达其“理”，“究性命之源”“极鬼神之情状”，此即是穷极“性命道德”，即是通达天道之“源”，这也可看作“因巫医而知道”，也可称为“自委而溯源”。

诚然，荆川或许认为，上面所述依“道艺不二”之原则而实现的“曲艺”与“心学”的两层贯通方式在考索知识、习练技艺的具体实践中不能截然二分，知识技艺的学习中既可修养心德，调适性情，也能格物穷理以致知。因而结合上文的分析来看，荆川主张的技艺与德行非“两事”或者说“道艺不二”的观念实质上融合了阳明学事上用功以养心德以及朱子学“格物穷理”的实践旨趣，虽然荆川对于后一层道艺相贯通的具体细节阐述得不很充分。按照阳明学体用一如的理路，“道器不二”“道艺不二”是很合理的结论，象山已有此义，这已引之在前。再例如，荆川至交王龙溪也说：“道器合一，文章即性与天道不可见者，非有二也。性与天道，夫子未尝不言，但闻之有得与不得之异耳。”[①]“文章”与“天道”“非有二”亦是“道艺不二”。因此，“道器不二”“道艺不二”可以说是阳明学本身蕴有之义，只是在唐荆川处特别凸显，并且他又结合宋儒之思想，丰富充盈了这一观念。

唐荆川“道艺不二”之观念既不甚同于朱子对道艺关系之理解，也异于

① 王畿撰，吴震编校整理：《王畿集》卷三，南京：凤凰出版社，2007 年，页 73。

阳明以知识文艺非学者所“先务”的观点，这在阳明学中并不是没有争议的。根据上文对阳明知识文艺论说的分析来看，阳明或许在学理上认同“道艺不二”，知识文艺之学“不外于”致良知之“道”，考索知识、习练文艺之中也可做工夫，但是，阳明可能认为这不是学者当务之急，学者当务之急是晓得良知“头脑”[①]。唐荆川与王龙溪、罗念庵、季彭山、聂双江等王门诸子交往密切，在现存王门诸子与荆川的通信中，笔者未发现关于此论题更详细的论辩，也无从查知他们对道艺问题是否有不同的理解。值得一提的是，邹东廓在一封给荆川的简短书信中似乎委婉地批评了他“博杂技艺”的学术趋向，表达了与阳明一致的看法，东廓曰：“戒惧中和，中和位育，此是圣门相传彀率，若律吕历数，所谓有司存者。曾氏既得其宗，岂以道器为二？观依仁游艺，缓急自别。何如何如？”[②]由这些论“道艺”之书简可见，荆川晚年疏略于技艺之学，除了自身精力所限、因工夫实践而调整的原因外，还来自道友之规劝。

### （三）技与艺、游艺与玩物之别

在道艺关系的问题上，《礼记》“德成而上，艺成而下”以及宋明先儒“本末”“根干枝叶”之说不仅将“道德”与知识文艺看作实践取向不同的两事，其中似乎还蕴涵着价值高低差等的两层区别。与之相比，唐荆川道器、德艺合一的主张在合“器艺”于“道德”的同时，把知识文艺之学提升至与“道德”同层的位置，如是，儒家所习之“六艺之学”就不仅为了“博义理之趣”或者为德行之“区宅”“加些画采”，而是可以径直通往“性命道德”之“源”。这样，荆川便区分了儒家“六艺之学”与方士术家“曲艺之学”：

> 窃以六艺之学，皆先王所以寓精神、心术之妙，非特以资实用而已。《传》曰：“其数可陈也，其义难知也。”顾得其数而昧于其义，则九九之技，小道泥于致远，是曲艺之所以“艺成而下”也。即其数而穷其义，则参伍错综之用，可以成变化而行鬼神，是儒者之所以“游于艺”也。“游于艺”，则艺也者，即所谓“德成而上”也。[③]

---

① 阳明特别重视学问及工夫的“头脑”，在阳明文集中，“头脑”比比皆是。例如，《传习录》载：“黄勉之问：‘“无适也，无莫也，义之与比”，事事要如此否？’先生曰：‘固是事事要如此，须是识得个头脑乃可。义即是良知，晓得良知是个头脑，方无执着。’”见陈荣捷：《王阳明〈传习录〉详注集评》，上海：华东师范大学出版社，2009 年，页 188—189。

② 邹守益撰，董平编校整理：《邹守益集》卷十，南京：凤凰出版社，2007 年，页 526。

③ 唐顺之：《重刊荆川先生文集》卷七《与顾箬溪一》，四部丛刊初编本，明万历元年（1573）纯白斋刻本。

唐荆川认为《礼记》所言“艺成而下”指的不是吾儒“六艺之学”，而恰恰是拘泥于技、数末节而不能致道德之“远”的“曲艺之技”，儒家“六艺之学”即能“德成而上”。荆川认为在礼、乐、射、御、书、数等知识技艺的学习中即可穷究“道德”之“义”，这即是“德成而上”。因而，儒家修习的“六艺之学”即非世俗曲艺所得的实用性的“末技”或“方术”，而可称之为通达“道德”的“道术”，“六艺”即是形上之“道”。而另一方面，经由“六艺”而穷至的“性命道德”便非抽象悬空的，亦非有待于冥想或静坐，而是切实物事之“理”。格物习艺亦可窥测天机，洞见“天道”，在各种研究、演习活动中即可超越，而非必然求之于专题性的宗教修行实践。

从唐荆川的思想看，《礼记》的“艺成而下”和“德成而上”除了指称进境高低不同的两种学问外，还指两种趋向不同的习艺工夫之心态和方式。在荆川看来，两者可能都是针对研习“六艺”的活动而言，“艺成而下”和“德成而上”不仅指学者在研习“六艺”时一者仅获得“九九末技”而另一者能洞彻道德之源，“德艺”区分为“上下”还意味着两种研习活动是“游艺适情”与“玩物丧志”的区别。荆川在道艺关系的论辩中一方面区分了“技术曲艺之学”与儒家“六艺之学”，同时又辨别了“玩物”与“游艺”两种习艺的态度和方式：

> 仆窃谓游艺之与玩物，适情之与丧志，差别只在毫芒间。如六艺，皆古人养性而理心，自此便可上达天德。今人学射、学书、学数，则不过武弁之粗材，与胥史之末技。是以《戴记》分为德艺上下之说，而子夏亦讥其不能致远。况又不在六艺之科者乎？①

《礼记》“德艺上下”之别亦蕴涵着古与今、完满与亏缺之不同。古人修习“六艺”，是玩适其中，修养身心；而今人习艺仅为实用，或者沉溺其中，不得洒脱。将“游艺适情”与“玩物丧志”相区别的不是学习的对象，而是习艺者的“心机”：

> 《论语》曰：“据于德，游于艺。”《记》曰：“德成而上，艺成而下。”德之与艺，说作一个不得，说作二个不得。才提起处，色色总在面前；才放下处，了了更无一物。自是人心本来之妙，而不容增减也。古人终日从事于琴瑟羽籥、操缦安弦，种种曲艺之间。既云终日从事矣，然特可谓之

① 唐顺之：《重刊荆川先生文集》卷五《与田巨山提学》，四部丛刊初编本，明万历元年（1573）纯白斋刻本。

游而不可谓之溺。今之人，其于琴瑟羽籥、操缦安弦种种曲艺，即便偶一为之，则亦可谓之溺而不可谓之游，何也？为其有欣猒心也，为其有好丑心也，为其有争长兢短之心也。欣猒心、好丑心、长短心，此兄之所谓即是尘机也。然则所谓“艺成而下”者，非是艺病，乃是心病也。扫除心病，用息尘机，弟敢不自力以承兄之教也。[1]

荆川认为今人沉溺“曲艺”之中是心态或习艺方式出了问题，这可看作“玩物”而“溺心丧质”。因而，在荆川的思想中，“玩物”或“溺物”不仅是玩适物事、沉溺其中而无心理会“六艺”之中的道理，失去希圣希贤的精神动力，也指在习艺时“争能好胜”“争长兢短”，妄生拣择，或欣羡于外，又或厌倦不耐，不能持之以恒，总之是指习艺时心体未能纯净、不得洒脱。相反，古人之“游于艺”不仅可由器艺以通“道德”，也能在修习“六艺”时如曾点之“浴沂风雩”，自适情意，修炼心性，当下超脱，在《重修宜兴县学记》中荆川似透露了这样的意思：

先王因人情而施之教。知夫人情所不乐，则不可以从事于久。不可以从事于久，则不可以责其器之备而业之精也。是故学校以教士而养之以礼乐，以柔伏其速成躁进之心，使其终日从事于俎豆、筐篚、象勺、干籥、盘辟、缀兆之容，与其弦匏、搏拊、笙磬、雅颂、歈击、歌咏之声。盘辟、缀兆，其文郁如；歈击、咏歌，其音铿如是，耳目之所悦而血气之所畅也。天机与器数相触而不自知，是以能终身安焉而不慕乎外上之人。九年而后视其成，四十而后试之仕，而士不自以为滞也。故其器之备也，则自萳廉、直温、刚塞、恭愿，至于中和、孝友，皆能尽其微妙而无有粗疏傲戾之气。其业之精也，则自虞夏、商周之典章，鞮译、象寄之语言，至于射御、操缦、杂服之技，凡可以为家国天下之用者，能贯而通之，而无有乎卤莽生涩之习。盖其磨揉之久，而其势不得不至乎此也……盖孔门诸子尝言志矣，点独不愿仕也，浴沂风雩，鼓瑟咏歌以适其意，而子夏亦云出见纷华盛丽而悦。有鼓瑟咏歌、浴沂风雩之乐，则点也。可以自足于洙泗之滨，而无所慕有纷华盛丽。荡之于外，则子夏不能自必于其中。今也无礼乐以养之，有声利以驱之，而欲使之终身安焉而不去，岂非势之难者欤……呜呼！礼乐以养士，古之道其不可复矣。虽

① 唐顺之：《重刊荆川先生文集》卷五《答戚南玄》，四部丛刊初编本，明万历元年(1573)纯白斋刻本。

然，无体之礼、无声之乐流乎宇宙而着乎人心，不假器数而传，则古之道固未尝不在也。诵书、缀文以应有司之求，士生于今不可以已矣。虽然，其诵书也，务于约而不汩于百家传注之烦；其缀文也，尽乎己而不牵于时俗好丑之说，则今之法固不能为累也。古之所谓可乐者未尝不在，而今之所谓非可乐者不能为累，则亦可以无用于速而去之矣。①

荆川同阳明一样，亦看重礼乐的教化作用。荆川也认为礼乐是顺人情之乐而施设，学子乐学于其中，不知疲倦，也不会起“希高慕外之心”，“终身安焉而不慕乎外上之人”。而且，习礼咏歌亦能“柔伏其速成躁进之心”，“而无有粗疏傲戾之气”。学子“磨揉之久”，心地纯净，游于其中，自适自足，不亦乐乎。此与阳明后学“游艺”的精神旨趣是一致的。

据上面引文来看，荆川对“六艺”与“曲艺末技”以及“游艺”与“玩物”的辨别和他的“道艺之辨”类似，都是依顺具体语境而论说的，表达并不充分，亦不甚明晰，不过，在荆川文本的语境中确也存在着技、艺和游艺、玩溺之别。而如果按照上文所论“道德”与“六艺”的两层贯通方式，“游艺”“玩物”之涵义似乎也蕴有两层的分别，而这在荆川的思想文本中亦未有明确展示。

## 四 顾箬溪与唐荆川的游艺观

“游于艺”是儒家为己之学一项必不可少的内容，它一直为而不名地镶嵌在历代儒家的思想和实践中。导论中已稍稍提及，顾箬溪、唐荆川、黄久庵等心学学者格外重视儒家“游艺”之学的实践，突出论辩儒家“游艺”之学，在颜习斋（名元，1635—1704）、方密之（名以智，1611—1671）之前就将儒家“游艺”观提升为显题。在本节，笔者便以“艺”及“游艺”的历代解释和演变为参照，梳理阳明后学“游艺”观的思想意涵，并以此回应现代阳明学研究中一直争论不休的良知与知识之辨的学术论题，充分彰显顾箬溪、唐荆川之知识实践和道艺论说在儒家思想史上的贡献。

### （一）先秦儒学的游艺观念

“艺”，繁体作“藝”。从字源上说，“艺”可能是由“埶”变化而来，两字时

① 唐顺之：《重刊荆川先生文集》卷十二《重修宜兴县学记》，四部丛刊初编本，明万历元年（1573）纯白斋刻本。

可互用，而后世多用“艺”字。段玉裁云：“蓺、艺字皆不见于《说文》。周时六艺字盖亦作埶，儒者之于礼乐射御书数，犹农者之树埶也。”[①]段氏认为“艺”字在周代时也作“埶”，这应该是可信的，《郭店楚简·语丛三》中的“游于艺”即写作“游于埶”[②]。农夫树埶种植需要特定的技能，“埶”字遂有技艺、才能之义，这或是“艺”字含义之由来。

《论语》中的“艺”字主要有才能、技艺之义，但不见得就明确指后世所说“礼、乐、射、御、书、数”六种技能或知识。《论语·宪问》载：“子路问成人。子曰：‘若臧武仲之知，公绰之不欲，卞庄子之勇，冉求之艺，文之以礼乐，亦可以为成人矣。’”在此，“礼乐”并不属于“艺”的范围。诚然，《论语》有“吾不试，故艺”（《论语·子罕》）之言，孔子“谓门弟子曰：‘吾何执？执御乎？执射乎？吾执御矣’”（《论语·子罕》），但孔子罕言“书、数”。将儒学之“艺”界定为“礼、乐、射、御、书、数”六种技能和知识，可能出于后学之建构。

《周礼》把“礼、乐、射、御、书、数”称之为“六艺”，并以之作为每个人必需学习的六种“科目”。《周礼·地官司徒·大司徒》云：“以乡三物教万民而宾兴之：一曰六德，知、仁、圣、义、忠、和；二曰六行，孝、友、睦、姻、任、恤；三曰六艺，礼、乐、射、御、书、数。”《周礼·地官司徒·保氏》又进而解说“六艺”曰：“保氏，掌谏王恶。而养国子以道：乃教之六艺，一曰五礼，二曰六乐，三曰五射，四曰五驭，五曰六书，六曰九数。”[③]《周礼》的这一说法虽不一定是最早的，或者有其他的渊源，但因其圣书性质而将此对“六艺”的界定变成了历代士人默许的“定论”。汉以后的传统士人几乎都很自然地把“礼、乐、射、御、书、数”看作学子必需修习的六种才能和知识，即“六艺”。

此外，儒学之“六艺”还指《诗》《书》《礼》《乐》《易》《春秋》“六经”。以“六经”称“六艺”与礼乐射御书数之“六艺”可能来自不同的思想传统。“六经”之说在《庄子·天运》篇已经出现[④]，西汉时诸多著作如贾谊《新书》、《淮南子》、董仲舒《春秋繁露》等已将之称为“六艺”[⑤]，再加之司马迁《史记》中对“六艺”的诸多习用，把《诗》《书》《礼》《乐》《易》《春秋》“六经”称为“六艺”也成为后世的习惯说法。

《诗》《书》《礼》《乐》《易》《春秋》六种成文的“经”典学问，和“礼、乐、射、御、书、数”六种技能知识，两者的性质显然是不同的。孔子之“游于艺”是何

---

① 段玉裁：《说文解字注》，上海：上海古籍出版社，1988 年，页 133 下。

② 荆门市博物馆《郭店楚墓竹简》，北京：文物出版社，1998 年，页 211。

③ 郑玄注，贾公彦疏：《周礼注疏》，上海：上海古籍出版社，2010 年，页 370、499。

④ 参郭庆藩撰，王孝鱼点校：《庄子集释》卷五下，北京：中华书局，2004 年第 2 版，页 531。

⑤ 参蒋国保：《汉儒称“六经”为“六艺”考》，《中国哲学史》，2006 年第 4 期。

种意义的"艺"，是"游于"古人流传下来的典籍，还是"游于"某些才艺技能，从《论语》中很难确切辨明。不过，后世的注家大多在技艺的意义上理解和诠释"游于艺"，本节作为对此的思想史回溯和梳理，也基本限定在此意义上。[①] 关于《六经》称为"六艺"的观念源流，此处从略。

君子不仅要学习诗书礼乐等成文知识，还要习练射御等诸项艺能，但为何是要"游"于其中？如何"游"于艺？《论语》中没有进一步的提示。《礼记·学记》做了些许发挥：

> 大学之教也时。教必有正业，退息必有居。学，不学操缦，不能安弦；不学博依，不能安诗；不学杂服，不能安礼；不兴其艺，不能乐学。故君子之于学也，藏焉，修焉，息焉，游焉。[②]

此段文字与本节论题相关的有两点：第一，"不兴其艺，不能乐学"，习练技艺是为了使学子乐于学习，提高学习的兴致。第二，"游"不仅适用于"六艺"，更是对君子所有学习活动的要求。提起"游"字，我们很容易想到庄子的"逍遥游"。不过，"游"却不是道家哲学的专利，它也一直是儒家君子之学的一项原则。可惜的是，即便在《学记》中也没用对"游"的进一步详细阐释。

《学记》此处之"游"字，郑玄解释为"闲暇无事于之游"而"君子之于学也，藏焉，修焉，息焉，游焉"；孔颖达认为无非是"言君子于学无时暂替也"[③]。照此来讲，"游于艺"并没有什么微言大义，只是说学子在闲暇之时也不忘习艺，保持好学的热情和持之以恒的学习心态。如果习艺是闲暇时才做的事情，那么"礼、乐、射、御、书、数"对于学子就不是特别重要，甚至可有可无了。所以何晏注"游"字为"不足据依，故曰游"也是顺理成章的事。[④]

如果按照上段之推测，"游"于艺是否仅表明了习艺的时间？但是，从《学记》"不兴其艺，不能乐学"的说法来看，习艺似乎还关联着学习者的心态。笔者以为，仅根据先秦乃至秦汉间的儒学文献，很难明确孔子"游于艺"

---

① 值得指出的是，晚近的研究中张祥龙教授特别注意到"学艺"对于"成仁"的积极作用，于"学艺"与"成仁"的关系颇有新颖阐发。然张教授与传统儒学的惯常理解不同，他认为学"艺"是学《诗》《书》《礼》《乐》《易》《春秋》"六艺"，不过，张教授似未明确将两种"艺"做出区分。参张祥龙《仁与艺》，载赵汀阳主编：《论证 3》，桂林：广西师范大学出版社，2003 年，页 290—311。

② 郑玄注，孔颖达疏：《礼记正义》卷第四十六，上海：上海古籍出版社，2008 年，页 1432。

③ 郑玄注，孔颖达疏：《礼记正义》卷第四十六，上海：上海古籍出版社，2008 年，页 1432、1434。需指出的是，"闲暇无事于之游"其他版本还作"闲暇无事之为游"，参同书，页 1451。

④ 参何晏注，邢昺疏：《论语注疏》(十三经注疏)卷七，北京：北京大学出版社，2000 年，页 94。

之“游”的确切含义。孔子确立的“游于艺”的学习原则或许存在于后世儒学的丰富诠释中。

“游于艺”的问题域还包括另一个问题：为何是游于“六艺”而不是其他的生存活动？“艺”在儒家成人之学中意味着什么？孔孟荀很少涉及这个问题。虽然孔子很重视礼乐之教，曾说：“兴于诗，立于礼，成于乐。”（《论语·泰伯》）但他并未在更普遍的“艺”之层面谈论其意义。上文《学记》“不兴其艺，不能乐学”是一种解答，不过，这是比较笼统的解释。“乐学”是指为了在学习中体验快乐呢，还是学习活动本身就快乐，抑或两者兼有？“兴艺”是为其他科目的学习呢，还是“兴艺”即儒家之学的一部分？无论如何，《学记》把习艺与儒家之“学”关联在一起，这是明确的。对于这个问题，“建安七子”之一的徐干（170—218，字伟长）曾撰《艺纪》一篇予以专题阐释，我们也可借此管窥汉唐儒学对“游于艺”读解的视角和取向。

《艺纪》开篇描绘了圣人“造艺”的经过，提出了“艺”之兴起的一种目的论的解释：

> 艺之兴也，其由民心之有智乎？造艺者，将以有理乎？民生而心知物，知物而欲作，欲作而事繁，事繁而莫之能理也。故圣人因智以造艺，因艺以立事，二者近在乎身，而远在乎物。艺者，所以旌智、饰能、统事、御群也，圣人之所不能已也。[①]

这一段极似《荀子·礼论》篇首之论说方式，其理路是非常明晰的。民心有智而作事，圣人便为理事而“造艺”。创造技艺的直接目的是“理事”以达至“立事”。“造艺”以“理事”既可指技艺使繁冗复杂的处事过程简单便捷，也可指技艺使繁多杂乱的人间事务简而有序。“理事”仅是技艺作用的一项内容，徐氏明确指出，技艺的功用有四，即“旌智”“饰能”“统事”“御群”。这可归结为“修己”与“治人”两个方面。

首先，礼、乐、射、御、书、数之儒家“六艺”是君子成德必要的才能，是文饰、养育、美化人之朴素才智而成为“文质彬彬”君子的实践技能。在《艺纪》中，徐氏把君子之德性与才艺比作树木根干与枝叶的关系，“木无枝叶，则不能丰其根干，故谓之瘣；人无艺则不能成其德，故谓之野”，他以孔子文质论来理解人的材质与才艺的关系，艺的功用在于“美育群材”“美在其中，而畅

---

① 徐干：《中论·艺纪第七》，四部丛刊初编本。

于四支,纯粹内实,光辉外著”①。另一方面,对于司职“六艺”的职官来说,习练“六艺”能够“统事”“御群”,具体来讲,“礼以考敬,乐以敦爱,射以平志,御以和心,书以缀事,数以理烦。敬考则民不慢,爱敦则群生悦,志平则怨尤亡,心和则离德睦,事缀则法戒明,烦理则物不悖。六者虽殊,其致一也”②。简而言之,职官习练“六艺”可以提升德行修养、完善人间政务的处理效果。“六艺”既具有教化的功用,也具有政治的功用。

先秦至汉唐儒学“游艺”观的论述或不止于此。笔者以上也仅是择要而论,一方面借以展开“游于艺”涉及的主要问题,另一方面通过勾勒先儒之观点,意在为宋明儒学“游艺”观提供思想参照来突出其读解的特质。

### (二)朱子与阳明的解释

宋儒论“游于艺”,朱子为集大成者,以下梳理也以朱子为中心。朱子的“游艺”诠释是在《论语》“志道游艺”全章之整体下进行的,为了论述的方便,本节聚焦在朱子关于“游艺”的各种论说上。

与之前的注家相比,朱子尤其重视“六艺”在人生为学中的地位,这可体现于他对谢上蔡(名良佐,字显道,1050—1103)和张南轩(名栻,字敬夫、钦夫,1133—1180)两人“游艺”诠释的批评上。《朱子语类》中载有一则朱子评论上蔡观点的记录:“‘游于艺’一句,比上三句稍轻,然不可大段轻说。如上蔡云‘有之不害为小人,无之不害为君子’,则是太轻了。古人于礼、乐、射、御、书、数等事,皆至理之所寓。游乎此,则心无所放,而日用之间本末具举,而内外交相养矣。”③朱子对南轩的批评更能表明他对“六艺”的重视。南轩于“游于艺”章注释曰:“涵泳于道,履践于德,体切于仁,游涉于艺。艺者,亦以养吾德性而已。”④而朱子却批评道:

> 上四句解释不甚亲切,而此句尤有病。盖艺虽末节,然亦事理之当然,莫不各有自然之则焉。曰“游于艺”者,特欲其随事应物各不悖于其理而已。不悖于理,则吾之德性固得其养,然初非期于为是以养之也。此解之云,亦原于不屑卑近之意,故耻于游艺而为此说以自广耳。又按张子曰:“艺者,日为之分义也。”详味此句,便见得艺是合有之物,非必

---

① 徐干:《中论·艺纪第七》,四部丛刊初编本。

② 徐干:《中论·艺纪第七》,四部丛刊初编本。

③ 朱熹:《朱子语类》卷三十四,《朱子全书》第15册,上海/合肥:上海古籍出版社/安徽教育出版社,2002年,页1217。

④ 张栻撰,邓洪波校点:《张栻集》卷四,长沙:岳麓书社,2010年,页52。

为其可以养德性而后游之也。[1]

朱子认为，上蔡之解认六艺“太轻”，南轩之注则是对六艺“不屑卑近之意”。礼、乐、射、御、书、数并非可有可无，而是人间“合有之物”，是人生必须修习的科目，学子八岁入“小学”时就要开始学习。[2]“六艺”何以如此重要？

朱子对孔子“游于艺”的理解和诠释集中体现在《四书章句集注》中：

> 游者，玩物适情之谓。艺，则礼乐之文，射、御、书、数之法，皆至理所寓，而日用之不可阙者也。朝夕游焉，以博其义理之趣，则应务有余，而心亦无所放矣。此章言人之为学当如是也，盖学莫先于立志。志道，则心存于正而不他；据德，则道得于心而不失；依仁，则德性常用而物欲不行；游艺，则小物不遗而动息有养。学者于此，有以不失其先后之序、轻重之伦焉，则本末兼该，内外交养，日用之间，无少间隙，而涵泳从容，忽不自知其入于圣贤之域矣。[3]

朱子明确指出，“艺”即礼、乐、射、御、书、数六种技能或知识而非“六经”。在朱子看来，修习“六艺”主要有三方面的功用：首先，“六艺”含有名物度数，“皆至理所寓”，学习“六艺”是穷格其中“物理”与“事理”的过程，是“格物穷理”之一途，“一件事理会不得，此心便觉滞碍。惟是一一去理会，这道理脉络方始一一流通，无那个滞碍。因此又却养得这个道理。以此知大则道无不包，小则道无不入。小大精粗，皆无渗漏，皆是做工夫处”[4]。其次，“六艺”又是“人所日用而不可无者”[5]“日用之不可阙者”，是满足人生存需求而必备的实践技能和知识，因而也是儒者经世济用而要具备的知识才能。[6] 再者，

① 朱熹：《晦庵先生朱文公集》卷三十一，《朱子全书》第21册，上海/合肥：上海古籍出版社/安徽教育出版社，2002年，页1368。

② 朱熹在《大学章句序》中曰：“人生八岁，则自王公以下，至于庶人之子弟，皆入小学，而教之以洒扫、应对、进退之节，礼乐、射御、书数之文。”参朱熹《四书章句集注·大学章句》，《朱子全书》第6册，上海/合肥：上海古籍出版社/安徽教育出版社，2002年，页13。

③ 朱熹：《四书章句集注·论语集注》卷四，《朱子全书》第6册，上海/合肥：上海古籍出版社/安徽教育出版社，2002年，页121—122。

④ 朱熹：《朱子语类》卷三十四，《朱子全书》第15册，上海/合肥：上海古籍出版社/安徽教育出版社，2002年，页1216。

⑤ 朱熹：《四书或问·论语或问》卷七，《朱子全书》第6册，上海/合肥：上海古籍出版社/安徽教育出版社，2002年，页741。

⑥ 朱子说：“天文地理、礼乐制度、军旅刑法，皆是着实有用之事业，无非自己本分内事。古人六艺之教，所以游其心者，正在于此。”参朱熹：《晦庵先生朱文公集》卷五十八，《朱子全书》第23册，上海/合肥：上海古籍出版社/安徽教育出版社，2002年，页2755。

习练“六艺”可以“博其义理之趣，则应务有余，而心亦无所放矣”，既能兴发学习的情趣，又可凝练身心，“消磨其飞扬倔强之气而为入德之阶”①。“六艺”之用大矣哉！

不过，从朱子对南轩的批评看，学习“六艺”能够涵养德性，但学习“六艺”并非是为养德而设。毋宁说，闲邪存诚、涵养心性是儒家六艺修习活动自然而然的结果。因此，只有前两个功用才可算学习“六艺”的实践动因或直接目的，前者与朱子提倡的“格物穷理”的为学趋向一致，后者植根于儒学的经世传统中。但这并非说明朱子不重视“游艺”的修身向度，恰恰相反，朱子对“游于艺”即做了一种修身学的诠释。对于朱子来说，“游于艺”的生存活动本身即是修身用功的过程，这体现在朱子对“游”的读解中。

朱子解“游”是对二程的继承与发明。二程对“游于艺”的解释是：“‘游于艺’，学者当如是游泳于其中。”②《四书章句集注》中朱子进而把“游”解为“玩物适情”“涵泳从容”。“游泳”“玩物适情”“涵泳从容”表明了习艺的情态和节奏。学子习练“六艺”时，要不急不躁，镇静平和，“从容不乱”；习艺非一日两日急就而成，须经日积月累，“从容咀嚼”，“沉潜玩索”，而且“艺却是零碎底物事。做那个，又来做这个，是游来游去之谓也”③。如朱子所云，只要采取“玩物适情”“涵泳从容”的态度和方式，习艺无论是为了穷格其中之理，还是为经世济民，吾之德性都会不期然而然地得到涵养。这样，“游于艺”随即成为君子修身成圣的内在环节。朱子这一修身学的诠释维度，也是宋明理学的胜场。

阳明对“游于艺”没有太多的发明，不过从阳明师徒关于“游艺”的几处问答中也能窥见阳明“心学”的论说特点。《传习录》下卷有一则记载阳明解释“志道游艺”章的条目：

> 问“志于道”一章。先生曰：“只志道一句，便含下面数句功夫，自住不得。譬如做此屋，志于道，是念念要去择地鸠材，经营成个区宅。据德，却是经画已成，有可据矣。依仁，却是常常住在区宅内，更不离去。游艺，却是加些画采，美此区宅。艺者，义也，理之所宜者也。如诵诗、读书、弹琴、习射之类，皆所以调习此心，使之熟于道也。苟不志道而游

① 朱熹：《晦庵先生朱文公集》卷六十三，《朱子全书》第 23 册，上海/合肥：上海古籍出版社/安徽教育出版社，2002 年，页 3068。

② 程颢，程颐撰，王孝鱼点校：《二程集》，北京：中华书局，2004 年，页 1144。

③ 朱熹：《朱子语类》卷三十四，《朱子全书》第 15 册，上海/合肥：上海古籍出版社/安徽教育出版社，2002 年，页 1219。

艺，却如无状小子，不先去置造区宅，只管要去买画挂做门面。不知将挂在何处？”[①]

与朱子一样，阳明认为此章是言为学修身的次序“功夫”。但不同的是，“游于艺”不是在先[②]，而是修身工夫的最后阶段。如果说朱子把“游艺”当作个人必须具有的实践能力，那么阳明则把它看作修身成圣最后阶段的美饰和完善。在阳明看来，“志道”“据德”“依仁”与“游艺”是人向善求道之生命历程的全过程，“游于艺”是前三个工夫的自然延伸，是此三阶段的巩固、升华和美化。

值得留意的是阳明对“艺”的论说。“艺者，义也，理之所宜者也”，这不是阳明的原创，它直接的思想渊源即上文提到的张横渠“艺者，日为之分义”之说[③]，两者无非是要表明习艺是合宜之事，与朱子“艺是合有之物”之言相一致。阳明还说：“艺即义也。即事曰艺，即心曰义”[④]，他并不关心儒家所习之“艺”的具体类别，而是关注如何把习艺统摄到“致良知”的修身工夫中。“艺”是人生所行之事的一部分，与其他事情一样同为人投身于其中的生存活动，同样是做修身工夫的境遇，同样要以良知为主宰。

对于习艺的目的，阳明扣紧人心而言。“诵诗、读书、弹琴、习射”等习艺活动不是为了格致其中之理，而是为了调适人心。阳明弟子季彭山甚至说：“艺者，心之巧思。”[⑤]习艺作为一种技能活动，首先是要使人心“灵巧”。而“游”于艺的工夫就非“从容不乱”的节奏，而是“过而不有，涉而不存之意，不待勉强，而随事触机，泛应曲当，即所谓‘从心所欲不踰矩’也”[⑥]。季彭山把“游艺”与孔子七十岁的生命进境联系起来，“游”之工夫即是实现心体的即感即应、洒脱无碍。

由上来看，阳明于“游于艺”没有特别的关注。其零珠片玉的谈论一方面默守了宋儒修身学的诠释维度，另一方面也突出了阳明尊“心”的心学精

---

① 陈荣捷：《王阳明〈传习录〉详注集评》，上海：华东师范大学出版社，2009 年，页 185，标点略有改动。

② 朱子认为，学艺是首先要从事的工夫。朱子曰：“艺是小学工夫。若说先后，则艺为先，而三者为后。若说本末，则三者为本，而艺其末，固不可徇末而忘本。习艺之功固在先。游者，从容潜玩之意，又当在后。文中子说：‘圣人志道，据德，依仁，而后艺可游也。’此说得自好。”见朱熹《朱子语类》卷三十四，《朱子全书》第 15 册，上海/合肥：上海古籍出版社/安徽教育出版社，2002 年，页 1222。

③ 张载撰，章锡琛点校：《张载集》，北京：中华书局，1978 年，页 45。

④ 王守仁撰，吴光等编校：《王阳明全集》（新编本）卷四十，杭州：浙江古籍出版社，2011 年，页 1609。

⑤ 季本：《说理会编》卷四，《续修四库全书》第 938 册，上海：上海古籍出版社，2001 年，页 617 上。

⑥ 同上注。

神。尽管如此，正如下文所表明的，阳明扣紧本心的"心学"精神及其论说方式影响了阳明后学对此问题的相关言述。

## (三) 顾箬溪、唐荆川对艺学的重视

在以修身成圣为蕲向的宋明理学传统中，才艺与"游艺"很少是理学家思想的重点与论辩的焦点。但是到了阳明后学顾箬溪、唐荆川这里，"艺"的观念受到特别的青睐，他们提出了一些独特的表述，用"艺"表达了一些新颖的思想。顾箬溪屡次(特别在论数学时)说："君子之学，自性命道德之外，皆艺也。"可见这不是他的信口之言，而是审慎的有明确意指的"自得"之见。唐荆川在多封书信中与友人论德行道艺关系，辨明德艺关系、区别"游艺"与"溺心玩物"是他思考辩说的焦点，其中，他提出"德非虚器，其切实应用处，即谓之艺；艺非粗迹，其精义致用处，即谓之德"，把进德与习艺统一起来，才艺不再被视为鄙下的"末技"，而是必不可少的修身之途。与传统之说相比，这些观念尽管不是石破天惊，但其表述的独特性与观念的显题化本身就颇值得我们注意。需要补充说明的是，他们二人论说的意涵和焦点或有不同，两者却同处在理学特别是阳明学的"意义境域"(sense-horizon)中，拥有着共同的精神旨趣，故而笔者将两者一并论之。

在顾箬溪的传世文献中，顾氏有两次明确表达了对"艺"的态度：

> 初贱子之好算也，士夫闻之必问之曰："能占验乎?"答曰："不能。"又曰："知国家兴废乎?"曰："不能。"其人莞尔曰："然则何为?"不得已，应之曰："将以造历。"其人愕然曰："是固有用之学也。"殊不知历算亦不过数中一事耳。自谓此癖如屈到之芰、阮咸之锻，举世莫有同者，不意天壤之间，乃有执事，又不意数百年之前，有栾城李先生也。栾城序中又谓："半山老人集唐诗，及明道先生以上蔡谢君记诵为玩物丧志。夫文史尚矣，犹之为不足，况九九贱技乎?"思又以为未然。君子之学，自性命道德之外，皆艺也。彼摘章绘句，取媚于人以求富贵者，较之以数为乐，求自得于心者，故有间矣。①

> 今夫世之论数者，俱视为末艺，故高明者不屑为之，而执泥者遂以为占验之法，虽栾城公自序，亦以为九九贱伎。殊不知君子之学，自性

① 顾应祥撰：《崇雅堂全集》卷十三《复唐荆川内翰书》，台北"中央研究院"傅斯年图书馆复印明万历38年刻本。

命道德之外，皆艺也。与其徒废精神于占毕之间，又不若留情于此，不惟可以取乐，亦足以为养心之助焉。[①]

顾氏的这两段论说都是因数学而起，他拈出“艺”恰是针对世人一贯轻视数学的宿见。众所周知，数学在古代中国的学问系统中曾与“术数”同流，几乎从未成为显学，在儒家“六艺”中它只排在最末位，乃至顾氏推崇的金元数学家李栾城（名治，字仁卿，号敬斋，河北栾城人，1192—1279）自己竟也认为数学仅是“九九贱技”。顾箬溪言“自幼性好数学，然无师传，每得诸家算书，辄中夜思索，至于不寐”[②]，“其平生最喜者九章勾股法”[③]。自身行动与世俗的差异自然会引发他思考学习数学的正当性问题。在某种程度上可以说，“君子之学，自性命道德之外，皆艺也”便是为了自己一生学习数学的行动张目。

顾氏的重点不是要分析“艺”的概念，说明其含义，此说的意图或许比其所表达的意涵更重要。同阳明一样，他也不特别重视艺的种类，而是注重艺能活动的同一性特征。不过，他与阳明的取向不同。阳明从“事”来理解“艺”，把技艺活动纳入修身的范围。他把“性命道德之外”的人情事变也称为“艺”，一方面注重这些日常人情事变或生存活动与专题性的技能习练的共同性，另一方面也自然说明了棋艺、数学等被古今世人常常贬低的“末技”同其他被世人看重的经世活动一样，都是“艺”，都是值得实践和从事的。

唐荆川同顾箬溪一样博学多能，他也遭遇了几乎相同的质问。荆川的思想辩护在上一节中已经提及，因论题有所转换，兹复引如下：

仆年来则已决意绝去举业之教矣。而犹琐琐为执事言者，盖亦自知今之不教举业，未为脱洒；而向之教举业，未为粘带也。今之不教举业，未必足以闭人之利涂；而向之教举业，未必不引人一二于义涂也。至于道德性命技艺之辨，古人虽以六德、六艺分言，然德非虚器，其切实应用处，即谓之艺；艺非粗迹，其精义致用处，即谓之德。故古人终日从事于六艺之间，非特以实用之不可缺而姑从事云耳。盖即此而鼓舞凝

① 顾应祥：《〈测圆海镜分类释术〉序》，转引自阮元等撰《畴人传汇编》，扬州：广陵书社，2009年，页326。

② 顾应祥：《〈勾股算术〉序》，见郭书春主编《中国科学技术典籍通汇·数学卷》第二分册，开封：河南教育出版社，1993年，页975上。

③ 吴中行撰：《天目先生集》卷十五《明故资善大夫南京刑部尚书赠太子少保箬溪顾公行状》，收入《续修四库全书》第1349册，上海：上海古籍出版社，2001年，页749。

> 聚其精神，坚忍操炼其筋骨，沉潜缜密其心思，以类万物而通神明，故曰："洒扫应对、精义入神只是一理。"艺之精处，即是心精；艺之麄处，即是心粗，非二致也。但古人于艺，以为聚精会神、极深研几之实，而今人于艺，则以为溺心玩物、争能好胜之具。此则古与今之不同，而非所以为艺与德之辨也……执事以好博杂技艺为仆之病，此则不敢不承。而至于分技艺与德为两事，则辨之亦不敢以不明也。盖儒者慕古之论，莫不以为必绝去举业而后可以复古之德行道艺。此则不务变更人心，而务变更法度，将有如王介甫所谓"本欲变学究为秀才，不谓变秀才为学究"者矣。儒者务高之论，莫不以为绝去艺事而别求之道德性命。此则艺无精义而道无实用，将有如佛老以道德性命为上一截，色声度数为下一截者矣。是以鄙意不敢不尽于执事也。①

唐荆川是从道艺之辨的理论层面，为自己所讲习的才艺之学辩护。荆川的辩护不是如顾箬溪聚焦于"艺"的概念，改变其日常用法，而是从道艺关系的角度，以"体用一源"的理学思维传统把"艺"从长期以来处在末用的位置上提到与"德"同层的"根本"位置。荆川曰："德非虚器，其切实应用处，即谓之艺。"从"用"的角度来说"艺"不是荆川的发明，上文朱子已经说过"六艺"是"日用之不可阙"，象山亦云："艺者，天下之所用，人之所不能不习者也。"②说"艺"有"用"无非是要说明技艺能经世济用，表明习艺的正当性以及其目的，这其实是传统理学家正当性论说中的惯常用法，并不稀奇。③ 不过，非常明确的是，荆川认为习艺并非仅能够有经世层面之"实用"，更在于"鼓舞凝聚其精神，坚忍操炼其筋骨，沉潜缜密其心思，以类万物而通神明"的修身之用。荆川的独特之处即在于强调习艺对修身工夫的必要性。

如果说德之"切实应用处，即谓之艺"，那么，事亲、敬长作为成德的"切实"之事也称之为"艺"，这与顾箬溪的表述有些相似，两者都把"艺"所指称的范围无限地扩大了。但荆川紧接着又说："艺非麄迹，其精义致用处，即谓之德。"显而易见，荆川对艺的新颖表述不是纠缠于"事亲、敬长"等一般的生

---

① 唐顺之：《重刊荆川先生文集》卷五《答俞教谕》，四部丛刊初编本，明万历元年(1573)纯白斋刻本。

② 陆九渊撰，钟哲点校：《陆九渊集》卷二十一，北京：中华书局，1980年，页265。

③ 从"用"来说明正当性还可见之于理学家关于"器"的论说。如二程曰："经所以载道也，器所以适用也。学经而不知道，治器而不适用，奚益哉？"(见程颢、程颐撰，王孝鱼点校：《二程集》，前揭书，页95)朱子对《论语》"君子不器"的注释即是："器者，各适其用而不能相通。成德之士，体无不具，故用无不周，非特为一才一艺而已。"(参朱熹：《四书章句集注・论语集注》，《朱子全书》第6册，前揭书，页78)

存活动是不是“艺”，也不在确定“艺”的本质规定性，纠正“艺”的习俗使用。正如荆川随后辩说所示，他关心的是如何将德与艺统一起来：一方面，成德修身不是悬空而做，须在“切实”之事上做工夫，一切切实之“事”都是进德之“艺”；而另一方面，技艺也不仅是满足日常生活需求的“技术性”知识才能，也非仅为达到其他“实用”目的之工具和手段，更非世俗之学所要鄙弃的“末技”，修习技艺本身即是在成德修道，“艺之精处，即是心精；艺之麄处，即是心粗”，技艺的精熟程度也表征着心性修炼之精熟，“技艺与德”本非两事。显然，这与阳明将工夫归于“一事”、主张体用本末非“二事”的为学旨趣是一致的。① 正是在此一元工夫的理路下，荆川把通常被视作“末艺”、处在道德性命之下的“艺”提升到“道”的形上的“根本”层面，看作道德性命修炼的必要实践。荆川的运思理路与顾箬溪不甚相同，却达到了近乎一致的结果。

练习技艺、获得知识是人生为学必要的，甚至是必不可少的事情，从顾箬溪和唐荆川的论说看，这不仅是捍卫他们自身博学多能之行径的正当合宜，更在于“理”合当如此，如朱子所说，“艺是合有之物”。不过，与朱子相比，艺作为“合有之物”的根据在顾箬溪和荆川看来却有明显的不同。朱子认为“六艺”是“人所日用而不可无者”“日用之不可阙”，而荆川却说技艺能“鼓舞凝聚其精神，坚忍操炼其筋骨，沉潜缜密其心思，以类万物而通神明”，“非特以实用之不可缺而姑从事云耳”。我们虽很难确定朱子所言之“日用”是否蕴含着用于修身的意思，但可以肯定的是荆川拒绝只从“实用”的层面说明艺的必要性，在荆川看来，技艺的价值更体现在对于修身成圣的积极作用。习艺的活动对于希贤希圣的修身工夫的作用是多方面的，习艺既是身体的锻炼，又是精神意志的磨炼，也是思维的训练，甚至还能通达天地万物之“神明”。“以类万物而通神明”或许说得有些含混，不易确定其所指，但此与朱子于艺中穷格其“至理”的精神旨趣颇为相近，都有终极性的本质诉求的意味。无论如何，从修身学的维度凸显技艺的正当性是荆川非常自觉的意识。

此外，荆川还指出，技艺作为不可“绝去”之事，不仅在于技艺的习练即

---

① 阳明在为学与修身工夫论上的一个特点即是把在朱子处的“两事”合为“一事”，例如，《大学问》：“先儒之说，是盖不知明德亲民之本为一事，而认以为两事，是以虽知本末之当为一物，而亦不得不分为两物也。”（见王守仁撰、吴光等编校：《王阳明全集》（新编本）卷二十六，前揭书，页 1018）再如，阳明曰：“心之明觉处谓之知，知之存主处谓之心，原非有二物。存心便是致知，致知便是存心，亦非有二事。”（见陈荣捷：《王阳明〈传习录〉详注集评》，前揭书，页 234）

是材性品质、心性修养完善的过程，而且，习艺作为一种实践活动，对于寡欲养心的修身工夫也是不可或缺的。荆川之侄孙曾致信抱怨“此心恻恻不能专精，致神溺书册，羡技能以为养身养心之累”①，荆川回答曰：

> 若使尽捐书册，尽弃技能，兀然槁形灰心，此亦非大难事。而精神无凝聚处，亦自不免暗路漏泄。若就从观书、学技中将此心苦炼一番，使观书而燥火不生，学技而妄念不起，此亦对病下针之法，未可便废也。燥火不因观书而有，特因观书而发耳。妄念不因学技而有，特因学技而发耳。既不因观书、学技而有，则虽不观书、不学技，亦安得谓之无乎？②

荆川的态度是明确的：读书、技能“未可便废”。在他看来，观书习艺不仅使“精神凝聚”，也是克制燥火、妄念的恰当时机。习技艺而妄念不断，便认为是“养身养心之累”，正是未识自家病痛，这些燥火妄念恰恰说明了内心本来人欲夹杂。燥火妄念在观书习艺中发见，此时正是“对病下针”处，要去“存天理、灭人欲”。仅仅在宁静无事时无燥火妄念，难道便能说明人心已“人欲净尽、天理流行”吗？在宁静时燥火妄念“潜藏”，又如何用功呢？显然，荆川此处所论习艺活动对于修身去欲的必要性与阳明、龙溪“事上磨练”及“必有事”的工夫取向是一致的。

与唐荆川颇为一致，顾箬溪也非出于“实用”而学算数。数学不能占卜、预测未来，即便数学可以用来制定历法，那也仅是它的一种应用。不过，顾氏学习数学主要出于“自幼”以来对数学的爱好，“以数为乐”，学习数学对他而言就是一件乐事。顾箬溪在以孔颜之“乐”为主导的宋明理学精神传统中体验到了另一种独特的“快乐”。③ 显然，这是一种不夹杂任何其他实用性目的纯粹求知的乐趣。学习数学不为其他，它本身就是充满趣味的事！况且数学“不惟可以取乐，亦足以为养心之助”，顾氏也强调技艺对修身成德的作用。“养心”的蕲向之一是使本心生机畅达调适，快乐指的无非也是一种内心畅快适意的体验，两者最终都指向内心的调适畅遂，顾箬溪学习数学的当下就有适意畅快之感：

---

① 唐顺之：《重刊荆川先生文集》卷六《答侄孙一麟》，四部丛刊初编本，明万历元年(1573)纯白斋刻本。

② 唐顺之：《重刊荆川先生文集》卷六《答侄孙一麟》，四部丛刊初编本，明万历元年(1573)纯白斋刻本。

③ 对宋儒论孔颜之乐以及对阳明之乐的分析，可参陈立胜：《王阳明“万物一体”论——从“身-体”的立场看》第三章，上海：华东师范大学出版社，2008年。

> 或曰："'知者，无不知也，当务之为急。'数，一艺耳，无乃非所当务者乎？"人有是心，未尝无思。今夫世之人日夕皇皇，以经营于念虑之间者，果皆当务者乎？是未可知也。《传》曰："安而后能虑。"孙思邈曰："胆欲大而心欲小。"学而至于心细，则何事不可为者。数虽末艺，然非粗心浮气者所能入，况亦假此以适吾之适，亦何伤哉！[①]

综合顾氏的论说而观之，学习数学最直接的目的，或如朱子所说，是穷格其中之"至理"，但穷数学之理同时也是使人心镇静沉潜、精致细密之工夫进境。不管数学是能"取乐"，还是能"养心"，顾氏都紧扣主体立论，这与阳明学扣紧人心的心学特征是非常接近的。

无论是朱子和阳明等传统理学家所使用的"艺"，还是顾箬溪和唐荆川在其外延上更为扩大的解释，都比我们现今日常使用中的"技艺""艺术"等概念宽泛得多。在传统的观念中，不仅像书法、绘画、"射""御"等实用性和非实用性的实践技艺称之为"艺"，像"书"（文字训诂音韵）、"数"（算术）等并不需要专题性的实践规范训练的理论知识也称之为"艺"。因此，传统儒学所说的"艺"实际上包涵了我们通常认为的艺术、技能等实践技艺和概念化的理论知识。而且按照顾箬溪和唐荆川更为宽泛的理解，像"稼穑""造器"等在传统儒者看来是农工司职的技能劳动也是"艺"，"读书"这样不需要专题性训练的日常生存活动也称之为"艺"。[②] 传统儒学自然没有如我们今天一样，依据研究对象、研究方式或其他方面的不同把人类从事的所有知识技能的研究和实践区分为理论知识、实践技能、艺术等门类，但或许正是他们未将所有知识技能予以专题性区分，统而称之为"艺"这一观念揭示了人类知识活动和技能活动具有内在的同一性。

根据上文的分析，传统儒学除了从"用"的角度表明"艺"的必要性之外，主要是以才能、能力来判断和界定"艺"的内涵。例如，"冉求之艺"是说冉求具备某些才能，有做某事的能力。我们说一个人有丰富的历史、文字学或数学"知识"，在传统儒家看来，此人有博闻强识之才、玄思之能，"多才多艺"。我们今天所说之"知识"，不论是概念化的、成系统的、运用理论理性所得的"理论知识"，还是经由专门规范训练而得的实践知识[③]，主要是就求知结果

---

① 顾应祥《〈测圆算术〉序》，见郭书春主编：《中国科学技术典籍通汇・数学卷》第二分册，开封：河南教育出版社，1993 年，页 1109。

② 其实，阳明已经以"诵诗""读书"为"艺"，也可见顾、唐之说与阳明思想的连续性。

③ 比如迈克尔・波兰尼（Michael Polanyi）所言"默会知识"，参其著，许泽民译：《个人知识：迈向后批判哲学》，贵阳：贵州人民出版社，2000 年。

的客观形态而言，而传统儒学所言之“艺”更多的是着眼于求知活动对于主体的因果性改变。从传统儒学使用的“艺”的角度看，无论是理论性的求知活动，还是实践性的技能习练，都可说是主体才能、能力的体现。说一个人有某方面的知识，并非像说一个人有一块石头一样，对于主体自身性状无关紧要，而是如同说一个人有某种实践技艺那样，都能完成其他人未必能做到的相应行为，都具有做好某事的能力。

以上是笔者试图对包括顾箬溪、唐荆川在内的传统儒者所使用的“艺”概念做出一个合理的解释。然而，正如前文所言，在笔者看来，顾箬溪、唐荆川对“艺”的独特理解，意旨不在说明知识和技艺的同一性，也不是要追究“艺”观念的本质内涵或者另立新说，而是在以修身成圣为终极蕲向的理学“意义境域”中为学习技艺、知识的正当性和必要性进行强有力的辩护。两人不约而同地认为学习知识、习练技艺可以使心神凝聚而不外驰放失①，这对于涵养修身是非常必要的，在顾箬溪这里甚至出现了为知识真理而求知，以求知为人生超然之乐的行为倾向。顾箬溪、唐荆川在为学实践与思想论说上重视“艺”这一思想史现象，仅就观念而言虽不乏洞见，但我们认为，它更重要的思想史意义在于为阳明学研究中众说纷纭、莫衷一是的“良知与知识之辨”问题提供一个新的回应视角。

### (四) 顾、唐游艺观的学术意义

良知与知识之辨是现代阳明学研究中一直备受关注的论题。在“知识之辨”的问题上，现代学者观点殊异，始终未有一致的共识。② 但是，深入反

---

① 顾箬溪还对朱子仅以“六艺”为“小学”之事有所批评：“所谓学者，不过去人欲、存天理而已，初无有大小之分也。但幼小之时，未可告之以修己治人之道，于是先设小学，教之以洒扫、应对、进退之节，礼乐、射御、书数之文，无非涵养其德性，使心不外驰，而不失其本然之性。及其既长，然后教之以格致诚正之学……若夫礼乐、射御、书数，则成人之列可以余力及之，孔子所谓‘游于艺’也。习之而有未能，亦不害其为学也。”参顾应祥：《静虚斋惜阴录》，《续修四库全书》第 1122 册，上海：上海古籍出版社，2001 年，页 376—377。

② 除了导论提到的消极的看法，现代新儒家有不同的观点。他们大致认为，阳明尽管以“致良知”为本，持德性优先的立场，但是并不贬低和否定知识才能。良知与知识可以说是“体”与“用”的关系，知识是良知之“妙用”，“致良知”的道德实践离不开求知活动的参与。例如，熊十力先生即以知识为良知之发用，不能致良知而徒言即物穷理是“支离”，“以致知立本……而从事格物，则一切知识，莫非良知之妙用”(参其著《读经示要》，《熊十力全集》第三卷，武汉：湖北教育出版社，2001 年，页 669)。牟宗三先生进而提出“良知坎陷”之思想，他认为王阳明当时虽未措意于知识之问题，但不害其致良知教能涵摄知识，“是以每一致良知行为自身有一双重性：一是天心天理所裁制之行为系统，一是天心自己决定坎陷其自己所转化之了别心所成之知识系统”(见其著《从陆象山到刘蕺山》，《牟宗三先生全集》第 8 册，台北：联经出版公司，2003 年，页 208)。此外，日本学者岛田虔次先生指出，王阳明思想产(转下页)

思现代研究者的不同观点，这一论题诚还有未尽之处。首先，探讨王阳明致良知教与科学知识之关系自然是现代学术研究才有的话题，是在中西学术交通后科学（所谓“赛先生”）或知识探究活动成为一种“普世价值”并被国人普遍推崇的语境下非常自然的学术反应。讨论这个话题对于阳明学和儒学研究无疑有历史和现实的学术意义，但“王阳明‘致良知’对科学知识是促进还是妨碍”这一提问并非一定是最恰切地研究入手的问题意识。如所周知，王阳明以修身学为圣人为“人生第一等事”，他自然不关心“致良知”的修身工夫对于科学知识是促进还是妨碍，与之相对，才艺、技能、知识是否有助于德行涵养成圣或许才是他的生存之“实事”，才是切近他的问题，这或许也是更相应的研究入手之处，而阳明致良知教对于科学知识的作用可看作此问题的推衍。

其二，认为阳明良知学会阻碍科学知识、经典学习的学者之讨论往往与阳明的相关论说处于失焦状态。持此种观点的学者或者拣择阳明批评才艺、知识之学的文本，或者根据阳明学“体用不二”之一元性的思想特征来说明阳明对知识文艺的轻视甚或鄙弃。这类研究抽离了阳明论说之语境，转换了相关论说的焦点，或者把阳明对世俗文艺知识学问流弊导致德性败坏的批判当作阳明对知识才艺之学本身的主要看法，或者弱化了古今观念价值之差异，以现代价值偏好评判古人，强要古人回答他不愿回答之事。

第三，即便是认为阳明将求“知识”与致“良知”区分开来，并以体用关系统摄之，这对知识价值之衡定也是非常有限的。如果良知与知识仅是“体”与“用”或“本”与“末”的关系，那么，只有那些直接促进“致良知”的道德实践之完成的实用知识才是值得探究的，无关人类日用的非实用知识就没必要学习。在此关系中，知识只具有工具性的价值，并无独立之意义，我们追求知识不在“求真”，而是为了知识的实践效用。此中所成就的知识，大多只是“技术”或应用性知识，而非纯粹的或非实用的知识。在笔者看来，这最终也难免于“反智识主义”甚或“泛道德主义”的评价。①

再者，以前的讨论主要基于阳明本人的文本，我们如果把注意力扩展到实

---

（接上页）生的诸结果之一即“给予了人的知识、才能、情意以独立性的评价”，以及“有原则地解放知识才能，对历史和文学的促进”等等。至于阳明思想如何解放知识才能，可惜岛田先生语焉而未详（参岛田虔次著，邓红译：《中国思想史研究》，上海：上海古籍出版社，2009 年，页 87；岛田虔次著、蒋国保译：《朱子学与阳明学》，西安：陕西师范大学出版社，1986 年，页 95）。

① 傅伟勋先生认为儒学以“德性之知”优先于“闻见之知”，“知”的最终目的在于成德，“其本身并没有独立的存在意义与价值”，这即表现为一种“泛道德主义”的立场。参其著《从西方哲学到禅佛教》，北京：生活·读书·新知三联书店，1996 年，页 441 及以下。

践良知说的阳明后学成员中，或许会有不一样的思考。上述顾箬溪、唐荆川的游艺辩说便为“知识之辨”提供了进一步讨论的思想空间。顾箬溪和唐荆川不论在自身实践还是思想论说上都明确强调知识技艺之学的重要性。当然，这需要在阳明学（或理学）以修身成圣为终极蕲向的意义境域中加以理解。尽管我们很难确定顾唐两人的知识学问取向是否曾受阳明学的激发，尽管顾箬溪晚年批评阳明学甚剧，自觉不与之为伍，[①]但是毋庸置疑的是，两人都是在阳明学“直指人心”的工夫论之语境下辩说习艺之正当性，都很难逾越阳明学的思想范式。

顾、唐两人都自觉地认为学习知识技艺不仅是为了“实用”，学习的目的不仅在于知识技艺之外的实用价值，探究知识的过程本身就是有价值的。在唐荆川看来，如果知识技艺只是为了“实用”，那会有沦落为“末技”的危险。古代圣人不乏从事知识技艺之践履，但并非为了实用，而是作为通达“道”的路途。[②] 除了将知识应用外，求知学艺更在于穷格其“至理”[③]，涵养自家心性。恰因为此，在明代的实用算学之风中，荆川尤其重视理论型数学之学习。他认为，数学之习不仅要探讨其应用性的“形下之数”，还须考识理论性的“形

---

① 黄梨洲云：“阳明殁，先生（顾箬溪）见《传习续录》，门人问答多有未当于心者，作《传习录疑》。”（黄宗羲撰，沈芝盈点校：《明儒学案》（修订本）卷十四，前揭书，页 297）但是从顾箬溪晚年著作《静虚斋惜阴录》前三卷来看，顾氏对阳明学之批评遍及《传习录》上、中、下三卷而非仅限于下卷，而且顾箬溪对阳明只称号而不言师，批评其自立门户，这说明顾氏有意分立于阳明学派。不过，不可否认，顾箬溪之思想仍然受到阳明的强烈影响，属于阳明学的大范围。参顾应祥：《静虚斋惜阴录》，《续修四库全书》第 1122 册，上海：上海古籍出版社，2001 年，页 362—395。

② 在前引《答俞教谕》中间略去之一段，荆川云：“执事所举尧舜，夫尧舜之所未闻与若罔闻云云者，此道也。羲和之历象，夷夔之礼乐，皋之刑名，至于垂工和矢伯益鸟兽，孰非道哉？然诸子为之，而尧舜若罔闻云云者，盖君逸臣劳，道则然耳。若谓尧舜以道自处，而以艺士诿之人，何其自待者厚而待人者薄也！皋以刑名自处，而乃为其君陈迪德之谟；夔以击石拊石自处，而乃教胄子以简廉直温之德性，则是以艺士自处而以德望之人，又何其自责之薄而责人之厚也！历象、礼乐，艺也。修五玉，如五器，张施五采，在玑衡，独非艺哉？则尧舜亦屑屑矣。孟子曰：‘尧舜之智而不徧物，急先务也。’若在羲和，则历象便为先务；在夔，则击石拊石便为先务，又安得以尧舜之所不徧者而遂不急也？”（参唐顺之《重刊荆川先生文集》卷五《答俞教谕》，前揭书）

③ 荆川在与顾箬溪通信中即主张把数学之“数”与“义”统一起来：“窃以六艺之学，皆先王所以寓精神、心术之妙，非特以资实用而已。《传》曰：‘其数可陈也，其义难知也。’顾得其数而昧于其义，则九九之技，小道泥于致远，是曲艺之所以‘艺成而下’也。即其数而穷其义，则参伍错综之用，可以成变化而行鬼神，是儒者之所以‘游于艺’也。游于艺，则艺也者，即所谓‘德成而上’也。”（见唐顺之《重刊荆川先生文集》卷七《与顾箬溪一》，前揭书）荆川在评论历学时也强调把“理”与“数”统一起来：“夫知历理，又知历数，此吾之所以与儒生异也。知死数，又知活数，此吾之所以与历官异也。理与数非二也。数者，理之实致用处也。活数、死数，非二也。死数者，活数之所寄也。”（见唐顺之：《重刊荆川先生文集》卷七《与万思节主事》，前揭书）

上之义”①。依据荆川之论说，求知学艺实包涵着客观“求真”致知的层面，同时也赋予了洞见“天地大道”的神圣涵义。顾箬溪虽未明言学数学意在格“数之理”，但从他“以数为乐”的表达看，我们未尝不可说他是在穷格“数之理”的探究活动中体验到快乐，这比荆川之论更加彰显一种非实用的纯粹求知趋向。以非实用的心态探索新知，才会关注与日用无直接关系的领域，才会特别关注对象的原理层面而非其应用方面，因而更易获得一些无关日用的知识原理而非实践技术。

此外，顾箬溪、唐荆川的论说还提示我们，除了从良知与知识的异质性之角度，还可从修身学或工夫论的角度谈论知识之辨的论题。既往对此论题的研究，不论是持消极还是积极观点的学者，大致都从良知与知识的相互异质入手，认为良知出自本心，知识源于见闻，两者产生的过程不同，似乎“致良知”与求知识是截然不同的两回事。但是，在顾、唐两人看来，良知要在实事上“致”，探究知识的活动也不外于“致良知”，求知学艺也是涵养德性、修身用功之地。知识的来源虽异于良知，探求知识的过程却能收获“致良知”之功效。顾箬溪、唐荆川正是从知识和求知活动之功用和动力，而非知识的形式特征或形态（即关于某对象的系统的认识）着眼来论辩求知学艺对于修身成圣的必要性。

顾箬溪、唐荆川主张探究知识学问的正当性，这自然不能称之为“反智识主义”。但是，他们认为求知学艺能够修身养心、锻炼人格并以此论证知识探究的正当性，这又是不是一种“泛道德主义”呢？按照朱子对南轩“游于艺”诠释之批评的理路，顾、唐二人认为求知学艺可以修炼身心，到底是德性涵养是“格物穷理”之求知过程本身自然而然的结果，还是求知学艺仅是为了“养吾德性而已”？如果是后一种情况，那么，知识才艺活动尽管不是为了“实用”，却也只是为了修身养德之用，而非全然独立自主，恐怕也很难免于“泛道德主义”的判定。笔者以为，顾箬溪和唐荆川虽未措意于朱子的两层区分，但反观他们的相关论说，实俱蕴含着朱子的两层意思。不过，我们未必如朱子一样作出分解。在顾箬溪，研究数学不仅可以“为养心之助”，更是出于探究知识的乐趣；而唐荆川曰：“艺之精处，即是心精；艺之麄处，即是心

① 在另一通给顾箬溪的信中，唐荆川指出其《测圆海镜分类释术》“形下之数太详，而形上之义或略。使观之者尚不免有数可陈而义难知，及示人以鸳鸯枕而不度与人以金针之疑。仆意欲明公于紧要处，提掇一二作法源头出来。使后世为数学者，识其大者得其义，识其小者得其数。则此书尤更觉精采耳。何如何如。”（见唐顺之《重刊荆川先生文集》卷七《与顾箬溪二》）关于顾箬溪、唐荆川之数学成就，可参郭书春主编：《中国科学技术史・数学卷》，北京：科学出版社，2010 年，页 542—547；王连发：《勾股算学家——明顾应祥及其著作研究》，台北师范大学数学研究所硕士论文，2002 年。

粗”，知识才艺之“精粗”是心性修炼程度之指标，德性修养即在求知学艺活动中实现。顾、唐两人尽管还处在宋明理学以修身成圣为终极蕲向的语境下，但都凸显了知识才艺学问相对于道德涵养的独立性，甚至还蕴有纯粹求知的精神，实难以称之为“泛道德主义”。

事实上，即使在作为科学发源地的古希腊和近代西方的思想世界中，仅出于好奇而追求“真理”，不为其他目的的纯粹求知活动也并非是常见的，知识追求总与其他观念融贯在一起共同促进科学之进展。陈方正先生已强有力地指出，西方科学家知识之探究总是与宗教性追求关联在一起，他们往往将“追求永生”的宗教蕲向与“探索宇宙奥秘”的科学精神融合贯通，这为数理天文知识的探索提供了长久的精神动力。[①] 法国古希腊哲学研究专家皮埃尔·阿多先生(Pierre Hadot, 1922—2010)也认为，在大多数古希腊哲学家看来，“研习物理学是一项特别重要的精神修炼”[②]。例如，“在亚里士多德，研究实践带给心灵愉悦并从而使其获得生活之最高幸福……对于伊壁鸠鲁，修习自然科学使我们解脱于对诸神与死亡的恐惧”[③]。如果从科学知识生产的动力着眼，顾箬溪和唐荆川的思想与实践未尝不可看作把阳明学或理学的工夫论与知识探索合二为一，为儒学与科学的融合提供另一种可能路径。[④]

以上所言，笔者不避烦冗，意在通过顾、唐之思想以及阳明学或理学工夫论之视域提供探讨知识之辨论题的一个新理路。毋庸讳言，知识才艺无妨或有助于“致良知”之修身涵养这一主张在阳明学内部并非是普遍认同的，否则，顾箬溪、唐荆川也不必极力为此申辩。而且，以上的论说仅表明了在学理层面上阳明学的修身工夫论与科学知识之追求能够融合无间。求知学艺如何做到“聚精会神、极深研几”，而不会“溺心玩物、争能好胜”；相对于其他工夫法门，求知学艺是不是必不可少的践履之途，这会因修身者实际的工夫践履所得之不同而看法有异。即便是在学理上坚持技艺与道德性命本

① 参陈方正:《继承与叛逆:现代科学为何出现于西方》,北京:三联书店,2009年,页33、136—137,632—633等。

② Pierre Hadot: *Philosophy as a Way of Life: Spiritual Exercises from Socrates to Foucault*, translated by Michael Chase, Oxford & Cambridge: Blackwell Publishers, 1995, p. 87.

③ Pierre Hadot: *What is Ancient Philosophy*?, translated by Michael Chase, translated by Michael Chase, Cambridge, Massachusetts: The Harvard University Press, 2002, p. 209.

④ 窃以为,顾、唐二人所提供的致良知与科学求知之融合途径与唐君毅先生所言良知与知识的第二种关系有相通之处。唯唐先生强调良知对求知活动之支持作用,而顾、唐二人偏重求知活动对于致知修身的反作用。参唐君毅:《中国哲学原论·导论篇》,北京:中国社会科学出版社,2005年,页220—221。

非“两事”的唐荆川，在求知学艺的同时还屡屡要“绝学捐书，息游嘿坐”①，“捐书烧笔”②，“至于象纬、地形种种家之学，往时亦颇尝注心焉，今尽以懒病废。窃以为绝利于百途，固将籍此余闲聚精蓄力，洞极本心”③，对自己的知识行为加以限制。由此可见，求知学艺既非唯一的修身门径，其溺玩之弊端也要依赖其他工夫来对治。

## 五 结语

在阳明学派知识学的论域中，在对知识技艺的重视、探索以及知识观的深度思考上，顾箬溪和唐荆川可以说是阳明后学中最突出的两位学者。尽管顾箬溪在生命后期脱离阳明后学讲学运动的主体，而唐荆川与王龙溪、罗念庵等交往密切而深入阳明心学，但两人因共同的数学兴趣而结交。王龙溪、欧阳南野、罗念庵等阳明高弟通过“良知”与“见闻之知”的辨析对经验知识予以安顿。与之不同，两人不约而同地通过高举孔子的“游艺”观念来为自己知识技艺的追求进行辩护。顾箬溪反复曰“君子之学自性命道德之外，皆艺也”，唐荆川提出“古人于艺，以为聚精会神、极深研几之实”，两人对数学、兵法乃至棋艺的高度肯定不仅仅是将其看作经世致用的实用知识，而且

---

① 唐顺之：《重刊荆川先生文集》卷五《寄刘南坦》，四部丛刊初编本，明万历元年（1573）纯白斋刻本。

② 唐顺之：《重刊荆川先生文集》卷七《答蔡可泉》，四部丛刊初编本，明万历元年（1573）纯白斋刻本。

③ 唐顺之：《重刊荆川先生文集》卷五《答周约庵中丞》，四部丛刊初编本，明万历元年（1573）纯白斋刻本。北京师范大学向燕南教授先已认识到唐荆川对经世之学的重视，他认为荆川“道器不二”“技艺与德岂可分两事”的思想“在赋予形下意义的‘技艺’之形上理论说明的同时”，“缓解了儒家意识中的形上之道与形下之器间的紧张”，而且作为“本土之根蘖”“具有了促进科技思想发展的思想史意义”。尽管他也认为阳明心学是荆川“实学”思想的渊源之一，但是更强调理学修身内圣之学与经世间的不相容，并最终认为荆川“在晚年发生了重大的转变”，抛弃其“实用之学”，“由‘外王’转向‘内圣’，走上潜心研习‘为己之学’的学术道路”。（参向燕南：《“技艺与德岂可分两事”：唐顺之之实学及其转向的思想史意义》，《西南大学学报（人文社会科学版）》2006 年第 3 期）揆之荆川自述，他生命后期对知识才艺之学确有收敛，却并非如向教授所言“发生了重大的转变”“抛弃其原有的思想”之决然割裂。荆川四十余岁还与顾箬溪往复通信讨论数学。在笔者看来，荆川自言“绝学捐书”，其原因既在身体精力所限，也是本自己修身实践而做的调整。向教授之观点既忽略文献编年之依据，似也未明确意识到在此问题上学理与实践的差异。对向教授此文之批评及唐荆川文献编年还参孟庆媛：《唐顺之书信编年考证》，上海：华东师范大学硕士论文，2010 年；杨遇青：《明嘉靖时期诗文思想研究》，西安：三秦出版社，2011 年。关于荆川与顾箬溪之通信，孟、杨编年不一致，孟氏之考，证据更为充分，兹从其说。

是具有独立价值和意义并能提升和丰富吾心的“游艺”之学。两人对知识技艺的独立性和重要性的申辩在宋明思想史乃至中国思想史上都是非常宝贵的声音。总之,顾箬溪和唐荆川的学术追求能扭转我们对阳明学派空守心性、不事问学的固有印象,并丰富我们对儒家知识学的认识。

# 第六章　顾箬溪与黄久庵的学术转向与阳明学派的分化

在本书阳明学派的知识学论域中，顾箬溪的思想复杂，较难处理。一方面，他是知识学的最佳代表之一；另一方面，他与阳明学派的关系是既离又即。他的思想既有继承心学、深受阳明影响的一面，又有批判阳明学派、不受阳明学派所囿的一面。在知识的追求和理解上，他与唐荆川相似，在阳明学派的内部批评和反动上，他又与黄久庵的主张相近。但是，三人的思想均是独立发展，相互影响的痕迹并不显著。这也说明阳明学派的知识学整体上表现出某些共同的特征。为了彰显本书主题即阳明学派的知识学的多样化特征，权且把顾箬溪的思想分为两章，分别与唐荆川、黄久庵合并讨论。如此处理难免有割裂顾箬溪思想之嫌疑，笔者将顾氏的思想分专题阐述，使其相对独立而又相互呼应，以避免此弊。本书对顾箬溪思想的安排看似不协调，这亦体现了阳明学思想的复杂性。

## 一 顾箬溪对阳明心学的修正

顾箬溪虽曾受学于王阳明，却是一位独立思考和不断探索的饱学之士。他是王阳明较早的弟子，与徐曰仁、黄久庵几乎同时入门，并与阳明早期道友湛甘泉、方叔贤相熟。在阳明巡抚南赣及后来平定宁藩之乱时期，顾箬溪都作为其下属效力，深得阳明信任，阳明文集中尚有数通当时两人论学与论政的书信。顾箬溪可说是阳明生前最亲密的一批弟子之一，但后来却与阳明学派渐行渐远，甚至予以强烈的批判。他晚年自言："予初以致良知真得千古不传之秘，既而细思之，亦有未当于心焉。"[①]不过，顾箬溪的传世文献并

① 顾应祥：《静虚斋惜阴录》卷二，《续修四库全书》第1122册，上海：上海古籍出版社，2001年，页374上、下。

没有记录他思想转变的详细过程。他的思想文献《静虚斋惜阴录》是在 71 岁致仕后才开始撰写，而他的《崇雅堂文集》收录的文章大多是阳明去世之后的作品。所以，我们无法充分了解他早期的思想。当然，这不碍于对顾箬溪学术思想的整体把握和定位。

总体来看，顾箬溪的思想转变来自他对阳明去世之后阳明学运动开展中出现的流弊的警惕，他将此流弊之原因溯源到阳明本人，并予以深刻的检讨。但是，他不像黄久庵一样对阳明之学完全否定，而是自觉地有所认同和保留。同时，他以再次肯定朱子之学的方式修正阳明学之弊病，表现出调和朱王的思想特点。以下我们从顾箬溪的心学认同、对阳明学之检讨、整体思想定位三个方面概括其理学思想。

### (一) 心学认同

尽管顾箬溪对王阳明的许多观点进行批评，但他依然自觉地坚持阳明学的某些观点。在上章我们指出，顾氏学习数学的目的包括“养心之助”“自得于心”等等，这自然是对吾心的重视。不仅如此，他依然认可人皆有知善知恶之良知这一阳明学的基本主张：

> 曾子虽未尝言良知，然谓“致知”为“致良知”亦无害也。知也者，人心本然之灵觉也。自圣人以至于愚人，有此心即有此觉，未尝不同也。[①]

箬溪认为良知概念为孟子首创，曾子在孟子之前，其所著《大学》“致知”之说从文本上看并非阳明所言的“致良知”。然从文意上看，两者未尝不可互通。他从心之明觉处来定义良知，并看作人的本质之处，这与阳明并无二致。顾箬溪还说：“夫良知乃人心之灵觉处，即所谓‘是非之心，人皆有之’者也。谓之自然之知亦无害也。果能致察于几微之际，是则行之，非则不行，是即谨独功夫，岂不可以入圣乎？”[②]他认为阳明的良知概念是对孟子的继承，是儒家正谛。人人皆有当下是非之一念，皆能知是知非，而这正是做工夫的入手处。

顾箬溪的工夫论归于慎独。他对慎独工夫的理解正同于阳明在良知当下明觉照察上用功的工夫论特点。先来看一段他对工夫论的系统阐释：

---

① 顾应祥：《静虚斋惜阴录》卷二，《续修四库全书》第 1122 册，上海：上海古籍出版社，2001 年，页 374—375 上。

② 顾应祥：《静虚斋惜阴录》卷三，《续修四库全书》第 1122 册，上海：上海古籍出版社，2001 年，页 384 上。

> 君子之学所以学尽夫人道而已矣。圣人，人伦之至也，故学以圣人为准则。欲尽夫人道，必须去人欲而存天理。欲去人欲而存天理，必自其心之明者通之，是即所谓“良知”也。恻隐之心、羞恶之心、辞让之心、是非之心，人皆有之者也。虽至愚至恶之人，其良心未尝泯也。且夫人于日用之间念虑初起，或善或恶，或公或私，岂不自知之？知其不当为而又为之者，利欲之心重而恕己之心昏也。苟能于念虑初起之时，察其为恶则猛省而去之，去一恶念则生一善念矣，非别有善念也。①

阳明的工夫论有一“良知—致良知”的本体-工夫结构。人人皆有知善知恶之良知明觉，此知澄明常照，而工夫着力点即是依此知善知恶之明觉，而实为善去恶。顾箬溪认为工夫的入手处也是“欲去人欲而存天理，必自其心之明者通之，是即所谓良知也”，而修身工夫亦是基于良知之明觉，照察念虑，知善而行善，知恶而去恶。

将工夫聚焦在良知明觉之照察上，这使得箬溪的工夫论呈现出和阳明一样的一元工夫的特点，而不同于朱子的两节工夫。尽管箬溪对朱子学多有认可，但在工夫论的基本取向上，他和阳明一样，反对朱子将工夫分为两节的做法。朱子的两节工夫理论的一个重要的经典依据是《中庸》的“未发已发”说。他将心分为已发、未发两种状态，分别对于静存、动察两种工夫，《中庸》的“戒慎恐惧”与“慎独”说随之分为两个不同的工夫。对此，箬溪提出异议：

> “戒慎乎其所不睹，恐惧乎其所不闻”，诸家之说咸谓即下文谨独之意，朱子分为两事。愚尝反覆思之。夫不闻不睹虽是思虑未起，然吾心有觉，故能戒慎、能恐惧。若不觉，则昏昧放逸而邪念纷然而起。所谓“戒慎”、“恐惧”者，常觉也。常觉则天理常存，私欲不得以间之而不离乎道矣。“谨独”云者，人情能勉强于众人属目之际，而于暗室屋漏之中则轻易放过，诿之曰：“人不我知耳”。殊不知天理人欲之几正在于此，于此不察则所学者皆致饰于外，适所以滋伪长欲而已。是以君子于此尤加谨焉。所谓谨者，亦不能舍戒慎恐惧而别有一段功夫也。②

---

① 顾应祥：《静虚斋惜阴录》卷二，《续修四库全书》第1122册，上海：上海古籍出版社，2001年，页375上。

② 顾应祥：《静虚斋惜阴录》卷二，《续修四库全书》第1122册，上海：上海古籍出版社，2001年，页379上。

在朱子处，“戒惧”与“慎独”分为静、动两个不同工夫，所谓“‘戒慎’一节，当分为两事，‘戒慎不睹，恐惧不闻’，如言‘听于无声，视于无形’，是防之于未然，以全其体；‘慎独’，是察之于将然，以审其几”[1]。顾箬溪显然不同意此种划分。察箬溪之意，虽然吾心包括念虑未起和发动两个不同的过程，但工夫并非因此而不同。因为，良知常明常觉，贯穿思虑未起和已发的全过程，因此工夫当常戒慎恐惧，不论念虑之有无。顾箬溪将慎独工夫贯穿吾心全过程的做法和阳明反对朱子区别未发已发的观点是高度一致的。不过，从文意来看，顾氏似乎认为吾心有思虑未起和已发之不同，这一点与阳明“心无无念时”之说稍有不同。但其坚持良知明觉不分思虑之有无，又显然不同于朱子将未发已发区分为两节不同工夫之旨趣。

对于顾箬溪的为学大旨，黄梨洲在《明儒学案》中有一简要评论，认为与阳明之说不合。然与顾箬溪的思想文献相对照，梨洲的理解或失之草率。梨洲的简评如下：

> 阳明殁，先生见《传习续录》，门人问答多有未当于心者，作《传习录疑》。龙溪《致知议略》亦摘其可疑者辨之。大抵谓：“良知者，性之所发也，日用之间，念虑初发，或善或恶，或公或私，岂不自知之？知其不当为而犹为之者，私欲之心重而恕己之心昏也。苟能于一起之时，察其为恶也，则猛省而力去之，去一恶念，则生一善念矣。念念去恶为善，则意之所发，心之所存，皆天理，是之谓知行合一。知之非难，而行之为难。今曰‘圣人之学，致良知而已矣。人人皆圣人也，吾心中自有一圣人，自能孝，自能悌’。而于念虑之微，取舍之际，则未之讲，任其意向而为之，曰‘是吾之良知也’。知行合一者，固如是乎？”先生之言，以阳明“知善知恶是良知，为善去恶为格物”为准的，然阳明点出知善知恶原不从发处言，第明知善知恶为自然之本体，故又曰：“良知为未发之中。”若向发时认取，则善恶杂揉，终是不能清楚，即件件瞒不过照心，亦是克伐怨欲不行也。知之而后行之，方为合一。其视知行终判两样，皆非师门之旨也。[2]

① 朱熹：《朱子语类》卷六十二，《朱子全书》第16册，上海/合肥：上海古籍出版社/安徽教育出版社，2002年，页1217。

② 黄宗羲著，沈芝盈点校：《明儒学案》（修订本）卷十四，北京：中华书局，2008年，页296—297。

顾箬溪对阳明之批评，下文会详论。此处梨洲所引箬溪之说，并不严谨。首先，在现存顾箬溪的文献中，笔者未发现他有“良知者，性之所发也”之说。顾箬溪说过“情也者，对性而言也。性未见其善恶也，发于情而后有善恶，合乎天理者善也，从乎人欲者恶也”①，又说过“良知固是心之本体”②。顾氏是从心上言良知，认为良知是“人心本然之灵觉”“心之明觉处”“人心之灵觉”等等不一而足③，他并未从性上言良知。不过，需提前说明的是，他的心性论已与阳明不同。其次，梨洲此处所引箬溪文字，上文已部分提及，箬溪并未将知行合一与良知一起讨论，梨洲有以己意附会之嫌。梨洲的用意或是对箬溪之学做高度概括，而非故意曲解。即便如此，从上文对箬溪良知与慎独工夫的分析来看，梨洲对箬溪之学“以阳明‘知善知恶是良知，为善去恶为格物’为准的”的总体判断是非常准确的。只是梨洲认为阳明良知概念“原不从发处言”，与箬溪之理解不同，才使他否定箬溪之学。然梨洲对阳明良知概念之把握未必比箬溪准确。

### (二) 对阳明学的检讨与修正

黄梨洲提到，顾箬溪见《传习续录》(即今《传习录》下卷)，多有不满，并作《传习录疑》批评阳明之学。但是，在明代各种史志书目中并未见《传习录疑》一书，而在《静虚斋惜阴录》的前三卷，顾箬溪对阳明之说进行了大量的批评。梨洲所闻见者或指这些内容。事实上，综观此三卷内容，顾箬溪对阳明学之批评非仅集中于《传习录》下卷，而是对今本《传习录》三卷均有质疑。我们依据顾箬溪对阳明学之批评的全部内容，制作下表来展示其对阳明学的系统检讨。

| 序号 | 1 | 2 | 3 | 4 | 5 | 6 | 7 | 8 | 9 | 10 |
|---|---|---|---|---|---|---|---|---|---|---|
| 针对文本 | 《传》25 | 《传》250 | 《传》308 | 《传》228 | 《传》321 | 《传》94 | 《传》93 | 《传》108 | 《传》129 | 《传》266 |
| 论辩主题 | 惟精惟一 | 道心人心 | 人性善恶 | 善恶 | 心理关系 | 心理关系 | 万物一体 | 心之动静 | 格物致知 | 戒慎恐惧 |

---

① 顾应祥：《静虚斋惜阴录》卷一，《续修四库全书》第1122册，上海：上海古籍出版社，2001年，页363下。

② 顾应祥：《静虚斋惜阴录》卷二，《续修四库全书》第1122册，上海：上海古籍出版社，2001年，页373下。

③ 分见顾应祥：《静虚斋惜阴录》卷三，《续修四库全书》第1122册，上海：上海古籍出版社，2001年，页380上、384上等处。

**续 表**

| 序号 | 11 | 12 | 13 | 14 | 15 | 16 | 17 | 18 | 19 | 20 |
|---|---|---|---|---|---|---|---|---|---|---|
| 针对文本 | 《传》155 | 《传》295 | 《传》140 | 《传》141 | 《传》5 | 《传》186 | 《传》275 | 《传》274 | 《传》292 | 《传》329 |
| 论辩主题 | 未发之中 | 空空如也 | 德行之知 | 时代点评 | 知行合一 | 必有事焉 | 岩中花树 | 草木瓦石有无良知 | 乐是心之本体 | 儒佛关系 |
| 序号 | 21 | 22 | 23 | 24 | 25 | 26 | 27 | 28 | | |
| 针对文本 | 《传》318 | 《传》313 | 《传》336 | 《大学问》 | 《大学问》 | 《大学问》 | 《大学问》 | 《大学问》 | | |
| 论辩主题 | 阳明格竹 | 满街人皆圣人 | 万物一体 | 新民、亲民 | 亲民、新民 | 至善 | 格物致知 | 万物一体 | | |

顾箬溪对阳明本人思想的批评非常具体，大多是直接引用阳明原文，有的放矢。在《惜阴录》前三卷中，顾氏的批评共有 28 处，其中针对《传习录》上卷、中卷、下卷内容分别有 6、4、13 个条目，此外对《大学问》的批评有 5 处。顾箬溪的批评并非集中聚焦在某一两个问题，而是涉及阳明思想要旨、经典解释等众多论题。众所周知，《传习录》与《大学问》是王阳明最核心的思想文献，因此顾箬溪的检讨十分全面。此外，顾箬溪对湛甘泉、王龙溪、黄久庵，季彭山的批评或评论分别有 6、2、2 和 1 处，对杨慈湖的批评尚有多处。

顾箬溪对阳明及其后学的批评涉及诸多方面。非常巧合的是，尽管箬溪对久庵有所批评，两人对其他阳明后学之观察和批判却出奇一致。两人从阳明学派内部的省察和检讨与明末学者对阳明学的批判相呼应。对于顾箬溪的详细批评，我们放到下节与黄久庵一并讨论，在此着重分析顾箬溪批判的问题意识以及对阳明学之修正。

顾箬溪指出，阳明学的弊病一方面在阳明思想自身，一方面在阳明后学讲学上的歪曲。在对阳明本人的检讨上，顾箬溪除了指出在某些经典文本的具体解释上与阳明的分歧外，他认为阳明思想的歧出主要源于两点：其一，看圣人太易，对凡人私欲的轻视。其二，为融合各家之说而忽略乃至混淆儒墨、儒佛的不同之处。

顾箬溪和阳明一样，认为工夫的着力点在知善知恶之良知的当下明觉。不过，顾箬溪强调，常人之心常受私欲遮蔽，应当戒慎恐惧，克治私欲，而不是自然无意，不做功夫。例如，在《传习录》第250条，阳明解释“道心人心”曰：“‘率性之谓道’便是道心。但着些人的意思在，便是人心。”[①]箬溪对此反驳道：“此即人心即道，及何思何虑之语。论心之本体固是，然但可以言圣人，学者恐不能皆如此也。”[②]这是指阳明立言过高，模糊圣人与学者的区别。顾箬溪认为尽管人人皆具良知，但常人之良知与圣人之良知不同，前者更易受私欲扰乱，因此当对己心保持警惕，而不能自信自满。心学主张“心即理”，从吾人本心当下流露处指点天理，《传习录》因此有“无私心即是当理，未当理便是私心”之说，顾箬溪对此有所辨正：“愚谓心与理一固是正论。然学未至于圣人者见理未真，未免有过中失正，而原其心则无私，虽不当理，岂可谓之私心乎？又有一种事虽合理，而原其心则有所为，岂可谓之不当理乎？”[③]箬溪的质疑与伊川“虽无邪心，苟不合正理则妄也，乃邪心也”的说法异曲同工[④]，均是对常人之心正当性和客观性的警觉和自省。

顾箬溪曾寄《慈湖文集》给阳明，阳明对慈湖的了解或源于此。两人对慈湖的态度非常不同，阳明认为“慈湖不为无见，又着在无声无臭上见了”[⑤]，但箬溪对慈湖“不起意”之说完全否定。不仅如此，顾箬溪认为阳明的工夫论主张深受杨慈湖影响，所以他常将慈湖与阳明一起批评。如《传习录》第266条将《中庸》“戒慎恐惧”与“不睹不闻”相会通，两者既可称工夫，亦可称本体，对此箬溪径直说“此即慈湖所谓‘人心自正，不必正心’之说。愚未敢以为然”[⑥]。再如《论语》“有鄙夫问于我空空如也”章，慈湖、阳明与龙溪俱以孔子之心为“空空”，箬溪详引三人之说而均不赞同。他申论曰：“夫圣人之心无意、必、固、我。以其应事而言，廓然大公，物来顺应，非谓不起意也。慈湖乃谓‘有意何以为孔子’，斯言过矣。谓人皆有是良知，可也。谓空空为道之体，则庸人皆具道体而不必加学问之功矣。耳目口鼻，人之气体必虚而后能应物，心不在焉则视而不见，听而不闻，食而不知其

① 陈荣捷：《王阳明〈传习录〉详注集评》，上海：华东师范大学出版社，2009年，页189。

② 顾应祥：《静虚斋惜阴录》卷一，《续修四库全书》第1122册，上海：上海古籍出版社，2001年，页364下。类似的看法还见之于顾氏对《传习录》“满街人皆圣人”条的批评，参《静虚斋惜阴录》卷三，前揭书，页390上。

③ 顾应祥：《静虚斋惜阴录》卷一，《续修四库全书》第1122册，上海：上海古籍出版社，2001年，页369上。

④ 程颐：《程氏易传》，见《二程集》，北京：中华书局，2004年，页822。

⑤ 陈荣捷：《王阳明〈传习录〉详注集评》，上海：华东师范大学出版社，2009年，页211。

⑥ 顾应祥：《静虚斋惜阴录》卷二，《续修四库全书》第1122册，上海：上海古籍出版社，2001年，页379下。

味，岂有空窍而自能视听知味乎？”[①]在箬溪看来，如果认为圣人之境为常人所有，则学问之功将被废弃。这是箬溪反复辨正于《传习录》诸条目的一个论点。

顾箬溪批评阳明思想的第二大着眼点是指出阳明会通儒、墨、佛诸家而模糊了其中之限界。顾箬溪对阳明批评次数最多的论题是万物一体。他一方面和黄久庵一样，坚持孟子之原旨，强调爱有差等，并认为阳明万物一体之说有流于兼爱之嫌，忽视人物之别，后文对此会有详论。另一方面，顾氏认为阳明万物一体之说会导致人类中心论的自大。对于《传习录》第336条阳明从“感应之几”上论万物一体，箬溪质疑道：

> 夫天生万物，物固物也，人亦物中之一物也。物之蠢然而无知觉运动者，草木也。有知觉运动而得气之偏驳者，禽兽也。有知觉运动而得气之纯粹者，人也。人之生也，于是指其覆于上者曰天，指其载于下者曰地，指其飞者、走者名之曰禽兽，指其植者、种者名之曰草木，而自名曰人。天地万物皆因人而名之也。天地之气有常有变，风云雨露、寒暑变异，不可得而测者，自然之势也。人遂以为鬼神，而吉凶灾祥以此占之。天地未尝有鬼神也。禽兽草木与人俱生，非为人而生也。禽兽有食草木者矣，有食禽兽者，有穴居者，有巢居者，有潜居者。人则并禽兽草木而食之，又能伐木石以为居室舟楫，驱禽兽以为役使，灌溉禾黍，移接花木，虽天地之终始，日月星辰之运行，皆能推步而知之。盖其灵明之性足以范围天地而反有以辅助天地所不及者。故《记》曰：“人者，天地之心也。”天地未尝以人为心也，人自以为天地之心也。人之所以异万物者，以其有是灵明之性也。谓我之灵明通乎天地之灵明则可，若谓“天无我的灵明谁去仰他高，地无我的灵明谁去俯他深”，恐天地之高深不系乎人之仰俯也。人生而有知，则知有天地、知有万物，死则灵气散而不知矣。若夫天地之生生化化则未尽也，岂可谓无我的灵明则天地万物俱无乎？[②]

---

① 顾应祥：《静虚斋惜阴录》卷二，《续修四库全书》第1122册，上海：上海古籍出版社，2001年，页381上。在批评阳明忽视工夫的同时，顾箬溪还指出阳明的致良知说有忽视见闻之知的问题。阳明对《论语》“不知而作”章解作是孔子“所以明德性之良知，非由于闻见耳”，并反对在见闻之末上求德性之知。箬溪对此修正曰：“圣人之学不在见闻上，然考求往迹以资进修似亦无害。”参《静虚斋惜阴录》卷二，页381上。

② 顾应祥：《静虚斋惜阴录》卷三，《续修四库全书》第1122册，上海：上海古籍出版社，2001年，页390下—391上。

《传习录》文本中，阳明以吾人之“灵明”（良知）为天地之心，以“灵明”与万物相感应来观万物一体，此本是彰显“万物-人身-人心（良知）”的一体关联与人作为宇宙之意义与价值的“构成者”之地位。而箬溪则认为阳明此论有狂妄自大的人类中心论之嫌，意图使人之灵明代替天地之灵明而凌驾于万物之上。在箬溪看来，万物与人类虽表现出能力高低之不同，但物非为人而生，人与万物同是天地中的存在物，各有价值。从阳明文字的表面意思看，其万物一体论非常强调人是天地之心、天地之主宰的面向，因此而常被看作是一种人类中心论、主观唯心主义的论调。然综观阳明的各种说法来看，这些评价并不公允。[①] 箬溪亦是仅抓住个别条目的字面意思大做文章，而未将阳明思想作为一个整体来对待。

除了对阳明本人思想的检讨，顾箬溪还批评当时阳明后学的讲学运动。箬溪指出，当时的讲学运动已经不是纯粹的学术交流：“宋儒之道学亦以躬行实践为实，未尝从事乎讲论也。今之士夫讲良知及体认天理者多矣。宜致吾之良知、体吾之天理以尽其职业可也。而惟以讲学为名，同其好者谓之善类，有不同者，虽谨厚之士亦谓之乡愿，吾不知其何说也。又有休官林下者，宜致吾之良知，躬行孝悌以表率于乡，如许鲁斋之居怀孟可也。而乃仆仆焉奔走于外以干预时事，岂非杨用修所谓‘随驾隐士，时务道学耶’！”[②]对于以讲论来进行学术探讨，箬溪并不反对。他反对的是借此以结党和干预时事的功利行为。在他看来，阳明后学的讲学活动的最严重的问题是脱略工夫，空谈心性。他评论当时的学风曰：“今之讲学……但溺于致良知一语，以为吾心中自有圣人，以多闻多见为知之次，而不加以讨论之功，其所谓致良知者，又不曾实用其力……古人之学专务躬行，今之学者专论古人之是非，此今日讲学之弊也。”[③]对当时讲良知者空谈空疏的观察，应当是顾箬溪对阳明学进行修正的一个主要因素。

针对阳明及其后学出现的流弊，顾箬溪转向朱子学来予以对治。在工夫论上他更重视制欲之功而非自信吾心。事实上这也是陆王之学与程朱之学的一个重要区别，这可见之于对《论语》“克己复礼”章的不同诠释上。阳明后学的诸多学者继承慈湖“以克为能”之解释，认为“克己复礼”即是“能己

---

① 综合阳明其他思想来看，《传习录》第 336 条并非是人类中心论的主张，对此的辨析，参陈立胜《王阳明“万物一体”论——从“身-体”的立场看》，上海：华东师范大学出版社，2008 年，页 46—50。

② 顾应祥：《静虚斋惜阴录》卷三，《续修四库全书》第 1122 册，上海：上海古籍出版社，2001 年，页 387 上。

③ 顾应祥：《静虚斋惜阴录》卷二，《续修四库全书》第 1122 册，上海：上海古籍出版社，2001 年，页 377 下。

复礼”，直仁本心，无需克治。[①] 顾箬溪反对这种理解，他坚持朱子“以克为胜”的最初解释：

> 克也者，胜也。己也者，我也。耳目口鼻四肢之欲，皆我也。人有是身则有是欲，发之而合乎当然之则，则为天理。一有过焉，则为人欲矣。克己者，以理胜欲，如战而克也……愚谓圣人之心虽是纯乎天理，亦不能无欲，但理常胜之，不待勉强，亦不可不谓之胜也。岂可谓颜子不俟克而胜之乎？[②]

“圣人之心不能无欲”与阳明“圣人有过”说相似，箬溪以此警惕私欲之难治。不论是圣人还是常人当用克治之工夫，若相反以工夫为简易，则会认欲为理。为纠正阳明学后学中自是本心、不做工夫的问题，顾箬溪重新肯定朱子主敬、诚敬的持守工夫。阳明曾评论朱子以“敬”字解释《大学》是“画蛇添足”，其“居敬穷理”之工夫是支离，不得工夫要领。但顾箬溪重新认可“主敬”对吾心的持守作用：

> 愚谓《大学》本文原无敬字，朱子以己意添之，固似乎缀。然圣贤之学，实不外乎一敬而已。尧之兢兢，舜之业业，汤之圣敬日跻，文王之小心翼翼，武王受丹书之训曰“敬胜怠者吉”，孔子告樊迟问仁曰“居处恭，执事敬”、仲弓问仁则曰“出门如见大宾，使民如承大祭”、子路问君子则曰“修己以敬”，《中庸》谓凡为天下国家有九经而以修身为首曰“斋明盛服，非礼不动，所以身也”，至于平天下则曰“笃恭而天下平”，何莫而不以敬乎！《大学》亦谓“自天子至于庶人壹是皆以修身为本”，而又引《诗》言“穆穆文王，於缉熙敬止”，则未尝不言敬也。谓新本先去穷格事物之理都无着落，固矣。若以格物从心上说，恐亦不可无敬也。假如意在于事亲则事亲为物，苟不致敬，安能尽其孝？意在于事君则事君为物，苟不致敬，安能尽其忠？不言敬者，方论功夫次第，不及言之耳。今曰“不添一敬字”，于文义明白，亦无渗陋。但云“心之良知是为圣，尧舜亦只是致良知”，“致良知之外别无功夫”，遂使今之讲学者自以为能得致良知之宗旨，而凡先儒所谓“以诚敬为入门”、“以践履为实地”者，一

---

① 参林月惠：《阳明后学的“克己复礼”解及其工夫论之意涵》，见其《诠释与工夫：宋明理学的超越蕲向与内在辩证》，台北：“中央研究院”中国文哲研究所，2008年，页217—271。

② 顾应祥：《静虚斋惜阴录》卷三，《续修四库全书》第1122册，上海：上海古籍出版社，2001年，页386上、下。

切以为支离而废之，放肆不检，而意亦不诚矣。[①]

对于阳明批评朱子解“格物致知”为“即物穷理”，使工夫“茫茫荡荡无着落”，箬溪深表赞同。但主敬之功是尧舜以来圣门相传之要法，以之解《大学》，并不违和。阳明不重视主敬，遂使后世学者自信良知，遗弃先贤持守之工夫，最终导致放肆不检点的严重问题。要之，顾箬溪为对治阳明后学放任本心、不加检点之弊，通过重拾朱子学诚敬持守之实功与戒慎恐惧以克治己私的制欲工夫来纠偏。

## （三）思想定位

综观前文之分析，顾箬溪理学思想展现出调停朱王之特点。他虽然对阳明学有全面的检讨和批判，但仍然认同阳明心学的某些基本理念，而并非如黄久庵一样全然否定阳明学而跳脱阳明学之范围。他对数学、刑律等诸多知识领域投入极多的精力，也有深入和丰富的认识，这些知识探索非但没有使其放弃理学思考，他反而努力将各种知识与道德性命之学相联系，使得箬溪思想依然呈现出一个理学家的底色。

顾箬溪不仅对工夫论多有讨论，而且详细阐述了理学心性论的诸多观点。在对理学基本概念的分析中，他同样表现出重新肯定朱子学的倾向，并以此修正阳明后学之歧出。箬溪对心、性、情、理等理学基本概念都有辨析，我们分别加以简要分析，进而把握其理学思想的整体特点。首先来看他对“心”的理解：

> 心也者，人身之主宰也。人之生也，得天地之理以为性，得天地之气以成形，性也者，仁义礼智是也。形也者，耳目口鼻四肢之类是也。形以载气，气以运形，皆心为之主也。耳之听，气也，而所以听者，心也。目之视，气也，而所以视者，心也。口之于味，气也，所以知味者，心也。鼻之于臭，气也，而所以能知臭者，心也。手持而足行，亦气也，而所以能持能行者，心也。不特是也，凡百骸、皮肤、毛骨，知痛知痒、皆心也。[②]

以心为身之主宰是朱子和阳明的共同之义，亦可说是理学的通义。不过，阳明更进一步，把心、性与良知看作同一心体的不同面向。阳明所说之心，主

---

① 顾应祥：《静虚斋惜阴录》卷二，《续修四库全书》第 1122 册，上海：上海古籍出版社，2001 年，页 376 上、下。

② 顾应祥：《静虚斋惜阴录》卷一，《续修四库全书》第 1122 册，上海：上海古籍出版社，2001 年，页 362 下。

要指超越经验层面的道德本心。[①] 而箬溪对心的理解则偏向朱子学的经验层面的作为身之主宰的心理意识。同时,箬溪认为良知是“心之灵觉”,是心之发用,而非心之本体,而“性者,心之体也”[②]。箬溪又言:“良知是心之明觉处,非心之全体也。”[③]由此来看,顾箬溪尽管将良知作为工夫的前提和入手处,但并未像阳明一样认为是超越意义上的心体。顾箬溪大致坚持了朱子学中的“心统性情”“性体情用”的心性论的观点。不过,他没有如朱子一样将吾心分为未发和已发前后两种不同的活动状态,并对应两种不同工夫。在这点上,他实际上是默许了阳明以朱子工夫论为支离的批评。

从顾箬溪对《中庸》“未发之中”的解释亦能看出他折中朱王之间的思想特点。在阳明的思想文献中,关于“未发之中”的观点表达并不一致。阳明有时曰:“不可谓未发之中,常人俱有。”而有时又曰:“良知即是未发之中,即是廓然大公,寂然不动之本体,人人之所同具者也。”[④]顾箬溪敏锐地抓住了其中的冲突,他认为:

> 《中庸》所谓未发之中,对已发而言也……谓即良知可以见未发之中则可,谓良知即未发之中似乎欠明。常人之心未能纯乎天理,然其未发之时亦不可不谓之中也。或曰:虽亦有未发之时,不可以为天下之大本。曰:非也。齐王不忍一牛之死,孟子曰:“是心足以王矣。”有是中也,岂不可以为天下之大本乎![⑤]

顾箬溪明确肯定常人有“未发之中”。笔者在前文指出,箬溪对常人之心理欲混杂状态十分警惕,反复强调常人之心达不到圣人一样的“自明自灵”,所以此处“未发之中”当为性体,而非吾心之发用层。在他看来,良知与“未发之中”的区别,正如由齐宣王不忍牛之觳觫之心而见“未发之中”,但此不忍之心非即是“未发之中”。据此,箬溪思想中暗含着“未发”与“已发”之区别,但他是在性体意义上定位“未发之中”,而非如朱子一样,将之看作是和已发在时间上相接续的另一种心理活动状态。

---

① 参陈来:《有无之境——王阳明哲学的精神》,北京:人民出版社,1991年,页73—76。

② 顾应祥:《静虚斋惜阴录》卷一,《续修四库全书》第1122册,上海:上海古籍出版社,2001年,页363上。

③ 顾应祥:《静虚斋惜阴录》卷二,《续修四库全书》第1122册,上海:上海古籍出版社,2001年,页380上。

④ 陈荣捷:《王阳明〈传习录〉详注集评》,上海:华东师范大学出版社,2009年,页49、129。

⑤ 顾应祥:《静虚斋惜阴录》卷二,《续修四库全书》第1122册,上海:上海古籍出版社,2001年,页380上。

顾箬溪向朱子学的回归还体现在他的人性论中蕴涵着天地之性与气质之性的区别，尽管他未明言这一区别。在明代理学的发展中，不论是心学，还是朱子后学，抑或反理学的学者，都表现出反对理气二分，同时落实到在人性论上主张“气质之性”而否定宋儒“天地之性”的人性一元论的共同旨趣。箬溪受到此思潮之影响，他亦从气上言性：

性无形体，即气中之理也。人之气质有清浊纯驳之不同，故其性亦有刚善恶之不一。①

性即理也，理寓于气质之中，性不可见者，其发而可见者皆气质之也。②

从语脉来看，顾箬溪反对理气二分、气外有性的观点。对于箬溪而言，从气上言性可以说明三大问题。其一，“人之气质清浊纯驳”之不同，因而有圣凡之别。其二，天地万物气禀有不同，因之有人与动植物之别，“天地万物气之清者、纯者为人，于是乎有仁义礼智之性，气之浊者、驳者为禽兽、为昆虫，虽有知觉运动而无人之性。若夫草木只有生意而无知觉运动，瓦石则出乎人力所为，并生意而俱无者也”③。这两点均是箬溪反对阳明思想的前提。其三，可以解释历史上不同的人性论的观点。他不同意《传习录》第 308 条的人性论说法，而试图从气质上贯通孟荀的人性论：

凡论性者，皆以气为性。《传习录》所云亦未当也。且人之生也，有形有色，皆气也。孟子亦曰：“形色，天性也。”性不能离乎气，性者，气中之理也。人之初生，未有知觉之时，纯乎纯者也。稍有知觉即知有耳目口鼻之欲矣。父毋又从而诱之，称之曰乘觉，则喜。由是养成放僻邪侈之性，俗语所谓纵性、使性是也。其有教之而即善者，亦其本性之良故也。荀子谓人之性恶，盖认其发源处本来恶耳，非谓流弊也。况其下文又云“涂之人皆可以为禹”，亦非谓一定恶也。孟子道性善乃是直指性

① 顾应祥：《静虚斋惜阴录》卷一，《续修四库全书》第 1122 册，上海：上海古籍出版社，2001 年，页 365 上。

② 顾应祥：《静虚斋惜阴录》卷一，《续修四库全书》第 1122 册，上海：上海古籍出版社，2001 年，页 367 下。

③ 顾应祥：《静虚斋惜阴录》卷三，《续修四库全书》第 1122 册，上海：上海古籍出版社，2001 年，页 388 上、下。

之本体而言，见孺子入井之说可谓深切而著明矣，岂止说其大概而已乎！论性者当以孟子之言为是，不必惑于后世纷纷之论可也。[①]

箬溪认为，荀子看到人的气禀中表现出各种"放僻邪侈"之性，从而提出性恶说，而不是阳明说的从"流弊上"着眼。人之气禀之初"纯乎纯者"，此是孟子性善论的依据，也是人性论的正谛，而不是阳明说的仅"说个大概如此"。至于其他告子"生之谓性"、韩愈"性三品"等俱是以气质言性。到此为止，箬溪的人性论和明代诸多学者从气上言性的思路基本一致。正如陈来先生指出，坚持气质之性的一元论立场，理论上会导致人性的多样化的结果，从而表现出对孟子性善论或多或少的背离。[②] 但我们看到，顾箬溪在人性论上最终以孟子性善论为依归，这使得他在坚持气质之性的同时，又主张一种先验本质主义的人性论，而未意识到两者之间的冲突。他一方面说"凡论性者皆以气为性"，另外又言"孟子道性善乃是直指性之本体"，这实际上是指人之气质本然之性是至善无杂的。据此，箬溪的人性论中出现了现实经验的气质之性与纯粹至善的气质本然之性两种人性，它们如何统一？箬溪的矛盾或许在于，他依然深受程朱之学中天地之性和气质之性的人性二元论的影响。在解释《中庸》"率性之谓道"一句时，顾箬溪说："人物受天地之性固无分别。此乃气质之性，告子所谓生之谓性是也。"[③]他认为《中庸》所言是人率性，而非伊川说的"通人物而言"，因为人与物因气质而不同，人能率仁义礼智之性，而牛马不能。但他又以宋儒的"天地之性"来说明人与万物的统一性，而没注意到与其力主的"气质之性"之间的张力。这或许表明，相较于在工夫论上对阳明学的坚持，顾箬溪的心性论呈现出更多的朱子学的底色。

## 二 黄久庵思想转变探析

黄久庵(1480—1554)，名绾，字宗贤，浙江黄岩(今台州市黄岩区)人，是浙中王学的重要人物。久庵早年师事明代学者谢方石(名铎，字鸣治，

① 顾应祥：《静虚斋惜阴录》卷一，《续修四库全书》第 1122 册，上海：上海古籍出版社，2001 年，页 366 上。

② 陈来：《元明理学的"去实体化"转向及其理论后果——重回"哲学史"诠释的一个例子》，《中国文化研究》，2003 年夏之卷。

③ 顾应祥：《静虚斋惜阴录》卷二，《续修四库全书》第 1122 册，上海：上海古籍出版社，2001 年，页 378 上。

1435—1510），又尝问学于陈白沙弟子林南川（名光，字缉熙，1439—1519）。正德五年（1510），31岁的黄久庵与王阳明、湛甘泉一见相知，约定终日共学，而在正德十六年（1521），久庵被阳明之学所折服，由朋友进而执弟子之礼。然而，在嘉靖十三年（1534）前后，久庵的思想发生巨大转变，对整个宋明理学的思想传统予以激烈的批判。他和顾箬溪一样，曾是阳明的弟子，但后来都成为阳明思想的批判者。本节重在探寻久庵思想转变的过程，并尝试分析其中的原因。

## （一）第一次思想转向

按照黄久庵的自述，他"年十六，始知为举业，又三年，乃厌其卑"[①]，随有追求圣学之志，"既更岁月，稍识道理之方，辄以圣贤为必可学而至。乃于所坐，置一木牌，书曰：'穷师孔孟，达法伊周。'其背又书曰：'勤敏自强，研精抑气。'朝夕观警"[②]。久庵早期侧重"四书""五经"的儒学原典，他后来回忆说："绾初年之学，只守旧说，专求典籍，将十载而无所得。"[③]在此时期，他认为必须从儒学圣典中获得圣人之道：

> 诚以道之不传，由于经之不明，今之人不可谓不学经也。究其所以，不过割裂文义，俳优其语言，以为场屋谋身之资，甚者假以为济恶文身之具，反俾《六经》、四子之道晦而不显，则《六经》、四子之道不亡于秦火而亡于今日矣。何则？昔人谓京房溺于名数，以为世岂复有《易》？孔、郑专于训诂，以为世岂复有《诗》《书》？董仲舒流于灾异，以为世岂复有《春秋》？大、小戴氏之杂取泛记，以为世岂复全《礼》？夫经之无，非真无经也。以其说之之偏，学之之缪，是以云尔，又岂有昏塞不救之甚如今者哉！[④]

这是久庵26岁左右的看法。在他看来，经学自汉代就被后世学者歪曲和误解，因此，需要对儒学原典进行全新的认识。其中，《礼经》的缺失和讹误尤为严重，他甚至对朱子整理礼学的努力也不满意。[⑤] 久庵早期复古重经的为

① 黄绾撰，张宏敏编校：《黄绾集》卷十六，上海：上海古籍出版社，2014年，页311。
② 黄绾撰，张宏敏编校：《黄绾集》卷十六，上海：上海古籍出版社，2014年，页300。
③ 黄绾撰，张宏敏编校：《黄绾集》卷二十一，上海：上海古籍出版社，2014年，页393。
④ 黄绾撰，张宏敏编校：《黄绾集》卷十六，上海：上海古籍出版社，2014年，页304—305。
⑤ 参黄绾撰，张宏敏编校：《黄绾集》卷十六《与王东瀛论礼经书》，上海：上海古籍出版社，2014年，页301。

学主张，在其晚年得到了更为坚定和具体的落实。

在北京遇见王阳明与湛甘泉而共订讲学之盟之后，黄久庵的为学路向发生了根本的改变。在他的一篇大约写于33岁(1512)的赠序中，久庵重新提出了探求圣人之道的方式：

> 圣贤之心，因言始见。《六经》、四子者，言也。求心必自知言始，知言必自为己入。故昔儒皆以身求遗经而得之。今天下庠序孰不曰有《六经》、四子之学？要其归，能得其皮肤者寡矣。盖徒能诵其言而不知求其心，或能求其心而不知求诸己，此圣贤《六经》、四子之道所以不丧于秦人坑烈之惨而丧于今日也。故今日之士敝于己而不知，役于物而不悟，世道以之渐降、生民以之日困，不亦深可悲乎。予尝有志，求之累岁而竟无得，迩者受官都下，始会阳明、甘泉二子者，一语而合，遂成深契，日相亲炙，或庶几焉！①

必须通过"六经""四书"才能获取圣贤之心(道)，而认识"六经""四书"仅靠弄懂其中的字句含义是远远不够的，吾人身心的参与是必不可少的环节。如此以来，久庵从探求圣人之经转向了反求诸己。他在另一处更明确地说："今欲学圣人，惟求之吾心而已。不知反之于心，求其累与害者去之，徒以博物洽闻为有事、旁寻远览为会通，是乃逐物而滋蔽也。"②久庵的心学转向受到阳明与甘泉的影响是显而易见的。

从正德五年(1510)到嘉靖七年(1528)阳明去世，黄久庵与湛甘泉，尤其与阳明保持密切的联系。他曾上书朝廷，为阳明在平定宸濠之乱后受到的赏罚不公鸣不平，向嘉靖皇帝大力举荐王阳明。③ 在阳明去世不久，面对朝中桂萼等大臣对阳明的诬陷，黄久庵为之仗义申辩。④ 他经过六年的时间撰成《阳明先生行状》，更是在嘉靖十一年(1532)纳阳明孤子为婿以庇护之。中年时期的黄久庵不仅在政治上是阳明的盟友，其思想也具有鲜明的心学特点。久庵中期的主要思想可以从以下四个方面进行说明：

第一，为学的目标是存理去欲，修养身心，变化气质。久庵在南京任礼

---

① 黄绾撰，张宏敏编校：《黄绾集》卷十一，上海：上海古籍出版社，2014年，页191，标点略有改动。

② 黄绾撰，张宏敏编校：《黄绾集》卷十八，上海：上海古籍出版社，2014年，页336。

③ 见黄绾撰，张宏敏编校：《黄绾集》卷三十一《议江西军功疏》，上海：上海古籍出版社，2014年，页605—608。

④ 见黄绾撰，张宏敏编校：《黄绾集》卷三十二《明是非定赏罚疏》，上海：上海古籍出版社，2014年，页624—629。

部右侍郎期间(1528—1533),在给前来问学的朱姓二生寄送赠言曰:“故圣人为教,必使人于独知之际,因其本心之明,察其私欲之萌,既切复磋,既琢复磨,惟日孜孜,以极精一之工,则私欲净尽、天理纯完,所以立天下之大本而经纶天下之大经,岂有他哉!”[①]“存天理、去人欲”本是宋明理学家共同的精神追求,用理学的另一个说法又可称作“变化气质”。对于后者,久庵亦有提及:“苟求之能成吾身而有益于得,虽百家众说皆可取也,况朱陆哉! 苟求之不能变吾气质而无益于得,虽圣言不敢轻信,况其他哉!”[②]久庵此处以有益气质变化而非圣贤之言作为取舍的标准,比阳明“不以孔子的是非为是非”的说法要早得多[③],而且也显示久庵从早年关注经典原义转向身心的修炼。对身心与自我的关注甚至使久庵焚弃了早年对礼乐典籍的编撰稿件。[④]

第二,肯定象山之学,而对白沙之学不甚看重。黄久庵曾于 24 岁(1503)时问学于陈白沙高足林南川,向他请教白沙之学。在此时期,他把陈白沙看作得孔孟真传的大儒,十分渴望了解。[⑤] 但是,在与阳明交往了两年之后,他对白沙之学有了完全不同的评价。在给阳明的信中,他说:“近世如白沙诸公之学,恐皆非圣门宗旨。宋儒自濂溪、明道之外,惟象山之言,明白痛快,直抉根原,世反目之为禅而不信,真可恨也。”[⑥]对于前代理学家,久庵尤其重视濂溪、明道和象山,这和阳明的态度是一致的。[⑦] 不过,久庵的看法在晚年又发生了变化。

第三,静坐无益。久庵对静坐的认识也有一个变化的过程。他早年把静坐作为一项重要的工夫加以实践:“少尝有志圣学,求之紫阳、濂、洛、象山之书,日事静坐。”[⑧]静坐有时还能养身疗疾:“时或忧思太过,形焦神

---

① 黄绾撰,张宏敏编校:《黄绾集》卷十一,上海:上海古籍出版社,2014 年,页 157。存理去欲之工夫,久庵又用去垢磨镜比喻之:“人心犹镜乎? 垢翳之则失其明,明不现则昧于照。照之不精,明未足也,则务尽去其垢。《六经》、濂洛之言,其去垢之朽楮欤! 今将之以去垢而反以为障,可乎?”(参黄绾撰、张宏敏编校:《黄绾集》卷八,前揭书,页 146)

② 黄绾撰,张宏敏编校:《黄绾集》卷十八,上海:上海古籍出版社,2014 年,页 332。

③ 阳明的说法见其作于正德十五年(1520)的《答罗整庵少宰书》(陈荣捷:《王阳明〈传习录〉详注集评》,前揭书,页 148),而黄久庵此处的说法作于正德九年(1514)左右,最迟不晚于正德十一年(1516)。

④ 见黄绾撰,张宏敏编校:《黄绾集》卷十八《复二泉先生书》,上海:上海古籍出版社,2014 年,页 337。

⑤ 见黄绾撰,张宏敏编校:《黄绾集》卷十六《寄林南川》,上海:上海古籍出版社,2014 年,页 306—307。

⑥ 黄绾撰,张宏敏编校:《黄绾集》卷十八,上海:上海古籍出版社,2014 年,页 339。

⑦ 关于王阳明对宋儒的评价,可参陈荣捷《从朱子晚年定论看阳明之于朱子》,载陈荣捷:《王阳明〈传习录〉详注集评》,上海:华东师范大学出版社,2009 年,页 261—282。

⑧ 黄绾撰,张宏敏编校:《黄绾集》卷二十四,上海:上海古籍出版社,2014 年,页 460。

悴，辄成一疾，只得就闲习静以理血气。”①但后来久庵不再看重静坐，他在38岁给甘泉的信中提出：“吾儒为教，只在人伦之中，仰事俯育，何所不关？恶得顿然无事，一切无染于心？苟非笃志，日用事物，各求当理，徒事静坐，心能真静、性能真定者鲜矣。”②久庵担心甘泉追求静默无事，忽略伦常日用。他和阳明的看法一致的，也认为静坐并不能有效地斩除欲根：“往年见甘泉颇疑先生‘拔病根’之说，凡遇朋友责过及闻人非议，辄恐乱志，只以静默为事，殊不知无欲方是真静。若欲无欲，苟非勇猛锻炼、直前担当，何能便得私欲尽净、天理纯全？”③真正的静不是身体的静止，而是无论有事无事，内心都处于安定的状态，而这仅靠静坐是不够的，需要在事上锻炼。阳明亦持相同的观点。

第四，以独知为本体，以慎独为工夫。久庵在南京任职期间所作的《赠邵文化》中表达了他对为学工夫的总体看法：“圣人之道自孟子殁而失传几二千载，至宋程伯子始启其端，迨我阳明先生乃阐良知之旨。学者方如醉梦得醒，而昧者犹以为疑。予昔受教，更历岁月，既竭驽钝，方知先生之云‘致良知’者即孟子所谓‘扩充四端’、孔子所谓‘克己复礼’，其实皆慎独也。故曾子传《大学》、子思作《中庸》皆以慎独为要。惟从事于慎独，则良知明而至诚立，不待外求而经世之道、位育之功在此矣。”④此段可注意者有二：首先，久庵认为阳明是传承孟子、明道之道统，得圣学正传，对阳明推崇备至。其次，久庵以慎独作为孔子、曾子、子思与孟子的共同主张，是阳明致良知教的思想源头。而对于慎独思想的具体内涵，他在《良知说》中表述得较全面：

> 予曰：夫良知云者，人人自足，圣愚皆同。但气习之来有浅深，故学问之工有难易，故有安、有利、有勉之或异，而良知则无不同也。学者苟能专心笃志，察之于隐微独知之中，以循天然自有之则，是是非非，毫发

① 黄绾撰，张宏敏编校：《黄绾集》卷十六，上海：上海古籍出版社，2014年，页300。

② 黄绾撰，张宏敏编校：《黄绾集》卷十八，上海：上海古籍出版社，2014年，页341。张宏敏将此书系于正德十五年（1520），当有误。久庵在此书中言“前岁舍亲归，奉手教，知襄事已毕”，其中的“襄事已毕”可能指甘泉为其母服丧之期结束。甘泉之母于正德十年（1515）正月过世，丧期应于正德十二年夏间结束。据此推断，此书当完成于次年（1518）。此外，此书之中对甘泉偏于静默的含蓄批评，久庵在给阳明的一封信中有所提及：“绾近寄一书，略论静坐无益，亦不敢便尽言及此”（黄绾撰，张宏敏编校：《黄绾集》卷十八，前揭书，页340）。据此，两书的时间相隔不久，且前书在后书之先。后书中提到的《祭徐曰仁文》作于正德十二年（1517）八月二十七，所以后书大约作于1517年下半年至1518年之间。两书共证，故系此书于正德十三年（1518）。

③ 黄绾撰，张宏敏编校：《黄绾集》卷十八，上海：上海古籍出版社，2014年，页340。

④ 黄绾撰，张宏敏编校：《黄绾集》卷九，上海：上海古籍出版社，2014年，页156。

> 不欺，则私意一无所容而天理纯矣。曰："若然，则学、问、思、辩之工将安措乎?"予曰：良知固无不知。然蔽于气习，故知善而不能存、知恶而不能去。博学者学此也，审问者问此也，慎思者思此也，明辩者辩此也，笃行者行此也，无时而非存善、无时而非去恶，皆所以慎独而致吾之良知也，非于致知之外而又有所谓学、问、思、辩也。[①]

黄久庵是以"独知"来理解阳明的"良知"概念的。独知是人人本有的明察善恶的知觉，但人又容易受到气质、习染与流俗的迷惑和蒙蔽[②]，知善知恶而不能决意去为善去恶，需要通过慎独工夫使独知之灵明不失，循其自然天则而实能为善去恶。关于"慎独"工夫的实践方式，他在嘉靖十三年(1534)赠王龙溪的序言又提到"戒而谨之"的说法。[③] 久庵这两处慎独工夫的精简表达显示，慎独之慎似是精察、警惕、谨敬之态度，其中既有察识意念毋使流于恶，又有敬持、保任独知之本体的意思，只是久庵没有充分而详尽地阐述。阳明对"独知"概念有独特的理解[④]，久庵的慎独论和阳明的思路并无大的差别。

### (二) 与宋明理学的决裂

以上四点亦是阳明心学的基本观点。在这一时期，黄久庵可以说是心学的认同者和实践者。然而，在嘉靖十三年(1534)，王龙溪离开京师赴南京任职，黄久庵送龙溪的赠言中已经开始对宋明理学进行全面的检讨和批判，这说明久庵在此之前的几年时间发生了剧烈的思想转变。笔者以下先概括久庵晚年思想的主要变化，然后探寻久庵思想转变的原因。

相比于中年时期，晚年的黄久庵的思想变化主要表现在两点。其一，严辨儒释，批判宋儒逃禅进而否定宋明理学。久庵曾与阳明讨论过儒释之别[⑤]，或许是受阳明的影响，他起初对佛道尚有部分的认可。[⑥] 但后期他激烈批判佛道特别是禅学的弊端，而且他反复指出，宋儒之学的歧出正因为逃

---

① 黄绾撰，张宏敏编校：《黄绾集》卷九，上海：上海古籍出版社，2014年，页157—158。

② 在另一处也说："人心不昧，其几本明，但习染易迷、流俗易溺，迷溺为蔽，则呈见之几斯间，所以有安仁利仁之辩、诚明明诚之别。"(黄绾撰，张宏敏编校：《黄绾集》卷十三，前揭书，页222)

③ 黄绾撰，张宏敏编校：《黄绾集》卷十三，上海：上海古籍出版社，2014年，页231。

④ 参陈立胜：《王阳明思想中的"独知"概念——兼论王阳明与朱子工夫论之异同》，《中山大学学报(社会科学版)》2016年第5期。

⑤ 参王守仁撰，吴光等编校：《王阳明全集》(新编本)卷四《答黄宗贤应原忠》，杭州：浙江古籍出版社，2011年，页158。

⑥ 如他在《送王崇贤序》中认为，佛道与杨墨一样都得道之一偏，参黄绾撰，张宏敏编校：《黄绾集》卷十一，上海：上海古籍出版社，2014年，页188—189。

禅。久庵明确地说:“宋儒之学,其入门皆由于禅:濂溪、明道、横渠、象山则由于上乘;伊川、晦庵则由于下乘。虽曰圣学至宋倡,然语焉而不详,择焉而不精者多矣。”[①]这已经不再是他先前对濂溪、明道、象山的高度评价。相反,他对这几位理学大家均有批评。他反对濂溪“无欲”的说法:“况欲之一字,有由于人心,有由于道心。由于人心,谓之为私欲可也;由于道心,己欲立而立人,己欲达而达人,亦可谓私欲,而求其无乎?”[②]对于明道之学,他指出,《定性书》中“廓然而大公,物来而顺应”不是孟子的“求放心”,而是习染禅学的“无心无情”。[③] 伊川与朱子为学方法是“涵养须用敬,进学则在致知”,而在久庵看来,程朱之涵养“是以人心独知之先别有虚静之体、无闻无见之时,致其静守之工”,这实质上是禅宗的“瞑目端坐”,而所谓“致知”则“必求之书册,求之外物”,走向支离,遗漏心体,这与禅宗“持公案”并无两样,两者都是下乘禅学的伎俩。[④]

久庵对杨慈湖的批评最为严厉。其他的儒者仅仅是杂禅,“慈湖之学,出于象山,象山则不纯禅,至慈湖则纯禅矣”[⑤]。对于阳明,久庵依然非常尊敬,他没有直呼其名地批评。不过,他在思想转变之后,还是含蓄地表达了自己对阳明之学的不满,特别是在《大学》“格物致知”的理解上。[⑥] 久庵批判的结果是把宋明理学与孔孟之学严格区别开来,否认理学的正统性。他把原始儒学与宋代理学看作两个完全不同的传承系统:

> 尧舜之传,曰人心、道心,孔子之传,曰视、听、言、动,曾子曰,忿懥、恐惧、好乐、忧患,孟子曰,口味、目色、耳声、鼻臭、四肢安逸,皆不外乎吾身,而吾身之近而切者,惟在于人心道心、视听言动、喜怒哀乐、声色臭味之间;古人因其近而切者,精之一之,而允执厥中,此其为学所以无虚妄,而人道不远、人德易立也。宋儒之传,则云:“无极、太极”,又云“无欲则静虚动直、明通公溥”,又云“清虚一大”,又云“太虚无形,至静无感”,又云“廓然大公,物来顺应”,又云“主一谓敬,无适谓一”,又云“其心收敛,不容一物”,又云“不起意”,又云“起意则昏”,又云“涵养须用敬,进学则在致知”,又云“今日格一物,明日格一物,众物之表里精粗

① 黄绾撰,刘厚祜、张岂之标点:《明道编》卷第一,北京:中华书局,1959年,页12。
② 黄绾撰,刘厚祜、张岂之标点:《明道编》卷第一,北京:中华书局,1959年,页13。
③ 黄绾撰,刘厚祜、张岂之标点:《明道编》卷第一,北京:中华书局,1959年,页13—14。
④ 黄绾撰,刘厚祜、张岂之标点:《明道编》卷第五,北京:中华书局,1959年,页59。
⑤ 黄绾撰,刘厚祜、张岂之标点:《明道编》卷第一,北京:中华书局,1959年,页15。
⑥ 可参黄绾撰,刘厚祜、张岂之标点:《明道编》,北京:中华书局,1959年,页10—11、21等处。

无不到，然后吾心全体大用无不明"，盖宋儒之学，自是宋儒之传，原非尧舜之传；尧舜之传，至孟子而绝，在今则无传矣。①

在激烈的批判背后隐含着黄久庵重新认识儒学、重建道统的努力。与对宋明理学的否定相连的是对原始儒学的新认识，这就涉及久庵晚年思想转变的第二点：崇实黜虚。久庵认为宋明理学的根本错误是因掺入禅学而导致空虚之病。他除了分别指出每个宋代大儒的问题，还集中辨析宋儒有关"无"的说法。周濂溪言"无极""无欲"，明道言"无心""无情"是源于禅宗，非《周易》"无思无为"之本意，儒学以"思"为用，"未有通天下之事因、合天下之旧迹，可无思而无为者。但考自古圣人，凡涉天下之故，曾有何事是无思而成、无为而已者"②！宋儒所言"无思无为"，"此乃王衍之徒，清虚所以亡晋；达磨以来，禅宗之所以乱学也"③。理学之空虚在阳明学中也有体现，对此我们在下节将黄久庵与顾箬溪对阳明学的批判一并讨论。久庵对宋明理学的全面检讨自然与他对阳明学的反复省察及其对阳明后学发展的观察密切相关。④ 为了纠正空虚之弊，久庵的思想进行了很大的调整。他由原先强调慎独工夫转而偏重功效。在他看来，这是儒释的一项重要区别⑤，也是《大学》的核心思想。《大学》之道并非是格其非心，而是"格物"：

《大学》之道，"成己"、"成物"而已……其用工之要，只在"致知在格物"一句。何哉？人心之本，独知而已，仁、义、礼、智、信者，人心独知之秉彝也；君臣、父子、夫妇、长幼、朋友者，人身所具之五伦也；家、国、天下者，人身所必有而不能无也。凡此之理，始于知，发于意，出于心，成于身，故《诗》曰："天生蒸民，有物有则，民之秉彝，好是懿德。"君臣、父子、夫妇、长幼、朋友皆民也，所谓蒸民，乃天之所生也。物者事也，有君

① 黄绾撰，刘厚祜、张岂之标点：《明道编》卷第一，北京：中华书局，1959 年，页 5—6。

② 黄绾撰，刘厚祜、张岂之标点：《明道编》卷第三，北京：中华书局，1959 年，页 37。相似的观点还参黄绾撰、张宏敏编校：《黄绾集》卷二十一，上海：上海古籍出版社，2014 年，页 380。

③ 同上注。

④ 久庵言："予言宋儒及今日朋友禅学之弊，实非得已，盖因年来禅学之盛，将为天下国家之害，尝痛辩之，皆援先儒为据，皆以朋友为难言，故于其根本所在，不得不深明之，世有君子，必知予之不得已也。"（黄绾撰，刘厚祜、张岂之标点：《明道编》卷第一，前揭书，页 12）

⑤ 如久庵在回复王龙溪之书中言："禅学者所以出世，故有体而无用，有工夫而无功效，此所以虚寂无所住着而涅盘也。故为禅学者，略涉作用、稍论功效则为作念，而四果皆非谓之有漏，其道不可成矣。圣学工夫则在体上做，事业则在用与功效上见，故《大学》首章言大人为学之道，提出三'在'字以见道之所在，在于尽性，在于尽伦，在止于至善。"（黄绾撰，张宏敏编校：《黄绾集》卷二十一，前揭书，页 401）

> 臣则有君臣之事，有父子则有父子之事，有夫妇则有夫妇之事，有长幼则有长幼之事，有朋友则有朋友之事，有其事必有其则，所谓“有物有则”也。则非外铄，皆在人心独知之中，所云“至善”者在是。但人生不能无习，人心不能无染，若不知慎独而致其知，而去其习染之私，则明德日蔽，蒸民不亲，“成己”、“成物”之道皆不获止于至善矣。夫所谓“慎独以致其知”者，即《中庸》所谓“博学、审问、慎思、明辨、笃行”，《论语》所谓“克己”是也。只看所遇何事，如在于君臣，即于此求尽君臣之道；如在于父子，即于此求尽父子之道；如在于夫妇，即于此求尽夫妇之道；如在于长幼，即于此求尽长幼之道；如在于朋友，即在此求尽朋友之道。求尽其道于吾身，则吾身之物格；吾身之物既格，然后家、国、天下之物皆由之而格矣，故曰“致知在格物”。①

中年时期的黄久庵反复强调依据“隐微独知”去存理去欲，而此时显而易见的是，尽管久庵依然使用独知的概念，然他更强调在君臣、父子、夫妇等五伦之事上用功，尽事物之则才是格物致知。黄久庵晚年将其学问宗旨概括为“知止”：“吾学之要，在于知止。”②在《明道编》开篇的几章，他抛弃宋明理学的正统性，把“知止”之学直溯到伏羲《易》之艮卦、尧舜执中之学、孔子《易传》以及《大学》之“知止”，从原始儒学构建新的道统谱系。他声言“知止”之学体用俱全，“止”既指性体，又指作用，佛老之病在有体无用，宋明理学家正是杂佛老于儒学，而致离世空虚之病。尽管久庵的“知止”之学依然带有浓重的理学痕迹，并未摆脱理学窠臼，但其崇实贬虚的思想旨向是显而易见的。

除了提出新的为学宗旨以对治空虚之病，黄久庵还特别突出《论语》“志道”“据德”“依仁”‘游艺’来说明儒家体用兼备之学。其中，“游艺”不是无关紧要的闲暇娱乐，“切于民生日用、衣食居处必不可无，谓之艺”③，因此，道德仁义需要落实在艺事之中。与之相关的是，久庵反对阳明的观点，强调治生之重要：“君子为学，岂不治生、岂无所取？皆视其分所当为、义所当得、力所当勤、用所当俭者尽其心而已，此孔门所以有‘游艺’之训，《大学》所以有生众食寡、为疾用舒之道也。”④诸此种种都表明，久庵晚年特别看重事功、经世致用的面向。

黄久庵的批判没有止于学术思想的领域，他对社会状况也有细致的观察。他不仅鲜明地指出当时明代社会腐化、士人虚浮的现状，甚至还批评宋

① 黄绾撰，刘厚祜、张岂之标点：《明道编》卷第五，北京：中华书局，1959 年，页 55—56。

② 黄绾撰，刘厚祜、张岂之标点：《明道编》卷第一，北京：中华书局，1959 年，页 2。

③ 黄绾撰，刘厚祜、张岂之标点：《明道编》卷第一，北京：中华书局，1959 年，页 19。

④ 黄绾撰，刘厚祜、张岂之标点：《明道编》卷第二，北京：中华书局，1959 年，页 29。

代社会礼制与治道的弊病。不过，在久庵看来，社会颓废、士风败坏的根源在“学术不明、心术不正”[①]。久庵晚年学术宗旨的转变与他对当时社会现状的观察当不无关系。为了克服社会的虚浮与士人的功利之习，使之尚实而笃行，久庵特别突出小学和《孝经》的重要作用。[②]

对于黄久庵在50多岁与宋明理学彻底决裂这一巨大的转变，黄氏的传世文献没有提供转变的具体过程及其直接原因。我们只能探寻各种间接因素。除了他对当时社会和士风的现状有了新的认识之外[③]，他对阳明后学发展的观察也可能是一个刺激因素。黄久庵作为较早追随阳明的一批士人，没有积极参与王龙溪、邹东廓等年轻的阳明弟子组织的讲会活动。[④] 恰恰相反，他特别反对阳明后学中重视杨慈湖、模糊儒佛界线、追求上悟而忽略下学的倾向。他认为这样的良知之学仅仅是孤守空明之心而废学、废思。事实上，久庵也曾经强调过心体空虚、宁静的特性。[⑤] 或许是他观察到过度偏重空灵之心体的流弊而改变了看法。在生活经历方面，久庵曾因家用不足而探求过深耕易耨、树艺畜牧之法[⑥]，这可能促使他强调儒者需治生，并重视孔子游艺之道。

在外在因素方面，黄久庵可能受到友人王浚川较大的影响。王浚川偏向横渠之学，是明儒中全面反省和检讨程朱理学的著名学者。嘉靖七年(1528)黄久庵由翰林院侍讲学士升任南京礼部右侍郎，两年后(1530)王浚川升任南京兵部尚书，直至嘉靖十二年(1533)浚川升都察院左都御史赴北京任职的期间，两人同在南京共事。根据张宏敏的考察，在这一时期，两人交往密切，时有诗歌唱和。[⑦] 久庵的业师谢方石，王浚川也曾游其门下。嘉靖九年，久庵请王浚川作《方石先生墓志铭》。王浚川曾将其思想著作《慎言录》(今称《慎言》)赠送黄久庵，以切磋学问。在嘉靖十二年王浚川离开南京时，黄久庵作《纪言赠浚川子》十九条，备述事君治民、知人济世之法，王浚川也为黄氏的石龙书院作《石龙书院学辩》，阐述仲尼之教。由此来看，两人不止于职务上的交往，且有思想的深入交流。

---

① 参黄绾撰，刘厚祜、张岂之标点：《明道编》，北京：中华书局，1959年，页20、45与54。

② 见下节。黄绾撰，刘厚祜、张岂之标点：《明道编》卷第三，北京：中华书局，1959年，页35—36。

③ 在中年时期，久庵指出当时社会的主要问题是弥漫着功利习气，人心败坏(参黄久庵51岁左右的《赠邹谦之序》以及更早的《赠王生胤东》，黄绾撰、张宏敏编校：《黄绾集》卷十一，前揭书，页182、211—212)。而后来，他既指责人心的腐化，又突出士人的浮夸、民生的困顿。

④ 久庵对讲会的态度可参其与钱绪山的通信，黄绾撰，张宏敏编校：《黄绾集》卷二十一，上海：上海古籍出版社，2014年，页379。

⑤ 黄绾撰，张宏敏编校：《黄绾集》卷十四《巢云记》，上海：上海古籍出版社，2014年，页268。

⑥ 参黄绾撰，刘厚祜、张岂之标点：《明道编》卷第二，北京：中华书局，1959年，页30。

⑦ 张宏敏：《黄绾生平学术编年》，杭州：浙江大学出版社，2013年，页201—243。

与黄久庵批判宋明理学逃禅的立场一致，王浚川亦反对宋儒杂禅。王浚川有两种思想专著，即《慎言》与《雅述》，前者成书于嘉靖六年(1527)，而后者则是在嘉靖十七年(1538)完成的。[①] 两书详细对照，显示出浚川的思想前后有所变化。在《慎言》中，浚川批判的矛头指向汉唐儒者的五行之说，虽然他表达的气本思想与朱子的理气论正相反对，但书中并未鲜明地批判程朱之学。而在后出的《雅述》中，浚川对宋儒多有批评，特别是批评宋儒之学夹杂佛老。例如，他指责宋儒天地之前先有理以及形气之外有本然之性的说法是浸入了佛老思想[②]，也批评清心静坐会忽略义理与人事。[③] 在《石龙书院学辩》中，他亦指出，受异端影响，儒学不是歧向于虚静养心，便是清虚之谈，从而忽略人伦事用。[④] 浚川在这一时期对异端的批判、对宋儒之学总体判断、对当时思想界的观察与黄久庵的观点极为一致。

两人之所以有诸多共同的看法，当因于他们在南京交往期间通过论学而相互影响。不过，比较而言，黄久庵受到王浚川思想之影响的可能性会更大。首先，在现存文献中，王浚川在《石龙书院学辩》等篇章中就指出空虚、清谈的学术流弊，这比久庵《明道编》的时间要早。其次，王浚川以追求和捍卫孔子之道自居，对汉唐儒学和宋代理学都不甚认同。他自始与宋明理学保持距离，他的气论与性论恰是针对朱子学而提出的。虽然在《慎言》中浚川没有旗帜鲜明地批评程朱之学，但在同时期的书信中，浚川表达了对程朱理气论和性论的不满。[⑤] 第三，浚川在《〈慎言〉序》中提到儒学夹杂异端之危害，尽管在这个时期异端主要是迷惑汉儒的阴阳术数之学，但这表明浚川自始是以辟驳异端、恢复纯正的仲尼之道为志向。而黄久庵由崇尚濂溪、明道之学转而全面否定宋明理学，如果不是受到外来思想的影响，难以想象有哪些内在因素能导致如此巨大的思想转变。

## 三 顾箬溪与黄久庵的学术转向与明清思想转型

顾箬溪和黄久庵均是王阳明较早期的弟子，两人甚至受业及门的时间

---

① 关于两书的撰成过程，可参葛荣晋《王廷相著作考》，王廷相撰，王孝鱼点校：《王廷相集》，北京：中华书局，1989年，页1468、1470。

② 见王廷相撰，王孝鱼点校：《王廷相集》，北京：中华书局，1989年，页841、875等。

③ 王廷相撰，王孝鱼点校：《王廷相集》，北京：中华书局，1989年，页855。

④ 王廷相撰，王孝鱼点校：《王廷相集》，北京：中华书局，1989年，页604。

⑤ 如《答薛君采论性书》，见王廷相撰，王孝鱼点校：《王廷相集》，北京：中华书局，1989年，页517—520。

不分先后。从其正面主张看，两人思想各异。钱明教授在《浙中王学研究》中分别将黄久庵与顾箬溪放在“王门的经学形态”与“王门的实学形态”两节加以考察[①]，应是着眼于两人的学术主张与贡献。如果我们把两人的思想放在明清之际思想转变的视域下，从后来思想史发展的进程回看，会发现两人思想的特殊性与特殊地位。尽管顾箬溪曾严厉批评过黄久庵的思想，包括后者的晚年定论《明道编》[②]，但我们看到，曾一度是王阳明忠实追随者的两个人，后来都成为阳明思想的批判者，而且在批判阳明思想上具有很多共识。更为重要的是，他们对阳明的批判，在很多方面已经预示着晚明乃至清初对阳明学乃至整个宋明理学的批评。就目前笔者掌握的两人相关文献，并未发现两人思想相互影响的踪迹。或许源于对阳明学发展的长期观察，两人认识到同样的问题，并同时逐步走向阳明学的反面。综合而言，顾箬溪和黄久庵对阳明学派的批判集中在以下几点。

### （一）批判阳明学说

顾箬溪和黄久庵浸润阳明学说时间之长，了解之深，并不逊于阳明其他高弟。而当他们同室操戈，批判的广度、深度和力度亦不亚于后来东林学派和明末清初的学者。在今天看来，许多阳明有创见的主张均遭到两人的批评。首先，两人均对阳明良知说提出批评。黄久庵在倒戈之前已经有试图摆脱阳明良知说笼罩的苗头，他以“独知”理解良知，其实这也是阳明的主张。而在《明道编》中，他尽管回避其师阳明之名，依然直指当时的“良知”为禅学：

> 今日君子，于禅学见本来面目，即指以为孟子所谓良知在此，以为学问头脑。凡言学问，惟谓良知足矣。故以致知为至极其良知，格物为格其非心。言欲致知以至极其良知，必先格物以格其非心；欲格物以格其非心，必先克己以去其私意；私意既去，则良知至极，故言工夫，惟有去私而已。故以不起意、无意必、无声臭为得良知本体。良知既足，而学与思皆可废矣！而不知圣门所谓志道、据德、依仁、游艺为何事。又文其说，以为良知之旨，乃夫子教外别传，惟颜子之资，能上悟而得之，颜子死而无传；其在《论语》所载，皆下学之事，乃曾子所传，而非夫子上

① 参钱明：《浙中王学研究》，北京：中国人民大学出版社，2009 年，页 89—132。

② 见顾应祥：《静虚斋惜阴录》卷二，《续修四库全书》第 1122 册，上海：上海古籍出版社，2001 年，页 374 下、377 下。

> 悟之旨。以此鼓舞后生，固可喜而信之，然实失圣人之旨，必将为害，不可不辩。[1]

从其中“教外别传”“上悟”与“下学”的说法来看，“今日君子”显然是指向王龙溪一系后学。事实上，黄氏不是认为龙溪等人误传阳明之学，而是由流溯源，认为阳明将“致知”解释为“致良知”，“格物”解释为“格其非心”“正其不正以归于正”等均错。黄氏对良知概念的批评与他对宋明理学的反攻是一致的，认为是空谈心性、荒废学思。

顾箬溪没有回避阳明之名，他对致良知的义理并无强烈反对，主要质疑的是致良知工夫并未见诸行动：

> 今之讲“致良知”者则以致良知为宗旨，讲“随处体认天理”者，则以随处体认天理为宗旨。然考其实，真能致良知者有几人乎？真能随处体认天理有几人乎？近有一儒官，开口必曰“致良知”，及见利如蝇见血，尝曰“学自讲、钱自要也”。于此观之，可见为学贵乎躬行而不在口说也。[2]

> 今曰“心之良知是谓圣”，人人皆是圣人，遂使今之讲良知者皆肆为大言而不加克治之功，此讲良知之病也。若夫“随处体认天理”，即古人之所谓省察而加以随处二字，恐求理于外而不求之于心，未免失之支离。[3]

> 今阳明揭出致良知以示人，谓之发前贤所未发则可，谓其远接颜子，愚未敢以为然……且致良知之说，人亦未尝非之，所以非之者，正谓讲良知者实未尝致其良知也。[4]

上引顾氏最后一条出自他批评龙溪“颜子没而圣学亡”之说。三条一并观之，箬溪对致良知的态度清晰可见。他不如黄久庵之激烈，对致良知作为儒学究竟工夫并无疑义，而仅批评后学将良知教流于口耳，空谈心性。在某种

---

① 黄绾撰，刘厚祜、张岂之标点：《明道编》卷第一，北京：中华书局，1959年，页9—10。

② 顾应祥：《静虚斋惜阴录》卷三，《续修四库全书》第1122册，上海：上海古籍出版社，2001年，页383下。

③ 顾应祥：《静虚斋惜阴录》卷三，《续修四库全书》第1122册，上海：上海古籍出版社，2001年，页384上。

④ 顾应祥：《静虚斋惜阴录》卷三，《续修四库全书》第1122册，上海：上海古籍出版社，2001年，页387下。

程度上，两人均指向阳明后学的空疏之弊。

第二，两人都着力指出阳明万物一体之仁说流于墨子的兼爱。黄久庵在《明道编》中逐条反驳宋明理学，在批评良知概念之后单列一条批评“万物一体”之说：

> 今之君子，每言“仁者以天地万物为一体”，以为大人之学如此。而究其说，则以吾之父子，及人之父子，及天下人之父子为一体；吾之兄弟，及人之兄弟，及天下人之兄弟为一体；吾之夫妇，及人之夫妇，及天下人之夫妇为一体；吾之朋友，及人之朋友，及天下人之朋友为一体；乃至山川、鬼神及鸟兽、草木、瓦石皆为一体，皆同其爱，皆同其亲，以为一体之仁如此。审如此言，则圣人之所谓“亲亲而仁民，仁民而爱物，情有亲疏，爱有差等”者，皆非矣。实不知其说已堕于墨氏之兼爱，流于空虚，荡无涯涘。由是好名急功利之徒，因藉其说以为是，而得以行其欲；残忍刻薄者，因反其言以为非，而得以骋其私。而大人之道之学，于此亡矣。吾尝观第五伦，己子病，一夕一起，心犹不安；兄子病，一夕十起，而心安。论者以其非天性人情之真。盖兄子固当爱，然视己子则有差等。其十起、一起者，乃其私心，由好名急功利而来。其安与不安者，乃其本心，此天性人情之真。大人之学，皆由其真者，因其差等，处之各不失其道，此所谓仁，此所谓大人之道也。[①]

在久庵与阳明交往的早期并未反对“万物一体”。阳明 34 岁时与湛甘泉在京师订交讲学，“一宗程氏仁者浑然与天地万物同体之指”[②]。不久久庵就加入两人队列，对阳明万物一体之思想当耳熟能详。此处提及万物一体之说为“大人之学”，显然是暗指阳明《大学问》。久庵的批评无非是以孟子的差等之爱批评阳明的万物一体有兼爱、空虚无实的特征。

顾箬溪对阳明万物一体之说亦有类似的看法。在对《传习录》上卷第 93 条阳明阐发“万物一体非兼爱”的评论中，顾氏评论道：

> 然其言反有类乎墨。孟子曰：“君子之于物也，爱之而弗仁；于民也，仁之而弗亲。亲亲而仁民，仁民而爱物。”不特施之有缓急，而发源

---

① 黄绾撰，刘厚祜、张岂之标点：《明道编》卷第一，北京：中华书局，1959 年，页 11—12。

② 王守仁撰，吴光等编校：《王阳明全集》（新编本）卷三十七，杭州：浙江古籍出版社，2011 年，页 1409。

> 处自有差等。假如己之亲则服劳奉养，他人之亲岂皆服劳奉养乎？己之亲没则擗踊哭泣，他人之亲岂可擗踊哭泣乎？皆天理之当分别也。所谓仁者以天地万物为一体者，当亲则亲，当仁则仁，当爱则爱，各尽其当然之则而已。今曰由一阳以至六阳，由抽芽以至枝叶，与墨氏之"爱无差等、施由亲始"何以异乎？[①]

在顾氏看来，阳明对万物一体的抽芽之喻主要表明的是关爱的时间先后，不同于孟子仁民爱物的对人对物的差等之爱，依旧有与墨家兼爱混同的嫌疑。顾箬溪和黄久庵都更为强调先秦儒学主张的人物之别。顾氏反对《传习录》下卷"草木瓦石俱有良知"之说，亦同此义。阳明"草木瓦石俱有良知"之说本是从天地万物"原是一体""同此一气"立论。而顾箬溪明确指出，人与物有本质的不同："愚谓天地万物气之清者、纯者为人，于是乎有仁义礼智之性，气之浊者、驳者为禽兽为昆虫，虽有知觉运动而无人之性。若夫草木只有生意而无知觉运动，瓦石则出乎人力所为，并生意而俱无者也。谓万物之理皆备于我心则可，谓草木瓦石皆有人之良知，不有类于释氏所谓'青青翠竹，尽是真如'之说乎？至于五谷禽兽之能养人，药石之疗病乃人自取而用之，非以其气之相通也。且如铸铁以为刀而杀人，亦曰气之相通乎？夫既曰良知即性也，告子曰生之谓性，孟子尚且辟之，岂有草木瓦石而同人之性乎？"[②]顾氏的批评直击要害。在他看来，万物一体之说混同人物，在根本上是混同人性与物性。良知是人之性体，为人之特有，此正是孟子所谓"人之异于禽兽者几希"之处。顾氏和阳明的分歧其实亦蕴含着阳明后学中从心体和性体理解良知概论的不同维度和走向。

第三，两人严辨三教的限界。阳明有"三教原为一家"之说，阳明后学持有三教合一立场居多，而黄久庵与顾箬溪均严判三教界限。上节已经提及，久庵认为整个宋明理学均逃禅而偏离原始儒学之教义。或者从另一角度说，所有问题均为老释之害："故习亡悟空谓之老释，持案冥心谓之下禅，憧憧不息谓之功利。后世圣学不明，人每不知下手之端，是以经纶无绪，王伯老释杂用而不知，此生民所以日困而久不蒙至治之泽也。"[③]黄氏主张回到孔孟之教，正是回到没受到佛老任何影响的纯正教义，亦是同佛老作彻底的决

---

① 顾应祥：《静虚斋惜阴录》卷一，《续修四库全书》第1122册，上海：上海古籍出版社，2001年，页369下。

② 顾应祥：《静虚斋惜阴录》卷三，《续修四库全书》第1122册，上海：上海古籍出版社，2001年，页388上、下。

③ 黄绾撰，张宏敏编校：《黄绾集》卷十，上海：上海古籍出版社，2014年，页175。

裂。顾箬溪虽不如黄久庵之激烈，但亦明确批判会通三教的做法。在《静虚斋惜阴录》中，他专辟“异端”一项，列数条来阐述他的三教观。他对佛老之批评与宋儒大体相同，即批评佛教废弃纲常伦理而入山修道，为出世之学，而其在后世盛行于中国则是因以“福祸报应利害惑人之心”①。总体而言，两人均是护教式的批判，而非内在的批评。

第四，两人都批评王龙溪、杨慈湖。上节已经指出黄久庵对杨慈湖的激烈批判，而上文亦可见两人对龙溪“颜子没而圣学亡”的说法均不以为然。黄久庵在与龙溪的通信与赠言中已经表达了对理学的不满，他对阳明学的不满也主要基于龙溪一系的观点。在对龙溪和慈湖的态度上，顾箬溪和黄久庵非常一致。不同的是，顾氏通过具体的论点来批评龙溪与慈湖。例如，对《论语》“空空如也”之解释，阳明、龙溪与慈湖三人均理解为孔子之“空空”，他逐个评论道：“慈湖之论专主乎圣人无意，阳明因发明致良知之旨，故谓人人皆具此良知。圣人教人因其良知而导之耳。汝中之议又本诸阳明者也。夫圣人之心，无意、必、固、我，以其应事而言，廓然大公，物来顺应，非不起意也。慈湖乃谓‘有意何以为孔子’，斯言过矣。谓人皆有是良知可也。谓空空为道之体，则庸人则具道体而不加学问之功矣。”②顾氏不同意慈湖“不起意”“心之精神是谓圣”等说，对于当时慈湖学之兴起保持距离。③ 他对龙溪的批评基于《致知议辩》，对于其中很多高妙的说法亦不以为然。顾黄两人的批评均指出，龙溪一系对阳明学之发展引发空谈心性的弊端，这是两人对阳明学批评的另一共同点。

第五，两人都批判阳明后学空谈性命、空虚之弊。黄久庵批判宋代理学空虚不实，对阳明后学的看法亦是如此，这和他批评良知概念，批评龙溪、慈湖是一体两面。顾箬溪对龙溪的批评亦蕴涵此意。此外，两人在阳明去世之后，与其他阳明后学的讲学运动保持距离，这与他们对讲学流弊的观察有关。在他们看来，当时蔚然成风的讲学运动，多数人只是口耳之学。顾箬溪对阳明后学的批评可参本章第一节，此处不赘。黄久庵则揭示当时或有借助讲学而结党自高的问题：“今日又有一大病，在于好胜矜傲，故士友略谈学问，即自高以空人，遂有俯视天下之心，略无谦下求益之意。如古人所谓‘以

---

① 顾应祥：《静虚斋惜阴录》卷三，《续修四库全书》第 1122 册，上海：上海古籍出版社，2001 年，页 395 上。此外，顾箬溪亦批评阳明援佛人儒的做法，见同书，页 389 上。

② 顾应祥：《静虚斋惜阴录》卷二，《续修四库全书》第 1122 册，上海：上海古籍出版社，2001 年，页 380 下。

③ 顾应祥：《静虚斋惜阴录》卷三，《续修四库全书》第 1122 册，上海：上海古籍出版社，2001 年，页 386 下。

能问于不能，以多问于寡，有若无，实若虚'者，或有不足。及至有失，辄以智术笼络，大言欺人，皆自以为良知妙用如此。或至私与之人，甚至污滥苟且，人不齿录，亦称同志，曲为回护，使人疾为邪党，皆自以为一体之仁如此。"①由讲学带来的问题使他们认识到，阳明后学不仅在学理上误入歧途，甚至对社会风尚都有所败坏。

第六，两人均认为阳明后学特别是其讲学运动导致士风、世风日下的社会问题。顾箬溪指出："今之以学为政者鲜矣。所谓学，不过务博览逞词华已耳。间有从事于身心者，率皆徒为口说而未尝实用其力。"②这与他对阳明后学讲学之弊的批评是一致的。黄久庵批判得更加严厉，他甚至认为当时讲学各立宗旨的做法助长了士风的败坏：

> 象山曰："后世言，学者须要立个门户。此理所在，安有门户可立？学者又要各护门户，此尤鄙陋。"此言切中今日之弊。今日朋友专事党护勾引，以立门户，自相标榜，自为尊大，不论人之贤否、事之是非、情之诚伪，凡与其意合者，辄加称重回护，以为贤、为是、为诚，而尊大之；凡与其意不合者，辄不论其贤、其是、其诚，概加毁讪排抑而卑小之，所以致人之怨恶不平，皆在于此。且勾引日众，类多浮欺，至有恶少，亦不知择，皆谓一体之仁如此。共谈清虚，遗弃人道，切恐将来为患不细，或致伪学之禁，以为衣冠之忧，吾党可不戒哉！③

结党勾引、党同伐异、虚假道学、清虚空谈，这些批评的严厉程度不亚于明末清初儒者对理学的反动。正因为两人对阳明学了解甚深，而一旦背离，其批判也是全面而彻底的。不过，在整体趋同的批判立场下，两人的批评方式稍有不同。黄久庵偏重整体立场的宏观批判，顾箬溪则更多的是基于文本的具体而微的论辩。

最后，对于阳明知行合一之说，两人或多或少均不再认可。《传习录》第5条载，徐爱未能领会阳明知行合一之说，与黄久庵、顾箬溪反复讨论而未决，最后才求教于阳明。④ 久庵当很快地接受了知行合一的说法。在为阳明

---

① 黄绾撰，刘厚祜、张岂之标点：《明道编》卷第一，北京：中华书局，1959年，页17—18。
② 顾应祥：《崇雅堂全集》卷十四《万柏亭传》，台北"中央研究院"傅斯年图书馆复印明万历38年刻本。
③ 黄绾撰，刘厚祜、张岂之标点：《明道编》卷第一，北京：中华书局，1959年，页18—19。
④ 陈荣捷：《王阳明〈传习录〉详注集评》，上海：华东师范大学出版社，2009年，页19。

辩护的奏疏中，久庵即直言知行合一为阳明学说的三大主张之一。[①] 在思想转变前，久庵认为知行合一是“作圣之真诀”[②]，但久庵后来或有改变。其弟子林文相为《明道编》作序称，久庵主张“体用有内外，知行有先后，有动有静，有始有终”[③]。不过，在《明道编》正文中，未发现黄氏的“知行有先后”之说，亦未见对知行合一的反对。但从久庵对整个宋明理学的否定看，林氏之说或有所据。顾箬溪提倡力行，明确地批判知行合一之说：“学问之道，知之贵乎能行。若知而不行，犹不知也。故圣人教人以躬行实践为本。躬行实践，然后谓之真知也。近者倡知行合一之说，谓知孝，已自行了方谓之知孝。知悌，已自行了方谓之知悌。以愚观之，知自知也，行自行也……至于学问之功，生知者安行，学知者利行，困知者勉行，自不能偏废。然必先知而后行。如行孝方谓之知孝，固矣。然必本心之灵知孝之当行，而后行之。行悌方谓之知悌，固矣。然必本心之灵知悌之当行，而后行之。故曰：‘知者，行之始；行者，知之终。’文言曰：‘知至至之，知终终之。’但知易而行难。不患不能知，患不能行耳。今之讲良知者孰不曰知行合一也。及临事之际，义利且不辩，反不如不讲者，何也？自以为知行合一，而不实用其力故也。愚故曰当以躬行实践为本。”[④]在顾氏看来，知行合一亦是阳明后学导致空谈不实的思想因素。针对知行合一，他强调时间上当是知先行后，轻重上当以躬行实践为本，这是试图以程朱的知行观来矫正阳明后学流弊。

### （二）提倡经世致用之实学实事

黄久庵与顾箬溪一方面批判阳明学流于空疏清谈，另一方面强调躬行、转向实用之学来扭转当时之学风。在崇实黜虚的取向上，两人是一致的。更有默契的是，两人不约而同地用孔子的志道、据德、依仁、游艺四位一体的君子之学来矫正阳明学不断流于空疏的局面。黄久庵将治生纳入孔子“游艺”之学的范围，认为“深耕易耨之法”乃孔门游艺之道，不可不知[⑤]，并以“民生日用、衣食居处必不可无”界定“艺”之外延（见上节），这与顾箬溪、唐荆川对艺之理解是极为一致的（见第五章第四节）。三人俱重视民生日用之实

---

① 黄绾撰，张宏敏编校：《黄绾集》卷三十二，上海：上海古籍出版社，2014 年，页 627。

② 黄绾撰，张宏敏编校：《黄绾集》卷十，上海：上海古籍出版社，2014 年，页 174。

③ 黄绾撰，刘厚祜、张岂之标点：《明道编》序言，北京：中华书局，1959 年，页 15。

④ 顾应祥：《静虚斋惜阴录》卷三，《续修四库全书》第 1122 册，上海：上海古籍出版社，2001 年，页 382 上。

⑤ 黄绾撰，刘厚祜、张岂之标点：《明道编》卷二，北京：中华书局，1959 年，页 28。

学。在黄久庵看来，是否重视“游艺”之学是辨别孔孟真传的一个重要标准：“慈湖以不起意为宗，以《易传》议拟成变化为非圣人之言，则必欲废思与学，及志道、据德、依仁、游艺之事，乌得而非禅哉？”[①]志道、据德、依仁、游艺四者缺一不可：“人为学若不知止，则必流于禅；若不知志道，则处事必不中节；若不知据德，则气性必不好；若不知依仁，则心术必不良；若不知游艺，则所守必不固。”[②]顾箬溪的命题“君子之学，自性命道德之外，皆艺也”，唐荆川的德行道艺之辩虽然是从工夫论的角度论辩，与黄氏返回到先秦儒学的旨趣不同，然两人都突出了重视实用技艺的面向。

除了援引先秦儒学观念来提倡实用之学外，黄久庵与顾箬溪还非常重视具体的制度、治道与事业。黄氏认为宋儒之学失其大本，在治道层面亦误入歧途：

> 宋儒之学，既失其本，故其作用皆蔽，其尤蔽者，莫甚于礼与治。盖自尧舜至孔孟以来，其见于礼与治者，皆本于诚，未始有二。宋儒于礼于治，皆不本于诚，歧而二之。殊不知诚之为道，见于交际上下、动静语默、揖让进退、动容周旋之间，则为礼；见于授时宅揆、命官命牧、知人安民、割夏正殷、一德建极、三宅庶慎，及夫恭、宽、信、敏、惠，则为治。非若宋儒之为礼，必先仪文度数之详；为治，必先法制禁令之严也。盖宋儒之论礼，原于汉儒，汉儒之论礼，原于叔孙通；宋儒之论治，原于汉儒，汉儒之论治，原于管商，其名虽曰唐虞三代邹鲁，而其实精神命脉皆非矣。[③]

黄氏对理学的批判可谓锱铢必较。在他看来，宋儒之学与空谈心性是并行的，其对于治道与礼教亦空谈不切实际。礼仪不是文本上的仪文度数，而是经世实践中的具体行动。治道不在于颁布各种杂入商韩而非儒学原始面目的法制禁令，而在于任命百官、知人善用、立德安民的切实作为。由于受宋元儒学之误传，明初的治道与礼教并不完善，他曾考《大明集礼》《大明律》《皇明祖训》等明代祖制，于明代礼治多有思考。[④] 例如，久庵对当时徭役赋税之制十分关切，希望回复到明初赋役“祖宗之良法”。对于

---

① 黄绾撰，刘厚祜、张岂之标点：《明道编》卷一，北京：中华书局，1959 年，页 15。
② 黄绾撰，刘厚祜、张岂之标点：《明道编》卷一，北京：中华书局，1959 年，页 15。
③ 黄绾撰，刘厚祜、张岂之标点：《明道编》卷一，北京：中华书局，1959 年，页 20。
④ 参黄绾撰，刘厚祜、张岂之标点：《明道编》卷四，北京：中华书局，1959 年，页 48—49。

当时的饥荒灾情，他设想出一种基于当时基层保甲制的义仓法的解决方案。①

顾箬溪有同样的现实关怀。除了批评阳明学有导致空谈不实行的问题外，他甚至批判明代的科举制同样有弊病："士子疲精神竭目力，终日用心于经旨讲说之间，而于古今制度、前代治迹、当世要务，俱不暇及，甚至登名前列而不知史册名目，不识字画偏旁者，往往有之。"②顾氏非常关切各种经世要务。他曾撰写《重修问刑条例》（七卷）、《律解疑辨》（一卷）以辨析刑律。在其晚年著作《静虚斋惜阴录》中有关于井田、刑律、礼制、律吕、天文、历算等涉及经世要务的众多论述，对此，我们在前章已有介绍。

最后，黄久庵重视《孝经》和"小学"，提倡一种新学风来转变士人风气。在对小学的态度上，顾、黄两人稍有不同。朱子曾认为小学与大学针对不同年龄而设，小学教以洒扫应对进退之节、礼乐射御书数之文以培养根基，缺此环节而从事大学则失序无本，故提出主敬工夫以补之。顾氏以为不必固守小学、大学之别："小学之教无非豫养其知能而已。若其年已长矣，不豫养而其良知良能尚在，能从事于身心之学，去人欲而存天理，亦不谓之躐等。又何必屑屑于扫洒应对末节而欲补之乎？若夫礼乐射御书数，则成人之列可以余力及之，孔子所谓'游于艺'也。"③小学之项目，有些可以列入大学之中，这正是"游艺"之实学题中应有之义。对于小学本身，顾箬溪则不甚重视。与之不同，黄久庵认为学风败坏、世风日下正是由于小学之教失传：

> 小学之教，始于洒扫、应对、进退之节，成于爱亲、敬长、隆师、亲友之道，所谓养其良知、良能，以立大学基本，此为学之先务。今学无传，自幼稚至成童，所急所趋，功利而已。所以人才日衰，世变日下，不可胜言。吾为童子时，见乡里前辈训童蒙，犹以《孝经》、《小学》讲解，以此先入，故当时人才风俗不至大坏；近年始大坏，皆由师道无人，《孝经》、《小学》不惟不知讲，且皆不读。④

黄氏观察到，《孝经》与小学在明代长期受到忽视，这是实情。而他特别重视

---

① 参陈鼓应、辛冠洁等主编《明清实学简史》，北京：社会科学文献出版社，1994 年，页 58—49。

② 顾应祥：《静虚斋惜阴录》卷十一，《续修四库全书》第 1122 册，上海：上海古籍出版社，2001 年，页 500 上。

③ 顾应祥：《静虚斋惜阴录》卷二，《续修四库全书》第 1122 册，上海：上海古籍出版社，2001 年，页 377 上、下。

④ 黄绾撰，刘厚祜、张岂之标点：《明道编》卷三，北京：中华书局，1959 年，页 35—36。

《孝经》与小学，以之为学习之基础，则可谓是晚明孝经学思潮之预流。他甚至指出"《孝经》一书真不在《大学》、《中庸》之下"[1]，实是发晚明学者抬高《孝经》地位之先声。不过，黄久庵对《孝经》与小学的重视源于崇实黜虚，试图借助其他经典扭转时代风气，与晚明孝经学思潮中援引阳明学之做法大相径庭。[2]

在重视《孝经》与小学的同时，黄久庵坚持要返回到"四书""五经"之原本。他曾著有《四书原古》《五经原古》《中庸古今注》《大学古今注》，于古经十分关注。事实上，黄久庵重视原典意在重建儒家道统，以之与宋儒之学彻底决裂。他直陈："盖宋儒之学，自是宋儒之传，原非尧舜之传；尧舜之传，至孟子而绝，在今则无传矣。"[3]黄氏试图综合"四书""五经"来构建一种新的道统观：

> 伏羲尧舜以艮止、执中之学相传。伏羲之学具于《易》，尧舜之学具于《书》。《易》之微言，莫要于艮止；《书》之要旨，莫大于执中。自是圣圣相承，率由是道。至仲尼出，而大明厥韫，以知止之止指心体，以致知示工夫，以格物示功效，以克己为致知之实，以复礼为格物之实，皆艮止、执中之正脉。当时惟颜曾二子独得其传，再传而得子思，又传而得孟子，轲之没而无传矣。[4]

久庵构建了一个尧舜到孔孟的传承谱系，并将宋儒排除在外。然而这与宋儒构建儒学道统将汉儒排除在外并自认接续孔孟真传的做法何其相似。在其弟子看来，黄久庵才是儒学之嫡传："夫子之学，超然独悟，以知止为圣学之要诀，以精思为致知之工夫，以格物为致知之功效。志必于道，据必于德，依必于仁，游必于艺……端绪简易，旨归明白，有以继绝学于千载之下，而上接孔孟之真传。"[5]显而易见，在对阳明后学的反思与批判上，黄久庵比顾箬溪走得更远，也更为彻底。黄久庵的批判不仅仅是作为一名阳明学成员的自我否定，而且意图开创和引领一种新的思潮。

梁启超在总结清代学术思潮时有一著名说法："综观二百余年之学史，

---

① 黄绾撰，刘厚祜、张岂之标点：《明道编》卷三，北京：中华书局，1959年，页36。

② 关于晚明孝经学的崛起及其与阳明学的联系，参吕妙芬：《孝治天下：〈孝经〉与近世中国的政治与文化》，台北：联经出版事业股份有限公司，2011年，页99—130。

③ 黄绾撰，刘厚祜、张岂之标点：《明道编》卷一，北京：中华书局，1959年，页6。

④ 黄绾撰，刘厚祜、张岂之标点：《明道编》卷一，北京：中华书局，1959年，页1。

⑤ 黄绾撰，刘厚祜、张岂之标点：《明道编》序言，北京：中华书局，1959年，页15。

其影响及于全思想界者，一言蔽之，曰‘以复古为解放’。第一步，复宋之古，对于王学而得解放。第二步，复汉唐之古，对于程朱而得解放。第三步，复西汉之古，对于许郑而得解放。第四步，复先秦之古，对于一切传注而得解放。”[①]实际上，在顾箬溪身上已经体现出复宋之古，对于王学而得解放。而在黄久庵身上则可以说是复先秦之古，对于一切传注而得解放。

在阳明学派的成员中，黄久庵与顾箬溪对阳明学之反思与批判是十分与众不同的。不过，如果我们把他们的著作后推一个世纪，放在明末清初诸儒之中，便毫无违和之感。在导论中，我们已介绍，明末清初之际，顾亭林、陆陇其批评阳明学者讲学空疏，清谈误国，败坏士风与学风，王船山等批评王学阳儒阴释，同时代的颜习斋批评宋明理学不重视兵与农，后来戴东原（名震，1724—1777）认为整个宋明理学违背了孔孟儒学，这些明清之际的种种论调，在黄久庵与顾箬溪对阳明学的批判之中，均已出现。两人可谓开明末清初儒学转型风气之先。然而，需要辨析的是，我们不能将黄久庵与顾箬溪看作同明末清初儒者一样的启蒙思想家，将两者等同视之。在对顾箬溪“游艺观”的阐释中已经表明，他虽然重视艺、事，注重实行以及实用之学，依然是在理学的范围之内，使之与理学理念相统一。黄久庵确实试图全方位地割断与宋明理学之联系，甚至发出一些“启蒙”之声音，例如他说过：“饥寒于人最难忍，至若父母妻子尤人所难忍者，一日二日已不可堪，况于久乎？由此言之，则利不可轻矣。”[②]这与其重视“治生”的思想是一致的。但随即久庵又曰：“然有义存焉……然于取与之际，义稍不明，则父母必不乐其子，子亦不乐其父母矣；夫必不乐其妻，妻亦不乐其夫矣。由此言之，则义岂可轻乎？二者皆不可轻，如之何其可也？君子于此处之，必当有道矣。”[③]这种义利并重的观念可说是对理学中重义倾向的驳正，但并不忽视义。另外，黄久庵重视治道与实用之学，否定宋明理学，但其实并未否定道德性命的主导地位，并且其思想还有深刻的理学痕迹。他以《大学》“知止”作为为学宗旨，并疏通“四书”“五经”中被理学家重视的各种概念，坚持心体、工夫与功效之分等等[④]，诸种做法不一而足，俱未能摆脱理学之牵系。可以说黄久庵与顾箬溪对阳明学乃至宋明理学的批判，显示了阳明学派内部自我调整的努力，预示了明末清初的学术转向。两人的学术思想也表明了阳明学思想运动的丰富性和复杂性。

---

① 梁启超：《清代学术概论》，上海：上海古籍出版社，1998 年，页 7。

② 黄绾撰，刘厚祜、张岂之标点：《明道编》卷二，北京：中华书局，1959 年，页 29。

③ 同上注。

④ 参前引久庵道统之说。

## 四 结语

事实上,顾箬溪与黄久庵对阳明学的自我省察与批判并非二人所独有。两人对阳明后学发展过程中出现的问题的观察,其他的阳明后学学者也多有指出。顾箬溪与黄久庵的反省和批判精神亦贯穿在阳明学发展的过程中。王龙溪对各种"良知意见"的辨析及其与聂双江、罗念庵对"现成良知""归寂说"的论辩,季彭山与其他王门诸子关于"龙惕说"的论辩,乃至阳明后学与其他学者进行的有关"良知与知觉""四句教"的论辩等等不一而足,充分显示出阳明学派的反省和修正精神。但与这些护教式的反省不同,顾箬溪和黄久庵的批判意图摆脱阳明学甚至宋明理学的桎梏,他们的思想发生了明显的转变。两人指出了阳明后学开展过程中出现的相同的问题,但他们的学术归宿却很不相同。顾箬溪以回归朱子学来修正阳明心学,进而抵制阳明后学不做工夫的空疏弊病;黄久庵则回返到先秦原始儒学,试图重建道统来代替宋明理学。修正与复古这两种不同的批判路径,在明末清初学者对明代理学的反思中成了两股重要的思潮。刘蕺山、黄梨洲、孙夏峰、李二曲等均对阳明后学有所修正,但依然或多或少坚持心学的某些理念;顾亭林、颜习斋等人则对整个宋明理学予以否定,主张回归到先秦学术。顾箬溪、黄久庵的学术转向与明末清初之思潮表现出相同的思想特点。这说明明末清初学术的兴起并非与阳明学派截然对立,阳明心学作为明代的主流学术,与其他明代学术互动互通,共同呈现明代学术的一般的特点。

# 第七章　阳明后学的经学观及其实践

经学是古人知识结构中最基础的部分。对于阳明学派乃至明儒的经学研究的成就或水准，历来批评多于认可。论者一般认为阳明学派者返观内照，反对博览经史，或者轻视经典，甚至师心自用，妄解圣经，陆象山"六经皆我注脚"是对他们的经学态度最贴切的刻画。本书第一章提到王阳明批判历代训诂词章之学虚浮无实，他要求门人在编辑自己文集时务必精要，不求繁复广博，但这不能说明他不重著述，乃至贬低经典。要全面把握阳明心学一脉对知识的一般态度，经学领域的探讨不可绕过。我们需要综合阳明及其后学对经学、经典的不同言论，分析阳明学派经学观念的真实意指和复杂态度，不能仅抓住其中的只言片语而大做文章。

另一方面，王阳明及其门人留给我们的印象常常是辩论心性理气、静坐修炼的玄学家或修道者。而实际上，阳明后学中不乏博雅之士，也有以注疏经典来阐发思想的儒者。本章以季彭山、焦弱侯为例探讨阳明学派经学实践的独特形态。在阳明的弟子及再传弟子中，季彭山与焦弱侯的著述尤为丰富，尤其表现在经史领域。而且两人均具有自觉和强烈的经史意识。揭示两人经学探究的成绩以及与其心学思想的实际联系，对于认识心学与经学之关系，修正阳明心学学风空疏、自闭自是的学术史形象，都有重要的意义。

## 一　阳明学派经学观的多维面向

如果我们翻阅《千顷堂书目》等明代目录学著作便会发现，阳明学派儒者有丰富的解经、说经的著作传世。细心留意他们的传世文集，我们也能发现，他们都是通过阐释经义而进行思想之论辩，他们的经典诠释与思想创新往往融为一体。隐藏在他们解经著作和经义阐释背后而起指引作用的是他们持有的关于经学的总体观念和立场。对于经学的总体看法和立场，或者说经学观，可以揭示经典诠释的内在依据，进而把握经典诠释的方式和思想特征。探讨阳明学派的经学观，对于理解阳明心学与经学之关系，无疑是一个基础问题。这便是本节的任务。

### （一）王阳明对经学的基本态度

阳明心学是宋代理学的接续与调整，宋代理学家对经学的一般态度为阳明学的经学论述确定了基本方向。宋代新儒学在经学观念上的突破在于摆脱字词训诂的束缚，将经与道紧密相联。程伊川明确提出："经所以载道也，诵其言辞，解其训诂，而不及道，乃无用之糟粕耳。"[①]经学的本质内容是"道"，所有字词篇章都是"道"之言述，但是仅凭词句训释的字面含义来认识"道"是不够的。"道"是天地间的根本道理，它不是绝然外在于认识主体的他者，而是与主体有内在的关系。伊川又说："人患居常讲习空言无实者，盖不自得也。为学，治经最好。苟不自得，则尽治五经，亦是空言。"[②]由经而获得的"道"不是关于外物的客观知识，它最终使人"自得"于己，使主体获得某种精神的领会或转化。既然对"道"的认识涉及主体的精神状态，那么读经求道也就不能仅靠章句的训诂，还包括自家生命经验或体验的参与。[③] 没有自家生命参与的经学研习，并不切实。由此来看，程朱在确立经以明道之时，也突出了人在经典解释中的主动的不可或缺的角色。这两点也被阳明所继承。

阳明更加强调经典与主体之关系。曾有一友人问阳明："读书不记得如何？"阳明答曰："只要晓得，如何要记得？要晓得已是落第二义了，只要明得自家本体。若徒要记得，便不晓得；若徒要晓得，便明不得自家的本体。"[④]据此，读书不仅是获得知识的理解与记忆的过程，更主要是主体转化、不断成长的过程。在心学的视野下，这一主体自然指心体而言。阅读经典时，自我体验之所以重要，还因为仅靠语文知识来获得圣贤大义是不够的。"学者读书，只要归在自己身心上。若泥文着句，拘拘解释，定要求个执定道理，恐多不通。盖古人之言，惟示人以所向往而已。若于所示之向往，尚有未明，只归在良知上体会方得。"[⑤]圣贤言语是指引性的，不是圣贤大义的完

---

① 程颢、程颐撰，王孝鱼点校：《二程集》，北京：中华书局，2004年，页671。

② 程颢、程颐撰，王孝鱼点校：《二程集》，北京：中华书局，2004年，页2。

③ 朱子论及读经书之法时曾说："读《六经》时，只如未有《六经》，只就自家身上讨道理，其理便易晓。"又曰："许多道理，孔子恁地说一番，孟子恁地说一番，子思又恁地说一番，都恁地悬空挂在那里。自家须自去体认，始得。"参朱熹：《朱子语类》卷十一，《朱子全书》第14册，上海/合肥：上海古籍出版社/安徽教育出版社，2002年，页345。

④ 陈荣捷：《王阳明〈传习录〉详注集评》，上海：华东师范大学出版社，2009年，页190。

⑤ 陈荣捷：《王阳明〈传习录〉详注集评》，上海：华东师范大学出版社，2009年，页243。

全表达。不仅如此，阳明更认为语言在本质上是有限的，不能说明圣贤的精确意思。① 如果执定语言以为充足，执着文本字面的含义，则多有滞碍不通之处。相反，根据自家心理体验来理解经典往往能通达经义。在阳明看来，读经书不通，常常是因未能根据自家本心来理解经典：

> 问："看书不能明如何？"先生曰："此只是在文义上穿求，故不明。如此，又不如为旧时学问。他到看得多，解得去。只是他为学虽极解得明晓，亦终身无得。须于心体上用功。凡明不得，行不去，须反在自心上体当，即可通。盖"四书""五经"不过说这心体。这心体即所谓道。心体明即是道明，更无二。此是为学头脑处。"②

通过经书来明见自家本体，根据自身体验可克服文字上的滞碍不通，都取决于一个原因：""四书""五经"不过说这心体。"将圣贤经传作为本心内容的传达，可说是阳明以心学之视角对经学的一个基本定位。当然，阳明的观点不是一句口号，而是有充分的根据。阳明的经学观集中体现在著名的《稽山书院尊经阁记》（下文简称《尊经阁记》）一文中，它是如此重要，我们不得不大段征引以做分析：

> 经，常道也。其在于天谓之命，其赋于人谓之性，其主于身谓之心。心也，性也，命也，一也……是常道也，以言其阴阳消息之行焉，则谓之《易》；以言其纪纲政事之施焉，则谓之《书》；以言其歌咏性情之发焉，则谓之《诗》；以言其条理节文之著焉，则谓之《礼》；以言其欣喜和平之生焉，则谓之《乐》；以言其诚伪邪正之辩焉，则谓之《春秋》。是阴阳消息之行也，以至于诚伪邪正之辨也，一也。皆所谓心也，性也，命也。通人物，达四海，塞天地，亘古今，无有乎弗具，无有乎弗同，无有乎或变者也，夫是之谓"六经"。"六经"者非他，吾心之常道也。故《易》也者，志吾心之阴阳消息者也；《书》也者，志吾心之纪纲政事者也；《诗》也者，志

① 如阳明言："人心天理浑然。圣贤笔之书，如写真传神。不过示人以形状大略，使之因此而讨求其真耳。其精神意气，言笑动止，固有所不能传也。后世著述，是又将圣人所画，摹仿誊写，而妄自分析加增，以逞其技。其失真愈远矣。"（陈荣捷：《王阳明〈传习录〉详注集评》，前揭书，页35）他在另一处亦说："大抵训释字义，亦只是得其大概，若其精微奥蕴，在人思而自得，非言语所能喻。后人多有泥文着相，专在字眼上穿求，却是心从法华转也。"（王守仁撰，吴光等编校：《王阳明全集》（新编本）卷五，前揭书，页208）

② 陈荣捷：《王阳明〈传习录〉详注集评》，上海：华东师范大学出版社，2009年，页41，标点有改动。

吾心之歌咏性情者也;《礼》也者,志吾心之条理节文者也;《乐》也者,志吾心之欣喜和平者也;《春秋》也者,志吾心之诚伪邪正者也。君子之于“六经”也,求之吾心之阴阳消息而时行焉,所以尊《易》也;求之吾心之纪纲政事而时施焉,所以尊《书》也;求之吾心之歌咏性情而时发焉,所以尊《诗》也;求之吾心之条理节文而时著焉,所以尊《礼》也;求之吾心之欣喜和平而时生焉,所以尊《乐》也;求之吾心之诚伪邪正而时辨焉,所以尊《春秋》也。盖昔者圣人之扶人极,忧后世,而述“六经”也,犹之富家者之父祖虑其产业库藏之积,其子孙者或至于遗忘散失,卒困穷而无以自全也,而记籍其家之所有以贻之,使之世守其产业库藏之积而享用焉,以免于困穷之患。故“六经”者,吾心之记籍也,而“六经”之实则具于吾心,犹之产业库藏之实积,种种色色,具存于其家。其记籍者,特名状数目而已。而世之学者,不知求“六经”之实于吾心,而徒考索于影响之间,牵制于文义之末,硁硁然以为是“六经”矣。是犹富家之子孙不务守视享用其产业库藏之实积,日遗忘散失,至于窭人丐夫,而犹嚣嚣然指其记籍曰:“斯吾产业库藏之积也”,何以异于是!呜呼!“六经”之学,其不明于世,非一朝一夕之故矣。①

阳明同伊川一样都认为圣贤经典为载“道”之书,含有宇宙人事之大纲大法。“道”在儒家传统中又展开为六个面向:“阴阳消息之行”“纪纲政事之施”“歌咏性情之发”“条理节文之著”“欣喜和平之生”“诚伪邪正之辩”,此分别是“六经”所蕴之道。阳明显然不是追溯圣人作“六经”的历史过程,而是指出“六经”的本质。根据阳明心学的观点,道不外于人心,心外无性理,所以“六经”之道即吾人之本心,“六经”是吾心道理之固有之物,《易》《书》等“六经”实质上是吾心丰富内涵的展开。然而,这一思想却不是十分直观清楚。

在“六经”中,《诗》《礼》《乐》与主体紧密相连,但《易》一般被看作阐发阴阳或天道之书,《书》和《春秋》则记载上古帝王事迹,后三者与人心似没有直接的联系。阳明将“六经”都溯源于人心,需要对《易》《书》等从整体上做全新的诠释。不过,阳明对《易》《书》的新认识似乎不是他的发明,他很可能是受到象山著名弟子杨慈湖的启发。慈湖在阳明之前,已经明确地将“六经”与心连在一起:

① 王守仁撰,吴光等编校:《王阳明全集》(新编本)卷七,杭州:浙江古籍出版社,2011年,页270—272。

《易》《诗》《书》《礼》《乐》《春秋》，其文则六，其道则一，故曰："吾道一以贯之"。又曰："志之所至，诗亦至焉；诗之所至，礼亦至焉；礼之所至，乐亦至焉；乐之所至，哀亦至焉。"乌乎，至哉！至道在心，奚必远求……由是心而品节焉，《礼》也。其和乐，《乐》也。得失吉凶，《易》也。是非，《春秋》也。达之于政事，《书》也。逮夫动乎意而昏，昏而困，困而学，学者取三百篇中之诗而歌之咏之，其本有之善心，亦未始不兴起也。善心虽兴，而不自知、不自信者多矣，舍平常而求深远，舍我所自有而求诸彼。学者有自信其本有而学礼焉，则经礼三百、曲礼三千，皆我所自有而不可乱也。是谓立之于缉熙纯一，粹然和乐，不勉而中，无为而成。虽学有三者之序，而心无三者之异。知吾心所自有之"六经"，则无所不一，无所不通，有所感兴而曲折万变可也。①

阳明讲学之时，慈湖之书非常流行②，阳明受其影响，自然在情理之中。慈湖和阳明都用一句话分别概括《易》《书》等"六经"主旨，而阳明的概括显然比慈湖更贴近心体，例如，对于阳明，《书》不仅记载政事，而且有吾心之纲纪贯穿其中。他们二人都以"六经"之旨源出吾心，进而证成"吾心所自有之"六经""和""六经"者非他，吾心之常道也"。不过，两人提出"六经"即吾心的目的稍有不同：慈湖将《易》《诗》等"六经"之道会通为一，通过吾心之道现于"六经"，进而倡导读经以明心；而阳明根据"六经"本于吾心，强调尊经之实在尊道，尊道之实则在尊心，发明吾心之道是经典的根本，更为突出经学的心体之本质。

阳明此记文的主题是探讨"尊经"，而结论是"尊经"之实在"尊心"。阳明在文中说"求之吾心之阴阳消息而时行焉"等即是尊《易》等"六经"，这好像说只要反求吾心之道，彰显吾心全部道理，就是对"六经"的尊崇。而发明吾心之道理并不必然求助于经书，如此一来，经典似乎可有可无，后来学者因而指摘阳明教人罢经废书，或以阳明之言为不需读书张目。这些其实都是对阳明的片面解读。王龙溪讲学时已出现这样的批评，他为阳明辩解说：

或谓先师尝教人废书否？不然也！读书为入道筌蹄，束书不观，游

① 杨简：《慈湖遗书》卷一，《影印文渊阁四库全书》第1156册，台北：台湾商务印书馆，2008年，页608上、下。

② 吴震，《杨慈湖在阳明学时代的重新出场》，载吴震、吾妻重二主编：《思想与文献：日本学者宋明儒学研究》，上海：华东师范大学出版社，2010年，页343—355。

> 谈无经，何可废也？古人往矣，诵诗读书而论其世，将以尚友也，故曰："学于古训乃有获。"学于古训，所谓读书也，鱼兔由筌蹄而得，滞筌蹄而忘鱼兔，是为玩物丧志，则有所不可耳。较之程门公案已隔几重，回、赐之所由以殊科也。[1]

阳明曾把读经书求道比喻为以筌捕鱼、以糟粕得醪的过程[2]，龙溪以"读书为入道筌蹄"显然来自阳明。龙溪一方面为阳明未尝教人废书辩解，另一方面也同阳明一样一再强调读书对于学人的真正目的。

对于圣贤经传，阳明确实突出了文本的工具性。阳明言""六经"者，吾心之记籍也"，作为历史文本的"六经"是一种符号性的记录，记载着吾心之道理。但阳明之意不是说经典是吾心之附属物，其有无并不影响吾心道理之全，而是借此记录之指引以获得经典之本质，发明吾心之全体大用，这样才实现经典之真价值，才是真正的"尊经"。在阳明看来，尊经不是着在字词训释，以求经典名物度数之精确，这些都是读经之末节。借助经典以发明吾心，转化、提升自家生命才符合经典的真精神。"凡看经书，要在致吾之良知，取其有益于学而已。则千经万典，颠倒纵横，皆为我之所用。一涉拘执比拟，则反为所缚。虽或特见妙诣，开发之益一时不无，而意必之见流注潜伏，盖有反为良知之障蔽而不自知觉者矣。"[3]把经书看作"致吾之良知"之用，不是消解经典的独立意义与价值，而恰恰是借助"吾心之记籍"，通过读经以明见本心，完善吾人生命，实现尊经之实质。因而对于阳明来说，经典的价值与意义正在读经明心、变化气质的工夫修炼过程中复活。

### (二) 阳明后学的新思考

阳明把"六经"当作吾心之理的记录，即""六经"者非他，吾心之常道也"，成为阳明后学经学论的共法，极大地左右了晚明经学观的走向。阳明弟子及其他后学基本都把经典溯源至吾心。本书第六章提到，黄久庵重视经学，推原"四书""五经"，想以此重建儒学道统。然而，他的经学论深深刻有阳明心学之痕迹。黄久庵称儒家经典为"家经"，他解释说：

---

① 王畿撰，吴震编校整理：《王畿集》卷十，南京：凤凰出版社，2007年，页249。

② 参王守仁撰，吴光等编校：《王阳明全集》(新编本)卷二十二，杭州：浙江古籍出版社，2011年，页917。

③ 参王守仁撰，吴光等编校：《王阳明全集》(新编本)卷六，杭州：浙江古籍出版社，2011年，页228。

《大学》道圣学之方，圣方非我之家物乎？《中庸》道圣学之要，道要非我之家物乎？《论语》尽圣人之道，尽道非我之家物乎？《孟子》明圣人之用，明用非我之家物乎？《易》道三才之德，三才非我之家物乎？《书》道群圣政事，政事非我之家物乎？《诗》道古人性情，性情非我之家物乎？《礼》道君子节文，节文非我之家物乎？《春秋》道帝王赏罚，赏罚非我之家物乎？①

绾小子，不度其力，妄意有所望者，盖以《六经》、四子之道为吾心旧物，旧物失而必求，此人之情也。②

在《尊经阁记》中，阳明以“六经”为“吾心之记籍”，并以家产库藏取譬，“六经”即记录吾固有之家产库藏，也就是说吾家本有“六经”。黄久庵把“六经”“四书”之道作为吾之家物或吾家之物，显然是对阳明譬喻的化用，而最后黄氏“以“六经”“四书”之道为吾心旧物”毫无疑问地显示了心学立场。

阳明的心学化的经典论也影响了非阳明嫡传的心学学者。重视经史之用的唐荆川就曾说：“夫圣人所为作经者，何也？以摹写此心而已。儒者求诸心而有得也，是真能发挥‘六经’者也。”③这与阳明《尊经阁记》的观点毫无二致。同为南中王门的薛方山（名应旂，生卒不详）也说：“‘六经’者，吾心之散见也。不求诸吾心而专事于‘六经’者，罔也；专求诸吾心而不事于‘六经’者，殆也。”④在此，薛氏也是将“六经”作为吾心之写照，不同之处在于他追求“六经”与吾心的平衡。所以，阳明后学也不总是默守阳明的观点，他们经过新的思考推进了心学的经学观。

根据心学的立场，“六经”在于吾心，“六经”之义理即吾心之义理，吾心义理之发用即是“六经”之实现，而吾心之用体现在伦常实践中，“六经”也就不局限于作为历史记忆的六部典籍。因而，阳明学的经典论在突出经学本质的同时，也蕴含着改变经典形态的导向。阳明后学的诸多学者都有相似的主张，我们以江右学者邹南皋（名元标，1551—1624）为例说明。邹南皋受阳明学派二传高弟胡庐山（名直，1517—1585）、邓定宇（名以赞，1542—1599）影响，可算作

① 黄绾撰，张宏敏编校：《黄绾集》卷十五，上海：上海古籍出版社，2014 年，页 295。

② 黄绾撰，张宏敏编校：《黄绾集》卷十六，上海：上海古籍出版社，2014 年，页 305。

③ 唐顺之：《新刊荆川先生外集》卷一《故吏部左侍郎薛瑄从祀议》，四部丛刊初编本，明万历元年（1573）纯白斋刻本。

④ 薛应旂：《薛子庸语》卷二，《四库全书存目丛书》子部第 10 册，济南：齐鲁书社，1995 年，页 758 上。

阳明学派第三代传人。他根据即心言经的立场对经典进行了一种本质转换：

> 凡天地间有形有象，物也，物则有成有坏。无形无象，性也，性则无生无灭。贯“六经”，流行万古，惟此性尔。吾党欲“六经”常明乎？惟自明其性，常存不息而已。闻先正云：“匹夫匹妇胸中自有全经。”夫《易》者，易也，随时变易以从道也。吾倏而视、倏而听、倏而言动思虑，孰为之哉？即《易》之变化也。《书》言政事，《诗》咏歌，三《礼》之敬，《春秋》之褒贬，其义虽宏演奥深，然友于兄弟，是亦为政。思而无邪可概三百，吾心之肃即为《礼》，吾心之是非即为《春秋》，所谓具有全经者，非耶？故曰：夫妇、愚、不肖可与知与能者，性也。圣人亦有所不知不能。不知不能者，性也。穷神知化，德之盛也。学者以经视“六经”，开卷茫然，以身视“六经”，万理咸备。凡鼓如雷霆，润如风雨，代明如日月，错行如四时，鸢飞鱼跃，花卉瓦砾皆“六经”也，皆我也。[①]

既然“六经”之道具足于匹夫、匹妇之心性，那么匹夫、匹妇心性之抒发即是“六经”之内容，也即“吾心之肃即为《礼》，吾心之是非即为《春秋》”。如此，“六经”自然不限于故纸形态，心体之呈现、道体之流行即是“六经”。[②] 而且

---

① 邹元标：《愿学集》，《影印文渊阁四库全书》第 1294 册，台北：台湾商务印书馆，2008 年，页 182 下—183 上。

② 邹氏这种道体之于身即是“六经”的观点可以说是阳明学学人的共识，多数阳明后学都把以身体道看作“六经”之实质。如薛方山以下之言与邹南皋的看法毫无二致：“吾见不必求于章句之末，滞于文字之间也。将自从容默会于体验力行之中，超然自得于意言象数之表，温柔敦厚而不愚，吾心固自有《诗》也。疏通知远而不诬，吾心固自有《书》也。广博易良而不奢，吾心固自有《乐》也。洁净精微而不贼，吾心固自有《易》也。恭俭庄敬而不烦，吾心固自有《礼》也。属辞比事而不乱，吾心固自有《春秋》也。所谓无体之礼，无声之乐，变动不居，惟其所适而不为典要者也。苟学而不于人事，滞于人事而不求诸于心，而惟辞章记诵为尚，割裂装缀为务，则尽信书不如无书。而假圣言以文奸者，固不必言已。”（薛应旂：《方山先生文录》卷十七，《四库全书存目丛书》集部第 102 册，济南：齐鲁书社，1997 年，页 399 上）罗念庵则从发生学的角度指出，经的原初形态不是孔子删述之典籍，而是“即人而经”的德行践履：“古者圣王欲人各得其本心以明伦也，联之以比闾族党之师，群之以学校庠序之地，齐之以智仁圣义中和之德，异之以孝友睦姻任恤之行，而节养磨揉之以礼乐射御书数之文。其所以节养而磨揉者，则习礼之进退升降、周旋俯仰之容，以束其体；合乐之疾徐清浊、屈伸缀兆之度，以平其气。操射御劳役之事，精书数烦细之业，以出其知力，长其技能，使通达而不滞于方，安便而不匮于用。盖接其精神而有可师，承其指意而无难谕，其教之行，有出于名位之外者，是人即为经，未有经之可名也。及其学成而授以政也，则飨亲养老，劳农读法，所以行吾之礼也；殷荐陈风，敷言兴道，所以行吾之乐也；选材断狱，治赋执馘，所以行吾之射御与书数也。盖衰则以宪老礼之，没则以乐祖祀之，其道之尊，有出于名位之上者，是经即其人，未有经之可尊也。”（罗洪先撰，徐儒宗编校整理：《罗洪先集》卷四，前揭书，页 102）

在邹氏看来，作为文本的“六经”，历史久远，读者乍接触可能无所适从，而从自家身心入手则亲切有味，易于深入。“六经”本是载道之书，道才是“六经”之根本，所以，心体发用以行道、天道之流行也是“六经”，与作为历史语言形态的“六经”本质上是一致的。邹氏这一运思方式明显改变了“六经”的一般认知，扩展了儒家经学的范围。据此我们也可说，经典既然不限于孔子删述之“六经”，那么读经求道、思考领会就不仅仅依靠这些圣贤典籍，反身体道、观天地道体流行亦是一种读经的方式。相较于传统以“六经”为典籍的观念，邹氏等阳明后学的经典论显得更为开放。

阳明学对传统经学观的突破还包括大胆肯定隋朝儒者文中子（名王通，字仲淹，约584—617）续经的行为。宋明以来，理学家对文中子有高度的评价，但对于其续经的行为多有批评，二程曾言：“文中子《续经》甚谬，恐无此。如《续书》始于汉，自汉已来制诏，又何足记？《续诗》之备六代，如晋、宋、后魏、北齐、后周、隋之诗，又何足采？”[①]阳明却予以认肯，认为其拟经之事与孔子之删述有相同的功效。[②] 薛方山则明确肯定文中子之续经是继往圣，意在尊经明道。他专门撰写一文为文中子辩解：

> 昔人有言曰：圣人未生，道在天地；圣人既生，道在圣人。圣人既亡，道在“六经”。斯言也，若泥而求之，方道之在圣人也，则不复在天地也。既其在“六经”也，而后有圣人焉，则又将不复在圣人也。吾则谓：斯道也，未尝一日亡也。无间可息也，故曰：“夫妇之愚，可以与知焉。夫妇之不肖，可以能行焉。”通，程子所谓“隐君子”也，固未至于圣人也，而较之愚夫愚妇，则不啻什伯焉者也。道固无不在也，况高隐龙门、笃志经术，未可谓非知道者。今其所续经不少，概见使其叛道乱德，固无足取，若止以经不可续而病通，则天下后世将无一可为者，而听斯人之日贸贸焉，莫知所趋也。隋，何时也？自书亡于秦火，附会于汉儒，迨晋清谈盛而老庄之说蔓延于天下，以至于隋极矣。时岂无豪杰之士哉！靡靡焉日入而不自知也。通独有见于圣经而取以续之。续之也者，尊之也。尊之也者，信之也。朱子尝取程子之说，以补《大学》“格物致知”之传，而序之曰：“实始尊信此篇而表章之”。人之称朱子也，亦曰“《纲目》继获麟而作”，然则谓通为僭且妄者，其亦将果于非程朱也……于

① 程颢、程颐撰，王孝鱼点校：《二程集》，北京：中华书局，2004年，页262。

② 参《传习录》第11条，陈荣捷：《王阳明〈传习录〉详注集评》，上海，华东师范大学出版社，2009年，页26。

乎！夫子生于周末，故《诗》《书》所载，《春秋》绝笔，仅止于是。使其生于今日，则将举汉、唐、宋之故事而漫不加之意乎！吾见亦必有以品节删定之以诏万世也。①

方山论辩的重点是文中子续经之事之可否，而非续经内容之对错。在他看来，圣人在世，道在圣人，若不遇圣人，经义湮灭，则须后继者起而明之。文中子在学绝道丧之极的隋朝效法仲尼而续经以明道，恰恰是尊经，而非僭越。续经的前提是，在学绝道丧时能孤明先发，知道之所在。方山在文中言："斯道也，未尝一日亡也。"其隐约含有"六经"之道在于吾心之意，这为续经的可能性提供了基本的前提。

另一方面，方山用朱子作格致补传一事来支持文中子续经的行为，两者其实都蕴含圣贤经传能够续写的可能。我们最好不要把这看作鼓励续经拟圣的僭越之举，事实上，阳明后学以心明道主要是通过诠释经典进行的。而且，阳明学学者的经典诠释也因"六经"即吾心的思想取向而表现出独特的诠释特点。

关于阳明学派乃至有明一代的经学成就，清代以来，学者们的批评远远超过认可。批评者一般以为，除了晚明寥寥几个学者（杨用修、焦弱侯等）之外，明代几无经学可言。明代儒者埋首八股时义，学问不出"四书"，于"六经"之学不闻不问，而且无视汉宋之注疏，各各杜撰臆说，毫无学术之累积。从清人经学考证的角度看，这些批评无疑都有相当的依据，但需要指明的是，许多阳明学派学者舍弃汉唐注疏，经典解释众说纷纭，有其内在的学理依据，非轻率放肆之举。按照心学家的思想，圣贤经典是表达吾心之常道，那自然可以依据本心并参照经典而明道。在阳明学学者看来，汉唐的章句注释拘拘于考据细节，没有把握住根本之道，甚至根本没有从心体入手，注释自然蔓延支离。南中王门黄勉之在给湛甘泉《古易经传训测》作序时，对汉唐之易学注疏评价说：

后之儒复于经而有传，是与仲尼争衡也。且后儒之传，外仲尼之旨为之说者，谓之诬；窃仲尼之旨为之说者，谓之缀……异哉！后世之学《易》也，固焉，局焉，离象辞而歧焉。故淆之八索，滞于辞；小之三卜，倚于象。仲尼者兴，病其离也。黜而正之，神而明之矣。商瞿以下，六传

① 薛应旂：《方山先生文录》卷十八，《四库全书存目丛书》集部第102册，济南：齐鲁书社，1997年，页411下—412上。

而复岐。创之丁宽，衍章举义，以至费、郑、王、韩之家，则以谈理胜，亦惟辞焉者也。创之孟喜，以至翟、范、焦、京之家，察伏洞异，则以测筮胜，亦惟象焉者也。是皆懵乎天地人之道。符浑贯合，与夫学而补过焉、参焉以开物而成务者，在乎心也。故外心谈理则虽统希夷、笼象帝、恍玄惚妙，是之谓说易，而所以参赞者无诚功。外心测筮，则虽验响应、射毫发、预吉先凶，是之谓占易，而所以补过者无实履，而圣人作易之意泯乎亡矣。①

黄氏以上对汉唐易学的评判能代表相当一部分心学学者对汉唐经学的整体评价。许多阳明后学学者认为，汉唐经学注疏的关键失误在外心解经，不能切中儒家经学之要害。而且，他们聚焦于名物训诂，考证繁琐，更加迷离失真。② 因此之故，阳明后学的诸多解经著作随即摆脱汉唐注疏之束缚，甚至还倡导经传分开，以心直面经文，一方面以经明心，另一方面以心解经，阐发经典大义。阳明心学的经典解释虽然不废基本的字词训诂，但毕竟以义理阐释为主。而且，义理阐释必须根据内心的真实体验和想法，阳明以下的说法是最好的证明：

夫学贵得之心。求之于心而非也，虽其言之出于孔子，不敢以为是也。而况其未及孔子者乎？求之于心而是也，虽其言之出于庸常，不敢以为非也。而况其出于孔子乎？③

许多学者把这句话看作是阳明学逾越名教、怀疑经典，甚至贬斥孔孟的有力证据。这句话的言外之意或有此流弊，不过，阳明此言的重点显而易见是“学贵得之心”，即不管说法来自圣人抑或凡庸，都必须符合内心的真实感受。拥有由心而发的真切的思想体验既是为学的目标，也是经典解释的基础。从思想史的发展看，阳明学这样以内心体验为基础的经典诠释导致了诠释多样化的思想现象。

与朱子后学相比，阳明后学的一个显著不同点是学派的迅速分化、学说

① 黄省曾：《五岳山人集》卷二十六，《四库全书存目丛书》集部第94册，济南：齐鲁书社，1997年，页748上、下。

② 阳明的《尊经阁记》即蕴含此意，罗念庵也说：“汉唐而下，训诂专门，人皆数十百万言，其于经也，蔽昧剸剸而靡所助，其去煨烬蠹蚀亦无几也”（罗洪先撰、徐儒宗编校整理：《罗洪先集》卷四，南京：凤凰出版社，2007年，页103）。

③ 陈荣捷：《王阳明〈传习录〉详注集评》，上海，华东师范大学出版社，2009年，页149。

思想的异彩纷呈。阳明没后，弟子对致良知教的认识不一，“良知异说”不断，格物工夫也难以趋同[①]，阳明后学对经典、特别是“四书”的解释更是人各一义，各有“宗旨”。尽管阳明学的“心外无理”有一个千圣一心的信念作为天理公共性、普遍性的基础，然而事实上，阳明及其后学在资质、思想偏向、工夫体验等方面表现非常不同，这使各人对心体基本体验的把握不尽相同。而按照心学的解经原则，他们根据心体、良知和自身的体验来理解、诠释经典，如此一来，诠释即呈现出新意层出、多元互动的思想景象。王龙溪曾指出，种种“良知异说”之所以出现，主要由“各以性之所近为学”所致。[②] 在多元化的诠释潮流中，个人的心理体验、工夫经验无疑是决定思想多元的实质因素，而与此同时，阳明的“学贵得之心”则为此提供了思想的动力以及冲破权威注释的勇气。对于阳明后学来说，权威的注释不仅包括朱子之注，也包括阳明本人的观点。重视经学的焦弱侯便本着阳明的这一原则反对阳明的经典解释：

> 即欲去分章而复旧本，若愚先之所疑，果求之心而非乎，抑求之心而是乎？求之于心而非也，虽旧本出于孔门之真传，亦不敢以为是也，况杂出于秦汉者乎！求之于心而是也，虽庸夫孺子析旧本而为分章，亦不敢以为非也，况出于晦庵子者乎！盖论一贯之理，则总八条目、三纲领而合为一传，亦可也。论著书之体，则纲领条目，各立一传而各发一义。彼之未发者，或于此而可尽，此之所发者，又于彼而互明。著书之体不得不然也。亦何必去分章而复旧本哉！[③]

焦氏赞同朱子对《大学》的分章，而不认同阳明恢复古本的做法。他直接的根据是认为著书的体例当“纲领条目，各立一传而各发一义”，朱子的改本正是如此。耐人寻味的是，焦氏的整个论说运用了阳明的逻辑来反对阳明。从中我们也容易看出，当主体的体验、基本判断出现差异，阳明“学贵得之心”这一诉求即会为舍旧创新提供正当的理由。所以，阳明学中即蕴含自我批评、自我否定的思想机制。阳明后学的分化、经学诠释的多元走向都与此

① 参彭国翔：《良知学的展开：王龙溪与中晚明的阳明学》，第六章第一、二、六节，北京：生活·读书·新知三联书店，2005 年，页 321—361、420—436。林月惠：《本体与工夫的合一——阳明学的展开与转折》，载其《良知学的转折——聂双江与罗念庵思想之研究》，台北：台湾大学出版中心，2005 年，页 644—662。

② 王畿撰、吴震编校整理：《王畿集》卷二，南京：凤凰出版社，2007 年，页 34—35。

③ 焦竑：《焦氏四书讲录》，《续修四库全书》第 162 册，上海：上海古籍出版社，2001 年，页 24 下。

有直接的关系。

### (三) 本心与经典的平衡

以上所述是解析阳明心学"'六经'者非他,吾心之常道也"这一基本的经学观产生的思想史效应。阳明后学的主要学者即心而言经的立场并没有走向师心自用、妄解圣经乃至舍弃经典等后世批评的学术歧向。他们根据这一原则突出了经学的本质,和阳明一样把德行践履或实践"六经"之义当作经学研习的本质。同时,这样一种主体化的经学观也促使了阳明后学经典诠释的多元现象。

不过,也不可否认,如果吾心被意见填充、无所限制,那么"六经"即是吾心的观点很容易被曲解,以至于以意见附会经典,或者以圣贤经传为赘疣,任心而行。也许正是意识到这一潜在的危险,罗念庵、唐荆川等后学在肯定经之道在于吾心的同时,又突出圣贤经传对于吾心的补正之功,保持吾心与圣经的平衡,他们的论述更加全面,弥补了阳明忽略之处。对于孔子删述之"六经"与吾心的关系,罗念庵曾言:

> 余惟孔子之于六经,犹后羿之彀率,王良之范驰驱也。为羿与良者,非必率范之拘也,然舍率范,无以造乎羿与良。六经者,吾心之率范也。即经求之,而吾心存焉,其弗概于吾心者,必经之言有不尽也,而不可以不反之吾心;即吾心求之,而经存焉,其不合于经者,必吾心之诚有不尽也,而不可以不准之经。反之吾心,而后得孔子之全经,虽谓经无损于煨烬蠹蚀可也;准之经,而后得吾之本心,虽谓经有补于节养磨揉亦可也。[1]

念庵强调经与心的互补:一方面,吾心内容丰富,有"四书""六经"所无者,可以作为经典"煨烬蠹蚀"之后的补充;另一方面,吾心未能尽诚,不能皆合于理,需要圣经裁制。而在总体上,念庵以"六经"为"率范",作为吾心的指引与规范,把"六经"放在更重要的位置。与此不同,唐荆川突出了圣经与吾心的相互转化:

> 试尝观之,心之不能离乎经,犹经之不能离乎心也……自吾心之无所待而忽然有立,而礼之数度,《玉藻》《曲礼》之篇已随吾心而森然形

① 罗洪先撰,徐儒宗编校整理:《罗洪先集》卷四,南京:凤凰出版社,2007年,页104。

> 矣，是立固不能离乎礼矣。然自其读《礼》而有得也，未尝不恍然神游乎《玉藻》《曲礼》之间，相与揖让乎虞廷周庙，而不知肤理血脉之肃然以敛也，则是学礼之时固已立矣，非既学礼而后反求所以立也。安得以寓于篇者之为经，而随吾心森然形者之不为经耶？故即心而经是已。安得以无所待者之为吾心，而有所待而融然以液与有所待而肃然以敛者之不为吾心耶？故即经而心是已。然则何末非本而又何所逐耶？何本非末而又何所反耶？虽然，善学者一之，不善学者二之……此所谓有逐末之学，而后有反本之论者也。而学者缘此遂以为必绝去形声文字与训诂，求之窈窈冥冥而后可以为至道。二者本末则必有分矣。然而皆圣人之所不与哉！①

根据荆川以上的论说，经的根本在其所蕴含的心之理，吾心的根本则是心之理的呈现。所以，他也得出经典形态并不限于篇章典籍的结论。而与此同时，吾心之理更易通过读经、解经的方式体现出来。他的最终结论是本末合一，即在“形声文字与训诂”之末中求吾心之至道。这不仅和念庵一致，主张圣贤经传对于发明吾心的必要性，而且认为文字训诂也是不可或缺的。

从阳明后学的经学论述看，当时的思想界或已出现一种高举人心、鄙弃经典的思想浊流。一部分阳明后学学者严厉批判这一潮流，他们和罗念庵、唐荆川一样，通过提高经典在认识吾心中的重要作用来对治此流弊。

我们首先提到的是邓潜谷（名元锡，字汝极，1528—1593）。邓潜谷早年师从邹东廓、刘师泉等人，是阳明二传弟子。他观察当时的思想界，即发现一股鄙弃经典的潮流，“抵修学为下乘，蔑经典为赘疣，汪洋恣肆，澒洞莫测……而其言弥高，其行弥下，其悟弥卓，其欲弥纵，其心弥广，其识弥陋，浸浸乎王何陆沉之风，如是而束书不观，亦为游谈无根矣”②。焦弱侯在给邓氏著作作序时，亦有类似观察：“近世谈玄课虚，争自为方。而徐考其行：我之所崇重，经所绌也；我之所简斥，经所与也。向道之谓何？而卒与遗经相剌谬。此如法不禀宪令，术不本轩、歧，而欲以臆决为工，岂不悖哉！”③他们两人同时察觉到，当时学者的思想和行为出现一种逾越名教的狂妄，不受经典、纲纪的约束。

---

① 唐顺之：《重刊荆川先生文集》卷十《巽峰林侯口义序》，四部丛刊初编本，明万历元年（1573）纯白斋刻本。

② 邓元锡：《谢许敬庵公祖书》，转自王汎森《“心即理”说的动摇与明末清初学风之转变》，《“中央研究院”历史语言研究所集刊》第六十五本第二分，1984 年，页 356。

③ 焦竑撰，李剑雄点校：《澹园集》续集卷一，北京：中华书局，1999 年，页 760。

台湾学者王汎森教授曾指出，邓潜谷等人批判的依据在于，他们认为心学“心即理”的原则难以提供客观有效的标准，导致当时学人以意见为天理，淆乱是非。[①] 这一判断非常准确，邓潜谷就是如此揭示阳明之后学术演进的歧向：

> 王文成公实始悟心之良知为圣，即博即约，即知即行，而灼信于即心即天也。人士惺然，得自反其本心，乃无何而悔，何也？人局其虚灵知觉之心以为心，而不知其危也。人安其虚灵知觉之知以为良，而不知其隘也。高者溺空虚、简彝教而不即于实，卑者信小明自是，汙者以慧机纵欲，伥伥乎何之，而弊靡极也。[②]

这些错认本心、自是妄为、鄙弃经典等激进行为其实也是对阳明学“六经”即吾心这一基本观念的曲解。在阳明，这本是揭示“六经”之本质。如果把这一观念逆转，以为吾心可以替代“六经”，而吾心的评判仅依靠自身，这势必置“六经”于无用，同时为纵欲妄行者助长声势。

王汎森教授还指出，阳明后学这些学者怀疑吾心的充分自足，通过转向圣贤经典的学习来保证吾心的正确。从本节的论述看，他们的经典转向和诉求未尝不是为了矫治“六经”即吾心所引起的自是其心、鄙弃经典的流弊。所以，为了平衡阳明对吾心的过度强调以及抵制后学末流的曲解，邓潜谷等人转向儒家经学，提倡以圣贤经典印证吾心之理。

邓潜谷本人极为重视经史学问，他撰有《函史》《五经绎》等著作，而且卷帙浩繁。在他那里，经史探索是“格物致知”的认识过程：“物不可须臾离。诚者，物之终始，内而意心身知，外而家国天下，无非物者，各有其则。九容、九思、三省、四勿皆日用格物之实功，诚致行之，物欲自不得行乎其中，此四科、六艺、五礼、六乐之所以教也。”[③]对经史典章义理之物的认识，即是在修养身心、开明吾心。浙中王门的徐鲁源（名用检，字克贤，1528—1611）是钱绪山弟子，他更明确地指出，求吾人之心，必须证之圣人。他说：“求之于心者，所以求心之圣，求之于圣者，所以求圣之心。人未能纯其心，故师心不免

---

① 王汎森《“心即理”说的动摇与明末清初学风之转变》，《“中央研究院”历史语言研究所集刊》第六十五本第二分，1984 年，页 356—358。

② 邓元锡：《潜学编》卷十，《四库全书存目丛书》集部第 130 册，济南：齐鲁书社，1997 年，页 632 下。

③ 邓元锡：《潜学编》卷十一，《四库全书存目丛书》集部第 130 册，济南：齐鲁书社，1997 年，页 664 下—665 上。

于偏杂，圣人先得其心之同然，故尽心必证之圣人。”[①]在他看来，学问虽然在发明吾心，然常人之心不免偏杂，而圣人则至善无恶，所以最直接的办法是证诸圣人，证诸圣人显然是指证之圣经。如此一来，阳明“六经”即吾心的原则获得了一种逆转，阳明心学内部即衍生出推崇经学、研究经学的需求。

阳明学由对吾心的重视演变为对经典的重视与明末清初学术逐渐转向经学考证的演进趋势是一致的。其中，刘蕺山（名宗周，1578—1645）尤为推崇读书治经的重要性，他把圣贤经典对于心学的重要意义发挥得淋漓尽致：

> 夫人生蠢蠢耳，此心茕然，喜而笑、怒而啼，惟有此甘食悦色之性耳，迨夫习于言而言，习于服室居处而服室居处，而后俨然命之人，则其习于学而学，亦犹是也。人生而有不识父母者，邂逅于逆旅，亦逆旅而过之，一旦有人指之曰：“此尔父母也，尔即子也。”则过而相持，悲喜交集，恨相见之晚也。吾有吾心也，而不自知也，有人指之曰：“若何而为心，又若何而为心之所以为心。”而吾心恍然。吾心恍以为是矣，人复从而指之曰：“此若何而是。”则为善也，不亦勇乎？吾心恍以为非矣，人复从而指之曰：“此若何而非。”则去恶也，不益决乎？吾心习以为是非矣，人又指之曰：“此是而非，此非而是。”则迁善而改过也，不益辨乎？由是而及于天下，其是是而非非也，不亦随所指而划然乎？夫书者，指点之最真者也，前言可闻也，往行可见也。多闻，择其善者而从之；多见而识之，所以牖吾心也。先之《小学》以立其基，进之《大学》以提其纲，次《中庸》以究其蕴，次《论语》以践其实，终之《孟子》以约其旨，而所谓恍然于心者，随在而有以得矣。于是乎读《易》而得吾心之阴阳焉，读《诗》而得吾心之性情焉，读《书》而得吾心之政事焉，读《礼》而得吾心之节文焉，读《春秋》而得吾心之名分焉。又读《四子》以沿其流，读《纲目》以尽其变，而吾之心无不自得焉。其余诸子百家泛涉焉，异端曲学诛斥之可也。于是乎博学以先之，审问以合之，慎思以入之，明辨以析之，笃行以体之。审之性情隐微之地，致之家国天下之远，通之天地万物之大，而读书之能事毕矣。儒者之学尽于此矣，故曰：“读书，儒者之业也。”[②]

---

① 黄宗羲撰，沈芝盈点校：《明儒学案》（修订本）卷十四，北京：中华书局，2008 年，页 304—305。

② 刘宗周撰，吴光主编：《刘宗周全集》第 2 册《读书说（示儿）》，杭州：浙江古籍出版社，2007 年，页 297—298。

以上是蕺山著名的《读书说》，早有学者洞察到它在思想史上的重要意义。[①] 从文中看，蕺山和阳明一致，依然把《易》之阴阳、《书》之政事等“六经”之道与吾心相应。这表明蕺山仍然是在心学的框架内进行思考的，他的思想并未逾越阳明心学的范围。但另一方面，蕺山的观点与阳明有显著差异。在他看来，尽管吾心拥有天理是确凿无疑的，但吾心不是自明的，它最初浑然无知，在现实中也常常理欲混杂。如果把现实日常之人心当作天理，那是非常荒谬的，“夫吾之心未始非圣人之心也，而未尝学问之心，容有不合于圣人之心者，将遂以之自信曰：‘道在是。’不已过乎？夫求心之过，未有不流为猖狂而贼道者也”[②]。对于蕺山来说，人心由蒙昧到明觉是一个不断成长的过程，圣贤经传在其中起着必不可少的指导作用。他比罗念庵、唐荆川等人更推崇读书的作用，经典学习不仅能纠正吾心的错误或者未诚之处，而且是开明吾心必备的资粮。

蕺山最后的结论是读“四书”“五经”以明见吾心之性理，而阳明在《尊经阁记》中说求吾心之理即是尊圣人之经，蕺山似乎颠倒了阳明对于“六经”与吾心的关系。但实质上，蕺山没有否定阳明的思想。阳明说求吾心之理即是尊圣贤经传，是由于经典为载道之书，而圣人之道又不外于吾心。而蕺山通过读圣贤经典而达到明见吾心之理的目的，也包涵着这两个前提。两人的区别其实是在如何认识吾心。阳明始终强调吾心的主导作用，蕺山或有鉴于晚明尚明觉、轻工夫的轻浮学风，因而对现实人心并不乐观，他通过转向经典学习来防止吾心的轻率。

对于明清学术转型，前贤已有多种解释，不论是梁启超、胡适之的“理学反动说”，还是余英时的“内在理路说”，其实都强调清代经史考据与明儒学术，尤其是心学的异质性，清代朴学是超越心学、克服心学之弊的结果。但根据本节阳明后学对待经学的不同态度，罗念庵、唐荆川、徐鲁源等阳明后学学者的经学观都蕴含着重视经学、研习经学的面向，其中尤以刘蕺山的《读书说》最为突出，而像邓潜谷、焦弱侯等学者更是亲自从事经学研习的实践者。我们也当看到，晚明已降日渐重视读书、要求研读经典的呼声并不完全来自阳明学的反对者，像邓潜谷、焦弱侯、刘蕺山等都受到阳明之学的深刻影响，他们恰是从心学的内部提出一条推崇读书、研习经典的必要途径。

---

① 王汎森：《清初的讲经会》，载其著《权力的毛细管作用：清代的思想、学术与心态》，台北：联经出版事业股份有限公司，2013 年，页 124—132。

② 刘宗周撰，吴光主编：《刘宗周全集》第 4 册《张慎甫四书解序》，杭州：浙江古籍出版社，2007 年，页 17。

阳明心学在中晚明流传之广，影响之深，发展之丰富，其思想特征绝非能用单一的解释所涵盖，阳明心学与明清学术转向可能比以往的解释还要多元和复杂。

## 二 季彭山的经学注疏与博学旨趣

季本（1485—1563），字明德，号彭山，浙江会稽人，是王阳明在浙中之高弟。季氏为正德十二年（1517）进士，历任建宁府推官、揭阳主簿、苏州同知、吉安同知、长沙知府等，其为官赈济贫弱，富农为先，治讼以直，严惩滑奸，以致得罪地方豪强，于嘉靖庚子（1540 年）任长沙知府时罢归。季氏罢归还乡后，一心向学，授徒著书以终余生。

据季彭山自述，他少年从学于王思舆，其后才拜师阳明。王思舆，或作“思裕”“司舆”，为阳明青年学习时之乡友，曾与阳明交往密切，彭山谓“阳明之学由王思舆发其端”①。按照彭山弟子徐文长所作《师长沙公行状》，阳明于正德七年（1512）年底任南京太仆寺少卿，并守制回乡省亲，彭山约在此后不久正式造门拜师。② 由此来看，彭山是阳明讲学早期之弟子，入门时间比王心斋、邹东廓、欧阳南野、王龙溪等阳明知名弟子都要早。彭山之学最为人所知的是他在嘉靖十五年（1536）任职吉安时提出的“龙惕说”。彭山有鉴于其时慈湖之学盛行致使学者率言自然、脱略工夫，他凭借《易》之乾卦，提出心主警惕而恶自然，以乾乾警惕之工夫统帅自然。台湾学者朱湘钰女士等人对彭山龙惕说的思想背景、义理脉络及其反响有非常细致而深入的探讨，兹不赘述。③

不仅在思想内容上，而且在思想开展的形式上，季氏与其他阳明高弟都非常不同。王心斋、邹东廓、王龙溪等人主要通过会讲、游学等方式发展阳明心学，而季彭山注疏、考辨“四书”“五经”，他主要通过诠释经典、著述立说以阐发心学，弘扬师说。季彭山重视经学既有家学之渊源，又有自

① 季本：《说理会编》卷十六，《续修四库全书》第 939 册，上海：上海古籍出版社，2001 年，页 72 下。关于王思舆的生平与思想，可参钱明：《浙中王学研究》，北京：中国人民大学出版社，2009 年，页 81—85。

② 徐文长曰：“及新建伯阳明先生以太朴卿守制还越，先生造门师事之，获闻致良知之说。”（参徐渭：《徐渭集》，前揭书，页 644）这个说法其实不够准确，阳明在此时尚未提出“致良知”之说。

③ 参朱湘钰：《浙中王门季本思想旧说厘正》，《东海中文学报》第 22 期，2010 年 7 月，页 195—214；《“双江独信‘龙惕说’”考辨》，《中国文哲研究集刊》第 36 期，2010 年，页 79—101。

身的兴趣和自觉。彭山少年时即以《春秋》名于乡。他的《春秋》之学受业于家兄[①]，弘治甲子年秋(1504)，十九岁的季彭山以《春秋》学获得浙江乡试第三名，为考官所器重。彭山少年时期的学问兴趣非常广博，不受科举时策和儒家经学的限制。从此时至正德丁丑年(1517)他高中进士期间，彭山“家居凡十二年，未尝一日释卷。每读一书，辄欲究其始终。或有疑义，即不惮远求博访，随其人而师之。上自圣经，下逮星历、度数、地理、兵农之学，亦必究极精微，然皆务多闻，未及要领”[②]。彭山弟子徐文长还回忆，彭山在受业阳明之后，“乃悉悔其旧学，而一意于圣经”[③]。彭山虽在思想上接受了良知心学，但实际上仍保持着浓厚的读书和著述的兴趣，他通过著书明道的方式来表达自己的思想。彭山曾说明自己著述的动机：

> 阳明先师谓“后世著述揣摩失真”，是戒人之以著述乱正学也。本在门下实亲闻之，曷敢不谨师传哉！顾岁月因循，耄已将及，而同门之士传布先师之学，殆遍天下。说辞之善，无以加焉。然默成如颜渊诸贤，盖不多见。为说既长，或乖经典，则听者不能无疑于义之未精矣。窃独惧焉，故述此编。凡疑难之说，悉辩明之，以质同志。大抵以经义发先师之意，则不诡于圣人，而学者亦有所依据。夫岂好辩而别立一门户哉！[④]

以上是彭山说明撰写《说理会编》的缘由，其实也能表明他撰写其他著作的基本原因。如他所言，阳明并不鼓励在圣贤经典之外再专事创作。阳明在世时也曾委婉警醒彭山，不可偏重经书而障蔽致良知之学。[⑤] 彭山自己却认为，他晚年从事大量的著述，实在情非得已。阳明没后，人人异说，师门教旨

---

① 萧良干、张元忭等纂修：《(万历)绍兴府志》卷四十二，《四库全书存目丛书》史部第201册，济南：齐鲁书社，1996年，页315上。

② 徐渭：《徐渭集》，北京：中华书局，1983年，页644。

③ 同上注。

④ 季本：《说理会编》序言，《续修四库全书》第938册，上海：上海古籍出版社，2001年，页571上。

⑤ 嘉靖五年(1526)，阳明在给时值42岁的季彭山的书信中言：“圣贤垂训，固有书不尽言、言不尽意者。凡看经书，要在致吾之良知，取其有益于学而已。则千经万典，颠倒纵横，皆为我之所用。一涉拘执比拟，则反为所缚。虽或特见妙诣，开发之益一时不无，而意必之见流注潜伏，盖有反为良知之障蔽而不自知觉者矣”(见王守仁撰、吴光等编校：《王阳明全集》(新编本)卷六，前揭书，页228)。欧阳南野对彭山也曾有相似的规劝：“然吾丈于经义，自童年时已能深思默悟，有出于举业之外者。既知学脉，引伸触长，精研妙诣，所自得者益多。然则精神之所流注，恐未免习心根据其中，将有潜滋密蔓，为廓然大公之累而不自觉者，亦未可以为小小疵病而不之察也。”(欧阳德撰、陈永革编校整理：《欧阳德集》卷三，前揭书，页79)

反而湮没，他希望通过阐发经义的方式阐明师说，使圣贤之学归于一致。由此来看，彭山晚年从事经典诠释的工作，不仅出自自幼以来的经学和知识的兴趣，还包涵通经明道之志向。

徐文长在《师长沙公行状》中总结彭山著述有《四书私存》等十一种之多，其中除一部散佚之外，其他均有传本。彭山这十部传世著作分别是：《四书私存》三十八卷；《易学四同》八卷；《易学四同别录》四卷；《诗说解颐》四十卷；《春秋私考》三十六卷首一卷；《读礼疑图》六卷；《庙制考议》不分卷；《乐律纂要》一卷；《孔孟事迹图谱》四卷；《说理会编》十六卷。在这十部著作中，除《说理会编》是阐发理学思想外，其他均直接与经学有关，主要涉及经学的诠释和考证。严格说来，《说理会编》其实也不在经学范围外，此书不仅包涵经义之直接阐发，而且书中义理分析与经典诠释常常水乳交融。彭山这十部经学著作中，《四书私存》和《易学四同》《易学四同别录》不仅对"四书"和《易经》逐条注解，而且是彭山心学思想的集中表达，我们在下节会专题分析以展现彭山经典诠释之特点及其心学之丰富内容。而对于彭山其他经学著作，我们只能先分别介绍其内容，然后对其经学成就做简单的分析总结。

首先我们以彭山经学著作完成的时间为次序，分别简要介绍其内容。

1.《乐律纂要》一卷

此书由彭山原著《律吕算法》修订而成。根据书前彭山自序，是书刻于嘉靖己亥年(1540)彭山任长沙知府时，而其成书在更早的时间。顾名思义，此书探讨传统乐律知识，阐述彭山对元声、候气、律管围径、十二律相生法等等有关传统乐律知识的思考。彭山自言，其少时即有志于礼乐之事，但其乐律之学并无师承，全靠其昼考夜思，反覆推究，自学自悟而成。[①]《四库全书总目提要》评价曰："本承姚江之学派，其持论务欲扫涤旧文，独标心得。至于论礼、论乐，亦皆自出新裁。一知半解，虽不无可取，而大致不根于古义。观其《自序》，亦言无所师承，以意考究而得之也。"[②]这尽管基于清人经学的立场对彭山不重古训有所微词，却也道出了彭山以心解经的特点。

2.《春秋私考》三十六卷首一卷

据彭山序言，此书约完成于嘉靖乙巳年(1545)冬季。彭山《春秋》学继承唐代啖叔佐(名助，724—770)、赵伯循(名匡)、陆伯冲(名淳)以来据经考例、舍弃三传之做法。他认为《春秋》之名出自孔子，而非鲁史旧名，《春秋》

① 参季本：《乐律纂要》自序，《续修四库全书》第113册，上海：上海古籍出版社，2001年，页252上。

② 纪昀等纂：《四库全书总目》，《影印文渊阁四库全书》第1册，台北：台湾商务印书馆，2008年，页802上。

是孔子所创作，而非《左传》所说因鲁史而修之。“《春秋》之作，所以明王道也……孔子周流四方，历观世变，悯人欲之横流，惧天理之尽灭。谓天下之乱由于赏罚之不行，故即鲁隐公以后所见、所闻、所传闻二百四十二年之事，参考国史副藏，提纲举要，删削而叙正之。具文见意，无所容心，但使是是非非不泯其实而已。虽西周盛时君臣不能外此而治。盖是非之心，王道之本也。推此心以正天下，则为天子之事矣。”[①]因此，《春秋》推明君臣是非之大义，而不仅仅记载鲁国历史。《公羊》《谷梁》《左传》三传均未得孔子之真谛，因其并非出自孔学之授受。在彭山看来，论《春秋》者，仅孟子知孔子之学。《公羊》《谷梁》并非传自子夏，而是出自战国之儒。《左传》在汉初才面世，立于学官也最迟。因此，他的诠释多出新意，以《春秋》经文为主，重点阐发孔子是非之义，并且他主张以经正传，而不能移经以就传。彭山甚至以《春秋》大义为据，对“公、谷之义例，左氏之事实，摧破不遗余力”[②]。

3.《庙制考议》（不分卷）与《读礼疑图》（六卷）

根据书前序言，两书大约分别完成于嘉靖丙午年（1546）和戊申年（1548）。两书不是严格意义上的经学注疏著作。《庙制考议》阐述宗庙祭祀礼制的义理根据，并取上古以迄宋代诸儒论宗庙者分为七十七图，同时予以辩说以阐明圣贤宗庙之制。《读礼疑图》主要通过分析《周礼》《孟子》相关内容表达彭山对井田、赋役、封地、爵禄等制度的看法。他认同何休、林孝存之说，以为“《周礼》之书成于战国之士，中间多杂邪世之制、迂儒之谈，而非由大本以行达道者也”[③]。而同时他相信孟子礼制之说，认为“孟子，邹鲁之儒而圣贤之学也。亲见孔氏之遗书，熟讲先王之成法，又其学以知言为本，深有戒于邪说生心之害，必非妄言者。故周室班爵禄，诸侯恶其害己而去其籍，则曰其详不可得而闻矣。岂有舍孟子而复别得其详哉”[④]！所以，他在是书前三卷以图说的方式质疑《周礼》之说，在后三卷中分析《孟子》中相关制度并延及后世军队、屯田、徭役、保甲等制度。对于此两书，四库馆臣的意见不同，于《读礼疑图》有所肯定，而对于《庙制考议》则批评较多。

4.《说理会编》十六卷

此书约完成于嘉靖甲寅年（1554）夏，为彭山系统表达其儒家心学思想

---

① 季本：《春秋私考》序言，《续修四库全书》第134册，上海：上海古籍出版社，2001年，页2下。

② 黄宗羲撰、沈芝盈点校：《明儒学案》（修订本）卷十三，北京：中华书局，2008年，页272。

③ 季本：《读礼疑图》序言，《四库全书存目丛书》经部第81册，济南：齐鲁书社，1997年，页587上。

④ 季本：《读礼疑图》序言，《四库全书存目丛书》经部第81册，济南：齐鲁书社，1997年，页586下。

之专著。在此书中，彭山以心学之视角分析理气、性命、仁义等理学核心概念之含义，阐述其以谨独为核心的工夫论和修身方法，同时对为政之道、历代圣贤和诸儒之学进行专题阐发。本书可以说是儒家心学一次难得的系统总结，尽管其中主要是彭山个人思想，而非阳明心学之一般观点。对于是书的著作体例，四库馆臣的说法颇有见地，其言彭山“其意盖拟守仁于濂、洛，而此书则仿《近思录》而作。《近思录》分类十四，此分类十二。其先之以性理、圣功者，犹《录》之首及道体论也。继之以实践、贤才者，犹《录》之次及于致知、存养、克治也。推之于政治者，犹《录》之有治道、治法也。终之以异端诸子者，犹《录》之辨别异论、总论圣贤也”[①]。把阳明比拟为濂溪、明道并非显而易见，不过，《说理会编》的内容编排与《近思录》之体例的确相近，这也说明心学与宋代理学论题上的一致性。

5.《孔孟事迹图谱》四卷

是书完成于嘉靖甲寅年(1554)秋九月，共四卷，分别讨论孔子、孟子事迹。彭山在讨论孔孟事迹时，首先辨析孔孟事迹所涉之史实，然后用图表展示孔孟生命历程中的不同行事。彭山所述孔孟一生之事迹确凿有据，非常详实，而且“于孔孟事实颇有考核，如云孔子未尝至楚见昭王，孟子先至齐而后梁，此一二条皆有所见”[②]。

6.《诗说解颐》四十卷

本书是彭山解《诗》之专著，分《总论》两卷、《正释》三十卷、《字义》八卷，约完成于嘉靖丁巳年(1557)春。彭山本孟子“以意逆志”之解经法，主要探讨了《诗经》各篇之主旨，同时他对《诗经》中字词名物亦予以详细解释。他认为，《诗》本是孔子从诸国三千余篇诗中删节而成，但经过秦火之焚，再经汉儒收拾补缀于煨烬之余，已非复其旧。所以，他在解释《诗》之各篇时，一方面重新厘定各篇次序，另一方面重点阐发各诗篇之思想主旨，试图恢复孔子删《诗》之原义。彭山虽然认为《诗》序错乱，但他还是保留今本《诗》之原本次序，没有重新编排，仅是在各篇之下提出编次之意见。在《诗》的内容阐释方面，彭山认为《诗》之序言本为一篇，无大小之分，而且《诗》序非出于子夏，是秦火以后经生所为。因此，他在解释诗篇时即不受大小序之范围，“大抵多出新意，不肯剽袭前人，而征引该洽，亦颇足以自申其说。凡书中改定

---

① 纪昀等纂:《四库全书总目》,《影印文渊阁四库全书》第3册，台北:台湾商务印书馆，2008年，页97下。

② 纪昀等纂:《四库全书总目》,《影印文渊阁四库全书》第2册，台北:台湾商务印书馆，2008年，页308下。

旧说者,必反覆援据,明著其所以然”①。此书也因立论有据,多出新意而受到古今学者的充分认可。

彭山经学著述的内容简单介绍如上。自黄梨洲以来,学者在评论彭山经学时,几乎一致认为彭山经解的特点是不愿剽袭前人,喜别出新裁,信心好异。同时,他的经典诠释以经义阐释为主,乃至以经义辨别经文之真伪、正传与补缀。这些都使他的经典诠释显示出或强或弱的“六经注我”的风格。彭山解经表现出这些特点的原因或在于,他断定孔子删述之“六经”遭秦火焚烧而残缺不全,今本所传经由汉儒杂凑,真伪混杂,已非“六经”原貌。所以,他在解经时主要以孔孟之经说作为经典之大义,并以此大义解释经典、裁定经文,试图恢复孔子“六经”之旧。

与清代考据学相比,彭山解经,包括对经文的解释、经义的阐发,往往没有提供充足的历史文献依据,甚至有时与历史文献有悖。因此,从经学考证的角度看,相较于清人考证学之成绩,彭山的经典解释有些逊色。不过,从经学史以及理学的视野来看,彭山之解经也有不容忽视的学术和思想史的价值。徐文长为《诗说解颐》作序时对乃师彭山的经学有一段积极的评说:

> 予尝阅孟德所解《孙子》十三篇。及李卫公与唐太宗之所谈说者。其言多非孙子本意。至论二人用兵,随具平日之所说解而以施之于战争营守之间。其功反出孙子上。以知凡书之所载,有不可尽知者,不必正为之解,其要在于取吾心之所通,以求适于用而已。用吾心之所通,以求书之所未通。虽未尽释也,辟诸痒者,指摩以为搔,未为不济也。用吾心之所未通,以必求书之通,虽尽释也,辟诸痹者,指搔以为搔,未为济也……会稽季先生所著《诗说解颐》凡四十卷、吾取而读之,其大概实有得于是。其志正,其见远,其意悉本于经而不泥于旧闻、是以其为说也卓而专,其成书也勇而敢,虽古诗人与吾相去数千载之上,诸家所注无虑数十百计,未可以必知其彼之尽非,而吾之尽是,至论取吾心之通以适于用,深有得于孔氏之遗者,先生一人而已。②

依据文意,徐氏已经发觉彭山之解释与《诗》不能完全符合,彭山虽然“心

① 纪昀等纂:《四库全书总目》,《影印文渊阁四库全书》第1册,台北:台湾商务印书馆,2008年,页343下。关于彭山的《诗经》诠释,可参刘毓庆:《季本、丰坊与明代〈诗〉学》,《中国文学研究》2003年第3期。

② 徐渭:《徐渭集》,北京:中华书局,1983年,页521—522。

通”,《诗》却尚有“未通”。但是,在徐氏看来,相比于经书自身之贯通,通过经学注疏实现吾心之贯通并发挥吾心之用更为重要。彭山的经典诠释正是以经典发明心性义理,以义理证诸圣经的双向互动。正如用兵者解读兵法或有差失,而其兵事之成功即表明对兵法的深刻领会。彭山之解经于“六经”文义或有乖违,他的诠释却不能看作对圣贤经传的曲解乃至臆说。彭山之解经亦有客观之理据,属于儒学经典诠释悠久传统的一部分,并且,他在诠释中以经义涵养身心、推扩本心,同时又拓展了心学义理。

## 三《四书私存》的诠释思想

在季彭山的众多经学著作中,《四书私存》与心学的关系最为密切,也可能是其用时最久的一部经注。根据书中彭山的序言,此书由《大学私存》《中庸私存》《语孟私存》汇编而成。《大学私存》虽早于后两书完成[①],但从三书内容相互征引来看[②],在合编刊刻《四书私存》时,彭山已有修改和整体协调,使《四书私存》各篇之间思想连贯而成为一体。在《〈大学私存〉序》中,彭山言:“圣学失传,简编错乱,众说纷纭,莫知的向,虽如二程夫子尊信此篇,各为定本,而要言未显,读者犹疑,至于朱子分章则不免又补缀矣。我阳明先师见超千古,独是旧文,约其工夫,归于诚意,而指点良知最为切要,故笺注数言,略举大意,而合一之学遂复焕然。盖先师读书不牵文句,旧次或有未协,不必类从;训释或有未明,不必强解。若本不免求于文字之间,以为圣贤立言必有精意,而篇章义例必不错陈。一或有发明焉。”[③]观此,彭山《大学》之注一方面是对朱子章句的驳斥,另一方面又不甚认同阳明老师读书论学不拘经典书文的风格,而主张从圣经篇章书文中揭橥圣贤精意。此虽是针对《大学》而发,但未尝不是彭山笺注“四书”之初衷。彭山注释“四书”,既不同于龙溪、南野等同门通过讲学、通信等开展良知心学,也不同于其《说理会编》之专题阐述义理,而是以经义证心学、以师说解经义的方式,修正朱子《四书章句》,发明心学,阐明圣道。

---

① 按照彭山各篇序、跋,《大学私存》《中庸私存》《语孟私存》分别完成于嘉靖癸卯(1543)、嘉靖癸丑(1553)、嘉靖甲寅(1554)左右。可参朱湘钰:《晚明季本〈四书私存〉之特色及其意义》,载《清华学报》(新竹)第42卷第3期(2012),页493注20。

② 例如,在最先完成的《大学私存》中,彭山注明参考《中庸私存》之注释,参季本撰、朱湘钰点校:《四书私存》,台北:“中央研究院”中国文哲研究所,2013年,页10。

③ 季本撰,朱湘钰点校:《四书私存》,台北:“中央研究院”中国文哲研究所,2013年,页3。

根据彭山的自序及其“四书”诠释的具体内容，他的诠释重在阐明圣贤宗旨、“四书”义旨或义理思想。例如，对于《大学私存》，彭山以求“圣贤精意”“圣贤宗旨”；于《中庸私存》，彭山是“演绎旧闻，少加笺释”[①]；于《语孟私存》则“随义分疏”，揭示“性命之蕴”[②]。《四书私存》的主要内容是对孔孟经义的分疏和阐发，不过，季氏没有忽视名物制度等基础内容，除了必要时对相关名物礼制进行说明外，对于“四书”中（特别是《孟子》）涉及的诸多上古史事和礼制，他在《孔孟事迹图谱》《读礼疑图》《庙制考议》等书中有考证，这些其实也可看作“四书”的诠释内容。在彭山的经典诠释中，他极少就其诠释活动做进一步的反思和诠释方式的说明，而主要从事经典内容的具体笺释，我们对彭山《四书私存》的考察也随之集中在经解中蕴含的思想内容和义理特点。《四书私存》各篇比较而言，《大学私存》与《中庸私存》比《语孟私存》内容更详实、更成系统。彭山自己也说：“《学》《庸》贯道之全，可以得为学之统体；《语》《孟》则圣贤异德，忧乐殊时，高卑曲应，前后错陈。”[③]在他看来，《大学》与《中庸》范围圣道全体，《论语》与《孟子》则内容层次不一、次序不甚分明。因此，以下我们先归纳《四书私存》整体的诠释特点，然后专题分析《大学私存》与《中庸私存》的诠释内容。

### （一）总体思想特征

从思想层面看，季彭山是本阳明师说解释《四书》，其《四书私存》主要体现出三个思想特征：一，引阳明思想以解经，但不默守师说。二，继阳明之后，进一步批判和修正朱子对《四书》的权威解释。三，按心学之理路解释经典，于经义颇有发明。以上三点均显示季彭山的“四书”诠释具有非常鲜明的心学性格，从中我们既可审视彭山对师说的态度和发展，又可领略一种心学式的“四书”诠释之思想面貌。

首先，彭山之注释多有发扬阳明思想的地方。彭山同阳明一样，以古本《大学》首章“亲民”为正，不认同朱子改为“新民”。在他看来，“明明德”与“亲民”是体用不离之关系，“心之虚灵不昧者为明德。明之者，德自明也，去其蔽则明矣。德之真切爱人者为亲民，亲之者明能亲也，充其量则亲矣。明德者，体之存于内也；亲民者，用之发于外者也。德以亲民而明，则体发实用；民以明德而亲，则用存虚体。此体用不离，合外内之道也……明德必显

---

① 季本撰，朱湘钰点校：《四书私存》，台北：“中央研究院”中国文哲研究所，2013年，页47。

② 季本撰，朱湘钰点校：《四书私存》，台北：“中央研究院”中国文哲研究所，2013年，页132。

③ 季本撰，朱湘钰点校：《四书私存》，台北：“中央研究院”中国文哲研究所，2013年，页132，标点有改动。

于亲民，亲民乃所以明德，言亲民非别为一事也”[①]。这与阳明说“明德者，天命之性，灵昭不昧……其或蔽焉，物欲也。明之者，去其物欲之蔽”，“明明德必在于亲民，而亲民乃所以明其明德也”[②]几无二致。彭山还根据阳明“知行合一”说诠解相关经文，例如，对于《中庸》中“博学之，审问之，慎思之，明辨之，笃行之”，彭山结合下文“有弗学，学之弗能弗措也；有弗问，问之弗知弗措也”而解释说，《中庸》“以学言能，以问言知，能者能其所知，知者知其所能，可见学即是行，而知即在行中也……笃行但欲其行之不息耳，岂学问思辨之外，别有所谓笃行哉”[③]？据此，“博学”“审问”“慎思”“明辨”“笃行”五者都是即知即行的工夫，而非如朱子截然分隔为知行两节。除了发挥师说以解经外，彭山有时直接称许阳明《传习录》对“四书”某些章节的解释。对于《论语·公冶长》“回也闻一知十，赐也闻一知二”一章，彭山认可阳明从心地着眼的理解，他说：“《传习录》以子贡多学而识，工夫只在知见上用，圣人以其不如颜子在心地上用功，故叹惜之，非许之也。可谓知心学之要矣”[④]。此外，彭山还引用阳明“心即理”之说，反对李延平“当理而无私心，则仁矣”的观点，进而质疑朱子对“四书”的支离解释。[⑤]

必须指出的是，彭山不仅未完全株守阳明老师的思想，有时反而以阳明之道还治阳明，质疑其说欠于究竟。彭山对阳明的某些《大学》诠释便有含蓄的批评，他曾言：“夫知行合一之旨，自阳明先师发之，然又尝曰：‘正心，复其体；修身，著其用。’是以身心分体用也。又曰：‘不本于诚意，而徒以格物者谓之支；不事格物，而徒以诚意者谓之离。’是又以意物分虚实也。似亦不能不于文意上分析者。”[⑥]按照彭山的思考，《大学》之“身”“心”“意”是一物之异名，“身非别为一物也。故指其悬空提起，不近四旁者，而谓之心；言心则为达德之所存矣，身非别为一物也。故指其警惕之几，流行莫遏者，而谓之

① 季本撰，朱湘钰点校：《四书私存》，台北：“中央研究院”中国文哲研究所，2013年，页3，标点有改动。

② 王守仁撰，吴光等编校：《王阳明全集》（新编本）卷七，杭州：浙江古籍出版社，2011年，页267。

③ 季本撰，朱湘钰点校：《四书私存》，台北：“中央研究院”中国文哲研究所，2013年，页96。再如，彭山以“知行合一”解《中庸》“智者过之，愚者不及也”等，参同书，页62。

④ 季本撰，朱湘钰点校：《四书私存》，台北：“中央研究院”中国文哲研究所，2013年，页175。不过，要指出的是，彭山不完全同意阳明对子贡学识的判断，反对子贡之学坠入知见的看法（参季本撰，朱湘钰点校：《四书私存》，前揭书，页176）。

⑤ 季本撰，朱湘钰点校：《四书私存》，台北：中央研究院中国文哲研究所，2013年，页180。此外，对于《论语》“唯上智与下愚不移”章，彭山也说：“不移者，《传习录》所谓‘不肯移’也。”（参季本撰，朱湘钰点校：《四书私存》，前揭书，页326）

⑥ 季本撰，朱湘钰点校：《四书私存》，台北：“中央研究院”中国文哲研究所，2013年，页31—32。

意”①。因而“正心”与“修身”是同一工夫之两面，两者同含体用，而不能以体用来区分两者。同理，“诚意”与“格物”也是同一工夫之不同侧面而不可分别为虚实。细审彭山对乃师的批评，他只是认为阳明的某些表达不甚圆融，容易产生歧义，而并未否定阳明“知行合一”等思想宗旨，恰恰相反，他的些许批评实际上是对阳明思想深入贯彻的结果。

以上彭山对阳明“体用不二”“知行合一”“心即理”等思想的称引，主要突出了合一非二的特征，这也是彭山对阳明老师所发明的圣学之整体性格之体认。② 阳明之学是在与朱子学的对话与辩难中成长起来的，阳明心学的确立和拓展同时伴随着对朱子之说的反复讨论、商榷甚至反驳。彭山注释“四书”延续着这一方向，他自然不能忽视朱子《四书章句集注》在明代的权威地位，他也同阳明一样把朱子当作主要的对话者。从《四书私存》的内容来看，彭山恰是因不甚认同朱子之说才重新系统地注释“四书”。

季彭山认为圣贤之学是合一之学，而朱子解经却常与之相反，走向支离，这是他诟病朱说的一个主要方面。其中最为突出的是他对朱子区分两节工夫的反复责难。对于《中庸》首章所言之工夫，朱子解“戒慎乎其所不睹，恐惧乎其所不闻”为“君子之心常存敬畏，虽不见闻，亦不敢忽”，而对于“君子慎其独”，朱子认为是“幽暗之中，细微之事，迹虽未形而几则已动，人虽不知而己独知之……君子既常戒惧，而于此尤加谨焉”③。对此，彭山认为朱子之说似以前者为省察，后者为存养，恰是将一个工夫分而为二，“朱子以不睹不闻为常存敬畏，而谨独为尤加谨焉。虽以要切之地在独知，而静为存养，动为省察，遂分二事矣……致中工夫即是致和，致和之外无致中，则谨独者所以省察所感之留滞也，谨独之外，岂别有一存养静功求中哉”④？彭山指出，朱子的“静存”与“动察”两节工夫其实贯穿在《中庸》诠释的始终，包括对下文“未发之中”与“已发之和”解释。在他看来，这是对经典的严重误读，故他对此不遗余力地反复批驳。⑤ 与静存动察相并行的是朱子存养致知之说，彭山同样予以质疑。《大学私存》书后附有彭山对朱子有关“格物致知”论说的商榷内容，有一条便是反驳朱子分“存心”与“穷理”为二。他引述朱子之语：“圣人设教，使人默识此心之灵，而存之于端庄静一之中，

---

① 季本撰、朱湘钰点校：《四书私存》，台北：“中央研究院”中国文哲研究所，2013年，页9。

② 在导言所引《〈大学私存〉序》中，彭山称阳明之学是“合一之学”。

③ 朱熹：《四书章句集注·中庸章句》，《朱子全书》第6册，上海/合肥：上海古籍出版社/安徽教育出版社，2002年，页33。

④ 季本撰，朱湘钰点校：《四书私存》，台北：“中央研究院”中国文哲研究所，2013年，页54—55。

⑤ 季氏对朱子《中庸》工夫两分之诠释之批评又见同书页112、127等。

以为穷理之本；使人知有众理之妙，而穷之于学问思辨之际，以致尽心之功。”①彭山进而批评说：“欲存心于端庄静一之中，穷理于学问思辨之中，工夫分而为二，则所谓穷理者，于心外别求一理矣。”②如是，把静中存心与致知穷理分为两个工夫甚至犯了双重错误，不仅把工夫歧而为二，而且还在心外求理，以理为外。

根据彭山之论辩，朱子“四书”解释的支离弊病还在于不明知行合一之理，往往歧知行为二。上引彭山对“博学之，审问之，慎思之，明辨之，笃行之”的阐释即是对朱子把“笃行”与前四节分离的拨正。更严重的是，在彭山看来，朱子未明知行合一导致了其对《大学》整体结构的错误理解。季氏指出，朱子一系“因《中庸》‘不明乎善，不诚乎身’之说，乃谓知行先后由此而分，遂以格物、致知为知之所开端，诚意、正心、修身为行之所践实，知行分属，说遂多歧矣”③！彭山继承了阳明的观点，认为《大学》所言“格物”“致知”“诚意”“正心”“修身”虽分而为五，却“本无等级之相悬”④，五者俱体用不离，是同一工夫的不同侧面。因而，朱子将五者分为先知后行的两个阶段显然割裂经义而不圆融。

彭山认为朱子注释的另一大不足是解经不贴切，未能扣紧心体，反而常流向外在。这自然是心学带给他的独特眼光，其中也能显示他《四书》诠释的心学特色。根据彭山之诠释，“四书”处处是发明人之心体，即使圣人说到天地万物大概也不偏离人心。譬如《中庸》引《诗》“鸢飞戾天，鱼跃于渊”，朱子解作：“子思引此诗以明化育流行，上下昭著，莫非此理之用。”⑤而彭山反驳道：“鸢飞之处，吾心之理上昭于天也；鱼跃之处，吾心之理下昭于渊也。苟吾心与鸢鱼无感焉，则鸢鱼一外物耳，于我何与？必就君子心上说道，方有着落。今《章句》解作化育流行，上下昭著，是就气化上说道。则所谓鸢飞戾天者，鸢率鸢之性也；鱼跃于渊者，鱼率鱼之性也，而道不在君子身上矣。”⑥彭山以为朱子虽解作天道，却未贴近人身而言，他将朱子所指心外之天理转变为吾心感应之天理，由人心而见天道。按照相似的理路，彭山扭转朱子对管仲霸者形象的塑造，从心地着眼，形成了迥然不同的认识。在《论语》中，孔子许管仲以仁，朱子认为这是说“管仲虽未得为仁人，而其利泽及

① 季本撰，朱湘钰点校：《四书私存》，台北：“中央研究院”中国文哲研究所，2013 年，页 43。
② 季本撰，朱湘钰点校：《四书私存》，台北：“中央研究院”中国文哲研究所，2013 年，页 44。
③ 季本撰，朱湘钰点校：《四书私存》，台北：“中央研究院”中国文哲研究所，2013 年，页 31。
④ 季本撰，朱湘钰点校：《四书私存》，台北：“中央研究院”中国文哲研究所，2013 年，页 11。
⑤ 胡广等奉敕撰：《四书大全》，《影印文渊阁四库全书》第 205 册，台北：台湾商务印书馆，2008 年，页 894 上。
⑥ 季本撰，朱湘钰点校：《四书私存》，台北：“中央研究院”中国文哲研究所，2013 年，页 71。

人，则有仁之功矣”[①]。彭山却质疑说：“朱子谓其利泽及人，有仁之功，则从事功上许其仁也。圣人于仁，未尝轻以许人，如颜子之德，但曰三月不违仁；仲弓之贤，犹曰不知其仁。皆以其心之私欲不能尽去，则全体之仁为有间也。事功安足以语仁哉？且事功之仁，与子路所问之意主于心者不相应，注说似失旨矣。盖原管仲不死子纠时之心，以为子纠是桓公之弟，初但与之同奔，君臣之分未定也。及桓公入齐为君，则当君桓公而已，及辅子纠以争国，是私于所事，非理之正也。弃邪反正，以立事功，岂不愈于死乎？即其悔心之萌，或者出于一念之仁，未可知也……曰如、曰其，犹或也，言或者其出于仁耳。盖以心言，非以事功言也。”[②]很显然，彭山反对以外在事功言仁，人之为仁只在其心之精纯。

彭山这种排除事功，仅以心之动机进行善恶评价的方式极易导向道德评价的单一和严格。对于彭山来说，人品不系于行为、事功之效用，而取决于一心之公私善恶，人心非公即私，非善即恶，没有折中混合以及等级差别，也因此，他反对朱子在善恶评价上的多元主义倾向。对于《论语·宪问》“古之学者为己，今之学者为人”一章，宋儒吕大临曾指出“为人”有“志于功名”与“私欲”之别，朱子进一步认为志于功名者“设心犹爱而公，视彼欲求人知以济一己之私而后学者，不可同日语矣”[③]，两人都对将志于功名之人置于私欲之人之上。但彭山并不赞同两者之说，针对吕氏的区分，他说：“以为人分功名、私欲二等，殊不知离于天理，即是私欲，志功名者，已属为利，虽未至纵欲败度，以道德律之，亦五十步百步之间而已。”[④]而对于朱子认可功名之人，他分辨道：“朱子谓志于功名为及物之事，其心犹爱而公，虽未至纵欲败度，与求济其私者不同。不可以志功名者为为人，则在公私之别耳。其心果公，虽失本末先后之序，庶亦可以附于为己矣。若少有夹带，安得谓其优于求济私欲者哉？”[⑤]这即是说，为己为人之别在内心之公与私，而不能仅因及物利人就以为优。就个人而言，本心存则善，心放则伪，不可以事功为准则，也不可因大德而庇小恶；恶无论再小也是心中有伪，如果姑息纵容，则模糊善恶

① 胡广等奉敕撰：《四书大全》，《影印文渊阁四库全书》第205册，台北：台湾商务印书馆，2008年，页414下。

② 季本撰、朱湘钰点校：《四书私存》，台北：“中央研究院”中国文哲研究所，2013年，页287—288。

③ 胡广等奉敕撰：《四书大全》，《影印文渊阁四库全书》第205册，台北：台湾商务印书馆，2008年，页950上、下。

④ 季本撰、朱湘钰点校：《四书私存》，台北：“中央研究院”中国文哲研究所，2013年，页291，标点有改动。

⑤ 季本撰、朱湘钰点校：《四书私存》，台北：“中央研究院”中国文哲研究所，2013年，页291。

界限，终至本心丧失。①

以上彭山对朱子外心解经的批评或许仅表明朱子对于个别道理体认不真，但依彭山之见，这根本在于朱子以心与理为二，工夫向外寻求所致。在彭山看来，于心外做工夫，是朱说有违圣学的另一个重大错误，朱子的“格物致知”解即是非常鲜明的体现。因为朱子的“格致补传”并不在古本《大学》文本内，故彭山在《大学私存》中未予讨论。不过，在《大学私存》文末，他专门摘录朱子关于“格物致知”之诸说并详加分判，其中彭山反复辩难朱子“求知于外”的格物说之误。彭山指出，朱子所言“格物”之“物”，“有以所发于内言者，即所谓身心性情之德，人伦日用之常，物之在我者也。有以所遇于外言者，即所谓天地鬼神之变，鸟兽草木之宜，物之在彼者也”。他进而质疑说：“以物分内外，则如前诸书所言之物理，将属之我乎？属之彼乎？是不免于支离鹘突矣！”②将物分为内外两类，不免支离之病，而朱子的错误更在于认为理存于万物，穷理于万物之中而“不约于吾心”，彭山进而认为，这恰是孟子所批判的“义外”。③ 从心学的观点看，吾心是天理之源，外心以求理自然是南辕北辙，未知道要。

综上所论，在彭山看来，朱子《四书章句集注》主要存在“支离”“知行二分”以及“求理于外”三个错误，而正确的观点应是“工夫合一”“知行合一”“心理合一”，这与彭山对阳明“合一之学”的认识极为一致。事实上，工夫支离、知行二分、求理于外也是阳明对朱子学批判的三个主要方面④，因而可以

---

① 彭山认为朱子对《论语》“大德不逾闲，小德出入可也”的理解有着同样的弊病，对此，彭山批评道：“《集注》以‘小节虽或未尽合理，亦无害’解小德出入可也，信有弊矣。但子夏所谓小德者，对大德而言，乃全体之分也。出入，尤言往来。事来则为出，事往则为入。盖大德不逾闲，则大本立矣。大本既立，则泛应曲当，随其事之往来，皆不失条理之宜，故以小德出入为可。否则此篇所记子夏之言，皆有深造自得之实，岂不知不矜细行，终累大德，而为此姑息之论乎？不惟子夏不当为此言，而门人亦不得记，以惑后学也。”（参季本撰，朱湘钰点校：《四书私存》，前揭书，页 348）

② 季本撰，朱湘钰点校：《四书私存》，台北：“中央研究院”中国文哲研究所，2013 年，页 42—43。

③ 在对《中庸》“不明乎善，不诚乎身矣”的解释中，彭山即指出，朱子之解批评杨龟山以“反身而诚”解“明善”，而主张“明善”相当于《大学》“格物致知”，“格物之功，正在即事即物而各求其理”，这正是“以至善为事物之理，理在事物上说。则所谓明善者，非吾心本然之善矣，于此求明，却是义外也”。参季本撰，朱湘钰点校：《四书私存》，台北：中央研究院中国文哲研究所，2013 年，页 94。朱子的观点可参朱熹：《四书或问》，《朱子全书》第 6 册，上海/合肥：上海古籍出版社/安徽教育出版社，2002 年，页 591；胡广等奉敕撰：《四书大全》，《影印文渊阁四库全书》第 205 册，台北：台湾商务印书馆，2008 年，页 919 下。

④ 阳明曾说：“今若又分戒惧为己所不知，即工夫便支离，亦有间断。既戒惧，即是知。己若不知，是谁戒惧？如此见解，便要流入断灭禅定。”（参陈荣捷：《王阳明〈传习录〉详注集评》，前揭书，页 84）这是批评朱子把《中庸》首章工夫分为“未发”与“已发”“戒惧”与“慎独”两节，有支离之弊。再如，阳明曰：“今偏举格物，而遂谓之穷理。此所以专以穷理属知，（转下页）

说，彭山对朱注之批判是对阳明学的深入继承。但是，与明末清初的一些学者不同，季彭山不是完全与朱子立异，他对朱注多有认可，而且对于朱子引用的许多宋儒注释，他也给予充分肯定，并未执意敌对。[①] 总之，不论是对朱注的批评或肯定，还是对师说的继承和修正，其实都是以解经明道为前提的。

以上季彭山注释“四书”的两个特征主要是对阳明心学的继承，不仅如此，彭山的“四书”诠释对心学义理也有所发展。他根据从心着眼、扣紧心体的心学理路，对“四书”中某些概念提出独到的解释，显示出心学式诠释的特质。对于《论语》中“攻乎异端”之“异端”，以往的解释多指《孟子》所辟之“杨墨”之学，彭山则对此解释说：“端，即四端之端，心之初动处也。四端，人所同有，其端为同。若杨、墨发端处，比四端为偏，谓之异端。”[②]他对“异端”追根溯源，不仅联系到孟子的“四端之心”，而且将杨、墨学术之异归于心发端之异。彭山对“乡愿”的理解与之类似。《孟子·尽心下》曾详细讨论“乡愿”，对此，朱注主要从行为着眼，称“此深自闭藏，以求亲媚于世，是乡愿之行也”[③]。而彭山则进一步追溯“乡愿”贼德之原因：“乡愿则闭藏一点伪心，其质直不得同于执一也。人多谓乡愿老实要好，其谦厚谨慤亦出于本心，故谓之愿。人殊不知其独知处未必皆善，至其要人道好，避人讥评，只是随世浮沉，不入孔子之门。指议狂狷之短，义所未合，必有不自安者，而皆将就隐忍以自取容，即是自欺。自欺即是作伪也。”[④]很显然，对于“异端”和“乡愿”，彭山都溯源到内心善恶之几。同样，对于“四书”中的为学工夫，彭山也多立足主体自身，反对外在化的理解。

关于《中庸》言舜之“大知”，“执其两端，用其中于民”，朱子说：“舜之所以为大知者，以其不自用而取诸人也。”“凡物皆有两端，如小大厚薄之类，于善之中又执其两端，而量度以取中然后用之，则其择之审而行之至矣。”[⑤]彭

---

(接上页)而谓格物未常有行。非惟不得格物之旨，并穷理之义而失之矣。此后世之学所以析知行为先后两截，日以支离决裂，而圣学益以残晦者，其端实始于此。”(参陈荣捷：《王阳明〈传习录〉详注集评》，前揭书，页105)这是批评朱子把《大学》“格物”解为“穷至事物之理”导致知行两分。阳明对朱子分心理为二的批评充满于《传习录》中，兹不暇引。

① 可参季本撰，朱湘钰点校：《四书私存》，台北：“中央研究院”中国文哲研究所，2013年，页158、170、176、183等。

② 季本撰，朱湘钰点校：《四书私存》，台北：“中央研究院”中国文哲研究所，2013年，页148。

③ 胡广等奉敕撰：《四书大全》，《影印文渊阁四库全书》第205册，台北：台湾商务印书馆，2008年，页863上。

④ 季本：《说理会编》卷十三，《续修四库全书》第939册，上海：上海古籍出版社，2001年，页41下。在《孟子私存》中，彭山也说：“乡原避孔子而讥狂狷，止狗世俗意向，于心无真切之处，故不可入尧舜之道”(参季本撰、朱湘钰点校：《四书私存》，前揭书，页645)。

⑤ 胡广等奉敕撰：《四书大全》，《影印文渊阁四库全书》第205册，台北：台湾商务印书馆，2008年，页887上、下。

山则提出非常不同的解释："朱子论舜之大智，只以'不自用而取诸人'一句为宗旨，如此却只是从外面说了……殊不知《书》所谓'执中'不是执民之中；《孟子》所谓'乐取诸人以为善'，不是凑合天下之知以成大。盖中者，天下之大本，用吾本心之中，即是发而中节之和。"①在彭山看来，"执中"是舜执本心之中，"执民之中"流于外在。不仅工夫从心体而发，甚至对于外界事功，彭山也认为并非自家直接作用于外物，而是反己曲成的结果。《中庸》强调"诚者"既要成己，又要成物，彭山解释说："己之所自成，但于事处之各当，以正性命，便是曲成万物，岂在外物上求成哉？如子事父，竭诚而感格之，不使陷于不慈……凡言效者，皆以验己之德，以为人有未化，则德犹未至，不可以为成耳。其实施为处置，只在我自成之而已，我自成之，久于其道，而天下化成。"②"成物"本之"成己"，"成己"达于"成物"。"成物"不是在"成己"之外，于事物上求成功，而是尽本心之事理，感应之事物自然化成。彭山这种内在化的工夫解释，既使工夫着力处反之于内，又以工夫践履为重，以效验为轻。

季彭山这种重视工夫以及内在化、主体化的诠释特点还体现在对圣人的认识上。彭山的圣人观认为圣之为圣既在于工夫精一无失，无有间断，又在于心之精纯，而无关事功之多寡。在《论语》中，孔子区分了"生而知之者""学而知之者"与"困而知之者"，《中庸》又有"诚者"与"诚之者"之别，朱子以为"诚者"指圣人而言，"浑然天理，真实无妄，不待思勉而从容中道"，"诚之者"指未至于圣，需要"择善而固执之"③。在彭山看来，这种区分使"择善固执之功不可言于圣人矣，是圣人可无精一之功以闲邪存诚乎？夫圣人虽生知安行，而其知、其行即精一之工夫也，以其无间断，故曰生、曰安耳"④。另一方面，圣人并非必然事功卓著，无所不知，无所不能，而是取决于心体之纯驳，"至于私欲净尽、便谓之圣，虽博施济众皆由此进"⑤。对于圣人，阳明曾有成色分两之喻，他比喻说："人到纯乎天理方是圣，金到足色方是精。"⑥显

① 季本撰，朱湘钰点校：《四书私存》，台北："中央研究院"中国文哲研究所，2013年，页63。

② 季本撰，朱湘钰点校：《四书私存》，台北："中央研究院"中国文哲研究所，2013年，页105。

③ 胡广等奉敕撰：《四书大全》，《影印文渊阁四库全书》第205册，台北：台湾商务印书馆，2008年，页920上。

④ 季本撰，朱湘钰点校：《四书私存》，台北："中央研究院"中国文哲研究所，2013年，页95—96。彭山言圣人并非完全与天道为一，圣之为圣在于工夫常存不放。彭山曰："圣人之于天道，亦有不吻合者，则不可尽以圣人为能从容中道矣。中即是勉，以其常中，不见其有勉，故曰：'不勉而中'。得即是思，以其常得，不见其有思，故曰：'不思而得'。"参同书，页95。相同观点亦参同书，页506。

⑤ 季本撰，朱湘钰点校：《四书私存》，台北："中央研究院"中国文哲研究所，2013年，页196。

⑥ 陈荣捷：《王阳明〈传习录〉详注集评》，上海，华东师范大学出版社，2009年，页70。

然，彭山将事功、才能与德性剥离开来的做法与阳明的圣人观是一致的。

### （二）《大学私存》的改本结构与诠释思想

明代理学的发展与《大学》密不可分，《大学》可以说是明儒思想创新与论辩的首要的经典依据，明儒对《大学》的诠释也因此受到研究者的关注和重视。在这一关怀下，季彭山的《大学》诠释很早即得到专题的研究。随着近年《四书私存》的整理与出版，研究更趋于深入和丰富。在既往研究中，研究者主要关注季氏《大学》改本之真伪情况，他们用详实而充分的证据证明，毛西河《大学证文》所载彭山《大学》改本为伪作，彭山真正的《大学》改本是包含在《四书私存》中刊行的《大学私存》。[1] 其实，从今本《大学私存》来看，彭山不仅重新改定《大学》，还详加注释。他虽然是阳明弟子，却没有继承师说，以古本《大学》为正。在朱子和阳明之外，彭山改定和诠释了自成一格的《大学》系统。

如同明代其他诸多的《大学》诠释之儒者，彭山也是通过重新排布《大学》的章节次序来提出不同的《大学》旨意。仿李纪祥先生《两宋以来大学改本之研究》一书描述诸儒《大学》改本文序之惯例，今列彭山在《大学私存》中对《大学》的改定如下：

1. 大学之道……未之有也。
2. 子曰听讼……大畏民志，此谓知本。
3. 诗云瞻彼淇澳……是故君子无所不用其极。
4. 诗云邦畿千里……与国人交，止于信。
5. 此谓知本。此谓知之至也。
6. 所谓诚其意者……故君子必诚其意。
7. 所谓修身在正其心者……道善则得之，不善则失之。
8. 生财有大道……此谓国不以利为利，以义为利也。
9. 楚书曰楚国无以为宝……骄泰以失之。

彭山这样调整《大学》文本的根据在于，他认为《大学》的整体论述结构是，从开篇至“是故君子无所不用其极”（1—3 节）总论“大学之道在于明德、亲民，

---

① 参水野实：《季本の「大学」改订本再考》，《东洋の思想と宗教》第 12 号，东京：早稻田大学东洋哲学会，1995 年 3 月；《季本の「大学私存」の本文构造と意味》，《斯文》第 107 号，1998 年。对《大学私存》的进一步研究，可参朱湘钰：《季本〈大学私存〉之补正与整理》，《中国文哲研究通讯》第 22 卷第 4 期。

而其工夫之要在于止至善”，随后文本（4—9 节）分别申释“格物致知”“诚意”“正心”等程朱所说之“八目”。总体来看，彭山的《大学》改本是一个“总—分”结构，其中我们能看到程朱“经—传”结构的影响，尽管彭山没有做经与传的区别。需要指出的是，彭山也没有做出“三纲”与“八目”的区分，在他看来，“格物致知”“诚意正心”也是表达明德、亲民之意。所以，总论部分包括程朱所言“三纲”“八目”以及“三纲”之传文，比程朱对古本《大学》的改动幅度要小得多。① 另一方面，彭山认为《大学》之工夫在“止于至善”，与“格物致知”“正心诚意”异名同实，“诗云邦畿千里”等被程朱当作“止于至善”之传文，在彭山看来是申释“格物致知”。所以，《大学》没有阙文，不需如朱子一样另作补传。

季彭山既不满意程朱的改本，也不完全赞同其师阳明的古本。在《〈大学私存〉序》中，他认为二程的改本“要言未显”，“朱子分章则不免于补缀”，并且他委婉地指出阳明的《大学》解“旧次或有未协”“训释或有未明”②，这些是他另作改本的客观原因。但不可否认，彭山又受到二程、朱王的深刻影响，他一方面如程朱一样认为《大学》具有一个层次分明的整体结构，另一方面像阳明一样对古本《大学》做最小幅度的改动，两者是其改本最主要的形式特征，由此也显示出季彭山折衷朱王的取向。

季彭山改定的《大学》文本结构自然与他对《大学》主体思想的把握密切相关。根据彭山的诠释，《大学》的主旨包括“明明德、亲民”的体用合一之学以及“止至善”之工夫论。“明明德、亲民”为总原则，是“大学之道”，“止至善”是达到“大学之道”的实践工夫，两者不可分割。因此，《大学》的结构不体现在“三纲”与“八目”的区别，而是先总论《大学》宗旨，然后分释实践工夫。以下简要分析彭山《大学》诠释的主要思想。

首先，季彭山认为《大学》是“明明德、亲民”体用合一之学。在这一点，他忠于师说。他解释“明德”为“心之虚灵不昧者为明德”③，非常明确地指向本心。而且他也认同古本“亲民”之“亲”，而非伊川、朱子的“新民”。他同阳明一样，反对朱子把“明明德”与“亲民”解作自修与及人两段事。彭山认为两者本来是合一的：“夫善之得于心，而本体昭然不昧者为明德。明德所发，

---

① 在形式上，彭山《大学私存》总共调整了古本《大学》的三节文字并有一处改字。调整的三节文字分别是上述《大学私存》文本序列的 2、5 与 6、8。此外，彭山接受程朱的观点，认为“此谓知本。此谓知之至也”中，“‘此谓知本’一句重出，盖知本二字有误也，当依朱子补传作‘物格’为是”（参季本撰，朱湘钰点校：《四书私存》，前揭书，页 15）。

② 季本撰，朱湘钰点校：《四书私存》，台北：“中央研究院”中国文哲研究所，2013 年，页 3。

③ 季本撰，朱湘钰点校：《四书私存》，台北：“中央研究院”中国文哲研究所，2013 年，页 6。

于人必亲。德非亲民，不可以为明德也。故明德者，以亲民而明德也；亲民者，以明德而亲民也。明德，体也；亲民，用也。体不离用，用不离体；体用一源，异名同出，明德、亲民，非两事也。”[①]在亲民中明其明德，即否定了朱子以“亲（新）民”为教人的外在的实践指向，把《大学》与自我修身更紧密地联系在一起。同时，明明德之修身不是枯寂静坐，必须在亲民之实事中开展，这是“万物一体”之“大学”的内在要求。上文提到，彭山认为阳明学是体用“合一之学”，明明德与亲民之关系与此是一致的。

彭山这种体用合一的理路也使他对《大学》某些概念提出独特的解释。《大学》有两处言及恕道，一是治国章“所藏乎身不恕”，二是平天下章“絜矩之道”之“恕”，彭山认为这两处含义是一致的，他不同意朱子所做的区别。他论辩道：“此章（指治国章）之恕，朱子以自治为主，而曰‘如治己之心以治人’。下章絜矩之恕，朱子以及人为主，而曰‘如爱己之心以爱人’，则是恕有二义也。”[②]在他看来，首先，“恕专以爱人为主，而治人即所以爱人也。以此善诸己，则谓之爱己，以此责诸己，则谓之治己，而治己即所以爱己也”[③]。其次，恕虽以“如心”为义，但不是推己及人，“今以爱人如爱己之心，治人如治己之心，则人己分为二学矣。故以爱言治者，则爱人即当如爱人之本心，而不必以爱己之心为如也；以治言爱者，则治人即当如治人之本心，而不必以治己之心为如也”[④]。彭山认为，以爱己之心爱人是把爱人归于爱己，流于自私。正如明明德在于亲民，爱己爱人本为一体，“论恕者，但当求爱人之真切于忠，以尽治己之道，而爱人之外，别无自治之事矣。体用合一之学，不于此而可见哉”[⑤]？

彭山把“明明德”与“亲民”看作同一个实践行动的不同面向，这是他通过“合一之学”对概念的会通。概念会通是彭山《大学》诠释中一个重要的思想特征。[⑥] 除了“明明德”与“亲民”之外，他用同样的方式诠释了“格物致知”

① 季本撰，朱湘钰点校：《四书私存》，台北：“中央研究院”中国文哲研究所，2013年，页1。

② 季本撰，朱湘钰点校：《四书私存》，台北：“中央研究院”中国文哲研究所，2013年，页21—22。需要指出的是，“如治己之心以治人”与“如爱己之心以爱人”不出自朱子，而是方蛟峰（名逢辰，1221—1291）之言，参胡广等奉敕撰：《四书大全》，《影印文渊阁四库全书》第205册，台北：台湾商务印书馆，2008年，页32下。

③ 季本撰，朱湘钰点校：《四书私存》，台北：“中央研究院”中国文哲研究所，2013年，页22。

④ 季本撰，朱湘钰点校：《四书私存》，台北：“中央研究院”中国文哲研究所，2013年，页22。

⑤ 季本撰，朱湘钰点校：《四书私存》，台北：“中央研究院”中国文哲研究所，2013年，页22—23。

⑥ 除了“明明德”“亲民”以及下文的“格物致知”等，还可参他对《大学》中相连概念“仁”与“让”的阐释，参季本撰，朱湘钰点校：《四书私存》，台北：“中央研究院”中国文哲研究所，2013年，页21。

"诚意正心"等工夫论概念,把不同的工夫论概念归结到同一个工夫上。不过,《大学》之工夫不是阳明所说的"致良知",而是"止于至善":

故欲明明德而亲民者,工夫之要,惟在于止。止者,静功也。静体常动,明在其中矣。至善者,天理之至极,而无一毫人欲之杂,即心之本体也。心体常虚,本常感物,动而不止,则蔽于物,而德不明,何以充其能亲之量哉?止则动而无动,因其本体无所加焉,神妙万物,而不物于物矣!①

在彭山看来,"至善"是心体纯然天理,不受遮蔽,"止于至善"是保任、守持这一状态,使本心常明常觉,应物而不动。"止"即是强调心感物而不动,所以彭山说:"止者,静功也。""止至善"工夫之意涵非常丰富,在《大学》中,它通过"格物、致知、诚意、正心、修身"等概念更详细地表达出来。彭山按照阳明合一之学的思路指出,"格物、致知、诚意、正心、修身"中的身、心、意、知、物不是相互独立的认识对象,它们其实是一物之异名,"盖德之所发散在万殊,然其则不远,风有所自,非血肉之躯所能也。故指其随时应接,枢机在我者,而谓之身;言身则为达道之所起矣,身非别为一物也。故指其悬空提起,不近四旁者,而谓之心;言心则为达德之所存矣,心非别为一物也。故指其警惕之几,流行莫遏者,而谓之意;言意则为不已之诚矣,意非别为一物也。故指其虚灵之地,主宰常惺者,而谓之知;言知则本体之明矣,知非别为一物也。故指其感应之理,成象于心者,而谓之物;言物则为所明之善矣"②。由此,身、心、意、知、物是同一道德主体的不同侧面,身言其交接运用之躯,心言其空虚无碍之灵,意言其警惕不已之几,知言其主宰常惺之明,物言其感应之实理。既然身、心、意、知、物异名而同实,那么修身、正心、诚意、致知、格物在本质上也是一个工夫:

修者,品节之意。欲其事以中节,使私无所牵也,身修则德无不明矣。身之所以不修者,本于心之有著,故与修身者,必先正心。正者,贞一之意。欲其一以主中,使根无所著也,心正则身无不修矣。心之不正,本于意之有欺,故欲正心者,必先诚意。诚者,几微之意,欲其几动于微,惕然而不容自欺也,意诚则心无不正矣。意之不诚本于知之有

① 季本撰:朱湘钰点校:《四书私存》,台北:"中央研究院"中国文哲研究所,2013年,页6。
② 季本撰,朱湘钰点校:《四书私存》,台北:"中央研究院"中国文哲研究所,2013年,页9。

蔽，故欲诚意者，必先致知。致者，明精之意。欲其明极于精，惺然而不为物蔽也，知至则意无不诚矣。知之不致，本于物之有欲，故欲致知者，必在格物。格如格式之格，不逾矩之意。欲其不动于欲，而合于天则也，物格则知无不致矣。八条之序，或言“先”，或言“在”，其义一也，文之异耳。①

彭山认为，《大学》从“格物致知”到“治国平天下”之“八目”工夫含义相同。从以上的诠释看，“修身”“格物”等工夫的意涵主要指使本心澄明，无著无伪无蔽，这与彭山“止至善”之义一致。所以，彭山又说：“修正诚致格乃复其本体，静功也。凡言工夫未有不归根于静者，此学之所以为止也，而其日可见之行则在格物，所谓止至善者，舍是无可用力矣。”②据此，“止至善”可以说是《大学》的工夫总旨，“格物致知”则是它的具体展开。

在对“诚意”的诠释中，彭山以“意”为心体“警惕之几，流行莫遏”，又即“天命流行之几，即其惕而不能已者”③，“诚意”是保持此几之惕然而不自欺。显而易见，彭山融入了其“龙惕说”中乾乾警惕工夫的内容。另一方面，彭山又将诚意章“慎独”与《中庸》之“慎独”联系起来，认为两者意涵一致，“谨即戒慎不睹、恐惧不闻之意，正所谓惕然也，独上何待于加谨邪？盖惧外邪之干己耳。天命常存，诚不可揜，则感物之际，自惕然而不物于物，无迹可露，人岂得而知哉？诚意之功只在毋自欺，而毋自欺之要只在谨独”④。对彭山来说，《中庸》之“戒惧”、《易》之乾乾警惕以及《大学》之诚意、慎独等工夫在本质上是相同的，这显示出彭山会通心学工夫的努力。彭山对“止至善”“格物致知”等工夫的诠释主要是保持心体澄明，纯然无杂，突出了心体主宰与明觉的面向，此与他龙惕工夫之实质确实相一致。

上文对《大学私存》改本结构与主体思想的阐释表明，《大学私存》的文本与思想相互协调。彭山在《〈大学私存〉序》中曾说：“若本学未及此，不免求于文字之间，以为圣贤立言必有精意，而篇章义例必不错陈。凡文不相属而意不相蒙者，亦可据理考经，求其当处。”⑤在他看来，《大学》有两个要点，一是圣贤精意，一是“篇章义例”，而两者是密切相关的。彭山的《大学私存》即是根据《大学》之义理来调整文本结构，以整体结构协调局部词句并指导

---

① 季本撰，朱湘钰点校：《四书私存》，台北：“中央研究院”中国文哲研究所，2013年，页9—10。
② 季本撰，朱湘钰点校：《四书私存》，台北：“中央研究院”中国文哲研究所，2013年，页10。
③ 季本撰，朱湘钰点校：《四书私存》，台北：“中央研究院”中国文哲研究所，2013年，页16。
④ 季本撰，朱湘钰点校：《四书私存》，台北：“中央研究院”中国文哲研究所，2013年，页17。
⑤ 季本撰，朱湘钰点校：《四书私存》，台北：“中央研究院”中国文哲研究所，2013年，页3。

细节之诠释。他的每一处改动都有客观义理依据(即“据理考经”),而改动后的篇章结构使他的诠释“文顺而理通”①。

### (三)《中庸私存》的诠释特质

在《四书私存》中,彭山对《大学私存》《中庸私存》的诠释尤为细致、全面和系统。《大学私存》已经得到不同程度的研究,《中庸私存》却罕有专门讨论。彭山曾言:“子思作《中庸》,所以阐明《大学》也……先儒以为学次第当先《大学》,而《中庸》居后焉。然非《中庸》,则《大学》之旨或不能有所发明,而亦无以会其全矣。”②据此,《中庸》与《大学》相互蕴含,《中庸私存》和《大学私存》都至关重要,不可或缺。与对《大学私存》的分析相同,下文探讨季氏《中庸私存》的诠释思想。从总体上概括,季彭山的《中庸》诠释主要凸显了三方面的思想特色,充分显示出心学式诠释的独特性。我们以下逐次论之。

1. 释“中庸”

在《中庸私存》中,季彭山将朱子视作主要的对话者。季氏在清理朱注的基础上,对《中庸》的各个方面提出非常不同的解释。首先,对于“中庸”之名,彭山便有异议。朱子说:“中庸者,不偏不倚、无过不及而平常之理,乃天命所当然,精微之极致也。”③这是以“不偏不倚、无过不及”释“中”,以“平常”释“庸”。彭山对这两点都不赞同。他指出,朱子认为“中”包涵“不偏不倚、无过不及”两种含义,实际上是基于对《中庸》首章“喜怒哀乐之未发谓之中,发而皆中节谓之和”的解释。朱子把“未发”“已发”看作两种不同的心理状态,喜怒哀乐未发之时不偏不倚,发而中节则无过无不及,而中庸之“中”兼此两者,所以具有二义。在彭山看来,这是对《中庸》的错误理解,“中”之义言“不偏不倚”足矣。季氏言:“朱子分未发为不偏不倚,已发为无过不及,则不可。盖中因和而得名,中未有不和者,和者中之用也……名篇之中,本取喜怒哀乐未发之中,以和在中中,言中尽之,不必言和矣。”④“中和”不可截然分离,“中”为心之体,“和”为心之用,体用不二,“中”因“和”而见,“和”本于“中”。因而,言“中庸”之“中”,已有“和”在,不必赘言“和”之义。

另一方面,季彭山认为朱子释“庸”为“平常”充满歧义,“朱子乃以平常释庸字,是以平常对诡异说,如此则诡异是太过,平常又疑于不及,故《或问》

---

① 参季本撰,朱湘钰点校:《四书私存》,台北:“中央研究院”中国文哲研究所,2013 年,页 14。

② 季本撰,朱湘钰点校:《四书私存》,台北:“中央研究院”中国文哲研究所,2013 年,页 47。

③ 朱熹:《四书章句集注·中庸章句》,《朱子全书》第 6 册,上海/合肥:上海古籍出版社/安徽教育出版社,2002 年,页 34。

④ 季本撰,朱湘钰点校:《四书私存》,台北:“中央研究院”中国文哲研究所,2013 年,页 49。

又设‘浅近苟且’之间以发之，复自以为未足以尽意也，故又曰：‘惟其平常，故可常而不可易’。则其说亦缠绕矣”①。他根据程子“不易之谓庸”之训，认为不易之“庸”即是“常”。“中庸”俱指道体而言，“不偏是浑然全体上说，不易是流行不息上说。浑然全体者，无物不有；流行不息者，无时不然也”②。而且“中庸”两者相互依赖，缺一不可，“夫中，天性在中，不倚于一物之名也……本心得正之时，即此是中矣。苟有间断，即不可以言庸。惟庸然后能致中而无间断，此中之所以不可无庸也”③。准此，通过对朱注的驳斥，彭山把“中庸”释为不偏不倚、恒久不已之道体，而且是体用不二、即用见体之道体。

中庸的反面是过与不及，季彭山认为：“《中庸》过、不及本从离道上说”④。这即是说，《中庸》第三章等所言的“过”与“不及”的行为状态均是非道，只有“中庸”合乎道。此处又与朱子不同。朱子曾说：“过则失中，不及则未至，故惟中庸之德为至。”⑤彭山分析道：“朱子之意似谓过与不及皆是道，但不若中庸之德为道之至耳……殊不知过与不及皆主离道言，但分数有多寡不同耳。”⑥彭山对中庸与过、不及的严格区分似乎与他以“知行合一”理解中庸有关。根据他的诠释，中庸是知行合一的状态，而对于第四章“智者过之，愚者不及”与“贤者过之，不肖者不及”，要么是“过于知而不及于行”，要么是“过于行而不及于知”⑦，都是知行分离的状态。对彭山而言，知行的合一与分离性质截然不同，分离即是非道，只有合一才是道。

2. 心体的诠释转向

上文在讨论《四书私存》的整体思想特征时已指出，彭山诠释的一大特点是扣紧心体以解释经义，反对外心解经的思想倾向。在《中庸私存》中此特征尤为明显。朱子认为《中庸》乃孔门传授心法，子思忧传道失真，故说理明道，著为《中庸》。因为《中庸》说理既广大简易，又细密入微，精深玄奥，并不易懂，所以朱子建议把它放在《大学》《论语》和《孟子》之后来读。《中庸》多谈天地、物象及人事，在朱子看来，这是反复阐明天理。但对彭山来说，《中庸》切近心体，朱子因体道不真，心外求理，其解释多着在迹上，未中肯

---

① 季本撰，朱湘钰点校：《四书私存》，台北：“中央研究院”中国文哲研究所，2013 年，页 49—50。
② 季本撰，朱湘钰点校：《四书私存》，台北：“中央研究院”中国文哲研究所，2013 年，页 49。
③ 季本撰，朱湘钰点校：《四书私存》，台北：“中央研究院”中国文哲研究所，2013 年，页 50。
④ 季本撰，朱湘钰点校：《四书私存》，台北：“中央研究院”中国文哲研究所，2013 年，页 65。
⑤ 朱熹：《四书章句集注 · 中庸章句》，《朱子全书》第 6 册，上海/合肥：上海古籍出版社/安徽教育出版社，2002 年，页 34。
⑥ 季本撰，朱湘钰点校：《四书私存》，台北：“中央研究院”中国文哲研究所，2013 年，页 60。
⑦ 季本撰，朱湘钰点校：《四书私存》，台北：“中央研究院”中国文哲研究所，2013 年，页 62。

繁。彭山的心学立场以及对《中庸》思想的不同定位改变了对《中庸》具体内容的诠释方向。

我们也曾提到，彭山批评朱子对《中庸》“鸢飞戾天，鱼跃于渊”的外在解释，并认为此处是“就君子心上说道”，真实的含义应是“鸢飞之处，吾心之理上昭于天也；鱼跃之处，吾心之理下昭于渊也”。这是将朱子的天道物理之诠释转向本心。对于彭山来说，朱子的诠释屡次出现同样的歧向，《中庸》的“鬼神”概念又是一例。《中庸》第十六章赞“鬼神”之德为盛，朱子援引二程与横渠之言作解。彭山不赞同先儒的理解，他逐一疏解说：

> 程子曰“鬼神者，造化之迹也。”是就气化上说。造化之迹，气也。自其至而伸者为神，自其反而归者为鬼，往来不测，何尝有迹哉？张子以为二气之良能，则是指其灵处，而不在迹上言鬼神矣。然亦但主于在天为实理，而不知所谓德者，乃指人心之灵者言之也。朱子亦以在天之实理言鬼神，故借人心之性情功效以况之，不敢质言，故但云为德犹言性情功效也，则反近于影响矣。夫鬼神之德，正是性情。性，其微也；情，其显也，微而显者，中和之德也。①

彭山指出，二程是就气化之迹上言“鬼神”，横渠与朱子虽未蔽于有形之迹，但归之于客观天理之性状，也是歧向心外。鬼神实际上是描述人心灵动之状，“鬼神之德”指吾心性情中和之德。人心即体即用，鬼神即微而显。鬼神之微也，“视之而弗见，孰视之？吾心之视于无形者也。听之而弗闻，孰听之？吾心之听于无声者也。此即戒慎不睹，恐惧不闻之微处也”②。鬼神之显则指《中庸》“天下之人斋明盛服，以承祭祀”，“敬畏奉承而洋洋如在，正是鬼神之昭著处。使天下之人者，是谁使之？即视不见，听不闻者之所为，犹言鬼使神差云耳，见此心不从外得也”③。鬼神一方面是心体之灵动，隐微无形，又发之为用，形于气质。鬼神之作用虽然表现为形而下之迹，而其本则在形而上之心之德性。所以，彭山将鬼神最终界定为心之德性，而非客观天道或造化之形迹。④

《中庸》言天道，亦说人事。对于彭山来说，《中庸》之说人事，是从人与

---

① 季本撰，朱湘钰点校：《四书私存》，台北：“中央研究院”中国文哲研究所，2013年，页77—78。

② 季本撰，朱湘钰点校：《四书私存》，台北：“中央研究院”中国文哲研究所，2013年，页78。

③ 季本撰，朱湘钰点校：《四书私存》，台北：“中央研究院”中国文哲研究所，2013年，页78。

④ 季彭山的鬼神观，亦参其著《说理会编》卷二，《续修四库全书》第938册，上海：上海古籍出版社，2001年，页600上。

事的角度来发明心体，他对第二十四章的独特理解即是一个明证。《中庸》第二十四章讲前知之道："至诚之道，可以前知。国家将兴，必有祯祥；国家将亡，必有妖孽。见乎蓍龟，动乎四体。祸福将至，善必先知之；不善，必先知之。故至诚如神。"关于此章"祯祥""妖孽"和"蓍龟"等内容，彭山以心学的眼光提出了不同寻常的解释：

> 祯祥、妖孽，所谓几也。祯者，正也。祥者，朕兆之初形也。妖者，邪也。孽者，萌芽之初露也。国家之兴，必以正兴，而正之所起有祥。国家之亡，必以邪亡，而邪之所起有孽，皆几之动于心者也。见乎蓍龟，求之蓍龟而蓍龟告，吾心之神之显于象，非假物以听吉凶也。动乎四体，察于四体而四体告，吾心之神之发于身，非因人以观俯仰也。故几之善也，则为祯之祥，而国家将兴之福在是矣。几之不善也，则为妖之孽，而国家将亡之祸在是矣。至诚必先知之，正见其几之未尝息也。善不善者，气机动于介然之间者也。几而先觉，则安于善而必为，不安于不善而必不为，此其所以有善无不善，而常趋吉避凶也。若谓祯祥、妖孽，与蓍龟、四体别有一处，为理之先见，则几在外而不在心，其所知之善不善皆他人祸福之所由，无与于己。①

季氏的解释清晰而全面，他分两点来说明：首先，祯祥与妖孽是心动之几，蓍龟与四体作为显现祯祥与妖孽之源头，不是指外在之人与物，而是吾心变化之形象。由此，国家兴亡祸福非寄之身外神秘之物，而系于人心善恶之几。至诚者，存其善之几而克其不善之几，所以能前知吉凶。显而易见，彭山这种心体的诠释转向也把人事行动的方向转向内心。国家兴亡是论"事"，就人而言，彭山对圣人的理解有形式上的类似。《中庸》言及圣人，称颂尧舜，在彭山的随文诠释中，他继承阳明的圣人观，割断圣人与政位、才能的关联，主张"圣人惟以能尽良知良能为至，而不以尽知尽能为大也"②，完全从本心精纯无杂来评判圣人，这与他内在化、主体化的诠释思路也是一致的。

季彭山对《中庸》的物理人事内容从心体来做诠解，极大地改变了宋儒对《中庸》的整体认知。在宋儒看来是彰显天道的内容，他则认为是阐明心

---

① 季本撰，朱湘钰点校：《四书私存》，台北："中央研究院"中国文哲研究所，2013年，页101—102，标点有改动。

② 季本撰，朱湘钰点校：《四书私存》，台北："中央研究院"中国文哲研究所，2013年，页69。类似的看法，还可参同书，第122页等处。

体，由此而提高了人在《中庸》中的主体地位。但是季氏的诠释不是刻意消解天道，而主要是通过心体的诠释转向抓住为道与为学的着力点和落脚点，上文中对"鬼神"以及"至诚之道"诠释的分析已有所提示。他把"鬼神"之义从变幻之外物改变为人心变幻之德，因"幻影，鬼神之迹，不由乎我者也。常理，鬼神之德，由乎我者也。语迹之不由乎我者，亦徒游心于渺茫耳，何益于学哉"[①]！彭山对第二十七章"礼仪三百，威仪三千"的诠释能进一步说明这一诠释特色及其用意。学者一般都会把"礼仪"和"威仪"解作不同性质的礼仪节目，朱子注释说："礼仪，经礼也。威仪，曲礼也。"并认为三百、三千之礼是显示圣人道体之广大，"道之入于至小而无间也"[②]。但从彭山的观点看，这又是着在粗迹上。彭山的理解非常独特：

> 礼非仪文度数之粗迹，乃仁之所透彻，而细微曲尽，入于至小无间者也。夫仪文度数虽从礼出，但皆有形迹可见，以此为礼，则心有所著，非仁体之流行，而他事必有所不中节矣。故礼惟在不睹不闻处，于此而戒慎恐惧，则为谨独，独处知谨，则无有一毫放过，所谓礼仪三百，威仪三千也。自事之有礼者而言，则曰礼仪；自心之有威者而言，则曰威仪。礼仪在显处，威仪在微处，言敬畏之心十倍于礼文，而仪即文之合仪处也，岂谓真有三百、三千之条目哉？[③]

据此，"威仪"与"礼仪"不是并列的不同性质的礼制，而变成心体与发用之关系。不再是可见的身体仪式节度，而是人心之节度条理，因而此处的"三百""三千"之数目繁多就不是说礼节之"入于至小而无间"，而是通过对比表明心体谨独工夫细密，"无有一毫放过"。彭山此处将"威仪"与"礼仪"做本末、内外对列式的解释与原文并不能很好地契合，但是他把此段文义归结为心体上用功的意思是显而易见的。

从以上彭山的诠释看，《中庸》之道不离于心，天道切近身心。把《中庸》诠释为从心而言道的总体定位极大地改变了《中庸》的思想面貌，在宋儒、特别是朱子看来，《中庸》是尊道、明道之书，彭山以心为归，把它转变为心学的

① 季本：《说理会编》卷二，《续修四库全书》第938册，上海：上海古籍出版社，2001年，页600下。

② 朱熹：《四书章句集注·中庸章句》，《朱子全书》第6册，上海/合肥：上海古籍出版社/安徽教育出版社，2002年，页53。

③ 季本撰，朱湘钰点校：《四书私存》，台北："中央研究院"中国文哲研究所，2013年，页110—112。

经典。《中庸》谈论天地、物理、人事旨在说明吾心无处不在，为天下之大本大源，同时这也为为学工夫确立了基点。

3. “谨独”工夫

无论是在诠释的细节，还是在整体的定位，季彭山的《中庸》诠释都与阳明密切相关。阳明曾著“修道说”并指出：“《中庸》为诚之者而作，修道之事也。”[①]即《中庸》主要谈论修道工夫之内容。彭山也说：“《中庸》一书通是言行上论工夫。”[②]而且，他认为《中庸》的工夫论首尾一贯，清楚而完备。他继承阳明，批评朱子对《中庸》的工夫诠释，但又不拘于师说，通过对《中庸》的详细诠释提出了独具一格的工夫宗旨。

在上面的分析中我们提到，季彭山反对朱子将中庸之“中”区分为二义，他也批评朱子把《中庸》首章“戒慎恐惧”与“慎独”区分为两节工夫的做法。在彭山看来，朱子两节工夫的区分以及对“中”之二义的分别，都源于把“未发”“已发”看作两种不同的心理状态，这是对《中庸》的错误理解。彭山解释说：“朱子以未发、已发分为二时，此非合一之学也。何则？未发之中即是已发之和，子思所以言未发者，盖因喜怒哀乐而言，以明未尝先有喜怒哀乐之意……心之灵觉，自平旦既寤之后，或居处，或执事，或与人，无有不与物接之时。当其时，非喜则怒，非哀则乐，而谓未发而绝然无事，可乎？”[③]据此，彭山和阳明一样，以心学的体用观理解“未发”“已发”，把“未发”“已发”看作体用不二之关系，而非心理状态的不同时段，他们都否定有一个无所思虑的内心虚静的状态。彭山进而指出，既然圣人之学是合一之学，那么《中庸》就只有一个工夫，不可分作两节。

《中庸》的工夫法门即是“谨独”（即“慎独”）。彭山认为，谨独作为《中庸》工夫论的核心，是心学的究竟工夫。所以他在《中庸私存》及《说理会编》中进行了详尽的阐释。根据彭山的《中庸》诠释，谨独并不限于《中庸》首章“君子慎其独”一句，上文的“君子戒慎乎其所不睹，恐惧乎其所不闻。莫现乎隐，莫显乎微”也是表达谨独之意。后者不能如朱子一样，理解成不同的工夫，前后三句其实是从不同方面说明了谨独的丰富意涵。首先，后两句是从不同侧面对谨独涵义的说明，“所谓戒惧于所不睹不闻者，正是独知处知谨耳。独知只指天理源头不杂于欲者而言，即不睹不闻中之灵觉处，所谓戒

① 王守仁撰、吴光等编校：《王阳明全集》（新编本）卷七，杭州：浙江古籍出版社，2011年，页282。

② 季本撰，朱湘钰点校：《四书私存》，台北：“中央研究院”中国文哲研究所，2013年，页55。

③ 季本撰，朱湘钰点校：《四书私存》，台北：“中央研究院”中国文哲研究所，2013年，页56—57。

慎恐惧者，谨此独知而已”[①]；“见显者，知也，而隐微则人所不知，故云独也”[②]。综合来看，“独”指他人无所睹闻的吾心之知体，而谨则是对心体的戒惧提撕，这与王龙溪等其他阳明后学在良知本体上做工夫的实践取向是一致的。[③] 其次，谨独如果仅指于心体上提撕警觉，那么与一般的存心工夫大同小异，没有什么特别之处。而恰是“不睹不闻”“现隐显微”揭示了谨独工夫的独特方式和着力点。彭山言：“动而未形，在有无之间，故谓之微；微藏于密，故谓之隐。”[④]“隐微”即是“不睹不闻”，“不睹不闻”与“隐微”指吾心初露之端倪，无形无象，吾所独知，不被他人所知，这便是戒惧工夫的用力之地。此“不睹不闻”“隐微”之独体不是泛指无形之心体，即一切有形有象发用之所以然的存有依据，而是指吾心未与事物相接、未包含经验内容的初露之端倪(几)。彭山强调，此独体是初动之几，虽是吾心之灵觉，却未形著于声色，谨独即是要“不著声色”，不受制于耳目闻见，而在形上已所独知之体上提撕。

季彭山反对在声色见闻上做戒慎恐惧工夫，有他自己独特的理由。首先，若在见闻声色上用功，耳目等感官容易胶着其上，进而使心体蒙蔽。他说：“涉于睹闻，即是声色。虽声色未尝至前，而心所与交，即在声色矣，一著声色便是形而下者。耳目蔽于睹闻，则心失虚明之体，不可以为诚矣。”[⑤]本心易为外物所蔽与天道是相应的，“盖天之本体如此，故万物形形色色，往来不穷，即是天之应感处，而昭昭之体无所不在，物岂能累其明哉！惟凝结成形而气滞焉，然后明始蔽耳。观天则知人矣”[⑥]。其次，修身工夫不能克之于已恶之后，要防之于未形之前，“谨者，即此知之防外诱也。外诱之来，惕然不安，惟恐失之，譬如太阳一照而魍魉潜消……乃于人所见闻处，掩其不善而著其善，虽点检于言行之间，一一合度，不遐有愆，亦属作伪，皆为自蔽其知也”[⑦]。所以，谨独即是保任心体，防恶于未萌。彭山也指出，在见闻上用功会导致关注言行末节，流于伪善。最后，彭山对从体上做工夫的强调与他

---

① 季本撰，朱湘钰点校：《四书私存》，台北：“中央研究院”中国文哲研究所，2013年，页53。

② 季本撰，朱湘钰点校：《四书私存》，台北：“中央研究院”中国文哲研究所，2013年，页54。

③ 林月惠教授认为王龙溪、聂双江等阳明后学共同认可“在先天心体上用功”的工夫取向，参其著《诠释与工夫——宋明理学的超越蕲向与内在辩证》，台北：“中央研究院”中国文哲研究所，2008年，页663—671。

④ 季本撰，朱湘钰点校：《四书私存》，台北：“中央研究院”中国文哲研究所，2013年，页54。

⑤ 季本撰，朱湘钰点校：《四书私存》，台北：“中央研究院”中国文哲研究所，2013年，页56。

⑥ 季本：《说理会编》卷二，《续修四库全书》第938册，上海：上海古籍出版社，2001年，页609下。

⑦ 季本：《说理会编》卷二，《续修四库全书》第938册，上海：上海古籍出版社，2001年，页610上。

早年的“龙惕说”有联系。彭山早年曾提出要以“龙”喻心而不以“镜”，龙主警惕，镜主自然，警惕为心之主宰，自然则主宰之无滞，非警惕无以见自然也。彭山提出于独知之体上提撕警醒的工夫也包涵着警惕与自然之辨，“圣人之道，不于用上求自然，而于体上做工夫。故虽至圣，犹孜孜亹亹以自勉此工夫也。工夫只在戒惧不睹、恐惧不闻上做。盖人所不知，最微之处也。微则不为闻见所牵而反复入身，其入身者即其本体之知也，故知为独知。独知处知谨，则天理中存，无有障碍，流行之势自然汩遏不住。故自然者，道之著于显处以用言也”①。这即是说自然是谨独工夫纯熟后的流行之势，自然本于谨独工夫，不可于谨独之外求自然。由此来看，彭山的谨独论蕴含着早年“龙惕说”的基本思想。

根据季彭山的诠释，《中庸》论谨独工夫并不局限在第一章，其他章节也在发明谨独之意，例如“君子之道费而隐”（十二章）、“知微之显”（三十三章）即是表达谨独的深刻内涵。对于前者，彭山解释说：“一部《中庸》只说得个微之显，微是诚处，显是明处。此云费而隐，只是言道之用处乃至微者为之体，谓人当戒慎不睹，恐惧不闻，以立大本。要切之旨，尽于一隐字矣。”②“费而隐”和“微之显”异名而同义，都指谨于隐微之体，由体达用，而道体流行非由外得的过程。《中庸》末章言“上天之载，无声无臭”，是以天道为“不显之至”，也是表明“为己之学在微不在显”，呼应首章之工夫。彭山最后总结道：“《中庸》一篇要旨，只在微之显。微处只是谨独，而谨独只在戒慎不睹，恐惧不闻，故自不动而敬，不言而信，以致笃恭而天下平，皆此意也。”③所以，他和阳明一样，把《中庸》定位为修道之书，而修道的核心工夫即是谨独。

季彭山的谨独论融合了他早年“龙惕说”的一些思想内容，④他继续把戒惧警惕作为保任心体的方法，以戒惧为主，自然为戒惧之发用。但他不再浑沦地谈论戒惧警惕工夫，而是指出工夫的着力点——吾心动而未形的隐微端倪，工夫实践更为细致。因此，谨独论可以作为他晚年的工夫论总结。彭山的谨独论反对在声色闻见上做工夫，主张反之内心隐微之体，这已经背离了阳明“致吾心之良知于事事物物”之致良知工夫的用功方向，而与聂双江归寂思想的取向一致。但是彭山的谨独论与归寂说有很大的不同，不能归

① 季本：《说理会编》卷二，《续修四库全书》第 938 册，上海：上海古籍出版社，2001 年，页 606 上。

② 季本撰，朱湘钰点校：《四书私存》，台北：“中央研究院”中国文哲研究所，2013 年，页 68。

③ 季本撰，朱湘钰点校：《四书私存》，台北：“中央研究院”中国文哲研究所，2013 年，页 129。

④ 彭山把《易经》“龙惕”工夫与《中庸》“戒惧”工夫相统一：“乾之六爻皆兢惕之义也。三以易动多凶之位，故于此特以惕言，即中庸‘戒慎恐惧’工夫也。”（参季本《说理会编》卷十，前揭书，页 14 上）

为“归寂说”的范围。简而言之,彭山所要戒慎恐惧的独体是吾心应物而感的几微端倪,而不是感物之前的虚寂之体,工夫用力的方式是戒惧提撕,而不是存养培壅。彭山将阳明“常觉常照”之心体体证为常觉常明之主宰,因他认为“照”为镜之用,为外物所制,不能体现心的主宰性能,为保证心对事物的主宰能力,需要戒惧提撕。不过,他认可阳明即用见体的体用观,也认为心体常发常明,见之于发用,没有绝物寂静之时。因而彭山的谨独工夫是在与物交接中在心体发动处提撕省察,而非在应物之外,专做涵养保任一虚寂之体知工夫。总之,在用功的方式和心体体认上,彭山的谨独论自成一格,与聂双江的归寂说有根本的差异,不可简单雷同。既往研究认为季彭山与聂双江思想有相近之处,或有失察之嫌。[①]

以上的分析表明,季彭山的《中庸》诠释具有鲜明的心学立场,他以经典诠释之方式一方面拓展了心学义理,另一方面建构了一种心学的“《中庸》学”模式。他不仅以“知行合一”、体用不二等心学思想理解《中庸》,甚至以心学理路对《中庸》进行全新的诠释转换,并借此提出了自己独特的谨独工夫论。无论是就诠释的系统性,还是思想的创新性而言,在阳明学的经典诠释领域,季彭山的《中庸私存》无疑都是典范作品。

## 四 季彭山心学《易》的诠释理路与思想特质

在儒家经典中,彭山于易学用功甚深,不仅取资于易,而且对《易经》有自成一格的理解,他钻研易学三十余年,晚年著有《易学四同》(八卷)、《易学四同别录》(四卷)。[②] 前书详细诠释《易经》经传,后书包括《图文余辩》与《蓍法别传》,分别讨论易图与占卜之法,两书集中体现了彭山的易学思想。此两书非彭山一时之作,而是其研《易》所得在晚年之汇辑,编辑完成于嘉靖三十八年(1559,彭山时年 75 岁)夏,是彭山最后的经学著作。彭山之易学撰述规模之大,钻研时间之久,在阳明后学中是少有的,在他的经学著作中只有《四书私存》可与之相匹敌,由此可见易学对于彭山思想的重要性。幸运的是,在

---

① 台湾学者朱湘钰女士尽管对聂双江独信“龙惕说”进行了分辨,指出两人的分歧所在,但还是认为彭山的工夫论具有归寂的色彩,与双江思想相近,参其著《浙中王门季本思想旧说厘正》,《东海中文学报》,2010 年 7 月,页 206—209。

② 参季本:《易学四同・自序》,《续修四库全书》第 6 册,上海:上海古籍出版社,2001 年,页 155 上。

阳明学研究的热潮下，海内外学者对彭山易学多有关注，探讨日趋深入。① 但在诠释理路与思想宗旨方面，彭山易学思想还有许多尚待揭示之处，下文便尝试论之。

### （一）心学之易

季彭山作为阳明心学的传人，其易学最显著的特色便是以心论易，以易明心，将心学与易学相贯通。彭山在《易学四同》的篇首即言："《易》，心学也。随时变易，归于中道，故谓之'易'。大心之动静，阴阳而已矣。阴阳往来，其变无穷，道之所以流行而不已也。"②易，通常有"变易"之义，在彭山看来，易是言心之变易。易之变化是通过阴阳两爻来展现，而阴阳两爻则本于人心：

> 奇之画—，以象阳；偶之画--，以象阴，皆心体之象也。阳之所以—者，当阳之时，阴在阳中，为阳所统合而未分，故其画为一。阴之所以为--者，当阴之时，阳在阴中，为阴所含分而有统，故其画为--。—者，万物之合于一理者也，--者，一理之散于万物者也。合于一，则物不见其为有，而其体则实。散于万，则理不见其为无，而其体则虚。画外空洞，无形之地皆阳也，故阳无可尽之理，而亦非无可尽者也。有无相荡，虚实相涵，而阴阳交易，其变不穷，皆奇偶妙物之神，而心体自然之易也。③

阳爻为—，是阳统阴，合一之象；阴爻为--，则是阴含阳，分散之象。由此阴爻阳爻之象显明阴阳之义，阳为统帅，阴主包含。虽然彭山通过理与万物说明阴阳之义，但阴阳并非分别指物与理，而是指物含理、理统物之义。彭山在此没有进一步说明阴爻阳爻与其本源之心体的具体关系，但从文意推断，他似认为阴阳两爻源自心体，而生阴阳两义，阴阳两义实即心体

---

① 可参三泽三知夫《季本の易学：〈易学四同〉を中心に》，《专修人文论集》83 号，2008 年 10 月。游腾达《明儒季本〈易学四同〉之易学观初探》，《先秦两汉学术》第 10 期，2008 年 9 月。贺广如《心学〈易〉中的阴阳与卜筮：以季本为核心》，《台大文史哲学报》第 76 期，2012 年 5 月。

② 季本：《易学四同》序言，《续修四库全书》第 6 册，上海：上海古籍出版社，2001 年，页 154 下。

③ 季本：《易学四同》卷六，《续修四库全书》第 6 册，上海：上海古籍出版社，2001 年，页 353 上。彭山还有类似说法："伏羲画卦，只画一奇一偶，义已尽矣。奇之画为—，偶之画为--，皆象心体。—者，阴在阳中，阳合阴而为一也。--者，阳在阴中，阴分阳而为二也。画外空洞无形之处，则皆阳也，故阳无可尽之理。阴阳交易，其变无穷，皆心体之自然也。"（参季本：《说理会编》卷十，前揭书，页 11 上）

之义，因而《易经》阴阳象义俱根源心体。以上对阴阳的分析与他的卦论是一致的。

阴阳层叠交错而成八卦。正如阴阳根源于人心，阴阳交错而成的八卦亦是人心的象征。彭山言："伏羲之画因奇偶交互而为八卦，是状人心之八德也。纯阳不为阴挠，则健德也，故谓之乾。纯阴不敢挠阳，则顺德也，故谓之坤。一阳起于重阴之下，主于进者也，有警寤发生之意焉，故谓之震。震，德之动也。一阴伏于重阳之下，主于退者也。有委曲收敛之意焉，故谓之巽。巽，德之入也。"①彭山把健、顺等表征八卦特性的卦之"性情"看作八卦之德性，他进而认为，这些德性是人心德性的描摹。直观地看，八卦之德由上、中、下阴阳三爻交互之象而展现，但在本质上，其他六卦由乾坤两卦交错形成，"而乾坤不过奇偶二画而已。奇偶二画，心体分合之象也，岂待观于外象之粗而拟之以成卦哉"②？由此而推，八卦相重叠所成之六十四卦亦不能出于心体之外。③ 只是与八卦之德由阴阳交错之象而显不同，六十四卦由八卦重之，卦德因而也由其卦德重之。④ 如此一来，圣人由阴阳以画八卦，由八卦演为六十四卦而成《易》，实质上是吾心阴阳两德不断交合，吾心内涵不断丰富的过程。

《易·系辞传》本有伏羲观察天地万物以画八卦之说。但在彭山看来，八卦既然是刻画人心之德性，那么其制作之源也应在于人心，而非天地万物。所以，他对此诘难道："圣人画卦，全在心上见得此理。故其象皆状德之刚柔。盖不待观于天地万物而后可得也。天地万物者，气也，德所成之形耳。知德则知天地万物在其中矣。大传以'包牺氏仰则观象于天，俯则观法于地，观鸟兽之文与地之宜，近取诸身，远取诸物，而画八卦'，此是春秋以后学《易》者之说。"⑤彭山认为《系辞》说理博杂不纯，当出自后世讲师之手而并非孔子亲笔之作，故在此他以理推断"包牺氏仰则观象于天"一句之伪。但是，不能由此断定《系辞》完全非是，其中也有说理精确者，例如《系辞传》"是故君子所居而安者，易之序也；所乐而玩者，爻之辞也"也是表达易理不外人

---

① 季本：《易学四同》卷六，《续修四库全书》第6册，上海：上海古籍出版社，2001年，页348下。

② 同上注。

③ 彭山在另一处亦有相似说法，他说震离等六卦"此皆刚柔交错，本之乾坤，自兹以往，变化无穷。重之而为六十四卦，亦不出乎此而已"（参季本《说理会编》卷十，前揭书，页11下）。

④ 彭山言："八卦所重在卦德，因而重之，亦以卦德为重也。如蒙则曰：险而止；豫则曰：顺以动；履则曰：而应乎乾；晋则曰：顺而丽乎大明之类。可见圣人画卦之意。"（参季本：《说理会编》卷十，前揭书，页11上）

⑤ 季本：《说理会编》卷十，《续修四库全书》第939册，上海：上海古籍出版社，2001年，页16下—17上。

心之意："君子则以己之所居而安者为《易》之序，所乐而玩者为爻之辞，则'序'与'辞'皆在君子之心，而不在于《易》书之卦爻也。此因下文君子学《易》之事而先言易理之在心也"①。

"《易》，心学也"是彭山对《易经》的思想定位。他不仅从整体上论证《易经》的心学本质，而且对卦辞、爻辞、彖象传等《易经》的具体内容多扣紧心体而阐释，充分彰显心学《易》的丰富意涵。蒙卦卦辞言："匪我求童蒙，童蒙求我。初噬告，再三渎，渎则不告。"传统一般围绕"蒙昧"与"发蒙"作解，彭山则深入蒙者之心："童者，赤子之心，尤未开明，故曰'童蒙'……初者，初欲求明之心纯一未杂之诚也。再三则动其初心，思虑纷扰而杂矣。"②无论是蒙卦关涉之人，还是行为，彭山都溯源于心，其解释的心学色彩显而易见。再如，艮卦一般有"止"之含义，彭山对卦辞的解释则更进一层："艮，心之止也。背，不见之处也。不获，犹言失也。凡心之应物，所见在前，则谓之面。敛其心以入于内，则在外者皆所不见，心之所向不在面而在背。"③如是，"艮其背"不仅是止于不见之处，而且是心收敛于内，止于其所。彭山对爻辞的理解也有同样的趋向，如丰卦六二"丰其蔀，日中见斗"，彭山看作心体受蔽之象："'丰其蔀'，以心之有蔽言……'日中见斗'，以日中比(疑作此)心体之明而小有所蔽，则其明晦而见斗。"④以上选取几个显著例子说明彭山扣紧心体解《易》的特点，但这并不表明彭山对所有卦爻辞的解释都机械地化约到心上，或者都添入"心"字，正如不能把"心""良知"看作判断心学的唯一标准，心学家也使用理学的一般概念来表达思想观念。

将《易经》看作是圣人发明心学之书，是彭山易学最显著的思想特征，也是彭山继承阳明心学的应有之义。就心学与易相贯通的形式而言，彭山易学与杨慈湖以心解易、王龙溪以良知解易之取向相一致，都主张易即心学，易理出自吾心，三者都属于心学《易》的思想阵营。⑤ 但落实到诠释的实质思想与细节，彭山易学与后两者则极为不同，这主要体现在他的四圣同易以及崇阳抑阴的主张，这两点尤其能体现彭山心学易的特质。

---

① 季本：《易学四同》卷五，《续修四库全书》第6册，上海：上海古籍出版社，2001年，页327下。彭山还言："圣人作《易》，不过刚柔之变化；而君子之学《易》，亦惟玩此刚柔变化之在心者耳。"参同书，页328上。

② 季本：《易学四同》卷一，《续修四库全书》第6册，上海：上海古籍出版社，2001年，页163上。

③ 季本：《易学四同》卷二，《续修四库全书》第6册，上海：上海古籍出版社，2001年，页232上。

④ 季本：《易学四同》卷二，《续修四库全书》第6册，上海：上海古籍出版社，2001年，页237上。

⑤ 关于杨慈湖、王龙溪的易学思想，可参贺广如：《心学〈易〉之发展：杨慈湖和王龙溪的易学比较》，载《中国文化研究生学报》，香港：香港中文大学中国文化研究所出版，2011年1月。

## (二) 合一之易

元明以来，朱子的经学注释成为官方学术之权威，士人无不笼罩其下，阳明心学即经由与朱子学长期辩难而确立。彭山易学也把朱子作为主要的对话者，通过对朱子易学的清理与批评来开展自身的易学论述。彭山对朱子易学质疑最大的是朱子辨别伏羲、文王、周公与孔子四圣之易的观点。朱子认为伏羲画八卦本是为了卜筮，文王重卦、周公作爻辞也是为卜筮之用，而孔子则以《易》说理，四圣之易内容不同，"故学《易》者须将《易》各自看，伏羲《易》自作伏羲《易》看，是时未有一辞也；文王《易》自作文王《易》看；周公《易》自作周公《易》看；孔子《易》自作孔子《易》看"[①]。对于彭山来说，这无异于将《易经》一分为四，致使经义破碎。彭山于此反复论辩，通过各种努力统合易之经传，融通卜筮与义理之说，使易成为一体。

对于《易》之经传，史传伏羲画卦，文王序卦作卦辞，周公作爻辞，孔子则作彖、象、爻传等《十翼》。根据彭山心学的观点，圣人心同理同，四圣之易本无差别。他对《易经》各篇章的具体看法是：

> 圣人作《易》只是发明刚柔变化之理，伏羲画卦理俱足，文王《彖传》发一卦之义者也，周公爻辞尽六位之情者也。孔子之传则今之《彖传》，所以释文王彖辞之义者也；今之《大象》，即是《象传》，所以释伏羲卦体之义者也；今之《小象》即是《爻传》，所以释周公爻辞之义者也。以伏羲、文王、周公作《易》之序言之，则《象传》者，一卦之大旨也，当在前，而《彖传》次之，《爻传》又次之，故孔子所以明周公之学，周公所以明文王之学，文王所以明伏羲之学。四圣只是发明一理耳。[②]

彭山把孔子之传与伏羲、文王、周公之经一一对应，以孔子《大象传》释伏羲六十四卦之卦体，《彖传》释文王之卦辞，《小象传》释周公爻辞，进而认为四圣一心，易理相同。并且他受到欧阳修之影响，判断《系辞传》《文言传》以下出自后儒之手，皆非孔子所作。[③] 由此他也摒除了因《系辞传》《说卦传》等说

---

① 朱熹：《朱子语类》卷六十六，《朱子全书》第 15 册，上海/合肥：上海古籍出版社/安徽教育出版社，2002 年，页 2182。

② 季本：《说理会编》卷十，《续修四库全书》第 939 册，上海：上海古籍出版社，2001 年，页 16 上。

③ 参季本：《易学四同》卷七，《续修四库全书》第 6 册，上海：上海古籍出版社，2001 年，页 363—364。

理不同而得出四圣易旨不同的可能。彭山即是本此四圣同《易》之宗旨安排《易经》的诠释次序，先释卦、爻辞之经文、后及《象传》（即《大象传》）、《彖传》、《爻传》（《小象传》），最后则分辨《系辞传》《文言传》《说卦传》等篇之真伪。

彭山除了分辨《易经》各篇使经传统一，也反对易图的分裂，确保《易经》思想的统一。朱子继承邵康节之说，在《周易本义》卷首列“伏羲八卦次序”“伏羲八卦方位”“伏羲六十四卦次序”“伏羲六十四卦方位”之四图，以及“文王八卦次序”“文王八卦方位”之二图，并分别称为“先天之学”与“后天之学”。在彭山看来，伏羲、文王之时并无先天、后天卦图之别，“先天之学”与“后天之学”的区别加深了《易经》之分裂。他从两个方面进行反驳。对于“先天之学”，他指出，康节根据《说卦传》“天地定位，山泽通气”一节论证伏羲八卦方位图是错误的，因为此节罗列乾坤及其所生六子之序，“三男与乾皆以阳列于前，三女与坤皆以阴列于后，有似于乾坤所生之六子而父母与男女一二三之序，则又未尝循也。意其所重在于阴阳相交之义，而取八卦之对待者以明体义不系于长少之序也”①。而且，康节之“伏羲八卦次序图”依据《系辞传》“易有太极，是生两仪，两仪生四象，四象生八卦”也是对《易传》的误读，因太极生两仪等语“乃为卜筮而发”，图中“太阴、太阳、少阴、少阳”四象本是筮法中之“老阴、老阳、少阴、少阳”，是揲蓍用语，而非“始画八卦之序”。因而，“伏羲八卦次序图”非出自伏羲之手，“必后之言数学者所为”②。但是，他并未完全否定康节、朱子之伏羲八卦方位图，他认为伏羲已画此八卦方位，只是依据原则与其不同，八卦序数因而也不相同。彭山进一步指出，伏羲作八卦图依据的是“河图”阴阳交互消长进退之理。他认为“河图”之阳数一、三、七是阳初生、渐长、发极之象，对应震、兑、乾三卦，而阴数二、四、六则是阴初生、渐长、发极之象，对应巽、艮、坤三卦；五者，阳中有阴，十者，阴中有阳，分别表征离坎二卦，位于东方、西方。因而伏羲八卦图中由震、离、兑、乾到巽、坎、艮、坤之顺序表示阳长阴消、阴长阳消之过程。

另一方面，彭山认为，文王“后天之学”不能独立于伏羲八卦图。首先，康节“文王八卦次序图”以乾坤相交而生六子来说明阴阳相交之理，然而“此理固先天图中所具，而后天之用在其中矣……文王之用本与伏羲合一，岂得

---

① 季本：《易学四同》卷八，《续修四库全书》第6册，上海：上海古籍出版社，2001年，页380下。

② 季本：《易学四同》别录卷一，《续修四库全书》第6册，上海：上海古籍出版社，2001年，页414上、下。

于伏羲卦外别立一义哉”[①]！其次，关于“文王八卦方位图”，彭山指出，康节立论所依据的《说卦传》“万物出乎震。震，东方也”一节其实是“说卦者特以文王序卦有乾、坤、屯、蒙以至既济、未济之序，谓外体三爻本无一定之位也，故约为此章以见八卦可变六十四卦之例耳”[②]。据彭山之见，文王后天卦图仅是伏羲先天八卦之推移变位，且推移变位无一定之序，因而后天卦位图并无独立之意义。

综上来看，在易图的问题上，彭山反对将伏羲卦图和文王卦图割裂开来，对伏羲八卦方位图进行新的诠释，并进而融合文王后天卦图。这些观点与彭山四圣同易的主张一致，都旨在使《易》学统一。

朱子将伏羲、文王等四圣易学相区别，其根本理据是以伏羲、文王和周公之《易》为卜筮之书，而孔子因卜筮以发明义理，卜筮、义理性质不同，故《易经》经传须分别对待。卜筮、义理之差异显然与彭山统一《易》学的努力相乖违。虽然如此，彭山还是认同《易》为卜筮之书，不过，他提出了新的卜筮说，使其与心学义理相融合，并彻底贯彻其四圣同易的思想宗旨。

彭山的卜筮说是对阳明思想的深化。弟子曾问及卜筮与义理之关系，阳明答曰：

> 卜筮是理，理亦是卜筮。天下之理，孰有大于卜筮者乎？只为后世将卜筮专主在占卦上看了，所以看得卜筮似小艺。不知今之师友问答，博学、审问、慎思、明辨、笃行之类，皆是卜筮，卜筮者，不过求决狐疑，神明吾心而已。《易》是问诸天。人有疑自信不及，故以《易》问天。谓人心尚有所涉，惟天不容伪耳。[③]

此处，阳明谈论卜筮的主旨有二。其一，他反对《易》学卜筮说与义理说之两分，力主二者合一。其二，阳明改变了习传的卜筮观点，指出卜筮之本质。他剥开卜筮之占卦问卜的形式外壳，揭示出卜筮的实质是解决问卜者之疑惑，使人心明智朗照。据此两点，阳明对卜筮与义理的结合表现出以义理的立场统一《易》学的思想倾向，彭山融合四圣之《易》即是对其师思想精神的继承。虽然阳明的新卜筮论透过卜筮的具体形式，直指人心，但阳明并未阐明卜筮所以“决狐疑”“神明吾心”的原因和机制。彭山沿着阳明的方向继续

---

① 季本：《易学四同》别录卷一，《续修四库全书》第6册，上海：上海古籍出版社，2001年，页421下—422上。

② 季本：《易学四同》卷八，《续修四库全书》第6册，上海：上海古籍出版社，2001年，页383上。

③ 陈荣捷：《王阳明〈传习录〉详注集评》，上海：华东师范大学出版社，本188。

深入，提出更精致的卜筮说。

季彭山并不反对把《易》看作卜筮之书，因为卜筮不是问卜利害以趋吉避凶，而是圣人教化的方便教法：

> 先儒以《易》为卜筮，未为非是，但谓卜筮者，主于开物成务，以前民用，而非若后世之论利害也。圣人以百姓迷于吉凶之故，虽父兄临之，师保诲之，官法治之，亦不知畏也。所畏者，惟在鬼神……故圣人因其明而通之以卜筮，先使斋戒以神明其德；德既神明，则机易触发，而后卜筮之师以言告之，则无不听信，趋吉避凶，身安用利，此圣人所以为神道设教也。后世不知《易》之为教，欲开人心；执其象占，立为断例，则不过以卜筮推测利害之粗迹耳。①

对于彭山来说，伏羲作《易》不是着眼于福祸利害，而是出于教化的目的。世俗之人都希望得福远祸，且难免迷信鬼神，以为祸福出于神灵。圣人即顺应民心，设以卜筮，使有敬畏。卜筮从外表上看是斋戒其心，感通鬼神，实质则是心机得以触发，借卜筮以见之。百姓因神明之所告而信从。但是，神明所告之“占”非福祸利害之征兆，“夫‘知来’者，占也，觉于几先之谓也，此即独知之处，人所不见而甚微者也，尧舜‘执中’之传，所谓‘道心惟微’者，惟此而已”②。据此，占卜的对象是人心初动之几，而不是人事祸福之征兆。相应地，作为符验的卦辞不是对人事发展顺逆趋势的判断，而是对人心好善恶恶状态的揭示，“知来之占，全在几上；而几之可验者，吉凶悔吝而已。为善则吉。吉者，心之安处也。为不善则凶。凶者，心之不安处也。自凶而趋吉则悔。悔者，心有所悟而必欲改也。自吉而向凶则吝。吝者，心有所羞而不欲为也。此皆天命之本然，而良知之所不能自已者，故四者在心，皆谓之德。圣人以神道设教，特指此以示人，欲其知本心之明，不从外得也。祸福无门，惟人所召，盖谓几在我也”③。因此，“吉凶悔吝”不再指人事的顺逆利害，而是表征人心发端的善恶属性。百姓由占卜所得之“吉凶悔吝”意识到，真正的祸福其实完全由本心做主。另一方面，通过卜筮之斋戒等过程，百姓之心

---

① 季本：《说理会编》卷十五，《续修四库全书》第 939 册，上海：上海古籍出版社，2001 年，页 50 上。

② 季本：《易学四同》卷八，《续修四库全书》第 6 册，上海：上海古籍出版社，2001 年，页 155 上。

③ 季本：《易学四同》别录卷三，《续修四库全书》第 6 册，上海：上海古籍出版社，2001 年，页 501 上。

有所开明，向善之几得以觉悟，“即一念之觉”而向善进德。[①]

总体来看，季彭山将卜筮诠释为本心独知之几发见的过程，其中包含神秘与含混之处。因为他未清楚地说明使卜筮之象感应“人所不见”的独知之几的未知能力为何。尽管如此，彭山卜筮论的意图是显而易见的，即把喜福厌祸之动机扭转为好善恶恶之心机、把趋吉避凶扭转为开明人心之工夫，这显然是将卜筮融合到心学义理中，使《易经》的总体思想统一。而另一方面，这一卜筮说在思想实质上是一种工夫论，彭山把圣人作《易》、众人用《易》的过程转变为本心逐渐开明的工夫修炼。事实上，彭山的《易》即心学的易学观最终即落脚在心学工夫上，这除了以上的卜筮论，更多的则通过易理阐释而呈现。

### （三）阳主阴从与龙惕工夫

季彭山见知于时人，主要因其在嘉靖十五年(1536)任吉安同知时提出的“龙惕说”。据彭山观察，当时因慈湖之学盛行，学者常常率言自然、脱略工夫。为矫治此弊，他本《易经》乾卦提出，“圣人之学止是以龙状心也。夫龙之为物，以惊惕而主变化者也。惊惕者，主宰惺惺之谓也。因动而见，故曰惊惕。能惊惕则当变而变，当化而化，不滞于迹，不见其踪，此非龙德之自然乎”[②]？彭山认为，龙本乾象，乾为刚道，所以龙性警惕。与之相对，坤为柔道，为自然之所出。落实到心性上来说，圣人以龙之德言吾心刚健警惕，主宰常惺，而本心主宰常运不滞即是自然，自然本于警惕，舍警惕则无自然。

彭山“龙惕说”一经提出，便引起聂双江、王龙溪等诸多学友关注，异议多于认同。在与《易》之乾坤刚柔有关的方面，友人主要有两点批评，第一，王龙溪提出，彭山将乾坤两卦对立，使刚与柔、警惕与自然两分，“其意若以乾主警惕，坤主自然；惊惕时未可自然，自然时无事警惕，此是堕落两边见解”[③]，有支离之病。第二是来自邹东廓的质疑，他认为在乾坤刚柔的关系

---

① 彭山在《易学四同》的“序言”中说：“《易》以‘知来’为要。圣人以此洗心，退藏于密，知以藏往，神以知来，无他学也。于是忧民之迷于吉凶也，而为之设卜筮以前民用，将与共立于无过之地，此岂有所强哉？不过因其心之同，不待外求者而开明之，使不昧于吉凶之几，即其一念之觉而得补过，以复于无咎，此伏羲作《易》之本意也。”(参季本：《易学四同》序目，前揭书，页154下)

② 季本撰：《龙惕书》，见其著，朱湘钰点校《四书私存》，台北：“中央研究院”中国文哲研究所，2013年，页652。

③ 季本撰：《龙惕书》，见其著，朱湘钰点校《四书私存》，台北：“中央研究院”中国文哲研究所，2013年，页663。

上，彭山重乾之警惕轻坤之自然，尊刚贱柔，以阳刚为善之源，以阴柔为恶之源，但《易经》的许多卦中，其阳爻不如阴爻之善，且彭山的刚善柔恶之分与《易传》以阴阳、刚柔与仁义为"三才之道"的说法不符。[①]

显而易见，季彭山的"龙惕说"根柢《易经》，建基于阴阳、乾坤、刚柔等易理。不过，在讨论龙惕思想时，彭山没有充分揭橥这些思想基础之意涵。十多年以后，彭山相继完成《说理会编》《易学四同》《别录》等书，对《易经》所涉理气、阴阳、刚柔诸概念进行了全面的探讨，并对前期的龙惕思想有所修正，系统总结了《易经》中的工夫论。

季彭山的龙惕思想表现出明显的崇阳抑阴、尊乾贬坤的立场，甚至如邹东廓所论，以阳刚为善，阴柔为恶。如果推至极致，这势必会存阳去阴，否定阴爻、阴柔存在的合理性。此推论显然与《易经》阴阳并存、乾坤两立的事实不符。或许有此顾虑，彭山晚年在《易经》的注释中改变了对阴柔完全否定的态度，倡导阴柔的积极意义。在论乾坤关系时，彭山不再一意强调乾对坤的主宰地位，亦重视坤对乾的调节作用，"乾、坤之道其义最大，《序卦》发亦未尽。盖乾，健德也，人心之所以为主，而天命之本也，故以为一经之首。坤，顺德也，和顺乎乾之所为而无为者也，非坤顺之，则乾刚必至过用，故坤即继乾。盖阴阳合一而始成德，《易》之大义也"[②]。坤顺之性能可制约乾性刚强的过度发用，是乾道臻于中和的必要条件。乾坤交互为用本于阴阳、刚柔之关系，后者更多地体现在爻之象、辞中。在阴爻爻辞的解释中，彭山多有肯定阴柔之正面价值者。例如，对于蛊之六五"干父之蛊，用誉"，彭山解释说："五，阳刚得中之位，可以有为，而六以柔居之，刚而济之以柔者也。盖有元亨之德而行之，得其中则为有德矣。用此柔中之德则施为有渐，能顺人心，有以振民而育其德矣。"[③]准此，阴柔济刚而有德，阴柔得中体现为一种德性。阴对阳的反作用有时甚至是必不可少的制约作用，这可见之于彭山对大过卦初六爻的解说："以阴言白茅，柔而在下，阳刚得此则不至于大过矣……先儒以'借用白茅'为过于敬慎，非也。盖大过止是阳刚之过，柔在下，正所以济之。"[④]阴不仅不侮阳使失去主宰，反而济阳合于中道。此与前

---

① 这是邹东廓对"龙惕说"的批评观点，参邹守益《复季彭山使君》《再简季彭山》(见其著《邹守益集》卷十，前揭书，页518—519)。

② 季本：《易学四同》卷八，《续修四库全书》第6册，上海：上海古籍出版社，2001年，页391上。

③ 季本：《易学四同》卷一，《续修四库全书》第6册，上海：上海古籍出版社，2001年，页183下。

④ 季本：《易学四同》卷一，《续修四库全书》第6册，上海：上海古籍出版社，2001年，页196下。

论乾坤关系一致，表明阴柔不是一附庸存在，而具有独立之意义。以上相关之卦爻，邹东廓曾以之诘问彭山阳善阴恶之立场[①]，因而在上文阴阳轻重关系的调整中也隐约可见这些批评的影响。

以上突出的是彭山对阴柔之重视。他当然没有贬低阳刚之地位，在他看来，理想的状态应当是阴阳相济，刚柔合德。他认为《大象传》"应"之体例即是说明这样的状态："盖刚柔虽二体而有相济之义。合而言之，其实一德而已。故凡言相应者，皆谓刚柔合德，义各有所取……故刚中而应，则柔之所以济刚也；柔中而应，则刚之所以济柔也。盖有一定而不可易者。"[②]阳爻处中位而阴应之是柔济刚，阴爻处中位而阳应之是刚济柔。刚济柔与柔济刚均使阴阳协和融为一体。彭山又认为刚柔相济的状态也是《易经》"孚"之所指："《易》中凡言'孚'者，皆阳刚真切之心也。有自刚而言，则柔在刚中；有自柔而言，则刚在柔中。柔者，刚之体；刚者，柔之用。即体而言，用在体；即用而言，体在用也。随其刚柔以为体用，则合一者可见矣。故刚柔合德，而后谓之'孚'。"[③]"孚"是阳刚真切之心，不过，此阳刚之心已经蕴含了阴柔相济之作用，这实质上是刚柔合一，相济而均衡，而非阳凌驾于阴之上并主宰之。

严格来说，彭山对"孚"的界定有些含混。一方面他声称刚柔相济而不离，另一方面又将刚柔合德、阴阳合一的状态冠之以"阳刚真切之心"之名。他没有进一步说明与阴柔相济之阳和蕴含阴柔于其内的"刚柔合德"之"阳刚"的区别与联系。但是，我们从中可以确定，他对刚柔相济、相互包涵的强调以及推崇阳刚之立场的坚持。事实上，彭山没有改变崇阳抑阴的基本立场。对于彭山来说，在刚柔相济合德的理想状态中，阴阳依然是阳主阴从之关系，两者并不平等。在解释"一阴一阳之谓道"时，彭山言："'一阴一阳'者，阳明阴晦，阳主阴而阴从阳，随时变通，无所偏倚之谓也。阴极而不变，则滞于阴；阳极而不变，则滞于阳，皆着物而入于器矣，唯其变通不滞，则主之者阳，从之者阴，刚柔适得其中而无太过不及，然后为'道'。"[④]彭山一方面指出阴阳若不相互取资，都有过度而凝滞之弊；而另一方面又强调这种相济相助采取"阳主阴而阴从阳"的方式。

阳主阴从在《易经》中最突出的体现是乾健坤顺之卦德。对于乾坤之

---

① 参邹守益撰、董平编校整理：《邹守益集》卷十，南京：凤凰出版社，2007年，页518—519。

② 季本：《易学四同》卷三，《续修四库全书》第6册，上海：上海古籍出版社，2001年，页259上。

③ 季本：《易学四同》卷一，《续修四库全书》第6册，上海：上海古籍出版社，2001年，页165上。

④ 季本：《易学四同》卷一，《续修四库全书》第6册，上海：上海古籍出版社，2001年，页330上。

德，彭山说："刚柔之理尽于乾坤。乾确然不屈，阳之能主阴者也；坤隤然无为，阴之不挠阳者也。惟其能主阴，故曰：'统天'；惟其不挠阳，故曰：'顺承天'。"[①]虽然乾卦六爻均为阳，坤卦六爻均为阴，但实际上乾卦阳中有阴，坤卦阴中含阳，前者表明乾主坤之意，后者表明坤顺乾之意，两者均蕴含阴阳相资、刚柔相济之理。例如，坤卦彖辞"坤，元亨。利牝马之贞。君子有攸往。先迷后得主"以作为乾之象的"马"来表达卦义即是明证："马，阳物而健行者。马之牝则属于阴矣。贞本静体，而以牝马言，则见坤之贞顺中有健也……君子唯有牝马之健，则其所以顺者乃有乾为之主也，故利有所往。否则一于阴柔，往必见凶矣。'先'，先乾也。乾不为主而坤先之，则迷暗而无所之矣。唯后乾而顺之，则以乾为主也。"[②]

季彭山认为阴阳之间相济合德是以阳主阴从的方式。其中，阴顺从阳以济资于阳使其不过，但这种关系何以可能并不易厘清。因为阳主阴从的作用关系毕竟是单向的。这与他阳善阴恶的主张是一致的。相较于《龙惕书》，彭山晚年更明确地声称："故阳主善而恶不自阳生，凡阳之恶，皆阴为之也。阴主恶而善不自阴生，凡阴之善皆阳为之也。"[③]依此，《易》中阴阳相交互济以合德似皆出于阳之作用，而一切阴阳不交而偏胜源于阴之为。显然，阳善阴恶是阳主阴从的极端体现，彭山对此说的一再坚持表明他没有改变崇阳抑阴的根本立场，尽管在一些细节上做了调整。

崇阳抑阴作为彭山的基本思想立场，在于它不是一个孤立的观念，而是与理气论、工夫论内在地关联起来。首先，理气论是阴阳论之延伸，或者说阳与阴是理气之"象"。阳与阴，理与气，其关系是相应的，"理者，阳之主宰；气者，阴之包含。时乎阳也，主宰彰焉，然必得阴以包含于内，而后气不散；时乎阴也，包含密焉，然必得阳以主宰于中，而后理不昏。此阴中有阳，阳中有阴，所谓道也"[④]。理气的正常关系是理主宰气，气包含理。所以，理与气、阳与阴、乾与坤的关系都可一一对应如下：

道，形而上，即理也；器，形而下，即气也。自形而上则为善，自形而下则为恶。善主理言，以其阳之明也；恶主气言，以其阴之晦也。理为

① 季本：《说理会编》卷十，《续修四库全书》第939册，上海：上海古籍出版社，2001年，页14上。

② 季本：《易学四同》卷一，《续修四库全书》第6册，上海：上海古籍出版社，2001年，页159下—160上。

③ 季本：《易学四同》别录卷二，《续修四库全书》第6册，上海：上海古籍出版社，2001年，页445上。《说理会编》中亦有相同的说法（参其著《说理会编》卷一，前揭书，页578下）。

④ 季本：《说理会编》卷一，《续修四库全书》第938册，上海：上海古籍出版社，2001年，页577下。

> 主，则阳能帅阴而为健，气能从，则阴不挠阳而为顺。形容健之为帅，莫切于惕若；形容顺之为从，莫切于自然。故乾健坤顺者，阳为主也，善之明也。阳不为主，而阴进焉，则晦而为恶矣。[①]

上述可能是彭山阐述阴阳关系最为全面的一段表达。彭山以阳主阴从为轴心构建出一个道器、形上形下、理气等主次从属的宇宙论基础，同时又延伸出刚健惕若的工夫论。由此来看，彭山晚年为其"龙惕说"提供了一个深厚的理论基础。自然，其心学《易》也贯彻了他的龙惕思想，他还试图以乾健警惕的工夫宗旨会通诸经。彭山总括乾卦说："乾，健也，心之德也。心之德健而主变化者也。以龙象乾，以乾象心也。乾之六爻，皆兢惕之义也。三以易动多凶之位，故于此特以惕言，即中庸'戒慎恐惧'工夫也。"[②]前文中，彭山把卜筮看作是开明人心独知之几，将伏羲之卜筮看作《中庸》"谨独"思想之源头，彭山在此又将警惕工夫与《中庸》之"戒惧"联系在一起，所以，彭山的卜筮论与警惕戒惧实质上是同一个工夫。

在《易经》诠释中，彭山主要从两个方面说明乾健警惕之工夫。其一，刚健有为，去物欲之蔽。按照彭山的理解，阴常扰阳，人心易蔽，一旦有物欲之扰，则当惺然自觉，奋力克除。比如，彭山指出"乾惧阴之易蔽也，故常以去恶为工夫"[③]，而坤卦上六"龙战于野，其血玄黄"是对阴阳交战状态的典型刻画。[④] 其二，彭山认为警惕工夫还包括《易·文言》"敬以直内"之"敬"，"敬即戒慎不睹、恐惧不闻之功，收敛此心，反入于内"[⑤]，这即是心体惕然常惺，保任勿失之工夫。由于彭山将警惕、卜筮之"知来"与《中庸》戒惧慎独工夫相统一，所以，他晚年所论的乾乾惕若之工夫就比"龙惕说"时期更加精致。他由浑沦地谈论心体警惕惺惺，而进一步指出警惕惺惺的用力点在独知之几。

本节的分析表明，季彭山的心学《易》既有心学解经的一般特征，又包涵独特之构思。就其一般特征而言，彭山以心为《易经》创作之源，易之理

---

① 季本：《说理会编》卷一，《续修四库全书》第938册，上海：上海古籍出版社，2001年，页580下。

② 季本：《说理会编》卷十，《续修四库全书》第939册，上海：上海古籍出版社，2001年，页14上。

③ 季本：《说理会编》卷十，《续修四库全书》第939册，上海：上海古籍出版社，2001年，页15下。

④ 参季本对这句经文的解释。见其《说理会编》卷十，《续修四库全书》第939册，上海：上海古籍出版社，2001年，页15上。以及其著《易学四同》卷一，《续修四库全书》第6册，上海：上海古籍出版社，2001年，页161上。

⑤ 季本：《说理会编》卷十，《续修四库全书》第939册，上海：上海古籍出版社，2001年，页14下。

即是心之理，这在形式上可以说是心学经典解释之通义。彭山心学《易》的独特性主要有两点。首先，他从“千圣一心”出发，主张《易》之作者虽有四，但其义则一。他运用多种方法，把朱子在经传、易图等方面做的区别重新融合。其次，他以阳主阴从的基本理路解《易》，把著名的“龙惕说”贯彻其中。尽管因友人之批评，他的思想观点有所修正，比前期更加全面和精细，但不可否认，他的诠释含有矛盾，整体未能一致。其中原因或许在于，他的阳主阴从的思想立场与《易经》阴阳相济并存之事实有根本的差异。

## 五 焦弱侯的经史博学及其思想探源

除季彭山之外，焦弱侯（名竑，号澹园，1540—1620）是阳明后学中另外一位学识渊博、著作等身的博雅君子。焦氏的知识探索偏重于经史和名物考证，在明代学术史上与杨升庵（名慎，字用修，1488—1559）、陈季立（名第，号一斋）齐名，其经史考证对于清代考据学有先导作用，因而是探讨清代考据学起源不可绕过的人物。而另一方面，焦弱侯师事耿天台（名定向，1524—1596）、罗近溪（名汝芳，1515—1588），并与王东崖、耿楚倥（名定理，1534—1577）、邹南皋等阳明后学交往密切，是《明儒学案》中泰州王门的重要学者。焦氏50岁时高中殿试第一名，先后任翰林院修撰，东宫讲读官，为学林所推重，他的声望及其讲学活动极大地推动了晚明阳明学的传播和发展。

关于弱侯的心学与经史考据之学的关系，既往的探讨基于阳明心学反对或轻视“道问学”的前提和预设，往往认为两者“分为两橛”，焦氏“实为矫明代儒学偏于尊德性之一新立场”①。然而，这些看法显然与史实不符，焦氏毕竟在两个方面都卓有建树，并未以一者否定另一者。对于焦氏经史、考据等博物之学的思想动机和目的，及其心学与经史博物之间的内在关系，还需要全面而系统地探究。这不仅可以更深入地认识焦弱侯其人、其学，而且对于理解阳明心学与经史知识、心学与明清考据学之转向，也具有重要的意义。本节即主要探讨这两个问题。

焦弱侯理学思想的一个显著特点是三教融合论。融汇三教是中晚明思

① 林庆彰：《明代考据学研究》，台北：台湾学生书局，1983年，页308—310。类似观点又参余英时：《论戴震与章学诚》，北京：生活·读书·新知三联书店，2000年，页319。

想史的一个重要论题，弱侯是其中的一个先锋人物。如其言："道一也，达者契之，众人宗之。在中国曰孔、孟、老、庄，其至自西域者曰释氏。由此推之，八荒之表，万古之上，莫不有先达者为之师，非止此数人而已。昧者见迹而不见道，往往瓜分之而又株守之。"[①]"佛言心性，与孔孟何异?"[②]佛道与儒学并非扞格不入，三者同本同源，谈佛论道即是发明孔孟之理。依据此会通的思想，焦氏注释老庄，成《老子翼》《庄子翼》，留下诸多评点佛学之作品，这也间接反映了焦氏对思想与学术的开放态度。与理学相比，焦弱侯在史学、文献学、小学等方面的涉猎和著述更为丰富。弱侯尝自述："余髫年读书，伯兄授之程课，即以经学为务，于古注疏，有闻必购读。"[③]又尝述曰："余少嗜书，苦家贫不能多致，时从人借本讽之。顾性颛愚，随讽随忘，有未尽忘者，往来胸臆，又不能举其全为恨……庚辰读书，有感葛稚川语，遇会心处，辄以片纸记之。"[④]据此，弱侯自幼就培养了嗜书好学、勤做笔记的读书兴趣和习惯。加之其成长于嘉靖年间文化氛围浓厚、知识发达的留都南京，这些都是焦氏能够博雅通识于古典文化的必不可少的基础。万历十七年(1589)，50 岁的焦弱侯在多次科举失败后一举成名，高中殿试第一名，授翰林院修撰。数年后，明朝廷开国史馆，纂修本朝正史，焦氏被任命为纂修官。尽管国史馆仅设立三年便因各种原因被迫关闭，但是焦氏以任职之便有机会获睹众多孤本秘书，他收集了大量国朝实录以及士大夫家藏传记碑铭，为他后来编纂的传世史学著作提供了极大便利。焦弱侯不仅自己编纂和撰写了大量史学、古典考证学等方面的著作，而且与当时学人密切联系，实时掌握学术动态，利用自己的声望推介大量的古典研究成果。例如，焦氏极为推崇被后人看作明代博雅第一人的杨升庵，他耗时多年辑成《升庵外集》一百卷，而对于明代考据学史上另一个著名人物陈季立，焦氏也与之交往甚密，为其传世名著《毛诗古音考》作序。关于焦氏曾撰写与编纂的著作的名目，及其传世版本或存遗情况，前贤已有不少的考述。[⑤] 在这些研究的基础上，笔者仿照前章黄勉之知识学统计表格之方式，综合并排列焦弱侯的学术成果以及与当时学人学术之互动，以下表说明之。

---

① 焦竑撰，李剑雄点校：《澹园集》卷十七，北京：中华书局，1999 年，页 195。

② 焦竑撰，李剑雄点校：《澹园集》卷四十七，北京：中华书局，1999 年，页 719。

③ 焦竑撰，李剑雄点校：《澹园集》续集卷一，北京：中华书局，1999 年，页 750。

④ 焦竑撰，李剑雄点校：《澹园集》卷二十二，北京：中华书局，1999 年，页 274。

⑤ 参李剑雄：《焦竑著述小考》，见其《焦竑评传》，南京：南京大学出版社，1998 年，页 315—331；钱新祖著，宋家复译：《焦竑与晚明新儒思想的重构》，台北："国立"台湾大学出版社，2014 年，页 303—309。

| 门类 | 成书方式 | |
|---|---|---|
| | 著作、编纂 | 序跋题记与编辑(括号中为所序书之著者) |
| 经学<br>(包括理学、小学) | 《易筌》六卷(存)<br>《焦氏四书讲录》十四卷(存)[①]<br>《禹贡解》一卷(佚)<br>《考工记解》一卷(佚)<br>《春秋左传抄》十四卷(佚)<br>《俗书刊误》十二卷(存) | 《〈易纂言〉序》(吴幼清)<br>《〈诗名物疏〉序》(冯复京)<br>《〈毛诗古音考〉序》(陈季立)<br>《〈春秋左翼〉序》(王子省)<br>《刻两苏经解序》(苏子瞻、子由)<br>《续刻两苏经解序》(苏子瞻、子由)<br>《〈邓潜谷先生经绎〉序》(邓潜谷)<br>《书杨晋庵先生〈山居功课〉》<br>《〈常谈考误〉序》(周明旸)<br>《刻〈小学〉序》(朱子)<br>《〈六书本义〉序》(赵扮谦)<br>《书〈张横浦先生集〉》(张横浦)<br>《题〈尚书疏衍〉》(陈季立)<br>《题〈屈宋古音义〉》(陈季立) |
| 史学 | 《国朝献征录》一百二十卷(存)<br>《熙朝名臣实录》二十七卷(存)<br>《京学志》八卷(存)<br>《玉堂丛语》(存)<br>《锲两状元编次皇明人物要考》六卷(存)<br>《治身录》(编辑)(存)<br>《史汉合钞》(存)<br>《金陵旧事》十卷(佚)<br>《关公祠志》九卷(佚)<br>《词林历官表》三卷(佚)<br>《逊国忠节录》四卷(佚)<br>《中原文献》(佚) | 《刻考古博古二图序》(吴弘甫刻)<br>《〈荆川先生右编〉序》(唐荆川)<br>《古史序》(谯周《古史考》)<br>《刻〈通鉴纪事本末〉序》(袁机仲、沈朝阳)<br>《〈师资论统〉序》(周缜庵、周若斋)<br>《刻〈子由古史〉序》(苏子由)<br>《恭题两朝谕祭文后》<br>《〈李氏藏书〉序》(李贽)<br>《〈续藏书〉序》(李贽)<br>《〈廉吏传〉序》(费枢原著、黄贞父增补)<br>《〈山堂肆考〉序》(彭云举)<br>《〈皇明三元考〉序》(张成儒)<br>《〈日照县志〉序》 |
| 文献学、教育 | 《国史经籍志》六卷(存)<br>《养正图解》(存)<br>《东宫讲义》六卷(佚) | |

① 笔者没有充分的证据说明《焦氏四书讲录》为焦弱侯亲自撰写,但由于此书流露的心学观点与焦氏文集中的思想比较一致,笔者暂且把它作为焦氏的思想作品来看待。关于此书的作者问题,可参刘勇:《变动不居的经典:明代〈大学〉改本研究》,北京:生活·读书·新知三联书店,2016 年,页 268—275。

续 表

| 门类 | 成书方式 | |
|---|---|---|
| | 著作、编纂 | 序跋题记与编辑(括号中为所序书之著者) |
| 笔记、类书 | 《焦氏笔乘》六卷续集八卷(存)<br>《焦氏类林》八卷(存)<br>《明世说》八卷(佚) | 《〈禅寄笔谈〉序》(陈贞亭)<br>《〈天都载〉序》(马仲履)<br>《书〈欧余漫录〉》(闵康侯) |
| 科举、诗文 | 《两汉萃宝评林》二卷(存)<br>《史记萃宝评林》三卷(存)<br>《历科廷试状元策》十卷《总考》一卷(存)<br>《新锲翰林三状元会选二十九子品汇释评》二十卷首一卷(存)<br>《刻郑一拂先生祠录》一卷(存)<br>《新刊焦太史续选百家评林明文珠玑》十卷(佚)<br>《古珠玑》(佚) | 编辑《升庵外集》一百卷<br>《校刻北西厢记》五卷<br>《〈文坛列俎〉序》(汪昌朝)<br>《〈艺海披沙〉序》<br>《〈楚辞集解〉序》(江玉卿)<br>《刻坡仙集抄引》<br>《〈词林海错〉小叙》(夏茂卿)<br>《〈诗隽类函〉序》(羡长)<br>《〈文通〉引》(朱白石) |
| 自然哲学、音乐 | | 《〈琴瑟合奏〉序》(新安潘子)<br>《〈墨宝斋集验方〉序》(郑梦圃)<br>《题〈北宫词纪〉》(陈荩卿) |
| 佛道、子学 | 《老子翼》三卷(存)<br>《庄子翼》八卷(存)<br>《黄帝阴符经解》一卷(存)<br>《南华真经余事杂录》二卷《拾遗》一卷(佚)<br>《楞严经精解评林》三卷、《楞伽经精解评林》三卷、《圆觉经精解评林》二卷、《法华经精解评林》二卷(存) | 《刻〈大方广佛华严经〉序》<br>《〈华严新论〉序》(李通玄)<br>《题〈般若照真论〉》<br>《书〈金刚经解〉》<br>《书〈盐铁论〉后》<br>《〈刘氏鸿书〉序》(刘仲达) |

上表非常直观地表明焦弱侯在经史子集传统四部之学都有广泛的兴趣和丰富的探索。在经学方面，焦氏不仅有阐发儒学(理学或心学)义理的《易筌》《焦氏四书讲录》，还撰有关于名物考证的经学著作，以及诸多刊刻和推广的经学注疏和音韵训诂之著作。焦氏知识学的另一个特点是丰富的史籍编纂和历史笔记积累，如果没有博通的志向和持久的史学意识，很难获得如此丰硕的成果。最后，焦氏对佛、道典籍的注释和评注与其三教会通的主张直接相关，事实上，包括弱侯在内的主张三教融合的阳明后学学者促进了中晚明老庄学的复兴。明代中后期以儒解老解庄、以老庄解儒的思想兴起，即是在这样的思潮下展开的。

就本节的论题而言，焦氏的心学思考与其经史博物是怎样一种关系?

两者是否如前贤所论毫无关联，仅仅偶然巧合地发生在一人身上？我们可以先来看弱侯门人金励对此问题的看法：

> 盖理学极盛于宋，当乾道、淳熙间，则朱、陆两先生相为羽翼。顾以“无极”之辨，偶成异趣，而解者遂借《中庸》之语以文之，谓“德性”、“问学”各有传宗。夫性、学而有两宗哉？传曰“文以足志，志以足言。”吾夫子言性矣，焉不学也。文章固问学事，而世之言者何其末也？自羲轩以迄今，传授赓续，其精神心思，相沿阐发，较如一日。至于抉精剔微，翻经叙史，以逮记述、传疏、碑碣、赞颂，推类人事，驱使草木，有槩于心，即发于辞，既以道其一时不可已之衷，而后之人亦从而得其用心之所极，则文之为也。不佞励尝疑之：语以其事，则虽负奇豪宕者，亦各极其才之所就，而圣门文学，乃不得兼德行；语以其体，则虽苦力肆力者亦能工一事，而诗如李、杜顾不能兼叙记，即有能者，又靡焉而不合于道。若是乎深不可穷，而其薄而不语者，亦未游其藩而窥其至也。天命之谓性也，经纶天地之谓才也。苟有才不合于本，如史氏所讥违道哗众，固宜谈道者薄不为矣。若夫天之所命，从寂起知，灵明圆莹，无所不合，无所不兼，方将扶圆景以丽空旷，而照莫穷焉，以之为经纶天地，以之为经国大业，不朽盛事，无以异也，何必有才名，而亦何必处于不才？①

以上出自金励为其师《澹园续集》所作序文。“道问学”与“尊德性”之两分，不仅是今人对儒学思想变化的一种理解，金氏以为，自朱陆之辨以来即有两者的分裂。但在儒学中，两者从未分割为二。历史上往往有以一才一能名世者，然而成就有限，未必合于大道，兼备德行。而儒门之中两者兼具，夫子既言性与天道而又博学多能，德不虚设，必经国济世，“天之所命，从寂起知”，性必因才而成。焦氏之文章才艺正是本于道德，以经纶天地为旨归，而非沉溺于曲知小艺。这是弟子对老师一生学问的概括和基本判断，其实金氏的观点与古典的儒学观并无二致，都反对德与才、道与艺的分裂。金氏的说法仅仅非常概略而且是从侧面上解答本节的问题，为了更细致而深入地分析弱侯各种知识之结构及其内在关联，我们自然需要以焦氏本人所论为本。笔者将结合焦氏的学术活动及著作，探讨其中的知识学观念、撰述动机等相关问题。只有回答这些问题，我们才能明了焦弱侯经史、考据等学术的性质，弱侯博物学的特质，以及焦氏学问与理学、清代考据之学的区别和联

---

① 焦竑撰，李剑雄点校：《澹园集》附编二，北京：中华书局，1999 年，页 1218。

系。以下分别从焦弱侯的经学观和思想中的博学因素两个方面来讨论。

### (一) 经学观

就基本的思想和价值认同而言，焦弱侯毫无争议地是一个理学家。他的一篇《原学》最能表达他对生命和学术的关怀：

> 夫学何为者也？所以复其性也。人之为性，无舜跖，无古今，一也，而奚事乎学以复之也？曰：性自明也，自足也，而不学则不能有诸已。故明也而妄以为昏也，足也而妄以为歉也，于是美恶横生而情见立焉。情立而性真始牿，故性不能以无情，情不能以无妄，妄不能以无学。学也者，冥其妄以归于无妄者也。无妄而性斯复矣。盖尝论之，情犹子焉，性则其母也，情犹枝焉，性则其根也，世之棼棼者，岂顾欲离母逐子，拨其根而培其枝哉？①

学以"复性"为鹄的，是自李翱(字习之，772—841)《复性书》发表以来宋明新儒家学者普遍认同的主张。现实的人生、人情不免于虚妄、错谬，必须通过学习恢复到理想的生活情态。学习包括道德修炼和研习古典知识。焦氏处在晚明心学的大氛围中，他的几部经学疏解著作都具有本章提到的心学解经的一般特点，这些都反复确认他的心学家身份。我们来看焦氏关于经学的基本思想立场：

> "六经"皆心学，如《诗》之"无邪"，《书》之"执中"，《礼》之"无不敬"，皆心学也。中间敷衍处衍是文字不同。夫子雅言《诗》《书》《礼》，总归到心学上求，不是教人读书为文而已。②

> 圣人之意，大要以心为主，盖天下无心外之理，君子无心外之学。"兴于诗"是兴此心，"立于礼"是立此心，"成于乐"是成此心。总只为此一个心，不为诗云、礼云、乐云而已也。③

---

① 焦竑撰，李剑雄点校：《澹园集》卷四，北京：中华书局，1999年，页18。

② 焦竑：《焦氏四书讲录》，《续修四库全书》第162册，上海：上海古籍出版社，2001年，页105上。引文中"中间敷衍处衍"，疑多后"衍"字。

③ 焦竑：《焦氏四书讲录》，《续修四库全书》第162册，上海：上海古籍出版社，2001年，页112上。

““六经”皆心学”,《诗》《书》《礼》《乐》总归在心上求。推而广之,所有的经典不离于吾心,所有的思想都是为了发明本心。不过,此心并非玩弄理气、性命等概念之心,也非局限于个体生命关怀之心,而是“人皆有是心,心皆具是理”的公共之心。焦氏所理解的经学并非仅提供个体生命的生活指引,而且有更广泛的效用。例如,他非常推崇汉代对经学的重视:

> 余惟二祖以经术造士,颁四子五经古注疏,与宋儒传兼行之,复辑诸先儒说为《大全》以翼之,使其沉酣浸润,自得于身心而推之治,意甚美已。行之既久,士日事浮浪之文,而利禄之意多,明经修行之义蔑如矣。考汉初郡国未有学,然诸儒以经教于其乡,从之者率数百人,各以名家,齐、鲁、燕、赵间,《诗》《书》《礼》《易》《春秋》《论语》家甚盛,县官时时遣守相劳问,致馈为礼,弟子皆世守其师说,不敢变。迨以经至大,官国家,有大议必令传经义以对,人主至亲问其师为何人,其说云何,其重如此。即于圣人之授受,未知其何。若然,是时为弟子者专而其业固,为经师者严而其说行,故足术也。今有司不惮兴作以裨士,岁时行视学官,讲解经义,二三博士又相与劝率之,多士能进而张大先王之教以辅世;或不然,亦能推衍其说以淑人。异日以经术为国家决大议,引师说以对如汉人焉,必有传儒林者纪其盛,庶几不失尊经之意,而于上之意可无负矣。①

这段颇为冗长的记文内容丰富,文章既指出了明代经学的衰落,又以汉代经学为典范,概括了汉代经学的传承特点以及社会意义。对于弱侯来讲,经学绝非满足好奇之心的历史知识,更不是谋求利禄的虚假文辞,推衍经义不仅能修行淑人,还能教化辅世、“为国家决大议”,因而是政教制度、社会秩序的价值基础和基本方向,具有根本的意义。焦氏的经学探索自然不是仅仅为了安顿自我的心灵和社会生活,而是有更宏远的社会和文明关怀。对经学的价值有如此丰富和深远的思考,得益于弱侯深厚的历史学养。他从历史上,特别是经学最受重视的时代来思考经学的意义。历史给弱侯提供了多元的视角和宽广的胸怀,使他能敏锐地意识到时代的弊端,全面地看待各种问题。在他看来,以史为鉴、以史为据是解决当世问题最有效的办法。在为唐荆川《右编》所写的序言中,弱侯有言:

① 焦竑撰,李剑雄点校:《澹园集》续集卷四,北京:中华书局,1999年,页825—826,标点有改动。

余惟学者患不能读书，能读书矣，乃疲精力于雕虫篆刻之间，而所当留意者，或束阁而不观，亦不善读书之过矣。夫学不知经世，非学也，经世而不知考古以合变，非经世也。古之善医者，于神农、黄帝之经方，秦越人之《难经》《灵枢甲乙》，葛洪、陶隐居之所缀缉，咸洞其精微。其于简策纷错，《黄》《素》朽蠹，老师或失其读，与曲士或窜其文者，无不贯穿而辨晰之矣。又必乐义耐事，急于生人，而亡虞主人之夺糈，斯能动而得意，攻邪起仆，如承蜩而掇之也。藉令不由经论而以情揆疾，曰："古法新病，不相能也。"而第多其药以幸有功，则相率以趋于毙而已。①

"学不知经世，非学也"可谓是焦弱侯一切学问的出发点，而"经世而不知考古以合变，非经世也"又可说是他经世之学的切入方法。历史虽然不总是正确的，却能提供最丰富、最具启发的治世方略。弱侯大量的经学探索和史学积累都是在此"考古以合变"的意识下成就的。我们下面来看焦弱侯有关经学研习方式的具体态度。

经学总体上包括义理思想和名物度数两方面内容，后者又包括文字、音韵、训诂等等，统称为小学。焦弱侯非常重视小学对于理解经典的基础作用，在他看来，没有相应的小学知识，不可能准确把握经典的含义。焦氏对小学的看法，可以参照以下论述：

盖古昔六艺乘其虚明肄之以适用，而精神心术之微寓焉矣。古学久废，世儒采拾经籍格言，作为小学以补亡。夫昔人所叹，谓数可陈而义难知，今之所患在义可知而数难陈，孰知不得其数则影响空疏，而所谓义者可知已。顾世所显行，不能略也。②

"数可陈而义难知"出自《礼记·郊特牲》，本指礼仪器具之数易得而礼之义难知。前章讨论顾箬溪和唐荆川的道艺论时曾指出荆川主张数与义并重，不可偏废。焦弱侯的态度和荆川基本一致，只是焦氏在此更强调名物度数的基础作用以矫治当时没有根据而空谈大义的空疏学风。结合焦氏他处的谈论，他反复提到音韵、文字等小学知识对于经学的重要性，这与他的学术经历也密切相关。弱侯早年教育孩子时注意收集常见的写错读错的讹字，而成《俗书刊误》12卷，此书对于总结日常书写中经常出现的错讹字、辨正

① 焦竑撰，李剑雄点校：《澹园集》卷十四，北京：中华书局，1999年，页141。
② 焦竑撰，李剑雄点校：《澹园集》卷二十三，北京：中华书局，1999年，页303。

汉字的正确字形有重要的参考价值，其中也反映出焦氏对于文字基础的高度重视。万历三十四年（1606），陈季立完成《毛诗古音考》，请 67 岁的焦弱侯作序。陈氏此书详辩古无叶音之说，得到清代音韵学研究者的充分认可，而陈氏此书曾受到弱侯之启发。[①] 在给此书写的序言中，焦氏表达了他对古音韵的重视："韵之于经，所关若浅鲜。然古韵不明，至使《诗》不可读；《诗》不可读，而正得失、动天地、感鬼神之教，或几于废，此不可谓之细事也。乃寥寥千古，至季立始有归一之论，其为功可胜道哉！世有通经学古之士，必以此为津筏；而简陋自安者，以好异目君，则不学之过矣"。[②]《诗经》有"正得失，动天地、感鬼神"的教化意义，而要达到这一目标则离不开正确的古韵。在焦氏的思想中，音韵、文字、训诂都是经学研究的必备基础，音韵不可偏废，文字、训诂也同样重要。弱侯下面的话说得更简捷明了：

> 嗟乎！士未有不通古人之经而能知其义者，亦未有不通古人之字而能知其经者，学者尚繇此编，而触类以得之，毋谓古道之终难还也。[③]

学习经学是为了把握经义、探求古道，而"通古人之字"才能"通古人之经"，"通古人之字"自然离不开字形、字音、字义等小学基础。弱侯此处的观点很容易让人想起戴东原的著名说法："经之至者道也，所以明道者其词也，所以成词者字也。由字以通其词，由词以通其道，必有渐。"[④]东原此言被看作清代朴学的方法论宣言，是清代众多学者研究经学的依据。焦弱侯与戴东原所理解的圣人之道或有不同，但他们都具有相同的方法论意识，清代朴学的方法在焦氏的思想中已有所体现。

对古音、古字的重视使焦氏成为一个知识渊博的学者，然而我们也看到，焦氏并未把好古、寻音识字等变成一门独立的学问而别无他求，小学知识总是与经义、古道联系在一起。如果脱离了对圣人之道的关怀，文字音韵等知识也变得毫无意义。因而，弱侯对知识、博学有一种复杂的双重态度，一味的博学并非总值得褒扬：

> 圣人不在多，只在一心，心一纯乎天理，虽有不知不能如问每事之

① 关于陈季立的音韵学成就以及焦氏对他的影响，可参林庆彰：《明代考据学研究》第七章。李剑雄《焦竑评传》，南京：南京大学出版社，1998 年，页 72—76。

② 焦竑撰，李剑雄点校：《澹园集》卷十四，北京：中华书局，1999 年，页 128。

③ 焦竑撰，李剑雄点校：《澹园集》卷十五，北京：中华书局，1999 年，页 147，标点略有改动。

④ 戴震撰，张岱年主编：《戴震全书》（六），合肥：黄山书社，1995 年，页 370。

> 礼，问苌弘之乐，问郯子之观以至屈小儿之问，亦不害为圣人。世儒却以多识为尚，而云无所不知、无所不能者才可以为圣，甚至以防风之骨、肃慎之矢、厘庙之灾、商瞿之五子、弟子之两具、商羊萍实之琐琐者而为圣人之美谈，不知此等皆圣人所鄙而贱者也，可为圣学乎哉？①

圣之为圣不在博古通今、洞察世事，而在此心“纯乎天理”，没有私欲掺杂。阳明关于圣人成色与分量之喻透露的正是这个意思。博学好古若失去了精神追求，便陷入自矜自满、琐碎短视的田地。因此，音韵、训诂等古典名物知识并非与心学、经义水火不容，前者是通往后者的必由之路。据此而言，我们可以说焦弱侯是一位兼通考据的博雅的心学家。

还须指出的是，焦弱侯除了重视小学基础，他对经学的历代注疏较能兼容并蓄，没有强烈的门户之见。焦氏年轻读书时即注意收集历代古注疏，他曾对二苏（苏子瞻、苏子由）的解经著作非常感兴趣，先后得读苏子由（名辙，1039—1112）《老子解》、苏子瞻（名轼，1037—1101）解《易》、解《书》著作，后任翰林院修撰时，从皇家藏书中又得苏子由《论孟拾遗》，万历壬辰（1592）奉命出使时又获苏子由解《诗》、解《春秋》著作，最终在万历丁酉（1597）58 岁时促使刻成《两苏经解》。焦氏并未因二苏为文人而鄙视其解经著作，反而非常推崇，由此也可见他好学不厌的精神。在《两苏经解》的序言中，焦氏表达了他对不同解释兼容并重的态度：

> 夫道非一圣人所能究，前者开之，后者推之，略者广之，微者阐之，而其理始著。故经累而为六也。乃谈经者，欲暖暖姝姝于一先生之言，而以为经尽在是也，岂不谬哉！②

不仅经解非一先生所能尽，而且《六经》本身即由众圣而成。不论是圣人之经，还是经典的解释，多方参求才能全面而准确地把握圣人之道。此处虽然谈的是宋代二苏的经解，但流露出的是对不同注疏的开放心态。结合前面

① 焦竑：《焦氏四书讲录》，《续修四库全书》第 162 册，上海：上海古籍出版社，2001 年，页 118 下。还可以看一段焦氏类似的说法：“学者，学为圣人也。圣人之学，此心此理而已矣。若只要博古今、工文词、取禄位以为学，则古来这等人不少，岂为难得？志学之士诚能去一切支离之用，全虚圆不测之神，勤勤恳恳，不失我本来面目，实实落落要做成一个圣人，至于禄位一事，虽未尝有轻弃之意，亦未尝有干图之心。如浮云然，任其自来自去；如花果然，任其自落自开。这等人此心纯乎此理，穷居时定不损，圣人之疏食饮水，曲肱而乐者，此矣。大行时定不加，圣人之忠君爱民，敬事后食者，此矣。难得哉！”参同书，页 113 下。

② 焦竑撰，李剑雄点校：《澹园集》续集卷一，北京：中华书局，1999 年，页 826。

弱侯对汉代经学的重视，他已开始不满足于宋学，尝试通过汉学这一更为复古的方式来接近古经古义。[①]

在史学方面，焦弱侯有更为广泛的涉猎和更丰富的收获。虽然焦氏纂修明史的工作半途而废，但他后来利用在国史馆中积累的史料，纂成《国朝献征录》《国史经籍志》和《玉堂丛语》等书，对于明代人物传记、大臣轶事以及书目文献等方面进行了较为全面的整理和汇辑。关于焦氏的史学纂述以及他具体的史学观点，学者已有全面的介绍，可以参考。[②] 笔者仅想指出，焦弱侯并非出于纯然知识的兴趣而博览古史，和众多古代学者的认识一致，史学根本上也是一种经世之学[③]，观古可以知今，对历史的阅读和书写不仅是把握真实的古代，而且要探寻治乱兴衰之道，以此来指导现世的进展。史学中有治世之道，经学中有古史，在焦氏的知识系统中，经学与史学的区分并非泾渭分明。

### （二）思想中的博学因素

焦弱侯编撰的《国史经籍志》六卷，分五部五十二类，汇辑有明一代文献之目录。[④] 在每类书目汇总之后，焦氏有一按语表达他对此类文献与知识之看法，这些按语又单独成篇，称为《经籍志论》，收在今本《澹园集》中。由于《经籍志论》涉及古典知识的各个方面，焦氏之论又言简意赅，因而此篇集中表达了他对不同门类知识的态度，反映了他的知识学结构。此论的一个特

---

① 焦弱侯曾批评在《大学》古本与改本之争中，把唐代版本作为古本的说法，与唐代经学相比，汉魏的版本与注疏更接近原本。他说："《石经大学》是魏政和中诏诸儒虞松等考正《五经》，刻之于石，而《大学》《中庸》行焉。松表述贾逵之言曰：'孔伋穷居于宋，惧先圣之学不明，而帝王之道坠，故作《大学》以经之，《中庸》以纬之'。则《学》《庸》皆子思所作。至唐定《十三经注》，多妄为改窜，今人不见《石经》，遂以唐为古本，其实非也。明皇最穿凿，既乱《大学》次序，又删去'颜渊问仁'五句，《孝经》删去'闺门'一章，《洪范》亦改'颇''陂'字。尝见明皇《老子注》云：'我独异于人而贵求食于母'，原无'求于'二字，朕所加也。'盖其妄每每如此。"（见焦竑撰，李剑雄点校：《澹园集》卷四十七，前揭书，页 724）不过，这并不是说焦氏支持汉学而反对宋学，他对汉学也有批评。（参同书页 759—760）对弱侯而言，以六经原典为核心而综合各个时代经学研究之长是最可取的办法。

② 参李剑雄：《焦竑评传》，南京：南京大学出版社，1998 年，页 226—250。

③ 焦氏以下的言论较能整体上表达他对史学的基本看法："余谓古之有史，为忧小人而作也。楚史名《梼杌》，而孟子亦曰'《春秋》成而乱臣贼子惧'。盖世之兴且治也，必由于退小人，而其衰且亡也，必由于排君子。岂不知衰与亡之为患哉？而爱恶取舍或眩于是非，或乱于谀佞，往往不能合于大公。及夫世改时移，君子作而正论起，鄙夫佥人卑陋嵬琐之论，譬如白日出而魍魉消，严霜降而蛇蝎遁，虽其终无以自文，而业无救于危亡之祸矣。此编事举其类，各以部分，国之大厝置犂然具在，而废兴所由，其大较卒归于此，故不必旁观互证，而开卷了然，诚一快也。昔人谓读《通鉴》而知温公之相业。学者于经世匡时之略，即未可遽言，而镌磨考练以充其材，必于是有藉焉，在刳心以求之而已。"（参焦竑撰，李剑雄点校：《澹园集》续集卷一，前揭书，页 756）

④ 可参李文琪：《焦竑及其〈国史经籍志〉》，台北：花木兰文化出版社，2007 年。

点是尊重不同知识之价值而不随意否定。例如，纵横家为历来儒者所不齿，而弱侯认为有其肯定之处：

孔子曰："诵诗三百，使于四方，不能专对，虽多亦奚以为！"盖谓言有其道也。前代若吕相之绝秦，子产之献捷，鲁连倜傥以全赵，左师委曲而悟主，斯亦何恶于词哉！乃苏、张、睢、首得其术而以召败，非术之罪也。史言魏征谏诤靡出弗从，而其初实学纵横，顾用之者如何耳。①

纵横家善于外交辞令，不能因其曾招致败乱、蛊惑人心，而否定辞令专对以安邦定国的重要意义。纵横之术在历史上尚有很大的影响，即使是默默无闻的曲学小艺也有不可忽视的价值：

《易》曰："言天下之至赜而不可恶也。"昔曾子论道贵其大，而归笾豆于有司，以反本也；然语于道器之际则离。庄子至以稊稗瓦砾，悉名之道，其说靡矣，君子顾有取焉。故至人独禀全懿，而偏长小艺，足以当缓急而狎世机，亦取而折衷之，未尝恶其赜也。②

弱侯此处是引《易传》和《庄子》之言来强调稊稗之知亦能应世之缓急而不可轻忽，前章讨论唐荆川道艺论辩时出现同样的典训和相似的说法，这两则古训是古代学者肯定小道曲学的有力根据。对知识的广泛肯定与焦氏博学的经历互为表里，继之而来的问题是，焦氏的博学考古、知识探求在他的思想系统中占据怎样的位置呢？与他的心学如何统合于一身？

上文指出，焦弱侯在音韵、文字上的探求不是出自纯然的考据兴趣，而是以获取经义、古道为诉求。其实，他的所有学问都奠基于探求圣贤之道、古代经义这一最终的目标，这也是古代学者普遍持有的思想观念。焦氏的独特处在于尤其强调各种知识、博学对于认识大道的必要性：

《易》曰："形而上者谓之道，形而下者谓之器。"夫道无形而器有象，如牺尊之重迟，雌敦之智辨，黄目之清明，山罍之镇静，壶尊、著尊之质朴，使人指掌而意悟，目击而道存，皆有不言之教焉。故曰古之君子不必亲相与言也，以礼乐示之而已。至若柱爵惩滥，饕餮戒贪，山觚防湎，

① 焦竑撰，李剑雄点校：《澹园集》卷二十三，北京：中华书局，1999年，页314。
② 焦竑撰，李剑雄点校：《澹园集》卷二十三，北京：中华书局，1999年，页318。

触事著警，凡以成德而砺行，抑其次也。原父谓礼家之制度，小学之文字，谱牒之谥系，靡不有资，犹为末务，乃上不能契道，下不以饬德，而持为耳目之玩，则宣和君臣之失也，适足为戒而已。①

焦氏引用宋代陈原父之言，谓礼乐制度、小学文字等对于国君与士大夫来讲，都是治国治世之资，不能仅作为“口耳之玩”的雅好。古代典章的历史知识与道密切相关，是无形之道的体现者。再来看焦氏相关的两则论说：

先王之教必以道德为指归，非虚位，《诗》《书》《礼》《乐》皆其具也……岂徒求往古之陈迹而一一希合之哉！□经之理，人心有之，诚能即境以证心，因器以求道，即目击指掌无非经者，区区之诵法犹外铄耳，愿学者相与勉之。②

耿在伦先生曰：“子游言：洒扫应对进退则可矣，抑末也，本之则无，如之何以本末为二也？子夏言：君子之道，孰先传焉，孰后倦焉，譬诸草木，区以别矣，知本末之一也。观草木之根杪，不当离末而求本，则君子之教人可舍事而谈理哉？然曰有始有卒，是犹二之也。二之，非圣人也。圣人者，无本末，无先后，无始终，如环之中，以游于无穷。③”

综合这三段话，尽管焦氏的论说缺少说理的过程，但“目击而道存”“因器以求道”以及“本末之一”等说法还是能显示出引而未发的“道器不二”“道事不二”的观点。道不是远离经验的玄虚之物，而是体现在古代经籍、典章、人事之中。经籍、典章、古史等经史知识，作为道的体现者而具有了高贵的价值意义。如果我们回想唐荆川的道艺论辩，焦弱侯通过道器关系、理事关系来凸显古典知识技艺之重要与荆川的理路极为一致。在荆川的“道艺不二”“道器不二”的思想中，知识技艺不仅是道的承载者而非毫无意义的故纸堆砌，而且探求知识、练习技艺也能修炼身心、增进道德。关于后者，焦弱侯也是同调。④

---

① 焦竑撰，李剑雄点校：《澹园集》卷十四，北京：中华书局，1999 年，页 139。

② 焦竑撰，李剑雄点校：《澹园集》附编一，北京：中华书局，1999 年，页 1204，标点有改动。

③ 焦竑撰，李剑雄点校：《焦氏笔乘》续集卷一，上海：上海古籍出版社，1986 年，页 195。此虽是引文，亦可当作焦氏的观点。

④ 如焦氏言，读书亦可摄生，在回复一位后学的书信中，焦氏谓：“得手书，知近履佳胜，殊慰悬悬。奉亲之余，得壹意读书，不独可恢远业，而精神专固，即具摄生之理。惟无迂其言，而见听焉，幸甚！仆归，杜门谢客，日以坟籍自娱，差不落莫。”（参焦竑撰，李剑雄点校：《澹园集》卷十三，前揭书，页 119）

另一方面,“即境以证心,因器以求道”又显示出即器所求之道是心学家所重之“心”,焦弱侯的知识探索最终与他的心学联系在一起,两者成为焦氏一生学术的两个支柱。焦弱侯对《论语》博约关系的新解释能很好地说明他的知识追求与心学之间的积极关联。《论语》有“君子博学于文,约之以礼”(《雍也》)、“博我以文,约我以礼”(《子罕》)等多处关于博文约礼的说法,博文与约礼也因之成为宋明理学家学习和修身的基本方法。朱子把它们理解为博学求知和守身行礼两个并列的工夫。① 而在焦氏看来,博文和约礼是同一个学习过程的两个向度:

> 黄莘阳少参言:“颜子殁而圣人之学亡,后世所传是子贡多闻多见一派学问,非圣学也。”先生曰:“‘多闻择其善者而从之,多见而识之’,是孔子所自言,岂非圣学?孔子之博学于文,正以为约礼之地。盖礼至约,非博无以通之。故曰:‘博学而详说之,将以反说约也。’后学泛滥支离,于身心一无干涉,自是无为己之志故耳。”②

“颜子没而圣人之学亡”是王阳明的著名断言,阳明后学中有不少学者根据心学的工夫论特点而贬低子贡从闻见而入的学习方式,(参本书第五章第二节)文中的黄莘阳或受其影响而有此论。弱侯反复为子贡多闻多见的学习方式辩护,在另一处他甚至把子贡与颜子、曾子并列:“窃观孔门独称颜子为好学,自颜子而下,曾子以力行入,子贡以多闻入,皆得‘一贯’之宗。”③焦氏一反众议而高度认可子贡之学,不能说与他对多闻博识之重视毫无联系。在儒学史上,我们常常听到的说法是由博返约,多学多识最终要一以贯之,而焦弱侯为此提供了一个深层的解释:非博无以至约。他曾用捕鱼网之众网孔来比喻博学多识的重要性:

> 礼者,心之体,本至约也。约不可骤得,故博文以求之。学而有会于文,则博不为多,一不为少。文即礼,礼即文,我即道,道即我。奚畔之有?故网之得鱼,常在一目,而非众目不能成网;人之会道,常于至约,而非博学不能成约。④

---

① 可以参朱子对《论语》原文的解释,参其《四书章句集注·论语集注》,《朱子全书》第6册,上海/合肥:上海古籍出版社/安徽教育出版社,2002年,页117、142。

② 焦竑撰,李剑雄点校:《澹园集》卷四十八,北京:中华书局,1999年,页733。

③ 焦竑撰,李剑雄点校:《澹园集》续集卷五,北京:中华书局,1999年,页868。

④ 焦竑撰,李剑雄点校:《焦氏笔乘》续集卷一,上海:上海古籍出版社,1986年,页205。

焦弱侯和许多阳明后学学者一样，对“礼”有一种内在化的理解，把“礼”理解为天则或天理。[①] 同时，“心外无理”，礼则成为心之本体。博文约礼就转变为博学古典而求本心的过程。博览古代的名物、制度或人事，表面上是一节之知，限于琐碎，实际上却是对道的潜在接近，奠基在广博知识上的心学才是究竟的。虽然焦氏对博约关系的说明稍显简练，但我们还是能从中发现到一条通过博览经史来通达心学的独特道路。毫无疑问，焦弱侯经由经史博学而获得的心学蕴含着非常丰富的涵义。

## 六 结语

本章展示了阳明学派经学观和经史实践的不同面向。阳明学学者不仅有独特的经学观念，而且有非常丰富的经史探究成果。晚明以来对阳明学空疏学风的批评要么是偏颇之词，要么是无视史实的不实之词。阳明学学者的经史思想和实践自成一体，他们的经史钻研不是知识性的考古工作，而是伴有修身成德的关怀。他们的经典诠释是以修身工夫、生命体验为基础的实践性的诠释，因其工夫经验的丰富性而使经典的理解呈现多种多样的面貌。而且，阳明后学诸多学者对于经学的不同态度使我们看到，阳明心学是一个开放的思想系统，它本身便蕴含着自我否定、自我更新的机制。阳明学派的经学观既有以吾心为中心、以塑造德性生命为理论鹄的之面向，也有参求经籍以牖吾心的思想主张。心学并非一个凝滞不变、自我封闭的思想系统，面对时代变化中的不同问题，心学积极做出适时的应对和调适。

从季彭山对“四书”、《周易》等儒学经典的诠释中，我们看到了一种以心学诠释经典，扭转朱子的“四书”诠释系统，建立心学式“四书”系统，甚至重建经学义理体系的可能路径。彭山把心学的精核要义贯穿在他的诠释中，但他的诠释不是曲解经义、以经就我的主观臆断，而是努力发掘“四书”等儒学古典潜藏的心学奥义。季彭山遍注群经的工作有着双重意义。他从原典中发掘心学义理使阳明心学不能被看作是几个人的偶然发明，而是奠基在儒学的大本大源之上。与此同时，彭山的经典解释又使儒学原典在心学的

---

① 如焦氏言：“仁者，一名孝悌，一名良知，一名礼。礼也者，体也，天则也。是礼也，能视听，能言动，能孝悌，能贤贤，能事君，能交友；可以为尧舜，可以通天地，可以育万物，人人具足，人人浑成。所谓与天地万物为一体者。乃其体自如是，非我强与之一也。”（焦竑撰，李剑雄点校：《澹园集》卷十二，前揭书，页 88）在此，礼成了良知、心体的代名词。

刺激下焕发活力，获得新的义理形态，它们依然作为中国思想的原型和创造的源头矗立在历史文化的地基上。

尽管焦弱侯和季彭山一样对“四书”、《周易》进行过专门的解释，但他更重视古典文献的基础知识，这显示出心学与知识学、博物学更紧密的结合。焦氏的学问与明末清初大儒黄梨洲之学形式上相类似，他们二位既是心学的继承者，又都博览经史，以经史之学对治时代空疏的学风，他们博通笃实的朴学式的学风又赋予了心学新的内涵。焦氏“礼至约，非博无以通之”的说法使笔者想起黄梨洲在《明儒学案》中的著名序言：

> 盈天地皆心也。变化不测，不能不万殊。心无本体，功力所至，即其本体。故穷理者穷此心之万殊，非穷万物之万殊也。穷心则物莫能遁，穷物则心滞一隅。①

论者把此序言作为梨洲理学和经史学术的思想基础。② 梨洲作为刘蕺山门下龙象，同样把本心作为其一切思想的核心，因而他强调读书穷理、博学考古不是为求得自然知识，而是以穷此心之万殊为终极关怀。另一方面，本心涵容万物，非偏滞一隅，必须穷究上下四方、博览古今才能发掘吾人之心的全部意蕴。③ 对于焦弱侯和黄梨洲而言，格万物、博古今是认识本心必不可少的途径。其实，儒家心学之“本心”本来就非限于一隅，更不是隔绝孤陋之心，而是与万物为一体的“大心”。王阳明“心外无物”“万物一体”等主张即蕴含着关怀天下、兼容万物的精神向度，而焦弱侯和黄梨洲等儒者无非是从经史知识的角度彰显了本心的广度。

---

① 黄宗羲撰，沈善洪主编：《黄宗羲全集》第 10 册，杭州：浙江古籍出版社，1985 年，页 73。黄梨洲写过两篇关于《明儒学案》的序言，此为初序。

② 参王汎森：《清初的讲经会》，载其著《权力的毛细管作用：清代的思想、学术与心态》，台北：联经出版事业股份有限公司，2013 年，页 119—124；以及李明友：《一本万殊：黄宗羲的哲学与哲学史观》，北京：人民出版社，1994 年，页 101—104。

③ 全谢山对把梨洲的思想阐发得更为具体：“公谓明人讲学，袭语录之糟粕，不以《六经》为根柢，束书而从事于游谈，故受业者必先穷经。经术所以经世，方不为迂儒之学，故兼令读史。又谓读书不多，无以证斯理之变化，多而不求于心，则为俗学，故凡受公之教者，不堕讲学之流弊。公以濂洛之统，综会诸家：横渠之礼教，康节之数学，东莱之文献，艮斋、止斋之经制，水心之文章，莫不旁推交通，连珠合璧，自来儒林所未有也。”（见全祖望撰：《梨洲先生神道碑文》，载《全祖望集汇校集注》，朱铸禹汇校集注，前揭书，页 219—220）

# 结论

阳明学派是中国思想史上最大的学派之一，其包括的人物之多、影响范围之广，恐怕只有孔子学派、朱子学派能相匹敌。仅黄梨洲《明儒学案》所收就有八个学案(包括阳明本人和泰州学案)约93人。阳明学派的人物既有如阳明一样拥有显赫政绩的在朝士大夫，又有如王心斋一样的庶民百姓。阳明学派的思想亦因众多后学的发展而有所谓“修证派”“现成派”“归寂派”之不同。阳明心学还深刻影响了明代中晚期的宗教、文学、艺术等其他文化领域，乃至连历史上被看作“异端”的李卓吾也被认为深受阳明学之影响。据此而言，阳明心学的进展呈现出思想多样、形态各异的多元格局。

本书的探讨致力于呈现阳明学派重视知识技艺、读书治学的面向。总体上看，王阳明及其后学涉猎的知识领域包括兵法等实践技艺、经济地理等经世之学、政治经验等资治之学、数学等理论知识以及经典注疏等诸多内容。他们对各类知识的了解，如王阳明对于兵法、罗念庵对于地图、顾箬溪对于数学、唐荆川对于历代政治经验等，并非止于业余之兴趣，而是达到了专家治学甚至超越前人的精深程度。具体而言，阳明学派知识学的形态，依据人物及其知识成就相结合的方式，可以分为经世之学、游艺之学、经典注疏三大类别。这三项也是传统儒学所及的知识领域的主要构成。孔子所教的“礼、乐、射、御、书、数”之六艺以及《诗》《书》《礼》《乐》等先王经典即蕴涵着上述三类知识或技艺。不过，必须指出，阳明学派这三种知识学形态并非相互独立、毫无联系，它们之间并无截然之界线。对儒学而言，经世致用是知识追求的基础诉求，在追求实用知识和技艺中能够优游涵泳、游憩其中是孔子“游于艺”之旨趣，而经典之研究与前两者亦能相通。这三种知识学形态的划分主要是依据阳明后学不同学者的知识学的特点和重点而做出的归纳，是为了充分地说明阳明学派知识学的内在条理和整体特点。

本书对王龙溪、罗念庵、顾箬溪、唐荆川、季彭山、焦弱侯等一众阳明后学的探究，梳理其在诸多知识学领域中的成就和思考，纠正了历来认为阳明学派轻视道问学、空疏不实的错误印象。不仅如此，阳明后学诸子自觉地将尊德性与道问学联系在一起，其中蕴涵着几条连接儒家心性之学与经验知识之学的不同路径。在王阳明及其后学的“良知”与“见闻之知”之辨中，他们将良知独立于经验知识，在强调良知优先性的同时认可知识的独立地位，并以“体用不二”之理念将两者衔接起来。这样一种对道德良知与经验知识的异质性的理解，促使了对经验知识的独立性、客观性的肯定，并暗含着一种尊重知识自身之条理性的知识论的可能性。唐荆川与顾箬溪的“道艺之辨”通过修身学的方式展示出另一种沟通心性之学与经验知识的途径。两人将知识技艺之学放到儒学“游艺”之学的范围内，他们认为知识技艺不仅具有实用价值，更是涵养心性、锻炼心志必不可少的环节，具有更崇高的意义。两人对知识的独立性和重要性做出了最有力的呼喊。在对经典的态度上，阳明学常被冠以废弃经典、师心自用的污名。而实际上，在自信吾心与经典权威的张力中，阳明后学最终转向以经典校正吾心的为学取向，将吾心镶嵌在经典之中。明末清初学者对经学的转向，亦有阳明后学提供的诸多助力。

阳明心学以修身成圣为终极蕲向，但其修身之学不是抽象思辨或枯坐玄想，而是强调要落实在经世济用、改善民生的行动和实学中。王阳明及其后学主张“事上磨练”“道艺不二”“道器不二”等显示出强烈的经世情怀，这也使阳明学呈现出鲜明的实践品格。与宋代儒学相比，阳明及其后学具有更强烈的改造现实的意愿和行动。他们不满足于一般经世原则的思考，致力于采取一些现实可行的具体举措。他们对兵学的重视、对游艺之学的高度肯定，他们的乡村改良运动等均体现出对现实世界的深度关切。阳明学人从事的乡村改良、军事行动、知识学积累等等，均是明代经世之学的重要构成。不过，阳明学派的经世之学又不同于明末清初反理学的“实学思潮”，它以心性之学为底色，蕴涵着理学“万物一体”与修身成圣的超越追求。

不可否认，不是所有的阳明后学学者都对道问学充分重视。阳明后学成员对道问学的不同态度是阳明学派丰富性和复杂性的一个体现。即使在重视知识学的阳明后学诸子中，他们也具有不一样的特点。江右学者罗念庵、邓潜谷等人出于对阳明学派中鄙弃经典现象的警惕而重视经典，浙中王门顾箬溪、黄久庵通过转向孔子的“志道、据德、依仁、游艺”四位一体的君子之学来对治阳明后学讲学运动的空疏之弊。他们对阳明后学流弊的批评、修正乃至完全否定，在明清之际获得了回应，成了当时的思想主调。我们亦可说，明清之际的学术转型孕育在阳明学的开展中，而阳明学派知识学的展开最终走向了明末清初的学术转型，中晚明的阳明学与明末清初之学术表现出连续性的特征。据此，本书呈现出的阳明学派的知识学图像对于重新审视明末清初学术转型的起源与过程提供了一个新的线索。

# 附录　阳明学派学者知识著述之书目

说明：笔者依据《千顷堂书目》以及《明史·艺文志》等记录明代文献的目录学著作，对《明儒学案》所列王阳明以及王门诸学案（包括泰州王门）儒者之知识著述进行简要考察，结果见下表。“成书方式”主要区别相应著作是个人撰著抑或对既往文史资料之汇编。随后一栏将相应著作之知识内容做简单归类。最后一栏标明该文献可方便查阅之出处或其所记之书目来源。只列举其出处之书目而未标明著作收编或所藏之处者，或已遗失。阳明学派人物众多，以下搜罗难免有疏漏，还望方家不吝指正。

| 著者 | 书目 | 成书方式 | 内容或范围 | 文献来源 |
|---|---|---|---|---|
| 王阳明 | 《武经七书评》 | 评注 | 兵学 | 《王阳明全集》（新编本）卷三十九 |
| | 《南赣乡约》《十家牌法》《保甲法》等 | 撰制 | 政治 | 《王阳明全集》（新编本）卷十六、十七 |
| 王龙溪（浙中王门） | 《中鉴录》 | 编纂 | 史学 | 《故宫珍本丛刊》第六十一册 |
| | 《大象义述》一卷 | 撰著、注疏 | 六经类 | 《王畿集》附录一 |
| 季彭山（浙中王门） | 《四书私存》三十七卷 | 撰著 | 四书类 | 朱湘钰点校，台北：“中央研究院”中国文哲研究所，2013年 |
| | 《诗说解颐》四十卷 | 撰著 | 六经类 | 《影印文渊阁四库全书》第79册 |
| | 《读礼疑图》六卷 | 撰著、考证 | 六经类 | 《四库全书存目丛书》经部第81册 |

续 表

| 著者 | 书目 | 成书方式 | 内容或范围 | 文献来源 |
|---|---|---|---|---|
| | 《易学四同》八卷、《易学四同别录》四卷 | 注疏、考证 | 六经类 | 《续修四库全书》第6册，亦见《四库存目丛书》经部第3册 |
| | 《春秋私考》三十六卷首一卷 | 撰著 | 六经类 | 《续修四库全书》第134册，亦见《四库全书存目丛书》经部第117册 |
| | 《乐律纂要》一卷 | 撰著 | 六经类 | 《续修四库全书》第113册，亦参《四库全书存目丛书》经部第182册 |
| | 《庙制考议》不分卷 | 考证 | 六经类 | 《四库全书存目丛书》经部第105册 |
| | 《说理会编》十六卷 | 撰著 | 理学 | 《四库全书存目丛书》子部第9册 |
| | 《龙惕书》一卷 | 撰著 | 理学 | 收入朱湘钰点校《四书私存》 |
| | 《孔孟事迹图谱》四卷 | 撰著 | 史学 | 《四库全书存目丛书》史部第77册 |
| | 《图文余辨》《蓍法别传》《古易辨》各一卷 | 撰著 | 六经类 | 《千顷堂书目》卷一、《明史·艺文志》卷一① |
| | 《律吕别书》一卷 | 撰著 | 六经类 | 《千顷堂书目》卷二、《明史·艺文志》卷一 |
| 黄久庵（浙中王门） | 《明道编》，又名《久庵日录》 | 撰著 | 理学 | 北京：中华书局，1959年 |
| | 《中庸古今注》一卷 | 注疏 | 四书类 | 《千顷堂书目》卷二 |
| | 《四书原古》《五经原古》 | 撰著 | 经学 | 《千顷堂书目》卷三、《明儒学案》卷十三 |
| | 《思古堂笔记》 | 撰著 | 理学 | 《千顷堂书目》卷十一 |

① 笔者依据版本为黄虞稷撰，瞿凤起、潘景郑整理：《千顷堂书目》（附索引），上海：上海古籍出版社，2001年；商务印书馆编：《明史艺文志·明史艺文志补编·明史艺文志附编》，北京：商务印书馆，1959年。

续　表

| 著者 | 书目 | 成书方式 | 内容或范围 | 文献来源 |
|---|---|---|---|---|
| 顾箬溪（浙中王门） | 《静虚斋惜阴录》十二卷附一卷 | 撰著 | 理学、史学、音韵学、律吕、数学、制度等 | 《续修四库全书》子部1122册、《四库全书存目丛书》子部84册 |
| | 《测圆海镜分类释术》十卷 | 撰著 | 数学 | 《文渊阁四库全书》第798册，亦见郭书春主编《中国科学技术典籍通汇·数学卷》第二分册 |
| | 《弧矢算术》一卷 | 撰著 | 数学 | 《影印文渊阁四库全书》第798册，亦见《中国科学技术典籍通汇·数学卷》第二分册 |
| | 《勾股算术》二卷 | 撰著 | 数学 | 《续修四库全书》第1044册，亦见《中国科学技术典籍通汇·数学卷》第二分册 |
| | 《测圆算术》四卷 | 撰著 | 数学 | 《中国科学技术典籍通汇·数学卷》第二分册 |
| | 《人代纪要》三十卷 | 编纂 | 史学 | 《四库全书存目丛书》史部第6、7册 |
| | 《人代纪要考证》十卷 | 编纂 | 史学 | 台北“国家图书馆”藏 |
| | 《人代纪略》三卷 | 编纂 | 史学 | 中国国家图书馆藏 |
| | 《重修问刑条例》七卷 | 撰著 | 刑律 | 普林斯顿大学东亚图书馆藏 |
| | 《唐诗类钞》八卷 | 编纂 | 文学 | 中国国家图书馆藏 |
| | 《读易愚得》四卷 | 撰著 | 六经类 | 《千顷堂书目》卷一，亦载徐中行《天目先生集》卷一五《明故资善大夫南京刑部尚书赠太子少保箬溪顾公行状》（简称《顾箬溪行状》） |
| | 《尚书纂言》 | 撰著或编纂 | 六经类 | 《天目先生集》卷一五《顾箬溪行状》 |
| | 《授时历法》二卷 | 撰著 | 历算 | 佚《天目先生集》卷一五《顾箬溪行状》 |

续　表

| 著者 | 书目 | 成书方式 | 内容或范围 | 文献来源 |
|---|---|---|---|---|
| | 《授时历法撮要》一卷 | 撰著 | 历算 | 崇祯《吴兴备志》卷二十二，亦载《明儒学案》卷十四 |
| | 《律解疑辨》 | 撰著 | 刑律 | 同治《长兴县志》卷二十九 |
| | 《南诏事略》一卷 | 撰著 | 史学 | 《千顷堂书目》卷七，亦载同治《长兴县志》卷二十九 |
| | 《明文集要》 | 编纂 | 文学 | 《天目先生集》卷一五《顾箬溪行状》，亦载《千顷堂书目》卷三十一 |
| | 《围棋势选》一卷 | 编纂 | 棋艺 | 同治《长兴县志》卷二十九，亦载同治《湖州府志》卷五十八 |
| | 《长兴县志》十二卷 | 编纂 | 史学 | 《千顷堂书目》卷七；同治《长兴县志》卷二十九作十卷，附诗文上下两卷 |
| 徐鲁源（浙中王门） | 《三先生类要》五卷 | 编纂 | 理学 | 《四库全书存目丛书》子部第11册 |
| | 《五经辨疑》 | 撰著 | 六经类 | 《千顷堂书目》卷三 |
| | 《反声编》四卷 | 编纂 | 理学 | 《千顷堂书目》卷十一 |
| 万鹿园（浙中王门） | 《万氏家抄济世良方》六卷 | 编纂 | 医学 | 《四库全书存目丛书》子部第43册 |
| | 《皇明经济文录》四十一卷 | 编纂 | 政治、制度、军事、地理、历史等 | 《四库禁毁丛刊》集部第18、19册 |
| | 《论语心义》 | 撰著 | 四书类 | 《千顷堂书目》卷三，亦载《王畿集》卷二十《骠骑将军南京中军都督府都督佥事前奉敕提督漕连镇守淮安地方总兵官鹿园万公行状》（以下简称《万鹿园行状》） |
| | 《学庸志略》 | 撰著 | 四书类 | 《千顷堂书目》卷二，亦载《万鹿园行状》 |
| | 《孟子摘义》 | 撰著 | 四书类 | 《千顷堂书目》卷三，亦载《万鹿园行状》 |

续　表

| 著者 | 书目 | 成书方式 | 内容或范围 | 文献来源 |
| --- | --- | --- | --- | --- |
| 万鹿园（浙中王门） | 《道德经赘言》一卷、《玄门入道资粮》一卷 | 撰著 | 诸子学 | 《千顷堂书目》卷十六 |
| | 《积善堂活人滋补方》一卷、《积善堂活人经验方》一卷（一作六卷） | 编纂 | 医学 | 《千顷堂书目》卷十四 |
| 王敬所（浙中王门） | 《宋元资治通鉴》六十四卷 | 撰著 | 史学 | 《四库未收辑刊》第1辑第14册 |
| | 《江西省大志》八卷 | 编纂 | 史学 | 《中国地方志丛书》，台北：成文出版社，1989年，华中地方，第779号 |
| | 《海运志》二卷 | 编纂 | 史学、地理学 | 日本国会图书馆藏 |
| | 《朱子大全私抄》十二卷 | 编纂 | 理学 | 《千顷堂书目》卷十一 |
| | 《南华经别编》二卷 | 编纂 | 诸子学 | 《千顷堂书目》卷十六 |
| 邹东廓（江右王门） | 《谕俗礼要》二卷 | 撰著 | 礼乐 | 《千顷堂书目》卷二 |
| | 《道南三书》三卷、《明道录》四卷 | 编纂或撰著 | 理学 | 《千顷堂书目》卷十一、《明史・艺文志》卷三 |
| | 《广德州志》 | 编纂 | 地方志 | 《千顷堂书目》卷六 |
| 罗念庵（江右王门） | 《广舆图》 | 撰著 | 地理学 | 《续修四库全书》史部第586册 |
| 王塘南（江右王门） | 《广仁类编》四卷 | 编纂 | “笃伦”“德政”“惠济”“活物” | 江西省图书馆藏① |
| 刘泸潇（江右王门） | 《大象观》二卷 | 撰著 | 六经类 | 《四库全书存目丛书》经部第10册 |
| | 《大学新编》五卷 | 编纂 | 四书类 | 《四库全书存目丛书》经部第157册 |

① 参钱明、程海霞《江右思想家王时槐考述》，《中国哲学史》，2007年第2期。

续 表

| 著者 | 书目 | 成书方式 | 内容或范围 | 文献来源 |
| --- | --- | --- | --- | --- |
| | 《诸儒学案》十二卷 | 编纂 | 理学 | 《续修四库全书》第 512 册，亦见《四库全书存目丛书》子部第 12 册 |
| | 《贤奕编》四卷 | 编纂 | 小说、笔记 | 《丛书集成初编》第 2940 册 |
| | 《礼律类要》一卷 | 编纂 | 六经类 | 《千顷堂书目》卷二 |
| | 《四书宗解》八卷 | 撰著 | 四书类 | 《千顷堂书目》卷三、《明史·艺文志》卷一 |
| | 《小学新编摘要略》一卷 | 编纂 | 小学、蒙学 | 《千顷堂书目》卷三 |
| | 《六鉴举要》 | 撰著 | 史学 | 《千顷堂书目》卷四 |
| | 《国史举凡》 | 撰著 | 史学 | 《千顷堂书目》卷五 |
| | 《历代江右名贤录》二卷 | 编纂 | 史学 | 《千顷堂书目》卷十、《明史·艺文志》卷二 |
| | 《国朝江右名贤编》二卷 | 编纂 | 史学 | 《千顷堂书目》卷十 |
| | 《思问编》《先正义方》《儒宗考辑略》二卷；《刘聘君会语》四卷 | 撰著、编纂 | 理学 | 《千顷堂书目》卷十一 |
| 万思默（江右王门） | 《易原》四卷、《易说》两卷 | 撰著 | 六经类 | 中国国家图书馆、日本东京尊经阁文库等藏 |
| | 《经世要略》二十卷 | 编纂 | 政治、历史 | 日本东京前田育德会藏 |
| 邹南皋（江右王门） | 《仁文书院集验方》七卷 | 编纂 | 医学 | 日本国立公文书馆藏 |
| | 《通易彀》或《易彀通》一卷 | 撰著 | 六经类 | 《千顷堂书目》卷一、《明史·艺文志》卷一 |
| | 《礼记正义》六帙 | 撰著 | 六经类 | 《千顷堂书目》卷二 |
| | 《邹子学庸商求》二卷 | 撰著 | 四书类 | 《千顷堂书目》卷二 |

续　表

| 著者 | 书目 | 成书方式 | 内容或范围 | 文献来源 |
|---|---|---|---|---|
| | 《筮仕要诀》一卷 | 撰著 | 政刑 | 《千顷堂书目》卷十、《明史·艺文志》卷二 |
| | 《南皋仁文会语》四卷、《日新编》二卷 | 撰著 | 理学 | 《千顷堂书目》卷十一、《明史·艺文志》卷三 |
| | 《辅仁编》二卷、《宗儒语略》二卷、《义语合编》四卷 | 撰著 | 理学 | 《千顷堂书目》卷十一 |
| 罗匡湖（江右王门） | 《周易古本》一卷 | 撰著 | 六经类 | 《千顷堂书目》卷一 |
| | 《校复古本大学》一卷 | 撰著 | 四书学 | 《千顷堂书目》卷二 |
| 邓潜谷（江右王门） | 《经绎》、又称《五经绎》（包括《易经绎》《诗经绎》《书经绎》《三礼绎》《春秋通》）十五卷 | 撰著、注疏 | 六经类 | 《四库全书存目丛书》经部第149册 |
| | 《三礼编绎》二十六卷 | 撰著、注疏 | 六经类 | 《四库全书存目丛书》经部第106、107册 |
| | 《函史》上编八十一卷、下编二十二卷 | 编纂、评注 | 史学、政治、刑律、教育、宗教、理学等 | 《四库全书存目丛书》史部第25—28册 |
| | 《皇明书》四十五卷 | 编纂 | 史学、政治、理学、文学、经济等 | 《四库全书存目丛书》史部第29册 |
| 章本清（江右王门） | 《周易象义》不分卷、《读易杂记》四卷 | 撰著 | 六经类 | 《续修四库全书》第9册，亦见《四库全书存目丛书》经部第18册 |
| | 《图书编》一百二十七卷 | 编纂 | 类书：经学、天文、地理、时令、运气、历法、中医学、儒学、职官、经济等 | 《影印文渊阁四库全书》第968—972册 |

续　表

| 著者 | 书目 | 成书方式 | 内容或范围 | 文献来源 |
|---|---|---|---|---|
| | 《百战奇法》一卷 | 撰著 | 兵学 | 中国国家图书馆、日本国会图书馆等藏 |
| | 《诗原始》《书原始》《礼记劄言》《春秋窃义》 | 撰著 | 六经类 | 《千顷堂书目》卷一、卷二 |
| | 《论语衍言》 | 撰著 | 四书类 | 《千顷堂书目》卷三 |
| | 《大中本旨》《此洗堂语略》二卷 | 撰著 | 理学 | 《千顷堂书目》卷十一 |
| | 《尚书图说》三卷 | 撰著 | 六经类 | 《明史·艺文志》卷一 |
| 冯慕冈（江右王门） | 《月令广义》二十四卷首一卷统记一卷 | 撰著 | 经学、天文地理等 | 《四库全书存目丛书》史部第164、165册 |
| | 《皇明经世实用编》二十八卷首一卷续集二卷 | 编纂 | 政治、礼乐、军事、数学等 | 《四库全书存目丛书》史部第267册 |
| | 《重辑朱子录要》十五卷 | 编纂 | 理学 | 日本国立公文书馆等藏 |
| 黄五岳（南中王门） | 《论语洙泗万一本旨》 | 撰著 | 四类书 | 朱彝尊《经义考》卷二百二十一 |
| | 《老子玉略》 | 撰著 | 诸子书 | 《明诗纪事》戊集卷十七以及乾隆《长洲县志》卷二十四《人物》 |
| | 《会稽问道录》十卷 | 撰者 | 理学 | 《明诗纪事》戊集卷十七以及《明儒学案》卷二十五 |
| | 《〈申鉴〉注》五卷 | 注疏 | 诸子学 | 《影印文渊阁四库全书》第696册 |
| | 《西洋朝贡典录》三卷 | 撰著 | 史学 | 《四库存目丛书》史部第255册 |
| | 《吴风录》一卷 | 撰著 | 史学 | 《续修四库全书》史部第733册 |

续　表

| 著者 | 书目 | 成书方式 | 内容或范围 | 文献来源 |
|---|---|---|---|---|
| | 《拟诗外传》二卷 | 撰著 | 笔记小说、文学 | 《五岳山人集》卷二十一、二十二(《四库存目丛书》集部第94册) |
| | 《高士传颂》二十卷(或二卷) | 撰学 | 史学 | 《千顷堂书目》卷十、《明史·艺文志》卷二 |
| | 《鱼经》一卷 | 撰著 | 生物学 | 《丛书集成初编》第1360册 |
| | 《兽经》一卷 | 撰著 | 生物学 | 《丛书集成初编》第1363册 |
| | 《理生玉经镜稻品》一卷 | 撰著 | 农学 | 《丛书集成初编》第1469册 |
| | 《种芋法》一卷 | 撰著 | 生物学 | 《丛书集成初编》第1469册 |
| | 《菊谱》二卷 | 撰著 | 农学 | 《丛书集成初编》第1470册 |
| | 《艺菊》一卷 | 撰著 | 农学 | 北京图书馆古籍珍本丛刊第七十八 |
| | 《蚕经》一卷 | 撰著 | 农学 | 《丛书集成初编》第1471册 |
| | 《养鱼经》一卷 | 撰著 | 农学 | 《百部丛书集成·百陵学山》第三册、日本国立公文书馆等藏 |
| | 重辑《嵇中散集》十卷;校对《竹涧文集》八卷以及《竹涧奏议》四卷;刊刻《水经注》《山海经》《汉纪》《后汉纪》;诠次《空同集》 | | | |
| 朱近斋(南中王门) | 《老子通义》二卷 | 注疏 | 诸子学 | 《无求备斋老子集成》第83册 |
| | 《庄子通义》十卷 | 注疏 | 诸子学 | 《续修四库全书》第955、956册、亦见《四库全书存目丛书》子部第256册 |
| | 《列子通义》八卷 | 注疏 | 诸子学 | 《四库未收辑刊》第8辑第14册 |
| | 《宵练匣》一卷 | 撰著 | 理学 | 《四库全书存目丛书》子部第87册 |
| | 《正蒙正义》 | 注疏 | 理学 | 《千顷堂书目》卷十一 |
| 薛方山(南中王门) | 《四书人物考》四十卷 | 撰著、考证 | 经学、史学 | 《四库全书存目丛书》经部第157册 |

续　表

| 著者 | 书目 | 成书方式 | 内容或范围 | 文献来源 |
| --- | --- | --- | --- | --- |
| | 《宋元通鉴》一百五十七卷 | 撰著 | 史学 | 《四库全书存目丛书》史部第9—11册 |
| | 《甲子会纪》五卷、《宪章录》四十六卷 | 撰著 | 史学 | 《四库全书存目丛书》史部第11册 |
| | 《薛子庸语》十二卷 | 撰著 | 理学 | 《续修四库全书》第940册、《四库全书存目丛书》子部第10册 |
| | 《方山纪述》一卷 | 撰著 | 笔记、理学 | 《四库全书存目丛书》子部第10册 |
| | 《浙江通志》七十二卷 | 参与编纂 | 史学 | 《天一阁藏明代方志选刊续编》第24—26册 |
| | 《方山诗说》八卷或六卷 | 撰著 | 六经类 | 佚《千顷堂书目》卷一、《明史·艺文志》卷一 |
| | 《考亭渊源录》二十四卷 | 编纂 | 理学 | 《千顷堂书目》卷十一、《明史·艺文志》卷三 |
| | 《皇明人物考》七卷、《隐逸传》二卷、《高士传》四卷 | 编纂、考证 | 史学 | 《千顷堂书目》卷十、《明史·艺文志》卷二 |
| | 《明儒论宗》八卷 | 编纂 | 理学 | 《千顷堂书目》卷三十一 |
| 薛畏斋(南中王门) | 《易象大旨》八卷 | 撰著 | 六经类 | 《四库全书存目丛书》经部第5册 |
| | 《四书正义》十二卷 | 撰著 | 四书类 | 《千顷堂书目》卷三、《明史·艺文志》卷一 |
| | 《心传书院讲义》 | 撰著 | 理学 | 《千顷堂书目》卷三 |
| | 《大家文选》二十二卷 | 编纂 | 文学、史学 | 《千顷堂书目》卷三十一、《明史·艺文志》卷四 |
| 唐荆川(南中王门) | 《两汉解疑》二卷、《两晋解疑》一卷 | 撰著 | 史学 | 《四库全书存目丛书》史部第282册 |
| | 《武编》十卷 | 编纂 | 兵学 | 《影印文渊阁四库全书》第727册 |

续　表

| 著者 | 书目 | 成书方式 | 内容或范围 | 文献来源 |
|---|---|---|---|---|
| | 《荆川稗编》一百二十卷 | 编纂 | 经学、音乐、诸子学、历法、地理、理数、术数、象数、佛教、史学、诗文、书法等 | 《影印文渊阁四库全书》第953—955册 |
| | 《文编》六十四卷 | 编纂 | 文学、史学等 | 《影印文渊阁四库全书》第1377—1378册 |
| | 《历代史纂左编》一百四十二卷 | 编纂 | 史学 | 《四库全书存目丛书》史部第133—137册 |
| | 《荆川先生右编》四十卷 | 编纂 | 政治、经济、军事等 | 《续修四库全书》史部458册、《四库全书存目丛书》史部70—71册 |
| | 《唐荆川先生编纂诸儒语要》十卷 | 编纂 | 理学 | 《四库全书存目丛书》子部第10册 |
| | 《广右战功录》一卷 | 编纂 | 史学 | 《丛书集成初编》3978册，亦见黄南津、魏菲校注《〈南征录〉〈广右战功录〉〈西南记事〉校注》，南宁：广西人民出版社，2008年 |
| | 《刑法奏议》一卷 | 编纂 | 刑律 | 杨一凡主编《中国律学文献》第四辑，北京：社会科学文献出版社，2007年 |
| | 《数论五篇》 | 撰著 | 数学 | 《重刊荆川先生文集》卷十七 |
| | 《神机勾股算法》《回回历批本》《四元宝鉴》《奇门六壬翻擎太乙诸书》《四书文》四册、《海防图志》八卷、《历代地理指掌图》《淮阳图编》《大同三关图》《勾股六论》一卷、《历算书稿》十二册、《汉书揭要》一卷、《评选两汉奏疏》十六卷、《宋资治通鉴节要》十七卷、《批点真西 | | 经学、史学、理学、文学、数学、兵学、音乐等 | 唐鼎元、唐镇元辑录《唐荆川公著述考》（上海图书馆等藏） |

续　表

| 著者 | 书目 | 成书方式 | 内容或范围 | 文献来源 |
|---|---|---|---|---|
| | 山〈文章正宗〉二十六卷》、《批选周汉文》十二卷、《批选史记》十二卷、《批选汉书》四卷、《精选史记汉书》、《策海正传》十二卷、《唐会元精选批点唐宋名贤策论文粹》八卷、《选辑朱子全集》十五卷、《明文选》二十卷、《董中峰文选》《二妙集》十二卷、《诗编》《兵垣四编》五卷、《诸儒文要》八卷、《儒编》六十卷、《五经总论》一卷、《乐论》八卷、《春秋论》一卷、《獲麟考》一篇、《左氏始末》十二卷、《唐襄文公文定》四卷 | | | |
| 唐凝庵（南中王门） | 《周易象义》四卷 | 撰著 | 六经类 | 《四库全书存目丛书》经部第10册 |
| | 《皇明辅世编》六卷 | 编纂 | 史学、政治 | 《续修四库全书》第524册、《四库全书存目丛书》史部第98册 |
| | 《宪世前编》一卷、《宪世编》六卷 | 编纂 | 儒学、理学 | 《续修四库全书》第941册、《四库全书存目丛书》子部第12册 |
| | 《皇明辅世续编》五卷 | 编纂 | 史学 | 《千顷堂书目》卷十、《明史·艺文志》卷二 |
| | 《常州府志》二十卷 | 编纂 | 地方志 | 《千顷堂书目》卷六、《明史·艺文志》卷二 |
| 杨幼殷（南中王门） | 《西堂日记》一卷 | 撰著 | 理学 | 《丛书集成初编》2920册 |
| | 《经史通谱》一卷 | 撰著 | 经学 | 《千顷堂书目》卷三 |
| | 《补辑名臣琬琰录》（王世贞同辑）一百十卷 | 编纂 | 史学 | 《千顷堂书目》卷十 |
| 穆玄庵（北方王门） | 《大学千虑》一卷 | 撰著 | 四书类 | 《四库全书存目丛书》经部第156册 |
| | 《读易录》《尚书困学》 | 撰著 | 六经类 | 《千顷堂书目》卷一 |

续　表

| 著者 | 书目 | 成书方式 | 内容或范围 | 文献来源 |
| --- | --- | --- | --- | --- |
| | 《诸史通编》《前汉通记》《读史通编》 | 编纂 | 史学 | 《千顷堂书目》卷四、卷五 |
| 孟云浦（北方王门） | 《读易呓言》、《春秋正旨》、《孝经要旨》一卷、《理学名臣言行录》、《名贤卓行》、《已千录》、《尊闻录》、《诸儒要录》 | 撰著、编纂 | 经学、理学、史学 | 《千顷堂书目》卷一、卷二、卷十、卷十一 |
| 杨晋庵（北方王门） | 《青琐荩言》二卷 | 撰著 | 理学 | 《四库存目丛书》史部第64册 |
| | 《山居功课》十卷 | 撰著 | 理学 | 日本国立公文书馆藏 |
| | 《饥民图说》 | 撰著 | 史学 | 《千顷堂书目》卷五 |
| | 《性理辨疑》 | 撰著 | 理学 | 《千顷堂书目》卷十一 |
| 薛中离（粤闽王门） | 《云门录》一卷、《研几录》一卷、《图书质疑》一卷 | 撰著 | 理学 | 陈椰编校《薛侃集》卷一、卷二、卷三 |
| 罗近溪（泰州王门） | 《孝经宗旨》一卷 | 撰著 | 经学 | 《四库存目丛书》经部第146册 |
| | 《近溪罗先生一贯编》十一卷 | 撰著 | 理学 | 《续修四库全书》第1126册 |
| | 《近溪子明道录》八卷 | 撰著 | 理学 | 《续修四库全书》第1127册 |
| | 《五经一贯》 | 撰著 | 六经类 | 《千顷堂书目》卷三 |
| 杨复所①（泰州王门） | 《诸经品节》二十卷 | 评注 | 佛道 | 《四库存目丛书》子部第130—131册 |
| | 《孝经引证》一卷 | 编纂 | 经学 | 《丛书集成初编》第727册 |
| | 《孝经注》一卷 | 注疏 | 经学 | 上海图书馆藏 |
| | 《训行录》三卷 | 编纂 | 政治、教育 | 日本国立公文书馆 |
| | 《维摩经评注》十四卷 | 评注 | 佛道 | 《卍新纂大日本续藏经》第19册 |

① 参陈椰：《杨复所与晚明思潮研究》第一章第三节“著述考略”，广州中山大学博士论文，2013年。

续 表

| 著者 | 书目 | 成书方式 | 内容或范围 | 文献来源 |
| --- | --- | --- | --- | --- |
| 耿天台(泰州王门) | 《先进遗风》二卷 | 编纂 | 历史 | 《影印文渊阁四库全书》第1041册 |
| | 《硕辅宝鉴要览》四卷 | 编纂 | 历史 | 《四库存目丛书》史部第95册 |
| | 《权子》一卷 | 撰著 | 笔记小说 | 日本国立公文书馆等藏 |
| | 《小学衍义》二卷、《小学新编》 | 撰著 | 六经类 | 《千顷堂书目》卷三 |
| | 《观生记》一卷 | 撰著 | 历史 | 《千顷堂书目》卷十 |
| | 《掾史芳规》二十卷 | 编纂 | 历史 | 《千顷堂书目》卷十 |
| | 《国士懿范》二十卷 | 编纂 | 历史 | 《千顷堂书目》卷十 |
| | 《二孝子传》 | 编纂 | 历史 | 《千顷堂书目》卷十 |
| | 《耿子庸言》二卷、《学象》二卷、《雅言》一卷、《新语》一卷、《教学商求》一卷 | 撰著 | 理学 | 《千顷堂书目》卷十一 |
| 焦澹园(泰州王门) | 《俗书刊误》十二卷 | 撰著 | 小学 | 《文渊阁四库全书》第228册 |
| | 《易筌》六卷 | 注疏 | 六经类 | 《续修四库全书》第10册 |
| | 《焦氏四书讲录》十四卷 | 注疏 | 四书学 | 《续修四库全书》第161册 |
| | 《国朝献征录》一百二十卷 | 编纂 | 史学 | 《四库全书存目丛书》史部第100—106册 |
| | 《熙朝名臣实录》二十七卷 | 编纂 | 史学 | 《续修四库全书》第531册 |
| | 《国史经籍志》六卷 | 编纂 | 史学 | 《续修四库全书》第916册 |
| | 《京学志》八卷 | 编纂 | 史学 | 台北国家图书馆藏 |
| | 《养正图解》 | 撰著 | 蒙学、教育 | 北京:中国言实出版社,2001年 |
| | 《焦氏笔乘》 | 撰著 | 笔记　经史 | 北京:中华书局,2008年 |
| | 《玉堂丛语》 | 撰著 | 史学 | 北京:中华书局,1981年 |
| | 《焦氏类林》八卷 | 编纂 | 笔记 | 《续修四库全书》第1189册 |
| | 《老子翼》 | 注疏 | 佛道 | 上海:华东师范大学出版社,2011年 |
| | 《庄子翼》八卷 | 注疏 | 佛道 | 《影印文渊阁四库全书》第1058册 |

续　表

| 著者 | 书目 | 成书方式 | 内容或范围 | 文献来源 |
|---|---|---|---|---|
| | 《黄帝阴符经解》一卷 | 注疏 | 黄帝阴符经 | 《四库存目丛书》子部第256册 |
| | 《两汉萃宝评林》二卷 | 编纂 | 史学 | 《四库未收书辑刊》第01辑21册 |
| | 《史记萃宝评林》三卷 | 编纂 | 史学 | 《四库未收书辑刊》第02辑29册 |
| | 《锲两状元编次皇明人物要考》六卷 | 合辑 | 史学 | 《四库禁毁丛刊》史部第20册 |
| | 《历科廷试状元策》十卷《总考》一卷 | 合辑 | 科举 | 《四库禁毁丛刊》集部第19—20册 |
| | 《新锲翰林三状元会选二十九子品汇释评》二十卷首一卷 | 合辑 | 科举 | 《四库存目丛书》子部第133—4册 |
| | 《禹贡解》一卷、《考工记解》一卷、《春秋左传抄》十四卷、《东宫讲义》六卷 | 撰著 | 六经类 | 《千顷堂书目》卷一、卷二、卷三 |
| | 《金陵旧事》十卷、《关公祠志》九卷、《词林历官表》三卷、《逊国忠节录》四卷 | 编纂 | 史学 | 《千顷堂书目》卷六、卷八、卷九、卷十 |
| | 《明世说》八卷 | 未详 | 笔记小说 | 《千顷堂书目》卷十二 |
| | 《南华真经余事杂录》二卷《拾遗》一卷 | 未详 | 佛道 | 《千顷堂书目》卷十六 |
| | 《新刊焦太史续选百家评林明文珠玑》十卷、《古珠玑》 | 编纂 | 辞章 | 《同治上元县志·艺文志》 |
| | 《楞严经精解评林》三卷、《楞伽经精解评林》三卷、《圆觉经精解评林》二卷、《法华经精解评林》二卷 | 评注 | 佛道 | 日本藏经书院刊印《续藏经》 |

续 表

| 著者 | 书目 | 成书方式 | 内容或范围 | 文献来源 |
|---|---|---|---|---|
| 潘雪松（泰州王门） | 《读易述》十七卷 | 撰著 | 六经类 | 《文渊阁四库全书》第33册 |
| | 《暗然堂类纂》六卷 | 编纂 | 笔记 | 《四库存目丛书》子部第242册 |
| | 《暗然堂日录》八卷、《暗然堂录最》十一卷 | 未详 | 小说类 | 《千顷堂书目》卷十二 |
| 方学渐（泰州王门） | 《桐彝》三卷续二卷 | 编纂 | 史学 | 《四库存目丛书》史部第95册 |
| | 《心学宗》四卷 | 撰著 | 理学 | 《四库存目丛书》子部第12册 |
| | 《迩训》二十卷 | 编纂 | 历史、教育 | 《四库存目丛书》子部第241册 |
| | 《东游纪》三卷 | 撰著 | 游记 | 《四库未收书辑刊》第04辑21册 |
| | 《易蠡》十卷、《孝经绎》一卷 | 撰著 | 经学 | 《千顷堂书目》卷一、卷三 |
| | 《性善绎》一卷、《方子庸言》一卷 | 撰著 | 理学 | 《千顷堂书目》卷十一 |
| 祝无功（泰州王门） | 《祝子小言》一卷 | 撰著 | 理学 | 《四库存目丛书》子部第90册 |
| 周海门①（泰州王门） | 《四书宗旨》六卷 | 注疏 | 四书学 | 萧天石辑《中国子学名著集成》第20册 |
| | 《圣学宗传》十八卷 | 编纂 | 理学 | 《续修四库全书》第513册 |
| | 《王门宗旨》十二卷 | 编纂 | 理学 | 《续修四库全书》第942册 |
| | 《宗传咏古》一卷 | 未详 | 未详 | 上海图书馆藏 |
| | 《程门微旨》一卷 | 编纂 | 理学 | 日本东京尊经阁文库藏 |
| | 《朱子语录》一卷 | 编纂 | 理学 | 台中东海大学图书馆藏 |
| | 《阳明先生祠志》三卷 | 编纂 | 理学 | 中国国家图书馆藏 |

① 参王格：《周汝登与万历王学》参考文献部分，广州中山大学博士论文，2014年。

续　表

| 著者 | 书目 | 成书方式 | 内容或范围 | 文献来源 |
| --- | --- | --- | --- | --- |
| | 《佛法正论》二卷 | 编纂 | 佛道 | 《美国哈佛大学哈佛燕京图书馆藏中文善本汇刊》第33卷 |
| | 《类选唐诗助道微机》六卷 | 编纂 | 辞章 | 湖南图书馆藏 |
| | 《邵杨诗微》二卷 | 编纂 | 辞章 | 哈佛大学燕京图书馆藏 |
| | 《嵊邑志》十三卷 | 编纂 | 地方志 | 中国国家图书馆藏 |
| 陶石篑（泰州王门） | 《陶石篑先生四书要达》二十七卷 | 注疏 | 四书类 | 《四库禁毁书丛刊补编》第3册 |
| | 《解老》二卷 | 注疏 | 佛道 | 《无求备斋老子集成初编》第122册 |
| | 《解庄》十二卷 | 注疏 | 佛道 | 《四库存目丛书》子部第256册 |
| | 《宗镜广枢》（又名《宗镜广删》）十卷 | 未详 | 佛道 | 日本国立公文书馆藏 |
| | 《放生辩惑》一卷、《墨杂说》一卷等 | 撰著 | 理学 | 收入《歇庵集》（《续修四库全书》第1365册） |
| 刘塙（泰州王门） | 《问世狂言》一卷 | 未详 | 历史 | 《千顷堂书目》卷五 |

# 参考文献


## 一、古籍

何晏注，邢昺疏：《论语注疏》（十三经注疏），北京：北京大学出版社，2000年。

郑玄注，贾公彦疏：《周礼注疏》，上海：上海古籍出版社，2010年。

郑玄注，孔颖达疏：《礼记正义》，上海：上海古籍出版社，2008年。

郭庆藩撰，王孝鱼点校：《庄子集释》，北京：中华书局，2004年。

荆门市博物馆：《郭店楚墓竹简》，北京：文物出版社，1998年。

徐干：《中论》，四部丛刊初编本。

周敦颐撰，陈克明点校：《周敦颐集》，北京：中华书局，2009年。

张载撰，章锡琛点校：《张载集》，北京：中华书局，1978年。

程颢，程颐撰，王孝鱼点校：《二程集》，北京：中华书局，2004年。

谢良佐：《上蔡语录》，《影印文渊阁四库全书》第698册，台北：台湾商务印书馆，2008年。

杨时：《龟山集》，《影印文渊阁四库全书》第1125册，台北：台湾商务印书馆，2008年。

朱熹：《朱子全书》，上海/合肥：上海古籍出版社/安徽教育出版社，2002年。

朱熹等编，张京华辑校：《近思录集释》，长沙：岳麓书院，2009年。

张栻撰，郑洪波校点：《张栻集》，长沙：岳麓书社，2010年。

陆九渊撰，钟哲点校：《陆九渊集》，北京：中华书局，1980年。

陈淳：《北溪大全集》，《影印文渊阁四库全书》第1168册，台北：台湾商务印书馆，2008年。

陈埴：《木钟集》，《影印文渊阁四库全书》第703册，台北：台湾商务印书馆，2008年。

胡广等奉敕撰：《四书大全》，《影印文渊阁四库全书》第205册，台北：台湾商务印书馆，2008年。

罗钦顺撰，阎韬点校：《困知记》，北京：中华书局，2013年。

湛若水:《泉翁大全集》,台北:“中央研究院”汉籍电子文献,http://hanji.sinica.edu.tw/。
———:《湛若水全集》,黄明同主编,上海:上海古籍出版社,2020 年。
王守仁撰,吴光等编校:《王阳明全集》(新编本),杭州:浙江古籍出版社,2011 年。
王廷相撰,王孝鱼点校:《王廷相集》,北京:中华书局,1989 年。
黄绾撰,张宏敏编校:《黄绾集》,上海:上海古籍出版社,2014 年。
黄绾撰,刘厚祜、张岂之标点:《明道编》,北京:中华书局,1959 年。
顾应祥:《静虚斋惜阴录》,《续修四库全书》第 1122 册,上海:上海古籍出版社,2001 年。
———:《崇雅堂全集》,台北“中央研究院”傅斯年图书馆复印明万历 38 年刻本(原本藏于日本国立公文书馆)。
———:《人代纪要》,《四库全书存目丛书》史部第 6、7 册,济南:齐鲁书社,1996 年。
———:《测圆海镜分类释术》,郭书春主编《中国科学技术典籍通汇·数学卷》,开封:河南教育出版社,1993 年。
———:《弧矢算术》,郭书春主编《中国科学技术典籍通汇·数学卷》,开封:河南教育出版社,1993 年。
———:《勾股算术》,郭书春主编《中国科学技术典籍通汇·数学卷》,开封:河南教育出版社,1993 年。
———:《测圆算术》,郭书春主编《中国科学技术典籍通汇·数学卷》,开封:河南教育出版社,1993 年。
季本撰,朱湘钰点校:《四书私存》,台北:“中央研究院”中国文哲研究所,2013 年。
——:《春秋私考》,《续修四库全书》第 134 册,上海:上海古籍出版社,2001 年。
——:《读礼疑图》,《四库全书存目丛书》经部第 81 册,济南:齐鲁书社,1997 年。
——:《孔孟事迹图谱》,《四库全书存目丛书》史部第 77 册,济南:齐鲁书社,1996 年。
——:《庙制考议》,《四库全书存目丛书》经部第 105 册,济南:齐鲁书社,1997 年。
——:《诗说解颐》,《影印文渊阁四库全书》第 79 册,台北:台湾商务印书馆,2008 年。

——:《说理会编》,《续修四库全书》第938—939册,上海:上海古籍出版社,2001年。
——:《易学四同》《易学四同别录》,《续修四库全书》第6册,上海:上海古籍出版社,2001年。
——:《乐律纂要》,《续修四库全书》第113册,上海:上海古籍出版社,2001年。
徐爱、钱德洪、董沄撰,钱明编校整理:《徐爱 钱德洪 董沄集》,南京:凤凰出版社,2007年。
薛侃撰,陈椰编校:《薛侃集》,上海:上海古籍出版社,2014年。
聂豹撰,吴可为编校整理:《聂豹集》,南京:凤凰出版社,2007年。
崔铣:《洹词》,《影印文渊阁四库全书》第1267册,台北:台湾商务印书馆,2008年。
黄省曾:《五岳山人集》,《四库全书存目丛书》集部第94册,济南:齐鲁书社,1997年。
邹守益撰,董平编校整理:《邹守益集》,南京:凤凰出版社,2007年。
欧阳德撰,陈永革编校整理:《欧阳德集》,南京:凤凰出版社,2007年。
万表:《玩鹿亭稿》,《四库全书存目丛书》集部第76册,济南:齐鲁书社,1997年。
王畿撰,吴震编校整理:《王畿集》,南京:凤凰出版社,2007年。
王畿:《中鉴录》,《故宫珍本丛刊》第61册,海口:海南出版社,2001年。
薛应旂:《方山先生文录》,《四库全书存目丛书》集部第102册,济南:齐鲁书社,1997年。
———:《薛子庸语》,《四库全书存目丛书》子部第10册,济南:齐鲁书社,1995年。
李开先撰,路工辑校:《李开先集》,北京:中华书局,1959年。
罗洪先撰,徐儒宗编校:《罗洪先集》,南京:凤凰出版社,2007年。
颜钧著,黄宣民点校:《颜钧集》,北京:中国社会科学出版社,1996年。
唐顺之:《重刊荆川先生文集》,四部丛刊初编本,明万历元年(1573)纯白斋刻本。
唐顺之撰,马美信等点校:《唐顺之集》,杭州:浙江古籍出版社,2014年。
唐顺之:《荆川稗编》,《影印文渊阁四库全书》第953—955册,台北:台湾商务印书馆,2008年。
———:《荆川先生右编》,《四库全书存目丛书》史部第70册,济南:齐鲁书社,1996年。

———:《历代史纂左编》,《四库全书存目丛书》史部第 133 册,济南:齐鲁书社,1996 年。
———:《两汉解疑》,《四库全书存目丛书》史部第 282 册,济南:齐鲁书社,1996 年。
———:《唐荆川先生编纂诸儒语要》,《四库全书存目丛书》子部第 10 册,济南:齐鲁书社,1995 年。
———:《文编》,《影印文渊阁四库全书》第 1377—1378 册,台北:台湾商务印书馆,2008 年。
———:《武编》,《影印文渊阁四库全书》第 727 册,台北:台湾商务印书馆,2008 年。
王栋:《一庵王先生遗集》,《四库全书存目丛书》子部第 10 册,济南:齐鲁书社,1995 年。
黄姬水:《黄淳父先生全集》,《四库全书存目丛书》集部第 186 册,济南:齐鲁书社,1997 年。
茅坤撰,张大芝、张梦新点校:《茅坤集》,杭州:浙江古籍出版社,1993 年。
徐渭:《徐渭集》,北京:中华书局,1983 年。
王宗沐:《敬所王先生文集》,《四库全书存目丛书》集部第 111 册,济南:齐鲁书社,1997 年。
邓元锡:《潜学编》,《四库全书存目丛书》集部第 130 册,济南:齐鲁书社,1997 年。
焦竑撰、李剑雄点校:《澹园集》,北京:中华书局,1999 年。
焦竑:《焦氏四书讲录》,《续修四库全书》第 162 册,上海:上海古籍出版社,2001 年。
吴中行:《天目先生集》,《续修四库全书》第 1349 册,上海:上海古籍出版社,2001 年。
顾宪成:《顾端文公遗书》,光绪丁丑(1877 年)重刊泾里宗祠藏版。
———:《泾皋藏稿》,《影印文渊阁四库全书》第 1292 册,台北:台湾商务印书馆,2008 年。
邹元标:《愿学集》,《影印文渊阁四库全书》第 1294 册,台北:台湾商务印书馆,2008 年。
高攀龙:《高子遗书》,《影印文渊阁四库全书》第 1292 册,台北:台湾商务印书馆,2008 年。
陈第撰,郭庭平点校:《一斋文集》,中国文艺出版社,2013 年。
孙奇逢撰,张显清主编:《孙奇逢集》,郑州:中州古籍出版社,2003 年。

刘宗周撰，吴光主编:《刘宗周全集》，杭州:浙江古籍出版社，2007年。
陈建:《学蔀通辨》，王云五主编《丛书集成初编·困知记及其他一种》第二册，上海:商务印书馆，1936年。
黄宗羲著，沈善洪主编:《黄宗羲全集》，杭州:浙江古籍出版社，1985年。
黄宗羲原著，全祖望补修，陈金生、梁运华点校:《宋元学案》，北京:中华书局，1986年。
黄宗羲著，沈芝盈点校:《明儒学案》(修订本)，北京:中华书局，2008年。
陆世仪:《思辨录辑要》，《影印文渊阁四库全书》第724册，台北:台湾商务印书馆，2008年。
顾炎武著，华忱之点校:《顾亭林诗文集》，北京:中华书局，1959年。
顾炎武著，陈垣校注:《日知录校注》，合肥:安徽大学出版社，2007年。
王夫之:《船山全书》，长沙:岳麓书社，1988年。
陆陇其:《三鱼堂文集》，《影印文渊阁四库全书》第1325册，台北:台湾商务印书馆，2008年。
———:《松阳钞存》，《影印文渊阁四库全书》第725册，台北:台湾商务印书馆，2008年。
全祖望撰，朱铸禹汇校集注:《全祖望集汇校集注》，上海:上海古籍出版社，2000年。
戴震撰，张岱年主编:《戴震全书》，合肥:黄山书社，1995年。
段玉裁:《说文解字注》，上海:上海古籍出版社，1988年。
阮元等撰:《畴人传汇编》，扬州:广陵书社，2009年。
陈荣捷:《近思录详注集评》，上海:华东师范大学出版社，2007年。
陈荣捷:《王阳明〈传习录〉详注集评》，上海:华东师范大学出版社，2009年。
束景南:《阳明佚文辑考编年》，上海:上海古籍出版社，2012年。
———:《王阳明年谱长编》，上海:上海古籍出版社，2017年。

**二、史志书目及工具书**

李贽:《续藏书》，周骏富辑《明代传记丛刊·综录类16》，台北:明文书局，1991年。
萧良干、张元忭等纂修:《(万历)绍兴府志》，《四库全书存目丛书》史部第201册，济南:齐鲁书社，1996年。
黄虞稷撰，瞿凤起、潘景郑整理:《千顷堂书目》，上海:上海古籍出版社，2001年。
纪昀等纂:《四库全书总目》，《影印文渊阁四库全书》第1—3册，台北:台湾商务印书馆，2008年。

商务印书馆编:《明史艺文志·明史艺文志补编·明史艺文志附编》,北京:商务印书馆,1959年。

慈怡主编:《佛光大辞典》,台北:佛光文化事业有限公司,1988年。

**三、研究论著(按中文姓氏音序排列)**

本杰明·艾尔曼著,赵刚译:《经学、政治和宗族:中华帝国晚期常州今文学派研究》,南京:江苏人民出版社,2005年。

蔡仁厚:《王学流衍:江右王门思想研究》,北京:人民出版社,2006年。

常建华:《明代宗族研究》,上海:上海人民出版社,2005年。

——:《宗族志》,上海:上海人民出版社,1998年。

陈宝良:《明代儒学生员与地方社会》,北京:中国社会科学出版社,2005年。

陈方正:《继承与叛逆:现代科学为何出现于西方》,北京:生活·读书·新知三联书店,2009年。

陈鼓应、辛冠洁、葛荣晋主编:《明清实学思潮史》,济南:齐鲁书社,1988年。

陈来:《有无之境——王阳明哲学的精神》,北京:人民出版社,1991年。

陈立胜:《王阳明"万物一体"论——从"身-体"的立场看》,上海:华东师范大学出版社,2008年。

———:《"身体"与"诠释"——宋明儒学论集》,台北:台湾大学出版中心,2011年。

陈荣捷:《王阳明与禅》,台北:学生书局,1984年。

成中英:《合内外之道——儒家哲学论》,北京:中国社会科学出版社,2001年。

崔瑞德等编、杨品泉等译:《剑桥中国明代史》,北京:中国社会科学出版社,2006年。

岛田虔次著,蒋保国译:《朱子学与阳明学》,西安:陕西师范大学出版社,1986年。

——:《中国思想史研究》,邓红译,上海:上海古籍出版社,2009年。

丁为祥:《虚气相即——张载哲学体系及其定位》,北京:人民出版社,2000年。

董平:《王阳明的生活世界》,北京:中国人民大学出版社,2009年。

富路特:《明代名人传》,北京:北京时代华文书局,2015年。

傅伟勋:《从西方哲学到禅佛教》,北京:生活·读书·新知三联书店,1996年。

冈田武彦著,吴光等译:《王阳明与明末儒学》,上海:上海古籍出版社,2000年。

——:《王阳明大传:知行合一的心学智慧》,杨田等译,重庆:重庆出版社,2014 年。
葛荣晋:《中国实学思想史》,北京:首都师范大学出版社,1994 年。
耿宁著,倪梁康译:《人生第一等事——王阳明及其后学论“致良知”》,北京:商务印书馆,2014 年。
郭书春主编:《中国科学技术典籍通汇·数学卷》第二分册,开封:河南教育出版社,1993 年。
———:《中国科学技术史·数学卷》,北京:科学出版社,2010 年。
何炳棣著,葛剑雄译:《明初以降人口及其相关问题:1368—1953》,北京:生活·读书·新知三联书店,2000 年。
华建新:《王阳明诗歌研究》,合肥:安徽人民出版社,2008 年。
计文渊:《王阳明法书集》,杭州:西泠印社,1996 年。
康德著,邓晓芒译,杨祖陶校:《判断力批判》,北京:人民出版社,2002 年。
李剑雄:《焦竑评传》,南京:南京大学出版社,1998 年。
李文琪:《焦竑及其〈国史经籍志〉》,台北:花木兰文化出版社,2007 年。
李约瑟:《中国科学技术史》第三卷,北京:科学出版社,1978 年。
廖凤琳:《王阳明诗与其思想》,台北:天一出版社,1978 年。
梁启超:《清代学术概论》,上海:上海古籍出版社,1998 年。
林庆彰:《明代考据学研究》,台北:台湾学生书局,1983 年。
林月惠:《良知学的转折——聂双江与罗念庵思想之研究》,台北:台湾大学出版中心,2005 年。
———:《诠释与工夫——宋明理学的超越蕲向与内在辩证》,台北:“中央研究院”中国文哲研究所,2008 年。
刘海滨:《焦竑与晚明会通思潮》,上海:华东师范大学出版社,2010 年。
刘勇:《变动不居的经典:明代〈大学〉改本研究》,北京:生活·读书·新知三联书店,2016 年。
吕妙芬:《阳明学士人社群:历史、思想与实践》,台北:“中央研究院”近代史研究所,2003 年。
———:《孝治天下:〈孝经〉与近世中国的政治与文化》,台北:联经出版事业股份有限公司,2011 年。
麦金泰尔著,龚群、戴扬毅译:《德性之后》,北京:中国社会科学出版社,1995 年。
麦仲贵:《王门诸子致良知学之发展》,香港:香港中文大学,1973 年。
迈克尔·波兰尼著,许泽民译:《个人知识:迈向后批判哲学》,贵阳:贵州人民出版社,2000 年。
牟宗三:《牟宗三先生全集》,台北:联经出版公司,2003 年。
———:《周易哲学演讲录》,上海:华东师范大学出版社,2004 年。
潘运告:《从王阳明到曹雪芹》,长沙:湖南教育出版社,1999 年。
彭国翔:《良知学的展开——王龙溪与中晚明的阳明学》,北京:生活·读书·新知三联书店,2005 年。
———:《儒家传统与中国哲学:新世纪的回顾与前瞻》,石家庄:河北人民出版社,2009 年。
钱明:《儒学正脉:王守仁传》,杭州:浙江人民出版社,2006 年。
——:《王阳明及其学派论考》,北京:人民出版社,2009 年。
——:《阳明学的形成与发展》,南京:江苏古籍出版社,2002 年。
——:《浙中王学研究》,北京:中国人民大学出版社,2009 年。
钱穆:《朱子新学案》,《钱宾四先生全集》第 13 册,台北:联经出版事业公司,1998 年。
钱新祖著,宋家复译:《焦竑与晚明新儒思想的重构》,台北:台湾大学出版中心,2014 年。
丘为君:《戴震学的形成:知识论述在近代中国的诞生》,北京:新星出版社,2006 年。
秦家懿:《王阳明》,北京:生活·读书·新知三联书店,2012 年。
唐君毅:《中国哲学原论·导论篇》,北京:中国社会科学出版社,2005 年。
———:《中国哲学原论·原教篇》,北京:中国社会科学出版社,2005 年。
唐鼎元:《明唐荆川先生年谱》,《北京图书馆藏珍本年谱丛刊》第 47—48 册,北京:北京图书馆出版社,1999 年。
唐鼎元、唐镇元辑录:《唐荆川公著述考》,载唐鼎元辑《武进唐氏所著书》,上海图书馆藏。
王汎森:《晚明清初思想十论》,上海:复旦大学出版社,2004 年。
———:《权力的毛细管作用:清代的思想、学术与心态》,台北:联经出版事业股份有限公司,2013 年。
吴廷翰撰,容肇祖点校:《吴廷翰集》,北京:中华书局,1984 年。
吴震:《聂豹、罗洪先评传》,南京:南京大学出版社,2001 年。
——:《明代知识界讲学活动系年:1522—1602》,上海:学林出版社,2003 年。
——:《阳明后学研究》,上海:上海人民出版社,2003 年。
——:《罗汝芳评传》,南京:南京大学出版社,2005 年。

——:《明末清初劝善运动思想研究》,台北:台湾大学出版中心,2009 年。
——:《泰州学派研究》,北京:中国人民大学出版社,2009 年。
吴震、吾妻重二主编:《思想与文献:日本学者宋明儒学研究》,上海:华东师范大学出版社,2010 年。
熊十力:《熊十力全集》,武汉:湖北教育出版社,2001 年。
徐复观:《学术与政治之间》(新版),台北:学生书局,1985 年。
———:《中国艺术精神》,上海:华东师范大学出版社,2001 年。
———:《中国文学精神》,上海:上海世纪出版集团,2006 年。
徐儒宗:《江右王学通论》,北京:中国人民大学出版社,2009 年。
杨国荣:《王学通论——从王阳明到熊十力》,上海:上海三联书店,1990 年。
宣朝庆:《泰州学派的精神世界与乡村建设》,北京:中华书局,2010 年。
杨儒宾、马渊昌也等编:《东亚的静坐传统》,台北:台湾大学出版中心,2012 年。
杨遇青:《明嘉靖时期诗文思想研究》,西安:三秦出版社,2011 年。
鱼宏亮:《知识与救世:明清之际经世之学研究》,北京:北京大学出版社,2008 年。
余英时:《论戴震与章学诚》,北京:生活·读书·新知三联书店,2000 年。
———:《士与中国文化》,上海:上海人民出版社,2003 年。
———:《现代儒学的回顾与展望》,北京:生活·读书·新知三联书店,2004 年。
———:《宋明理学与政治文化》,长春:吉林出版集团有限责任公司,2008 年。
约翰·R·塞尔著、李步楼译:《社会实在的建构》,上海:上海世纪出版集团,2008 年。
张宏敏:《黄绾生平学术编年》,杭州:浙江大学出版社,2013 年。
张卫红:《罗念庵的生命历程与思想世界》,北京:生活·读书·新知三联书店,2009 年。
———:《邹东廓年谱》,北京:北京大学出版社,2013 年。
———:《由凡至圣:阳明心学工夫散论》,北京:生活·读书·新知三联书店,2016 年。
———:《敦于实行:邹东廓的讲学、教化与良知学思想》,上海:上海古籍出版社,2020 年。
张祥浩:《王守仁评传》,南京:南京大学出版社,1997 年。
张祥龙:《仁与艺》,赵汀阳主编《论证 3》,桂林:广西师范大学出版社,

2003 年。

张艺曦：《社群、家族与王学的乡里实践——以明中晚期江西吉水、安福两县为例》，台北：台湾大学出版委员会，2006 年。

郑振满：《明清福建家族组织与社会变迁》，长沙：湖南教育出版社，1992 年。

衷海燕：《儒学传承与社会实践：明清吉安府士绅研究》，广州：世界图书出版广东有限公司，2012 年。

朱鸿林：《中国近世儒学实质的思辨与习学》，北京：北京大学出版社，2005 年。

左东岭：《王学与中晚明士人心态》，北京：人民文学出版社，2000 年。

小岛毅：《宋学の形成と展開》，东京：创文社，1999 年。

Benjamin A. Elman（本杰明・艾尔曼）：*A Cultural History of Civil Examinations in Late Imperial China*, University of California Press, 2000.

Pierre Hadot: *Philosophy as a Way of Life: Spiritual Exercises from Socrates to Foucault*, translated by Michael Chase, Oxford & Cambridge: Blackwell Publishers, 1995.

——: *What is Ancient Philosophy?*, translated by Michael Chase, translated by Michael Chase, Cambridge, Massachusetts: The Harvard University Press, 2002.

Ping-ti Ho（何炳棣）：*The Ladder of Success in Imperial China*, New York: Columbia University, 1962.

**四、学术论文（按中文姓氏音序排列）**

曹国庆：《王守仁与南赣乡约》，《明史研究》第 3 辑，合肥：黄山书社，1993 年。

陈　来：《明嘉靖时期王学知识人的会讲活动》，刘东主编《中国学术》第 4 辑，北京：商务印书馆，2000 年 10 月。

——：《元明理学的"去实体化"转向及其理论后果——重回"哲学史"诠释的一个例子》，《中国文化研究》，2003 年夏之卷。

陈立胜：《静坐在儒家修身学中的意义》，《广西大学学报（哲学社会科学版）》，2014 年 8 月。

——：《作为生活态度的格物之学》，金泽等主编《宗教与哲学》（第四辑），北京：社会科学文献出版社，2015 年。

——：《王阳明思想中的"独知"概念——兼论王阳明与朱子工夫论之异同》，《中山大学学报（社会科学版）》2016 年第 5 期。

———:《阳明学登场的几个历史时刻——当“王阳明”遭遇“现代性”》,《社会科学战线》2018 年第 7 期。

———:《王阳明“四民异业而同道”新解——兼论〈节庵方公墓表〉问世的一段姻缘》,《哲学研究》2021 年第 3 期。

程玉瑛:《王艮与泰州学派》,《台湾师范大学历史学报》,1989 年 6 月。

方旭东:《应举与修身——道学的身心治疗之术》,吴震主编《宋代新儒学的精神世界——以朱子学为中心》,上海:华东师范大学出版社,2009 年。

工藤卓司:《报导近十年日本儒学研究概况——1998—2007 年之回顾与展望》(下),台北市立教育大学《儒学中心电子报》第十五期,2009 年,网址:http://mail.tmue.edu.tw/～confucianism/post/015/new_page_1.htm。

葛荣晋:《明清实学简论》,《社会科学战线》1989 年第 1 期。

耿宁著,曾亦译:《王阳明及其弟子关于“良知”与“见闻之知”的关系的讨论》,《时代与思潮(7)——20 世纪末的文化审视》,上海:学林出版社,2000 年。

郝康迪(Kandice Hauf)著、余新忠译:《十六世纪江西吉安府的乡约》,郑晓江主编《赣文化研究》第 6、7 期,1999 年 12 月,2000 年 12 月。

鹤成久章:《明儒的讲学活动与歌诗——以王守仁的歌法为中心》,张海晏、熊培军主编《国际阳明学研究》(第二卷),上海:上海古籍出版社,2012 年。

贺广如:《心学〈易〉之发展:杨慈湖和王龙溪的易学比较》,《中国文化研究生学报》,香港:香港中文大学中国文化研究所出版,2011 年 1 月。

———:《心学〈易〉中的阴阳与卜筮:以季本为核心》,《台大文史哲学报》第 76 期,2012 年 5 月。

黄懿:《浅谈王阳明“用间”艺术》,张海晏、熊培军主编《国际阳明学研究》,上海:上海古籍出版社,2012 年。

蒋国保:《汉儒称“六经”为“六艺”考》,《中国哲学史》2006 年第 4 期。

姜广辉:《“实学”考辨》,中国实学研究会主编《实学思潮与当代文化》,北京:首都师范大学出版社,2002 年。

梁洪生:《江右王门学者的乡族建设——以流坑村为例》,《新史学》1997 年第 8 卷第 1 期。

刘毓庆:《季本、丰坊与明代〈诗〉学》,《中国文学研究》2003 年第 3 期。

宁慧如:《南宋道学型人物的科举论述》,刘海峰主编《科举制的终结与科举学的兴起》,武汉:华中师范大学出版社,2006 年。

潘立勇:《阳明心学美学及其研究》,《宁波党校学报》2005 年第 5 期。

彭国翔:《王龙溪的〈中鉴录〉及其思想史意义:有关明代儒学基调的转换》,《汉学研究》第19卷第2期。
钱明、程海霞:《江右思想家王时槐考述》,《中国哲学史》2007年第2期。
任金城:《广舆图在中国地图学史上的贡献及其影响》,曹婉如等编《中国古代地图集·明代卷》,北京:文物出版社,1995年。
孙彦:《从〈文编〉看唐顺之的"文法"说》,《南京师范大学文学院学报》,2013年12月。
王崇峻:《明代中晚期江右王门学者的乡村运动——以江西吉安府为中心》,《国立编译馆馆刊》1999年第28卷第1期。
王汎森:《"心即理"说的动摇与明末清初学风之转变》,《"中央研究院"历史语言研究所集刊》第六十五本第二分,1984年。
魏露苓:《〈稻品〉作者黄省曾考》,《中国农史》1998年第3期。
吴震:《无善无恶:从阳明学到阳明后学》,刘东主编《中国学术》第13辑,北京:商务印书馆,2003年。
——:《阳明后学综述》,袁行霈主编《国学研究》第9卷,北京:北京大学出版社,2002年。
向燕南:《"技艺与德岂可分两事":唐顺之之实学及其转向的思想史意义》,《西南大学学报(人文社会科学版)》2006年第3期。
杨儒宾:《宋儒的静坐说》,《台湾哲学研究》2004年第4期。
尹玲玲:《明代学者黄省曾及其著述》,见 http://www.agri-history.net/scholars/yilinlin1.htm。
游腾达:《明儒季本〈易学四同〉之易学观初探》,《先秦两汉学术》2008年第10期。
曾雄生:《黄省曾的农学贡献与吴地的农学传统》,吴夑初编《吴文化资源研究与开发》,苏州:苏州大学出版社,1995年。
张灏:《宋明以来儒家经世思想试释》,"中央研究院"近代史研究所编《近世中国经世思想研讨会论文集》,1984年。
郑若玲:《累人的科举》,刘海峰主编《科举制的终结与科举学的兴起》,武汉:华中师范大学出版社,2006年。
周昌龙:《良知与经世——从王龙溪良知经世思想看晚明王学的真貌》,贺照田主编《在历史的缠绕中解读知识与思想》,长春:吉林人民出版社,2003年。
朱鸿林:《明代嘉靖年间的增城沙堤乡约》,燕京研究院编《燕京学报》第八期,北京:北京大学出版社,2000年。

———:《二十世纪的明清乡约研究》,《历史人类学学刊》2004 年第 2 卷第 1 期。

———:《传记、文书与宋元明思想史研究》,《中华文史论丛》2006 年第 2 辑(总第 82 辑)。

朱湘钰:《"双江独信'龙惕说'"考辨》,《中国文哲研究集刊》2010 年第 36 期。

———:《浙中王门季本思想旧说厘正》,《东海中文学报》,2010 年 7 月。

———:《晚明季本〈四书私存〉之特色及其意义》,《清华学报》(新竹)2012 年第 42 卷第 3 期。

———:《季本〈大学私存〉之补正与整理》,《中国文哲研究通讯》第 22 卷第 4 期。

鹤成久章:《嘉靖二年会试の策题における阳明学批判について》,《福冈教育大学纪要》2007 年第 56 卷 1 号。

三泽三知夫:《季本の易学:〈易学四同〉を中心に》,《专修人文论集》2008 年第 83 号。

水野实:《季本の「大学」改订本再考》,《东洋の思想と宗教》第 12 号,东京:早稻田大学东洋哲学会,1995 年 3 月。

———:《季本の「大学私存」の本文构造と意味》,《斯文》1998 年第 107 号。

Chu Hung-lam (朱鸿林),"Intellectual Trends in the Fifteenth Century", *Ming Studies* Number 27 (Spring 1989).

**五、学位论文**

陈椰:《杨复所与晚明思潮研究》,广州:中山大学博士论文,2013 年。

戴裕记:《王阳明"良知体现"论的美学向度研究》,台北:淡江大学博士论文,2009 年。

崔完植:《王阳明诗研究》,台北:台湾师范大学国文研究所博士论文,1984 年。

李元璋:《阳明心学之美学研究》,台中:东海大学博士论文,2008 年。

谈蓓芳:《王阳明哲学与明代后期文艺思潮》,上海:复旦大学博士论文,2001 年。

王格:《周汝登与万历王学》,广州:中山大学博士论文,2014 年。

张昭炜:《以仁为宗以觉为功——胡直新学案》,北京:北京大学硕士论文,2007 年。

———:《良知学的收摄——邹元标思想研究》,北京:北京大学博士论文,

2011 年。
孟庆媛:《唐顺之书信编年考证》,上海:华东师范大学硕士论文,2010 年。
王连发:《勾股算学家——明顾应祥及其著作研究》,台北:台北师范大学数学研究所硕士论文,2002 年。

# 后记

本书是国家社科基金后期资助项目“阳明学派与中晚明的知识学”(17FZX010)的结项成果。此项目是以笔者2014年博士论文《阳明学派的道艺观》为基础申报立项的。从最初博士论文的选题、撰写,到后来项目申报,均得到导师陈立胜先生的指导与提点。拙作算是读博以来随业师研读阳明学的阶段小结。因为学不敏,课题拖延已久,至今才交出这份不够满意的“作业”。

项目在立项和结项过程中,得到诸多匿名评审专家的严格评议。他们给予了宝贵的批评和建议,笔者衷心致谢。拙著部分章节曾作为项目阶段性成果发表于《现代哲学》《阳明学刊》《哲学与文化》《广西大学学报》,感谢以上期刊、辑刊编辑的录用与校阅。

在课题开展期间,笔者曾因查阅文献之需求受到台湾“中央研究院”中国文哲研究所林月惠老师的邀请计划短期访学,遗憾的是,最终由于其他原因未能成行。在此依然要感谢林老师之盛邀。自工作以来,笔者一直受到林伟、倪梁康老师伉俪的关怀,亦惠受陈少明老师、杨海文老师的大力提携,借此一并感谢。还要感谢贵州大学中国哲学专业周阳平博士生,他校阅了全书,指出多处文字与格式错误。最后要感谢上海三联书店郑秀艳女士对拙著的精心编辑以及对笔者一再拖延的宽容。

明代思想文献繁多,囿于见闻,书中难免有悖于史实或者疏漏之处,敬请方家指正。

拙作付梓之际,时值笔者硕士生导师周炽成先生离世六周年。谨以此书纪念周老师的仁慈教诲。

2023年12月于贵州大学

**图书在版编目(CIP)数据**

阳明学派知识学研究/刘荣茂著. —上海:上海三联书店,2024.10

ISBN 978-7-5426-8321-2

Ⅰ.①阳… Ⅱ.①刘… Ⅲ.①王守仁(1472—1528)—哲学思想—研究 Ⅳ.①B248.25

中国国家版本馆 CIP 数据核字(2023)第 242332 号

# 阳明学派知识学研究

著　　者 / 刘荣茂

责任编辑 / 郑秀艳
装帧设计 / 一本好书
监　　制 / 姚　军
责任校对 / 王凌霄

出版发行 / 上海三联书店
(200041)中国上海市静安区威海路 755 号 30 楼
邮　　箱 / sdxsanlian@sina.com
联系电话 / 编辑部: 021-22895517
发行部: 021-22895559
印　　刷 / 上海惠敦印务科技有限公司

版　　次 / 2024 年 10 月第 1 版
印　　次 / 2024 年 10 月第 1 次印刷
开　　本 / 710mm×1000mm　1/16
字　　数 / 360 千字
印　　张 / 21.5
书　　号 / ISBN 978-7-5426-8321-2/B·875
定　　价 / 88.00 元